イザベラ・バードの日本紀行（上）

イザベラ・バード
時岡敬子 訳

講談社学術文庫

UNBEATEN TRACKS
IN JAPAN

AN ACCOUNT OF TRAVELS IN THE INTERIOR,
INCLUDING VISITS TO THE ABORIGINES OF YEZO AND
THE SHRINES OF NIKKÔ AND ISÉ

By ISABELLA L. BIRD

WITH MAP AND ILLUSTRATIONS

LONDON
JOHN MURRAY, ALBEMARLE STREET
1880

その優しさと友情がわたしの最も大切な日本の思い出である故パークス夫人に、感謝と敬意をこめて本書を捧げる

まえがき

一八七八年四月、わたしは母国を離れて前にも効果のあった方法で健康を回復するよう勧められ、日本を訪れることにした。気候のすばらしさよりも、日本には新奇なものがとびきり多くあり、興味がつきないはずだという確信に惹かれてのことである。ひとりぼっちで療養する身にはこれがとても本質的なところで、楽しさと健康の回復をもたらしてくれるのである。気候にはがっかりした。とはいえ、日本はうっとりと見とれる国ではなく研究の対象となってしまったものの、興味は予想をはるかに超えた。

本書は「日本についての本」ではなく、日本で行った旅の話であり、日本の現状に関する知識を広げるためのなんらかの足しになろうとする試みである。本州内陸と蝦夷《エゾ》を数ヵ月かけて旅して初めて、わたしは自分の題材には知識の足しとして提供できるだけの新奇さがあると判断した。日光以北のわたしのルートはすでに踏破された道筋からまったくはずれており、完全に縦断した西欧人はひとりもいなかった。わたしは日本人に混じって生活し、西欧人との接触による影響を受けていない地域で彼らの暮らしぶりを見た。ルート上の数ヵ所の地方ではひとりで旅をする女性であり、また住民の初めて目にする西洋人の女性であるので、わたしの体験はわたし以前の旅行者の体験とは多少なりとも異なっている。またわたしには蝦夷の原住民について、これまでの報告より詳しいものを提供することができる。これは彼らと実際に知り合って得たものなのである。こういったことが本書を刊行する主な理由である。

いくぶん不本意ながら、本書は現地で妹や私的な友人たちに宛てて書いた手紙を中心に構成することにした。このような形での刊行では、美的な面での配慮や文学的な表現方法を犠牲にせざるをえないが、しかしその一方で、読者を著者と同じ境遇に置き、つぎからつぎへと変わる旅、不愉快さ、困難、退屈、そしてめずらしさと楽しさをともに体験させてくれる。「西洋人のすでに踏破した道」は日光をのぞき、数行で記すのみにとどめたが、東京（江戸）の場合のように、特徴がこの数年間に著しい変化を受けたところでは、多少概略を述べてある。やむをえず触れずに終わってしまった重要なことがらは多い。それ以外については「日本の現況」［下巻］の章で簡単にまとめた。

日本北部では、ほかに情報源がまったくないのでなにもかもを地元の人々から通訳を介して聞き、どうでもいい情報の山のなかから慎重に手間をかけて事実のひとつひとつを掘り出さねばならなかった。アイヌから提供された情報は彼らの風習、習慣、宗教に関するものであるが、自分のとったノートをオーストリア公使館のハインリッヒ・フォン・ジーボルト氏がほぼ同じころに集められた情報の一部と比較する機会に恵まれ、すべての点で非常に満足のできる一致を見た。

書簡のなかには農民の現状について、よく知られたものより不愉快な描写がなされたものもある。あまり赤裸々に表現しないほうがよかったのにとお思いの読者もおられようが、描写された状況は厳密に典型的で、わたしがつくりあげたものでも探し求めて見つけ出したものでもなく、事実を知らせるために提供する次第である。新しい文明を築き上げるべく日本政府が尽力しているのはどのような国民のためであるか、その大部分を成す人々の姿がそこには描かれている。

正確を期すことがわたしの第一の目標だったが、誤った情報源は多い。慎重であろうとしながらも誤りを記してしまった場合は、細心の注意をもって日本を研究し、正確な情報を得る困難さを重々ご承知の人々もきわめて寛大にお許しくださることと思う。

イギリスとドイツの『日本アジア協会紀要』、『ア・バジェット・オブ・ジャパニーズ・ノーツ』〔日本についてのエッセイ集〕を含め、『ジャパン・メイル』紙と『トーキョー・タイムズ』掲載の特に日本を題材とした論文は貴重な助けとなった。またバス上級勲爵士ハリー・S・パークス卿、イギリス公使館サトウ氏にはさまざまな形でご助力をいただいたことに篤く感謝申し上げる。さらに工部大学校のダイヤー校長〔都検〕、海軍兵学校のチェンバレン氏、F・V・ディキンズ氏その他の方々はわたしの仕事に関心をいだいてくださり、自分の技量不足に意気消沈していたときによく励ましをいただいた。とはいえ、これらの方々をはじめ、親切な友人たちに公正を期すためにも、本書で述べた見解は、その正否にかかわらず、すべてわたし自身の見解であり、これについての個人的責任は完全にわたしが負うものであることをここで明言しておきたい。

国政の概略を述べた最後の章は日本政府のご厚意により提供された事実と公的文書に基づいて記したものであり、情報源に関心を向ける助けとなるかもしれない。挿画は日本人画家の手による三点をのぞき、わたしの描いたスケッチか日本の写真から版を起こしたものである。

本書の欠点は痛いほど承知しているが、欠点がありながらも、一四〇〇マイル［約二二四〇キロ］を超える日本の陸路の旅のあいだに目にしたことごとを著そうとした素朴な試みを受け入れていただけるのではという望みのもとに、あえて本書を刊行する。

この書簡集が印刷されたのち、たったひとりの愛する妹がこの世を去ってしまった。そもそも本書の手紙は妹宛てに書かれたものであり、その有能で細やかな批評眼に多くを負っている。また妹が示してくれた愛情深い関心と興味はわたしの旅とその旅の語り方に刺激と着想を与えてくれた。最終章はこの大きな悲しみのなかで推敲し、仕上げることとなった。それゆえ読者のみなさまには表現法に落ち度があることや、どこか唐突に終わってしまっている点をお許しくださるようお願いする次第である。

イザベラ・L・バード

一八八〇年九月

目次

――大黒崇拝――旅の支度――交通手段と料金――貨幣と距離の単位
第一四信……192
快適さと別れる――美しい景色――はっとしたできごと――ある農家――異様な衣装――馬勒をつける――女性の服装と醜さ――赤ん坊――わたしの馬子《マゴ》――鬼怒川の美しさ――仏教徒の墓地――藤原――わたしの従者――馬のわらじ――ばかばかしい誤解
第一五信……210
とりとめのないごた混ぜ――貧乏人の子だくさん――分水界――ひどさ増す――米農家の休日――疾患のある人々――素人医者――お風呂――清潔の欠如――不衛生な家々――早食い――早老

第一五信（つづき）……217
渡し――藤――田畑の作物――朝鮮人参――栽培の作法――畝の連なる道――山王峠――さまざまな草木――美しくない下生え――男子のほうが多い――自然崇拝の社――目に明らかな宗教衰退

第一六信……223
若松平野――品格ある樹木――軽装――高田の野次馬――和紙――学校長会議――野次馬のおとなしさ――悪路――凶暴な馬――山からの眺望――眺めのいい宿――魚の骨を飲み込む――貧しさと自殺――宿屋の台所――イギリスを知らない！――朝食消える

第一七信……235
悪名高き道路――単調な緑――救いがたい不潔さ――低級な生

活――漆の木――櫨《はぜ》の木と蠟燭――津川の宿屋――礼儀正しさ
――積出港――「野蛮な鬼」

第一八信 …… 241

あわてて出発――津川の定期船――急流を下る――心奪われる
景観――川辺の暮らしぶり――ぶどう畑――大麦を干す――夏
の静けさ――新潟郊外――教会宣教館

新潟での伝道に関するノート …… 248

キリスト教伝道団――伝道基地としての新潟――ふたりの宣教
師――三年間の活動の成果――毎日の説教――医療伝道――病
院――日本にいる宣教師の障害

第一九信 …… 260

寺町――寺院の内部――仏教とローマ・カトリックの形式の相
似点――大衆的な説教師――涅《ね》槃《はん》――仏教のやさしさ――日本

第二〇信……266
人は「永遠の命」がきらい――キリスト教を阻む新しい障害
実に不愉快な天候――害虫――海外交易はなし――手を焼かせる川――進歩――日本の都市――運河――新潟の庭――ルース・ファイソン――冬の気候――綿入れの服を着た住民

第二一信……274
みすぼらしい街――骨董屋――芸術品ともいえる桶――かんざし――安手の漆器――彫像――仏具――再生毛織物――書店――女性用の書物――きめ細かな家庭でのしつけ――著作権――製本――提灯――染め付け磁器――いんちき薬――批評

第二一信（つづき）……284
買い物下手――悲しそうな店主、うれしそうな店主――コンデンス・ミルク――レモン・シュガー――濃縮コーヒー――厚顔

無恥なペテン師——ローズ・デンティフリス——伊藤——旅行の食料

食べ物と料理に関するノート……288
魚と醬油——鳥獣と家禽——多種多様な野菜——大根——果物の味気なさ——ケーキと砂糖菓子——清潔でむだのない調理法——調理器具——活きづくり——スープ——正式の宴会料理——飲み物——貧しい階層の食事

第二二信……299
新潟の運河のほとり——とてつもない孤独感——厚遇——ふたりで引くパーム医師のクルマ——にぎやかな祭り——がたがたと揺れる旅——山間の村——冬のわびしさ——孤立した村——込み合った世帯——牛に乗る——「酒乱」——余儀なく休息——励みになる情報がない——重い荷物——物乞いがいない

凡例

一、本書は一八八〇年にロンドンのマレー社から刊行された"Unbeaten Tracks in Japan——An Account of Travels in the Interior, Including Visits to the Aborigines of Yezo and the Shrines of Nikkô and Isé"を全訳したものである（巻末資料と日本全図、日本語小辞典を除く）。二巻本からなる原典にしたがい、本書も上・下二分冊とした。

一、原典中、著者がさまざまな記号で括った文言は、本書では「 」、（ ）、〔 〕で示した。また訳注は［ ］で括った。

一、本文中、片仮名のルビを振った語句——たとえば人力車《クルマ》、宿屋《ヤドヤ》、着物《キモノ》など——は、原典中、著者が日本語を英字で音写した箇所である。

一、各書簡末尾に記された「I・L・B」は、著者名「イザベラ・L・バード」のイニシャルである。

一、本書には、今日からみれば不適切とされる表現が存在するが、著者が故人であり、時代背景と作品の価値を考え、原著の記述通り訳出した。

イザベラ・バードの日本紀行（上）

序章

日本についてよくご存じの方々には、この章には初歩的なことがらが記してあるのをお詫びし、読まずに飛ばしてくださるようお願いする。これまで日本について書かれた本を読んだことのない少数の方々、そして多数いるはずの読んだことはあるもののその内容を忘れてしまった方々、極東の地理に関する知識が怪しくなっている方々、以前の日本旅行記に書かれた奇妙なつくり話が記憶にこびりついている方々、いまだにハラキリや、日陰の身の天皇は京都にいて、東京には将軍が確固として陣取っていると信じている方々にはこの章を読んでいただくようお奨めする。

「教育のある英国人」にココ椰子とカカオの木は同じものではないと理解させるために、著名な作家が繰り返し同じことを書かなければならないのであるならば、「超俗的な」天皇と「俗界の」天皇は過去のつくり話であったり、冬はシベリア風の気候となる日本の最北部はイギリスの最南端より南にあるという事実が必ずしも記憶として鮮明でなくとも、驚くには当たらない。鮮明な記憶として残っているなら、高等教育を受け、ある意味消息通である人々がつぎのような質問や感想を口にするはずがないのである。「ハリー・パークス卿は日本の総督でいらっしゃるの?」と尋ねたのはある将官夫人であるし、「日本が奴隷制度を廃止する見込みはまったくありませんかね？」と言ったのはある地方都市選出の下院議員であったし、「日本の総督は終身官でしたっけ？」と訊いたのはある州選出の下院議員であった。インドで官職に就いているある紳士はもうひとりの紳士とこんな会話をかわした。ふたりとも文官試験に備えて猛勉強をしてまだ二年とたっていないのである。「日本はいまロシアの領土だったたっけ？」「そうだよ。二、三年前に清国が割譲して、見返りになにかをもらったんだ」。また同じ話題で、ある高位の陸軍将校は日本はロシアに属しているのみならず、アジア大陸にあると主張し、地図を見せられるまで自分のまちがいを認めようとはしなかった。最後のふたつの誤りはおそらく数年前に日本が小さな諸島と引き換えにサハリンをロシアに譲ったことを曖昧に覚えていて、そこから生じたものと思われる。

ハリー・パークス卿が日本の総督なのではとか、日本は清の属国であるとか、日本人はカトリック教徒であるとか、キリスト教は禁じられているとか、日本内陸の住民は野蛮人であるとか、気候は熱帯性であるとかいう憶測はわたし自身、学識ある人々から幾度となく聞かされているし、新聞には同じように奇怪な誤解が頻繁に登場している。その国を旅するか、その国と戦争するか、あるいはその国を植民地にするかでもしないかぎり、わたしたちの得る情報がまずもって豊富でもなければ正確でもないのはまさしく本当である。また昔の旅行者のもたらした多分に空想の混じった報告、長期にわたる謎めいた鎖国、この一一年間に息をもつかさぬ速度でつぎつぎと起きた変化のせいで、わたしたちの日本に関する知識はことさら混乱してしまっている。

この変化は実際あまりに急激だったため、わたしはチェンバーズの立派な百科事典に当たり、一八六三年版につぎのような記述があるのを知った。日本には超俗と俗のふたりの皇帝がいる、日本は世襲大名という特権階級が支配している、陸軍の使用している武器は火縄銃、弓矢である、海軍は木造の戦船で編成されている、通貨は鉄貨のみである、現存する風習で最も注目すべきはハラキリである、都市には上流階級しか馬に乗っては入れない、国土の面積は二六万五〇〇〇平方マイル［約六八万九〇〇〇平方キロ］と推定される——これらの記述の多くは一六年前ならまったく正しかったものである。

つぎに挙げる二、三の事実はひとえに、次章からはじまる書簡集を理解しやすくするためのものである。船で米国から一六日、英国からは四二日、香港からは四日かかる日本はカムチャツカからわずか二〇マイル［約三二キロ］の位置にあり、アジア大陸にある朝鮮からは木造帆船で一日かければ着く。日本帝国は三八〇〇の島々でなるといわれ、北緯二四度から五〇度四〇分、東経一二四度から一五六度三八分に位置する。つまり最北端は英国南西端にあるランズエンド岬より少し南で、最南端はアフリカ、ナイル川上流のヌビア地方よりやや北に当たる。緯度で二六度分を上まわってまたがっており、北回帰線から三〇マイル内まで伸びているので、屋久島ではほぼ常夏の気候を楽しみ、蝦夷の北部ではシベリアなみの冬の酷寒に震えることになる。旅行者の気候に関する感想は、その旅行者が日本まで東回りで行ったか、西回りで行ったかで大きく変わる。シンガポールや清国経由であれば、さわやかで健康的でたいへん快いということになるだろうし、カリフォルニア経由であれば、じめじめしてもやが多く、なにをする気にもなれない気候だということになってしまう。それに快適な季節とそうではない季節があり、しのぎにくい冬としのぎやすい冬、涼しい夏と暑い夏、乾燥した年と多湿の年などなどがあり、さらには緯度が請け合うよりもはるかに多様な現実の気候がある。

つまり東海岸は北太平洋の暖流である黒潮に暖められ、西海岸はアジア大陸から吹きつける冷たい北西風に一年のうち何ヵ月間も冷やされる。この寒風は日本海の湿気を運んでくるのである。また蝦夷北部はオホーツク海から来る寒流によってシベリアのような気候となる。気候はさらにモンスーンの影響で変わるが、概して夏は暑くて湿気が多く、曇りがちであり、冬は寒くて空気が澄み、比較的乾燥しているといえる。春と秋はイギリスよりも短くてはっきりしている。空はイギリスより明るく、太陽もずっとよく現れて暖かい。健康に悪い季節はなく、風土病はない。ヨーロッパ人はその子供たちも含め、日本のどの地でも元気にすごせる。

とはいえ、難点もいくつかあり、たとえばぐらぐらっと揺れる地震はよく起きるし、七月、八月、九月は台風に襲われやすく、死火山はさておき休火山はどんな思惑でいるのかわからないし、軽いマラリアもある。

この細切《こまぎ》れ状の帝国の面積は一四万七五八二平方マイル［約三八万二〇七二平方キロ］で、これはつまりグレートブリテン島、アイルランド島、プロシア、あるいはイタリアより相当大きく、フランスよりかなり小さい。また清国に一八ある省のどれにも広さでは達しない。三八〇〇ある島々のうち最も重要なのは本州〔日本〕、九州、四国、蝦夷である。四島とも山岳性である点では世界有数で、活火山がいくつかある。また死火山はほとんど無数で、そのうち有名な富士山は高さが一万三〇八〇フィート［約三九八七メートル］あり、最も高い。森林地帯の面積は耕地の四倍ある。湖は少なく、琵琶湖以外は小さい。小川は無数にあるが、河川はたいがい短く、航行にはまるで適さない。東海岸には港がわずかながらあり、西海岸にはほぼひとつもないが、既存のものは深くて広々としている。土壌は主に崩壊した玄武岩で、当然あまり肥沃ではない。景観は往々にして雄大で、ほぼどこも美しい。単調な場合もヒュブナー男爵のおっしゃるように「単調という詩情」なのである。春と夏を通しての植生と緑の豊かさは実にすばらしく、日本列島はエメラルド諸島と充分呼べるくらいである。冬ですら樹木がすっかり落葉してなにもかも茶色だらけという状態とはならない。一五〇種ある常緑樹が落葉樹の緑のない分を補い、どこを眺めても芽吹いている農作物の新緑や、雪で覆われた葉を明るく照らす真っ赤な椿の花で輝いている。日本の山々は森林で覆われ、谷間や平野は美しく耕された庭園そのものである。

日本は花々がたいへん豊富で、とくに花の咲く灌木に富んでいる。つつじ、椿、紫陽花《あじさい》、木蓮《もくれん》、すべてその最盛期にはことばでは言い表せないほどさまざまな彩りで目を楽しませ、あやめ、牡丹、桜、梅にはそれぞれ特別な観賞の催しがある。ピンクや白のみごとな萼《がく》を持つ古典的な睡蓮《すいれん》、ジギタリスに似た花を直立してつける桐、優美な花を咲かせるうつぎ、石楠花《しゃくなげ》、藤その他の温室仲間がイギリスのさんざしやヘッジローズなみにどこにでも見られる。サヴァティエ［官立横須賀造船所に雇用されたフランス人医師。フランシェとともに日本の植物を研究］は日本の双子葉植物を一六九九種まで数えており、単子葉植物はそれに比例して多い。双子葉植物には木蓮八種、紫陽花七種、つつじ二〇種、ときわがし一四種、楓《かえで》二二種、ぶな二二種、松四種、樅《もみ》九種がある。花をつける灌木や華麗な百合といっためずらしいものに混じって、西洋きづた、もうせんごけ、やどりぎ、きんぽうげ、立金花《りゅうきんか》、紫詰《つめ》草《くさ》、白詰草、すいかずら、款冬《かんとう》、野芥子《のげし》、鍬形草《くわがたそう》などなど、イギリスでもなじみの花々が目を楽しませてくれる。美しさや威容を讃えたい樹木では杉、椿、けやき（楡《エルム》の一種）、銀杏、木蓮、柿が第一級である。また目に入るところさらうれしくて眺めたくなるのはみごとな竹で、あざやかな緑の羽毛のような葉が針葉樹の木立を背景に集まっているさまは、温帯が熱帯を兼ね備えたかのようである。日本は国土が緯度で二六度分にまたがっているので、蝦夷の堅い松や樫《かし》から九州の椰子、バナナ、砂糖黍《きび》まできわめて多種多様な植生に恵まれている。羊歯《しだ》類は豊富で種類も多いが、土着の果物は少なく、小さくて酸っぱくて風味に欠ける。

動物相は乏しく、生息するのはおもに鹿、熊、狼、猪、あなぐま、狐、猿、蛇、その他地上に棲む小動物である。鷲《わし》、鷹《たか》、鷺《さぎ》、鶉《うずら》、雉《きじ》、鶴は多く、烏《からす》は無数であるが、やさしい声でさえずる鳥、美しい羽をした鳥は悲しくなるほど希少で、静寂は日本の自然の特徴のひとつである。また固有の動物で足りない分を輸入した動物で補うこともない。輸入した動物は日本の風景にまったくそぐわない。草地やビロードを思わせる牧草地や膝の高さまで麦の生えた裏庭といったようなものは全然なく、家畜の群れは日本の農夫の富とはならない。去勢した牡牛は荷を引くのに用いられるのみで、一般にまったく使われない。馬は荷を運んだり乗ったりするのに用いられるが、日本の馬は貧弱で哀れな獣、恨みがましく狭量な動物で、のろのろと動く、寝転がる、よろめくの三つの動き（くれぐれも歩調と混同されぬよう）で人間の忍耐力と堪忍袋の大きさを試そうとする。ろば、らば、豚は実験農場でしか見られない。臆病な黄色い犬は夜間に吠える癖が強く、スコッチ・コリーの代わりにするにはお粗末であるものの たくさんいて、おそらく日本固有の犬である。それ以外に輸入された小型で不埒な愛玩犬がいる。また家庭で飼われている猫の大半は尻尾がほんの申し訳程度にしかない。鴨とどの地でも見かける鶏は日本でもどこにでもいる。蚊は四月から一〇月までのあいだはほぼいたるところにいるし、刺したりかんだりする虫は多い。

鉄道は横浜―東京間、神戸―京都―大津間に導入され、すべてひっくるめて全長は七六マイル［約一二二キロ］である。幹線道路は道幅にばらつきがあり、三〇フィート［約九メートル］あるものもあれば、粗末な乗馬道にすぎないものもある。またわき道は荷馬しか通れないほど狭い。ほぼどんな旅も徒歩か、荷馬に乗るか、駕籠《カゴ》という人間のかつぐ屋根のある竹製のかごに乗るか、平地であれば、人力車《クルマ》という人の引く二輪車に乗るかして行く。大半の道筋には宿屋《ヤドヤ》すなわち旅館と、馬や人夫を定額料金で調達できる駅がある。

日本の人口は三四三五万八四〇四人、一平方マイル［約二・六平方キロ］当たり約二三〇人の密度で、これはイギリスより一〇〇〇万人、プロシアより九〇〇〇万人、イタリアより七〇〇万人多い人口であるが、フランスより一五〇万人少ない。アイヌが一万二〇〇〇人、ヨーロッパ人、アメリカ人、清国人が五〇〇〇人いるのを例外として、この人口は単一民族で、黄色い肌、細長くて黒い目、黒い直毛の髪がつねである。軽い地方訛《なま》りはある程度あるものの、国じゅうの人々が同一言語を話し、寺社、家屋、衣装にも全国で同様の同一性が見られる。

日本は「東洋的壮麗さ」の枠から外れている。彩色や金箔は寺社でしか見られないし、宮殿も一般住宅も灰色の木材を使っている点は同じである。建築学はほとんど存在せず、富はあるとしても外に表れない。くすんだ青、茶色、灰色が通常用いられる衣服の色である。宝飾品は身につけない。なにもかもが貧弱で迫力がなく、どの町も単調で地味を特徴としている。

開港場の日本人は外国人との交流のせいで品位が落ち、下卑ている。内陸の人々は「野蛮人」とはおよそほど遠く、親切でやさしくて礼儀正しい。わたしがそうしたように、女性が現地人の従者以外にお供をだれもつけずに外国人のほとんど訪れない地方を一二〇〇マイル旅しても、無礼な扱いや強奪行為にはただの一度も遭わずにすむのである。

日本にいる外国人は依然として制約を受けている。すなわち居住し商売をすることができるのは、横浜、長崎、東京、神戸、大阪、函館、新潟に限られている。また「開港場」から半径二五マイル［約四〇キロ］を超えては、「通行証」すなわち政府の発行する正式な許可なしに旅行することはできない。しかもこの通行証は期間と道筋を指定しないと下りないのである。外国人は日本の裁判権に服するのを免れているが、違法行為があった場合は自国の領事の法廷で裁かれる。外国人の「治外法権」という特権は日本人から大きな不満の種と見なされており、つねに日本人と外国政府間の論争点となっている。

京都に隔離されている「超俗の皇帝」と江戸で国を治める「俗界の皇帝」という神秘はもはや存在しない。将軍による政治が廃止され、江戸は東京と改称された。大名《ダイミョー》は権力と肩書きを剝奪され、公の生活から退いた。「二本差し」の男たちは姿を消し、洋服をまとった近代的な外見の天皇《ミカド》が東京で神権により国を治めている。ともにあるのは「甲鉄艦」、「アームストロング砲」、「撃針銃」という洋式の装備、そして国家信仰である神々の筆頭女神天《あま》照大神《てらすおおみかみ》から一二三代目の直系子孫という威信である。その政体は修正された独裁制で、ときとして立憲への傾向を見せている。奴隷制度はそもそもなく、階級による障害はもはやない。

神道は素朴な形態の自然・神話崇拝で、おそらく土着のものであり、道徳律はなく、また宗教的要素はあったとしてもわずかであるが、この神道が「国」教あるいは「国の授ける」宗教である。しかし六世紀に朝鮮から伝来し、天皇が復活［王政復古］して以来廃止された仏教は、庶民に対して神道より固い影響力を持ち、上流階級は政治的目的で表向きは神道を支持しながらも、宗教のない処世法に満足している。キリスト教は黙認されており、プロテスタント、カトリック、ギリシャ正教を合わせて約二万七〇〇〇人が改宗したとのことである。

政治上、旧い日本はもう存在していない。その統治者たち、古風な武士、風格のある礼儀、礼装、儀式にのっとった自殺［切腹］、社交の作法――こういったものの栄華は舞台にしか存在しない。その伝統的な衣装、厳格な社会的身分、堅苦しい礼儀正しさ、杓子定規《しゃくしじょうぎ》な丁重さ、無知な愛国心、人を隷属させる無数の迷信は依然として内陸では残っており、腐敗堕落した仏教が支配力を持つ地方ではとくにそれが強い。わたしが旅した日光から青森までの外国人には未踏の道沿いにある広い地域では、進歩の車輪の音はまだほとんど聞かれず、日本の農民は先祖たちと同じ暮らし方と考え方をつづけている。

帰国して以来、わたしは日本人の西欧文明への渇望は一時的な気まぐれで終わりそうにはないのか、西欧化そのものが一時的なうわべだけのものにすぎないのではないかとよく訊かれた。岩倉［具視］使節団が西欧文明を視察し、その最良の成果を日本の土壌に移植するという意図のもとに欧米諸国を歴訪してからわずか七年、また壮麗にして複雑な日本の封建制が廃止されてわずか九年しかたっていないのである。現在日本を支配している人々のうち「貴族」はたったふたりである。新しい動きの勢いに関しては、主に庶民から、それも外からではなく内側から湧き出していることから、ふたつの要素に永続性があるのはまちがいない。

多くのヨーロッパ人が日本の発展は「模倣」だとあざ笑い、清国人と朝鮮人は日本の発展を怒りもあらわに、また嫉妬混じりに眺めているが、それでも日本はみずからの進路を保持している。日本の将来をあえて予言するようなことはしないが、わたしには他の東洋諸国から日本を孤立させた動きの永続性を怪しむ理由がなにも見当たらない。また実にさまざまな行きすぎや愚行がありながらも、この動きは日々成長し増大しているのである。日本が朝鮮経由で中国から受け入れた（うわべだけと言われてきたかもしれないが）宗教、文字、文明は一二〇〇年にわたって持ちこたえてきた。はるか遠い西洋から一九世紀に到来した文明は六世紀に朝鮮から到来したものほど強烈な波ではないが、同じように長続きする結末を生みそうである。とくに仏教という外から伝来して今日まで日本に影響を及ぼしつづけてきた最大の勢力を、キリスト教が凌駕するなら、確実にそういえる。

現在遂行されつつある変革は日本政府に雇用された外国人と、欧米で数年学び、それぞれの能力に応じて選ばれた日本人との指揮下にある。政府は各部門で最も有能な補佐役を確保するためには手間も費用も惜しんではおらず、個人的その他の目的を推し進める私心のある門外漢から誤った助言を受けた例は、比較的わずかなものでしかない。一時は約五〇〇人の外国人が政府に雇われていたこともあり、彼らが立腹・憤怒したことはあったとしても、雇用契約の条件は忠実に守られたのである。お雇い外国人紳士たちの何人かはその短い雇用期間中、仰々しい肩書きを授かっている。しかし彼らは助っ人としてのみ日本にいるのであり、実際の権限はなく、使用人であって主人ではないこと、重要な例外一件をのぞいて、彼らの人材養成への意欲と技量・手腕が大きければ大きいほど、その仕事は早く終わり、部門の運営がつぎからつぎへと、外国人の手から日本人の手へ移っていくことを忘れてはならない。お雇い外国人を引きとめておくことは発展の計画にはない。「日本人のための日本」が日本の愛国主義のモットーなのである。「野蛮人」は利用し、できるだけ早く御用済みにすべきものなのである。

現在いるお雇い外国人はその大多数が教師である。半分を大きく上回る数がイギリス人で、日本の変革において、科学、文化、政治理念、経済の各分野でのアングロサクソンの影響は傑出している。

これらわずかな前置きとしての短評を踏まえ、読者にはわたしとともに「日出ずる国」に上陸し、忍耐強い温情をもって長い放浪の旅に同行してくださるようお願いする。

第一信

五月二一日、横浜、オリエンタル・ホテルにて

はじめて目にした日本の眺め——富士山の姿——混成の都市——日本のサンパン——人力車——滑稽な運ばれ方——紙幣——内陸旅行の障害

「雨の降るわびしい海」の波をひたすら乗り越えつづけること一八日間、きのうの朝早くにシティ・オブ・トーキョー号はキング岬［野島崎］にさしかかり、ついで昼前には海岸沿いすれすれに江戸湾を北上しました。天候は穏やかながらも曇りがちで、空はやや淡いブルーにかすんでいました。日本の海岸線はほかよりずっと魅力的だとはいえ、その色にも形にも意表を突くところはまったくありませんでした。木々に覆われた、切れ込みの深い山々が水辺からきれぎれにそびえ立ち、軒の深い灰色の人家が谷間の口のあたりに集まっています。そしてイギリスの芝生のような鮮やかな緑の棚田が、上方に鬱蒼とつづく森のあいだをすばらしい高さまで上がっているのです。海沿いの人口の多さはとても印象的で、いたるところ

富士山

にある入江にも漁船がいっぱいいます。五時間のうちにすれちがった漁船の数は何百ではきかず、何千隻にもなります。海岸線も海も色が淡く、船も淡い色をしています。船体が白木で、帆は純白のズック地なのです。ときおり船尾の高い帆掛け船が幽霊船のようにふらふらと通りすぎていき、シティ・オブ・トーキョー号は三角形状の群れになった四角い白帆の漁船団を粉砕してしまわないよう、スピードを下げ、なにもかもがどんよりと灰色で単調ななかを何時間も航行しつづけました。

甲板じゅうで歓声があがっていたものの、わたしにはずっと探しても富士山が見えなかったのですが、ふと陸ではなく空を見上げると、予想していたよりはるか高いところに、てっぺんを切った純白の巨大な円錐が見えました。海抜一万三〇八〇フィート［約三九八七メートル］のこの山はとても淡いブルーの空を背に、海面の高さからとても青白い、光り輝くカーブを描いてそびえ立ち、その麓《ふもと》も中腹も淡いグレーのもやにかすんでいます(1)。それはすばらしい幻想のような眺めで、いかにも幻想らしくまもなく消えてしまいました。やはり円錐形の雪山であるトリスタン・ダクーナ山はべつとして、これほどその高さと威容を損なうものが付近にも遠くにもなにひとつない、孤高の山は見たことがありません。日本人にとっては聖なる山であり、飽くことなく芸術作品の題材とするほど大切にしているのもふしぎはありません。最初目にしたとき、この山はほぼ五〇マイル［約八〇キロ］のところにありました。

空気も海も動きがなく、もやは静止し、薄墨色の雲が青みがかった空にゆったりと浮かび、水面に映った漁船の白帆はほとんど揺れもしません。なにもかもが淡くかすかで青白く、わたしたちの船が乱れ狂う泡を残してどかどかと騒々しく進んでいくのは、眠れる東洋に乱暴に侵入するようなものでした。

湾が狭まり、森を頂いた山々や棚田の谷間、画趣に富んだ灰色の村々、静かな浜辺の暮し、それに淡いブルーのかたまりになった内陸の山々がもっとよく見えるようになりました。富士山はもやのなかに引きこもってしまいましたが、もやは夏の大半その雄大な姿を包み隠しています。レセプション湾、ペリー島［猿島］、ウェブスター島［夏島］、サラトガ岬［富津崎］、ミシシッピ湾［根岸湾］――米国外交の成功を不滅のものとするアメリカ式地名

――をすぎ、トリーティ岬［本牧岬］から遠くないところで、「条約港」と大きく記した赤い灯台船に遭いました。ここより外では外国船は投錨できません。海外貿易に対して開いており、外国人の居住になんらかの制限のある港は、横浜（神奈川）、神戸、長崎、新潟、蝦夷の函館です。

灯台船の近くには横浜港のきれいな湾があるものの、数え切れない漁船の白帆が点在する江戸湾の淡いブルーの海は北へ二〇マイル［約三二キロ］つづき、そこに江戸すなわち東京の町があります。横浜山手《ブラッフ》は左手ではふいに海に没し、右手では内陸の山間に溶け込んで消えていく低い山々の連なりで、大小さまざまな平屋に覆われています。旗竿のついた建物はイギリス、ドイツ、アメリカの海軍病院で、石積みの堤防に沿って長く伸びた不規則な形の海岸街とともに、こういったものが真っ先に目にとまります。山手の下にはおもに外国人の居留地があり、ついで日本人街の低い灰色の家屋と単調な灰色の屋根が広い平地に広がっています。

横浜はどのようにも印象的ではありませんでした。このような混成の都市は少しも心に残りなどしません。山手はボストン郊外、海岸街はバーケンヘッド郊外に亜熱帯の幻想を足したようなもので、みすぼらしくて印象に訴えない日本人街が表しているのは勤勉さに欠ける貧困にほかなりません。海岸街に沿ってあるのは、グランド・ホテル、インターナショナル・ホテル、クラブハウス、ジャーディン・マセソン社の建物を一番館とする数軒の「行《ホン》」すなわち商館です。これらすべてが花や草木のある緑地に建っており、建物と海のあいだには広い馬車道があります。それから目立って醜いイギリス領事館、ハワイ諸島で集めた寄付金で一部建てられた少々醜いユニオン・チャーチ、見苦しさではたいしてひけをとらないほかの建物数軒、日本の郵便局、税関、裁判所があります。郵便局、税関、裁判所は外国人建築家が基本的に洋式で建てたもので新しく、倉庫群のようにみすぼらしい建物の集まりに見えます。

波止場《ハトバ》――防波堤のようなわびしい出っ張りにすぎず、石を積んだ斜面のその石の表面も磨いてありません――はイギリスのものとフランスのものと二ヵ所ありますが、ドックも埠頭もなく、大半が蒸気船の大型船は係留地で荷の積み下ろしをします。イギリス、フランス、イタリア、ロシアの旗を掲げた甲鉄艦船や木造艦船が一見仲よく停泊しており、そのなかに一隻、最近イギリスで建造された日本の端正な蒸気コルベット艦が白地に赤い丸を描いた日本の国旗を掲げています。商船には、函館と上海から来た二隻の上等な郵便蒸気船があり、この二隻を所有している三菱［郵便汽船三菱会社］は日本の運輸会社で、徐々に日本沿岸と清国の貿易を独占しつつあります。

同船した乗客たちはいそいそと動きまわっていました。その多くが日本に帰る人々で、全員迎えが来ることになっており、わたしは暇にまかせて、なじみもなく冴えない横浜の風景と眼前の淡灰色の陸地を眺めながら、ひとりの知己すらない見知らぬ国での自分の運命について、少々悲観的にならずにはいられませんでした。係留すると、船はただちに外国人がサンパンと呼ぶ現地の船の群れに囲まれました。わたしのヒロ［ハワイ島ヒロ］の友人の親戚に当たるギューリック博士がお嬢さんを迎えに乗船してきて、厚くわたしを歓迎し、下船時のめんどうな手続きをすべてやってくれました。船を囲んだサンパンはどれも不格好ですが、船頭はそれをとても器用に操り、べつのサンパンとぶつかり合っても態度は温和で、ふつうライバル関係にある船乗り同士がよくやるようにどなったり罵ったりすることがひとつもありません。

なかば三角形をしたこれらの船は、イギリスの河川で用いられる鮭漁の平底船に似ています。床が張ってあるのでまぎれもなく平底に見えますが、すぐに傾くものの、とても安全で、頑丈に建造されており、木製のボルトと銅製の綱止め少々を使い、たいへん正確に組み立てられています。櫂《かい》で水をかくのではなく櫓《ろ》をこぎ、二人または四人の人間が舷外張り出し材に取り付けたピンを支点として動く、非常に重い二本の櫓を操ります。男たちは立ったままこぎ、腿で櫓を休ませます。全員幅広の袖のついたつんつるてんの単《ひとえ》の青い木綿の服を帯も締めず、打ち合わせも留めずに着ており、親指とほかの指とのあいだに鼻緒を通した藁草履をはいています。頭になにかつけているとしても、額に青い木綿の布切れを巻いているくらいのものです。たった一枚のその服も申し訳程度にすぎず、痩せてくぼんだ胸や貧弱な筋肉の手足があらわになっています。肌は黄色味がとても強く、架空のけものをいっぱい刺《いれ》青《ずみ》しているのがよく見られます。サンパンの料金は決まっているので、旅行者は法外な料金を要求されて腹をたてることもなく上陸できます。

上陸してつぎにわたしが感心したのは、浮浪者がひとりもいないこと、そして通りで見かける小柄で、醜くて、親切そうで、しなびていて、がに股で、猫背で、胸のへこんだ貧相な人々には、全員それぞれ気にかけるべきなんらかの自分の仕事というものがあったことです。上陸用の段々を上がったところには、移動のできるレストラン［屋台］があり、これはとてもコンパクトにまとまった案配のいいもので、七輪、調理器具と食器の一切が備わっています。ただし人形のために人形がつくったように見え、これの持ち主である小人は身長五フィート［約一五二センチ］ないのです。税関でわたしたちに応対したのは、洋式の青い制服に革の長靴をはいた小さな役人たちでした。とても礼儀正しい人々で、わたしたちのトランクを開けて入念に中身を調べてからまたふたを閉め、ニューヨークで同じ検査をした横柄で強欲な役人たちとは小気味のよい対照を示していました。

外にはいまやよく知られた人力車《ジンリキシャ》が五〇台ほどおり、五〇人の舌がこの聞き慣れないことばを口早に繰り返す声であたりはざわめいていました。あなたも知っているとおり、この乗り物は日本の特色のひとつで、日に日にその重要性は増しています。七年前に発明されたばかりなのに、すでにある都市ではその台数が二万三〇〇〇近くに達しており、人力車を引けばほとんどどの職工より儲かるので、何千人もの立派な若者が農業に従事するのをやめて人力車の引き手になろうと町に集まってきます。とはいえ車夫になってからの平均寿命は五年しかない、その多くが心臓または肺の重い疾患に罹《かか》ると言われています。まずまず平坦な地面の上を、優秀な車夫は時速四マイル［約六・四キロ］で一日五〇マイル［約八〇キロ］走ることもあります。車夫は登録されており、二人乗りの人力車は年間八シリング、一人乗り

屋　台

は四シリングの税が課され、時間と距離で決めた正規の料金表があります。

人力車《クルマ》(2)すなわちジンリキシャは乳母車式の軽い車体、油紙製の調節できる幌、ビロードかふつうの布製の内張りとクッション、座席下の荷物置き、高くて細い車輪ふたつ、両端が鉄の棒で連結してある一対の柄で構成されています。車体はふつう漆塗りで、持ち主の趣味に従った装飾が入っています。磨いた真鍮《しんちゅう》以外ほとんど装飾のないものもあれば、全体にヴィーナスの耳として知られる貝を象眼したもの、あるいはねじれた龍、牡丹や紫陽花《あじさい》、菊の群れ、架空の人物を派手に描いたものもあります。値段は二ポンド以上します。乗り込むとき、柄は大きく傾いて地面についており——楽に、あるいは堂々と乗り込めるようになるには熟練を要するにちがいありません——、車夫は柄を上げ、柄のなかに入って車体をうんとうしろに傾けてから勢いよく走り出します。客の希望するスピードにより一人または二人、または三人の車夫が引きます。雨が降ってくると、車夫が幌を上げて客を油紙製の覆いのなかにぴったりと閉じ込めるので、客の姿は見えなくなります。夜間は走っていても止まっていても、きれいな絵の入った長さ一八インチ［約四五センチ］の円い提灯を下げています。恰幅《かっぷく》のいい赤ら顔の商人や、男女の宣教師、おしゃれに着飾り名刺入れを携えた貴婦人、清国人買弁《ばいべん》、日本の農夫や農婦が、イギリスのなんでもない地方都市にある大通りのようなメインストリートを飛ぶようにすぎていく姿はとても滑稽ですが、本人たちは自分がどれだけ滑稽に見えるかなどまるで頭になく、走ったり追いかけたりすれちがったりしています。痩せて礼儀正しく、愛想のいい車夫たちはひっくり返したボウルのような形の大きな帽子に摩訶《まか》不思議な青いタイツ、記章である白抜きの文字の入った青い短い上着という格好で黄色い顔から汗をたらしながらひた走り、笑い声や大声をあげ、ぶつかるのをひょいと避けたりするのです。

領事館を訪ねたあと、わたしはクルマに乗り込みました。そしてべつの二台に乗ったふたりの女性とともに、よく笑う小人に猛烈なスピードでクルマを引いてもらい、メインストリートを走りました。メインストリートはよく舗装されたしっかりした狭い通りで、上等の歩道、縁石、側溝、鉄製の街灯柱、ガスランプが備わっており、その全長にわたって外国の店舗が並んでいます。このメインストリートを行くと、ワイヴィル・トムソン卿［エジンバラ大学博物学教授。チャレンジャー号による海洋調査隊の隊長」お勧めの静かなホテルがあり、旅行仲間の鼻にかかったおしゃべりから逃げることができました。わたしの旅行仲間は全員海岸街の旅館に行ったのです。このホテルの主人はフランス人ですが、切り盛りを清国人に頼っています。召使いは和服を着た日本人「ボーイ」で、非の打ち所のないイギリス式の服装をした日本人の客室づき従僕がひとりおり、その慇懃《いんぎん》な物腰の丁重さにはまったく驚かされます。

到着したのとほぼ同時に、わたしは居留地にあるフレイザー氏の事務所を探しに行かねばなりませんでした。「探しに」というのは、通りに名前がなく、番地はあるものの順番どおりでないのです。だれかに聞きたくとも、歩いている西洋人にはひとりも出会いませんでした。もっとよく知ってみても、横浜の印象がよくなるわけではありません。この町は覇気のないようすをしています。形が不規則で趣がなく、灰色の空に灰色の海、灰色の屋根屋根は調和がとれておもしろくありません。外国の通貨はメキシコドル以外日本では通用せず、フレイザー氏の買弁がじきにわたしのイギリス金貨を日本の札《サツ》すなわち紙幣に換えてくれました。現在ドルとちょうど等価の円札が一束、五〇、二〇、一〇銭札の小さな束、それにとてもきれいな銅貨を筒に巻いたものが何本かあります。手ほどきを受けた人なら、一目見れば、大きさや色のちがいから紙幣の種類がわかるでしょうが、いまのところわたしにはどれがいくらかさっぱりわかりません。この紙幣は固めの紙でできており、隅に漢字が入っていて、その漢字のそばに、よほど目のいい人か虫眼鏡ででも見れば、金額が英語で書いてあるのがわかります。非常にきれいにできており、天皇《ミカド》の菊の紋章と国を表すからみあった龍の装飾が入っています。

わたしは本物の日本のなかへと入っていきたいのです。イギリス領事代理のウィルキンソン氏がきのう訪ねてきて、とても親切にしてくれました。氏はわたしの内陸旅行計画をかなりむちゃではあるものの、女性がひとりで旅してもまったく安全だと考えており、蚤《のみ》の大群と粗末な馬が日本の旅の大きな障害であるというほかの人々の意見に同感を示しました。

I・L・B

第二信

五月二二日、横浜にて

ハリー・パークス卿――大使の乗り物――ぼんやり状態と象形文字――荷車の労働者――外国の意見に対する譲歩――規則

きょうは人々と知り合ったり、従僕とポニーを探しはじめたり、おおぜいの人から協力の申し出を受けたり、いろいろな人に質問してまったく食い違う答えをもらったりしてすごしました。みんな朝が早く、一三人の人々が午前中にわたしを訪ねてきました。貴婦人たちは別当《ベットー》という走る馬丁をお供に、小さなポニーの馬車でみずから町のなかを動きまわります。外国人商人は人力車《クルマ》をつねに玄関前に待機させています。意欲があって頭のいい車夫のほうが、怠け癖があって怒りっぽくて気まぐれな日本のポニーよりずっと役に立つというわけで、わたしがきょう目にしたように、威信ある「特命大使兼全権公使」ですらこのように卑しい乗り物を使わずにすますことはできないのです。わたしを訪ねてきた最後の客はハリー・パークス卿夫妻で、おふたりはわたしの部屋に明るさと温かさをもたらし、それは夫妻が帰られたあとも残っていました。ハリー卿はまだやっと中年の域に達したばかりに見える若々しい人で、ほっそりしており、よく動き、色白で目は青く、黄金色の髪に明るい笑顔、愛想のよい態度、と徹底してサクソン的ですが、その風貌からはまるでそうとはうかがえなくとも、三〇年間東洋で奉職し、北京では獄中生活を経験し、日本での生活ではさまざまな挑戦を行っているのです。ハリー卿と夫人はそれは親切で、内陸を旅するという最大の計画について心から励ましていただいたので、従僕が見つかり次第出発するつもりです。夫妻は去っていくとき人力車に飛び乗りました。イギリスの代表が車夫ふたりで動く乳母車に乗って通りを急ぎ行く姿はとても愉快なものでした。

ハリー・パークス卿は公人なので卿のことを書きましたが、この地でほかの人々からも思いやりを示してもらったことや、何人かの人々が日本を見物するための手続きを簡便にしようとたいへん骨を折ってくださったことは言うまでもありません。天気はいいものの、横浜をほめる気がしないのは最初目にしたときとまったく同じです。単調で、目立った場所がひとつもなく、うららかな日々というより忙しい日々を見てきた町という感じがします。でもひとりで到着したときの寂しさや、自分は完全なよそ者だという気持ちはすでに消え、頭のなかが完全に混乱しているのをもっぱら感じていますが、それは新しい光景や考えが押し寄せてくるそのスピードのせいです。日本に関する本を読み、この三週間仲間の日本人旅行者たちからたえず情報を聞き出してきましたが、そんなことはしなくてもよかったのではと思

大八車

えるほどで、この国自体がちんぷんかんぷんな象形文字がいっぱいに書かれたページのように、なにがなにやらわけのわからないその姿をわたしの前に現しているのです。まあ、これからここには何ヵ月も滞在するのですから、文字からはじめてすべてを見、すべてを聞き、すべてを読むのが先で、意見をまとめるのはできるかぎりあとにしなければなりません。

窓の外に目をやると、重い二輪の荷車をそれぞれ四人の男が押したり引いたりしているのが見えます。荷車にはほぼありとあらゆるもの、建材の石その他なんでもが載っています。車を引いているふたりは重い心棒の先についている柄に手と腿を押しつけ、押しているふたりはうしろに突き出ている横材に肩を押し当てて、重い荷を積んで坂道を上がるときは、つるつるに剃った肉付きのいい頭を動力に使っています。彼らの叫び声は印象的で哀愁を帯びています。彼らは信じがたいほどの荷を引きますが、たいがい息を吐くごとにうめき声かうなり声になってしまうのに、それでもまだ苦役が足りないとでもいうように荒いのど声で叫び、それはハ・フイダ、ハ・フイダ、ワ・ホ、ハ・フイダと言っているように聞こえます。

その光景から推測されるのは、労働力が安くて豊富だということです。政府がここ横浜やその他の都市では裸は罪になると定め、これらの哀れな荷車の労働者たちは船頭が着るのと同じ危険で不便な服装で働いています。わたしの推測では、着衣を強制するのは外国からの意見に対する譲歩でしょう。わたしの推測は両方の場合ともまちがっているかもしれません。「政府はアジア的、専制的にして偶像崇拝的だ」というグリフィス教授［福井藩の招聘で一八七〇年に来日したウィリアム・E・グリフィス？］の見解からはじめるのは、たぶん賢明ではないでしょう。わたしの受けた第一印象は、この国はよく統治されているというものです。上陸したとたん、サンパンや人力車の料金表、掲示板の公告文、きちんとした警察官、乗り物の提灯、外国貨幣の拒絶、郵便規則などなど、「規則」に出会うのですから。それにこれも言わなければならないでしょうか。ぼられることがまるでないのです！

I・L・B

第三信

五月二四日、江戸、イギリス公使館にて

江戸と東京——横浜の鉄道——洋服が合わないおかげで——江戸平野——体型の特徴——東京の第一印象——イギリス公使館——イギリス人の家庭

手紙の日付のあとにはイギリス公使館の慣例に従い江戸と記しましたが、一般には東京すなわち東の首都という意味の新しい名称が用いられています。天皇が以前住んでいた京都は西京すなわち西の首都という名がつけられていますが、現在では首都と見なされる資格がまったくありません。江戸が旧体制と将軍政治に属するものであったのに対し、東京は新体制と維新政府に属し、一〇年の歴史があります。江戸まで鉄道で出かけるのは違和感があるでしょうが、東京まで行くのであれば、ぴったりするわけです。

ふたつの都市を結ぶ鉄道は一八マイル［約二九キロ］あり、たっぷりバラストを敷いた複線のみごとなもので、鉄橋、瀟洒《しょうしゃ》な駅舎、広々としたターミナルを備えています。政府しか

額を知らぬ費用をかけてイギリス人技術者が建設し、一八七二年に天皇臨席のもとに開通しました。横浜駅は端正にして適切な石造建築で、広々としたアプローチ、イギリス式の切符売場、等級別の広い待合室――ただし日本人の履き物を考慮して絨毯《じゅうたん》はなし――があり、日刊新聞が備えてあります。荷物を計り、荷札をつけるコーナーがあり、双方のターミナルにある広い屋根のついた石造りのプラットホームに、回転式木戸［改札口］を備えた柵があって、特別許可を得た者以外、切符を持っていなければこの木戸を通れません。駅の外には、辻馬車の代わりに人力車《クルマ》があり、人と荷物を運びます。鉄道は手に持ったものは無料ですが、それ以外の荷物は重さを計り、番号をつけて料金が課されます。持ち主は番号札をもらい、目的地でそれを呈示します。運賃は三等が一分《イチブ》すなわち約一シリング、二等が六〇銭すなわち約二シリング四ペンス、一等が一円すなわち約三シリング八ペンスです。切符は乗客が行き先の駅の改札口を通った際に回収されます。車両はイギリスで建造されましたが、イギリスのものとは異なっていて、両側に座席があり、車両の両端にある扉がプラットホームで開きます。全体的にイギリス風というよりコンチネンタル風の案配になっています。一等車は赤いモロッコ革を張った、クッションのきいた座席があって、豪華な造りとなっていますが、運べる乗客数はとても少なく、また二等車の高級ござを敷いた快適な座席も座っている客の数はわずかです。でも三等車は日本人乗客でいっぱいで、日本人は難なく鉄道がクルマと同じく気に入ったのです。この路線は年間約八〇〇万ドルの収益をあげています。

日本人は洋服を着るとえらく小柄に見えます。どの洋服も不似合いで、貧弱な体型と国民全体の欠陥であるへこんだ胸とO脚が誇張されます。「顔の血色」と髭《ひげ》がないので、男の人の年齢を推し量るのはほとんど不可能です。わたしは鉄道員は全員が一七、八歳の若者だと思っていましたが、実は二五歳から四〇歳のおとななのでした。

イギリスの六月のある日のようにすばらしいお天気の一日でしたが、イギリスより暑く、日本の春の美観である桜（野生のチェリー）とその同類は時期がすぎ、なにもかもがまだ若々しく新鮮な緑で、草木の生い茂る美しさのなかにあります。横浜の近郊は森のある切り立った丘や画趣に富んだ小さな谷間があって美しいのですが、神奈川を越えたあと、鉄道は広大な江戸平野に入ります。この平野は南北に九〇マイル［約一四四キロ］あるといわれ、東北と西の境界には淡いブルーの高い山脈が青いもやのなかにぼんやりとかすんでいます。東側の海岸には何マイルにもわたって江戸湾の青く澄んだ水面がさざ波を立て、相変わらずおびただしい数の漁船の白帆が輝きを添えていました。この肥沃な平野には人口数百万の首都ばかりでなく、いくつもの都市と何百もの豊かな農村があるのです。鉄道から見える土地はどこもとても丁寧に鋤《すき》で耕され、その多くは稲作用に灌漑されています。小川がふんだんにあり、灰色の草葺き屋根の木造家屋が集まった村々、屋根の奇妙に反り返った寺院があちこちに点在しています。なにもかも居心地がよさそうで、親しみがあり、きれいです。勤勉な人々の地で、雑草がひとつも見られません。とはいえ、どこでもまず目につくのは人々だという以外、一見してとくに目を引く特徴やめずらしさはなにもありません。

切符は東京まででではなく、品川か新橋行きを買います。品川も新橋も人口が増えて首都に編入された多くの村のひとつです。品川に着くまで江戸はほとんど見えません。というのもあがっている煙もなければ、高い煙突もまったくなく、寺院や役所も高くそびえてはいないのです。寺院はたいがい森に隠れているし、ふつう家屋の高さは二〇フィート［約六・一メートル］を超えることがめったにありません。どっしりした擁壁のある、木々の植わった庭園が見え、要塞化された島が浮かんでいます。右手には青い海があり、幾百もの漁船が入江に浮かんだり浜辺に引き上げられたりしています。左手には広い道路があって、クルマが双方向に急いでいます。灰色の低い家並みの大半は茶屋や店で、「江戸はどこですか」とわたしが訊いているあいだに、汽車は新橋駅に停まり、二〇〇人の日本人乗客を二〇〇足の下駄の音とともに吐き出しました。この下駄の音はわたしのはじめて聞く音です。下駄は身長を三インチ［約七・五センチ］足してくれますが、それを履いていても、背丈が五フィート七インチ［約一七〇センチ］ある日本人男性、五フィート二インチ［約一五八センチ］ある日本人女性はわずかです。とはいえ、和服を着た日本人はずっと恰幅よく見えます。和服は体型の欠点を隠してくれるのです。痩せて黄色くて醜いのにとても愛想よく見えますが、彩りと印象には欠けます。日本人女性はとても小柄で、よちよちと歩きます。子供たちはとても堅苦しく、おとなをもったいぶって茶化しているように見えます。だれもかれもがわたしには前に会ったことがあるような気がします。トレーや扇やティーポットに描かれた日本人の姿とそっくりなのですから。女性の髪は全部うしろに引き、まげに結ってあります。男性は、頭の前部を剃り、後頭部の髪を古風なまげに結って剃った部分に傾けているか、そうでない場合は硬い髪を三インチの長さに伸ばし、分け目のないぼさぼさ頭にしています。

公使館の当番兵デイヴィスが迎えにきてくれました。彼は一八六八年三月、H・パークス卿がはじめて天皇に拝謁しに行く途中、京都の町中で襲撃を受けた際、斬りつけられて重傷を負った護衛兵のひとりです。何百台ものクルマと、東京の一部地域で乗り合い馬車として用いられる、馬一頭で引く幌つきの四輪荷馬車が駅の外に待っていました。わたしを待っていたのは走る別当つきのイギリス式一頭立て四輪箱馬車です。公使館のある麴町は歴史的な「江戸城」の内堀を見下ろす高台にありますが、非常に装飾的な門とすだれのかかった張り出し窓の長い列のある、暗くて物音のない兵舎のような建物——江戸時代の武家屋敷——があったこと、草の生えた高い築堤や高さ五〇フィート［約一五メートル］の巨大な石垣をめぐらせた何マイルにもわたる堀があったこと以外、途中わたしが見たものについてはなにも話せません。石垣の四隅には四阿《あずまや》のような塔が建っており、奇妙な屋根付きの門や数多くの橋、何エーカーにも広がる蓮の葉が見えました。内堀に沿って曲がり、急な坂を上がると、右手に堀の深緑色をした水面、草の生えたみごとな築堤があり、その上には陰気な塀があって、江戸城を取り囲んでいる針葉樹の木立の枝が塀の上に張り出しています。左手にはさまざまな屋敷《ヤシキ》があります。大名《ダイミョー》の邸宅はヤシキというのです。現在このあたりは大半が病院、兵舎、役所に変わっています。高いところにあり、なかでもいちばん目につくのが大きな赤い門で、この門のある屋敷はいまはフランス軍代表が入っていますが、かつては近年の歴史的なできごとにおいて大役を演じた人物のひとり井伊掃部頭《いいかもんのかみ》の住まいでした。井伊はここからそう遠くはない桜田門の外で暗殺されました。このほか兵舎、閲兵場、警察官、クルマ、人夫が押したり引いたりする荷車、わらじをはいた荷馬、洋服を着たちびで不精そうな兵士が新橋駅から公使館に至るあいだにわたしの見た東京でした。

イギリス公使館は外務省をはじめとする政府官庁のいくつかや大臣官邸のそばというよい場所にあります。政府官庁や官邸はおもに煉瓦造りで、イギリスの郊外別荘風の様式をしています。入り口にイギリス王室の紋章をつけた煉瓦のアーチのある公使館敷地内には、公使官邸、衡平法部、イギリス人書記官二名用の家屋二棟、衛兵用の宿舎があります。

家屋はイギリス式ですし、家のなかもイギリス式ですが、尊ぶべき看護婦ひとりをのぞき、イギリス人の使用人はいません。執事と従僕は長い弁髪に黒繻子《くろじゅす》の帽子をかぶり、青い長衣を着た長身の清国人です。コックは清国人、その他の使用人はすべて日本人で、このなかには身長四フィート五インチ［約一三五センチ］の愛想がよくてやさしくて親切な女性の使用人がいますが、彼女は「家政夫」の妻です。使用人はだれひとりあの最もいらいらさせられる「ピジン」英語以外話しませんが、でも聡明さはその不完全な話し方を補ってあまりあり、また当番兵の働きぶりも同じで、広間のドアのそばを離れることがめったになく、来客簿をはじめあらゆる伝言やメモの番を引き受けています。本物のイギリス人の子供がおり、六歳と七歳ですが、子供部屋と庭という限られた範囲内で無邪気に楽しむことにかけてはたいへんな能力を発揮しています。ほかにこの家に住んでいるのは、「ラグズ」という美しくてかわいいスカイテリア犬で、「家族内」では打ち解けるものの、たいていは大英帝国の威信を示すのはご主人ではなく自分だとでもいうように、堂々たる態度をとっています。

公使館の日本書記官はアーネスト・サトウ氏で、氏の研究に対する名声、とくに歴史分野におけるそれは、当の日本人から日本で最高だと言われるほどで、(1) イギリス人にとっては誉ある印であり、一五年間のたゆみない勤勉努力の賜物《たまもの》です。とはいえ、イギリス行政機関に関する研究はサトウ氏の独占するものではなく、領事部の紳士数人が通訳実習生の各段階を経験中で、流暢《りゅうちょう》な日本語会話力のみならず日本の歴史、神話、考古学、文学というさまざまな分野における研究で名をあげています。若い世代の日本人は神話研究ばかりでなく、一九世紀前半の風俗・習慣を存続させていけることでしょうが、それはまさしく彼らとその他数人のイギリス人、ドイツ人の努力のおかげです。

I・L・B

第四信

五月二七日、江戸、イギリス公使館にて

うっとうしい暑さ——東京の街の光景——外国人居留地——伝道団区域——悪趣味な建築物——吹上御苑——衣服と振る舞い——女性のやぼったさ

これまでのところ、気候にはあまり愉快な思いをしていません。空気に融通というものがまるでないのです。こちらに来てからずっと蒸し暑く、空は厚い雲か灰色のもやに覆われています。金曜日はうっとうしい暑さのうえに小ぬか雨が降り続き、だれにとってもひどい一日となりました。

午後わたしは幾人かの人に会いに外国人居留地に行きました。何マイルも続く屋敷《ヤシキ》と、かつては屋敷のあった囲いのある空き地をすぎ、川や堀や運河を渡り、草屋根のついた船が何百隻も水や泥に浮かんでいるのを見て、込んだ運河や蓋《ふた》なしの黒い下水の発する悪臭をかぎ

ました。労働者は笠と蓑をつけ、だれもかれもが唐傘をさしていました。一本の通り、人で込んだ活気のある産業の中心地を見ました。各家屋の前部が低くなって店舗となっており、その斬新で独創的な商品には驚きました。明るい顔色につややかな髪、剃った眉、黒く歯を染めた女性たちが、高下駄を鳴らしながらちょこちょこと歩いているのを見ました。人力車《クルマ》に乗った客は黄色い油紙に覆われてまったく姿が隠れています。でも馬や馬車はひとつも見ませんでした！

築地（「埋め立て地」の意）は、日本人に雇われていない外国人が唯一住むことのできる居留地です。この地帯は盛土の上にあり、湾の隅田川河口付近に面しています。運河でほかの地域とつながっており、運河には橋が何本か架かっています。海外貿易地としては、東京は完全に失敗しました。外国人商人はとても少なく、外国式のホテルはお粗末で、ほとんど利用されていません。アメリカ合衆国公使館はまだ築地にあるものの、他の大国の代表はすべて政府官庁に近い堀の内側に住んでいます。道路は広くてきちんと保守されていますが、居留地のようすは活気がなくてわびしく、人々は住まい同士がとても近いので、それぞれお互いの退屈な生活ぶりを見てしょっちゅういらいらしながら暮らしています。

伝道団の教会はそっくり一式があり、統一性のみじんもないキリスト教会のみごとな証しとなっています。また宣教師の住む家の数はとても多く、こんな狭い地域に寄り集まって暮らさざるをえないのは苦痛にちがいありません。住宅と教会のほか、寄宿女学校がいくつかと、アメリカ長老派、改革派、スコットランド一致長老派が共同で支援している東京一致神学校があります。スコットランド一致長老派の宣教師はここに五人いて、そのうちのひとり医療宣教師のフォールズ博士は小さな病院を開いています。福音宣布協会には四人、教会宣教協会にはひとりだけ、カナダ・メソジスト派にはひとりの宣教師がいます。その多くは月例の合同会議で顔を合わせます。キリスト教青年会《YMCA》は最近築地で開業し、並々ならぬ人気を博しています。

教会宣教協会館で、わたしは日本海側の新潟と蝦夷の函館からそれぞれ夫人同伴で来ているファイソン氏とデニング氏に会いました。両夫妻はとても親切で、ぜひ訪ねてきてくださいと言ってくれました。わたしの旅行計画のよしあしについて話をしましたが、実現不可能だと思うという声と賛成だという意見とがありました。とくに意見をかわしたのは、「食料問題」について――これはいまだに解決を見ていません――と、小馬を買うのと荷馬を信用するのとどちらがいいかという問題についてです。

広くてがらんとした通りに完全な平地、そして暖かな霧雨とそろっては、なにもかもが単調でわびしく見えました。わたしは西洋式の家屋を建てる計画がここを侵害していることに驚愕しています。江戸は、主に城壁、築堤、堀の壮観、ヤシキ――その多くがとめどない荒廃の徴候を示しています――、日本橋――日本じゅうの距離がこの橋を基点に測られるそうです――界隈の人出の多い問屋街に代表されます。東京と新政府は建築という形では、赤煉瓦の塀をめぐらせた化粧煉瓦の大臣官邸、実に堅牢で端正な工部大学校、多数の兵舎、警察署、学校で代表されますが、これらは質の劣ったヨーロッパ風またはアメリカ風スタイルで建てられ、木造で白いペンキが塗ってあります。長方形の窓がえらくたくさんついており、ふつうベランダはなく、安物の倉庫かサンフランシスコの場末の居酒屋のように見えます。ひどく悪趣味でいやになるほど醜く、建物というよりお菓子に似ているのです。工部大学校を設計したシャテル・ド・ボワンヴィル氏に助言を仰がなかったのは確実で、政府は首都の景観の一部をこのようにすることで新しい首都の品位を落としてしまいました。ただし例外は清潔でなめらかな道路で、東洋の都というよりシカゴかメルボルンの郊外のように見えます。

ハリー・パークス卿夫妻は熱意と思いやりをもってわたしの旅行計画を検討してくださっています。豊富な旅行経験をもとに実際的な助言や協力を申し出てくださり、なんの反対も示されてはいません。それどころか、ハリー卿は内陸を北へ旅するわたしの計画に賛成であるばかりか、追加プランまで提案してくださいました。わたしとしては実際の旅が地図を眺めて計画したときと負けず劣らず愉快なものであることを祈るばかりです。ハリー卿からは小馬は買わないほうがいい、適切な飼料がなくて病気になったり、蹄鉄をなくしたり、別当《ベットー》という悩みの種を増やしたりすることになるからと助言をもらいました。

五月二九日――天気はふたたびよくなり、気温は華氏七〇度［摂氏二一度］を少々越えています。そこでわたしたちは吹上御苑を散歩しました。吹上御苑は天皇の私的な庭園ですが、いまは土曜日に一般開放されており、チケットを買ってはいります。この庭園は日本人が造園芸術にもたらした完璧さのみごとな実例です。実に美しくレイアウトされ、地面の起伏がとても巧みに生かされているので、一、二ヵ所では山の風景の効果が演出されているように思えます。樹木はきわめて趣味よく対比を考えて集められ、淡い緑をした羽毛のような竹の林はつねに色の濃い針葉樹を背景に配置されています。葉の重く垂れ下がる落葉樹の大木はその足元に低木や羊歯《しだ》を従え、曲がりくねった歩道の上に枝を広げて葉陰をつくっています。広い芝生はきれいに刈り込んであり、砂利を敷いた歩道はキュー・ガーデン［ロンドン郊外の王立植物園］の遊歩道のようにまったく非の打ちどころがありません。とてもかわいい滝の下には、美しい大木に囲まれた小さな湖があり、その岸辺に絨毯を敷いたガラス張りの亭《ちん》があります。天皇《ミカド》は少なからぬ外交的駆け引きのすえ、この亭でエディンバラ公を迎え、同じ王族階級の生身の人間をはじめて受け入れたのです。この庭園は城壁内のまんなかにあり、それに付帯するものはすべて将軍制度と関わりがあります。ここでかつての支配者たちは庶民の目には触れずに退屈な運動を行いました。そして彼らが一度も見たことのない国内のミニチュア――たとえばおもちゃの農場、おもちゃの水田、その他の産業の同様のもの――がつくられたのです。

なんたる対比でしょう！　神秘に包まれた将軍やきらびやかな大名行列のかわりに、何千人ものもっと身分が低くてやさしくて親切な人々が午後の日和《ひより》を楽しんでいます。人々は民族衣装を着ていますが、子供たちや幼い娘の場合はべつとして、その衣装は地味な青や灰や茶という調和的ではあるもののつまらない色からめったに離れられません。男女ともにこの衣装の基本は使う布地の非常に少ない着物《キモノ》で、直線裁ちの綿または絹の布数枚でできています。布の幅は一五インチ［約三八センチ］でまちや肩の縫い目はありませんが、襟のところがくり抜いてあり、襟元を自由に調節できます。「袖ぐり」は縫い目をそのまま長く開けてあるばかりです。袖はキモノの重要な部分のひとつで、古典舞踊やロマンチックな詩歌ではまさに主役を演じますが、長さ三フィート［約九二センチ］から一〇フィート［約三メートル］の布を二つ折りにして合わせ、袖ぐりに縫いつけてあるだけなのです。地面につきそうなほど長い袖もよくあり、仕事中の女性は襷《タスキ》というひもでこの長い袋をわきに縛ります。袋とわたしが呼んだのは、両側が下端から腕のすぐ下まで縫ってあり、あらゆるものをしまい込むのに用いられるからです。お守りや「ポケット型」偶像も袖に入れて持ち運びされます。食べ物や、ハンカチとして用いられる四角い紙［懐紙］も。紙は新しいうちは帯にしまい、一度使ったあとは袖に入れておいて、外に出たときに機会を見つけて捨てます。袖はきまって涙をぬぐうのに使われ、非常に古い詩歌には頻繁にそれが出てきます。つぎの歌はF・V・ディキンズ氏の訳したものですが、六〇〇年以上昔のものです。

最後にいだき合ったとき
わたしたちは誠の愛を
涙とともにかたく誓い合った
涙は頬を伝い、袖を濡らした

とはいえ、袖の話は退屈になりそうなので、地面に届きそうなほど長い袖のキモノを着るという愚行が習慣上許されているのは、女と子供のみであることをつけ加えるだけにとどめます。

キモノは体にまるで「ぴったり」とはせず、肩から垂れ下がります。男性の場合は左から右へ、女性の場合は右から左へ前身ごろを打ち合わせ、ウエストに帯《オビ》を締めます。男性の場合、帯の幅は一ハンド［約一〇センチ］、女性の場合、幅が一フィート［約三〇・五センチ］、長さが一〇フィートあります。ウエストに二度巻き、うしろで大きくボウに結びますが、両結びにすることも片結びにすることもあります。とはいえいまの流行は堅い結び目にして縦にボウをつくり、両肩のあいだで固定します。これは枕カバーのように見えます。帯は女性の衣装では最も重要な品物です。帯を結ばずに外に出る女性や子供はひとりもいませんし、帯を結ぶ技術は女の子の教育ではいちばん大事な科目のひとつなのです。帯がキモノ一式より高くつくこともよくあります。女性はハンカチ、お守りなどなどを帯のあいだにはさみ、男性は財布、喫煙具、扇子、携帯用の筆と墨を帯にぶらさげます。背中には大きなボウがあり、布を少ししか使わないキモノはぴったりと前をかきあわせてあるので、どの女性も前かがみになっているように見えます。短い上着である羽織《ハオリ》はキモノとまったく同じつくりではあるものの、ゆったりしていて、打ち合わせは胸で一ヵ所ひもを結ぶだけです。男女ともにキモノの上に羽織をよく着ます。キモノの前部は幅広でゆるく、いろいろなものを入れるのに使われます。男性がキモノの前部に子供をはさみ込むこともあります。わたしは同様に容量の大きなこの収納庫から七冊もの本と地図ひとつが取り出されるのを見たことがあります。現代では若い男性の多くがゆったりしたペティコート様のズボンである袴《ハカマ》（かつては侍《サムライ》のみが着用）をキモノの上にはき、その上に羽織を着ていますが、下層階級の普段着に関するかぎり、男女の区別がつくのは帯と髪型のみです。足には親指とほかの四指を仕切った白地の足袋をはきますが、当然のことながら小さな足が大きく見え、動きもぎこちなくなります。女性が内股になりよちよちした足取りで歩くのは、とても淑女らしいことなのです。屋外用の履き物には、桐の軽い木材でつくったとても高い下駄があり、革ひもに親指とほかの四指をべつべつに通して履きます。こういう面倒くさいものを履くので、足を上げて歩くことができず、日本人のもともとあった動きの悪さはさらにひどくなります。帽子は男女ともかぶりませんが、女性は髪をていねいにうしろへ引きつめ、非常に手の込んだシニョンやボウに結っています。大多数の男性が羽織に白で描いた紋章をつけています。装身具は身につけず、髪に挿した一本か二本のかんざしが唯一の飾りです。

両親とそっくりの服装をしている子供たちが何百人もいます。ただし少女の場合、緋色を加えてもいいことになっています。男の子は三歳で帯を結びはじめます。女の子は揺りかごにいるころからと考えたほうがよさそうです。男の子たちは額と両耳にかかる髪をのぞいて頭を剃っており、小柄で生真面目で古風な集団に見え、うっかり子供のことばつきで話しかけたりやんちゃな遊びに誘ったりはできそうにありません。

女性の衣服はたしかに優美ではなく、肩線は落ちているし、イギリスでいちばん不便な服装と同じくらい腰にぴったりと巻きつけます。ところが、うしろにではなく前に向かって巻きつけるのでとても窮屈で動きが妨げられ、またぬかるみを歩くには丈が長すぎます。これ以上小股では歩けないほど下肢に布を巻きつけ、頭には重いまげを結い、背中には前かがみの姿勢に見えるほど大きな帯のボウがある状態で、足には下駄を履き、内股でちょこちょこ歩くのですから、小柄な日本人女性はまさになすすべなしといった観があります。わたしたちは日本に鉄道、電信、甲鉄艦、その他いろいろなものを伝えました。で、わたしたちは日本から「前かがみの姿勢」や、背中で帯を結ぶ刀のさやみたいな衣装や、きちきちのスカートや、よちよち歩きを取り入れてきたでしょうか？

女性は男性とは決していっしょに歩きませんが、女性同士や子供連れで歩くことはします。それに赤ちゃんを「おんぶ」して歩くことはよくあります。男性も子供を連れて歩いたり抱いたりはするものの、家族そろっての集団というのはありません。女性は頭になにもかぶりませんが、その顔にはやさしい節度と女らしさがあり、そこがいいのです。だれもが楽しそうですが、浮かれ騒ぐところはまったくなく、おとなしくて丁重な態度は土曜日の午後家にいる人々の態度と著しい対比を示しています。人込みのなかでは行儀よくするという頼もしい習慣があるにちがいありません。というのも吹上御苑に警官はひとりもいなかったのですから。しかも東京にはほぼ六〇〇〇人の警官がいて、この庭園に配置する人員に不足しているはずはないのです。

この町に外国人は多いのに、わたしたちはおもしろいもの、あるいはめずらしいものとしてじろじろ見られました。ハリー卿がたいへん快活に外交経験のなにがしかを回想しているあいだに、わたしたちのまわりにはひとりでに野次馬が集まり、口を開けて黒く染めた歯をのぞかせ、とても黒い目でぽかんとわたしたちを見つめました。でもそれがあまりに丁重なので、見つめられているという気はしませんでした。庭園を出るとき、わたしたちは太って大柄で着ぶくれして見苦しい清国人外交使節に出会いました。彼らは淡黄色の錦のスカートに青紫色の錦の上衣を着て、えらく型にはまった男の子をふたり連れていました。わたしが紹介されると、彼らは地面につかんばかりにお辞儀をしてから妙に調子の狂った握手をしました。

I・L・B

第五信

江戸、イギリス公使館にて

短期の雇用――おしゃべりの話題――二頭のポニー――芝のお寺――「午後のお茶」――英国聖公会礼拝堂

外国人が東京で暮らすのは、生活の目的が少ないのとバラエティに乏しいこと、また学識者の小さな派閥のなかでは話がいくぶん型にはまりがちなことをのぞいて、おおかたが自国で暮らしているようなものです。公使館員と宣教師はべつとして、ここでは外国人の大半が数年の契約期間で日本政府に雇われています。維新を先導してきた有能な人々には外国人スタッフをずっと雇いつづけるつもりはないのです。できるかぎりの知識や技術を手に入れたあとは、外国人に用はないというのが彼らの考えです。電信局は今週外国人指導団を解雇しましたし、他の部局もなるべく早くそれに続くでしょう。

海軍兵学校にはイギリス人教官がおり、医学校はドイツ人が教えています。帝国大学には英語を話す教師がいますし、工部大学校の校長はイギリス人で、多数のイギリス人スタッフがこれを補佐しています。また軍隊ではフランス陸軍将校がヨーロッパ式教練と戦術を教えています。教員が替わるのはしょっちゅうで、人々は実際にあった異動ばかりでなく可能性のあることも話題にします。来月あるいは来年契約が切れるのはだれだとか、契約更新はありそうだとかなさそうだとか、だれそれはくびにならないけれど減給だとか、だれそれの契約は更新されないだろうとか。だれそれは今後どうするのだろう、お金はいくら貯まったのだろうとか、だれそれの給料は札《サツ》と硬貨のどちらで支払われるのだろう。それに現在の札の額面割引のこと。公使館にいてうれしい点のひとつは、ゴシップが断固として歓迎されず、人をさかなにつまらないおしゃべりはしないことです。義経《ヨシツネ》が実際にどんな悲運をたどったかという議論についていけなくとも、あるいは巴《トモエ》にどんな謎めいた意味があるのかわからなくとも、博識な話し声が聞こえてくるのには満足を覚えます。

「午後のお茶」の習慣も東京にまで達してきており、ハリー・パークス卿夫人が海軍兵学校の教官であるホーズ氏の家に連れていってくださいました。パークス夫人が御したのは二頭のそれはみごとな栗毛のポニーですが、気性が激しく、気まぐれで突飛な行動に走りがちで、巧みに制御しないかぎり逃げ出してしまいそうでした。護衛の警部補が前を行くものの、これは道案内をするためで、それというのも、近年大名の家臣である、刀を二本差した西洋人排斥主義の刺客でいっぱいだった江戸も、いまは人気のない場所であれ、人で込み合う地域であれ、西洋人女性が別当以外お供もつけずに馬に乗れるくらい安全なのです。歩道はどこにもなく、みんなパークス夫人の二頭立て馬車ほど速い乗り物にはまるで慣れていないので、人々に道を空けてもらうには前を走る別当が大声で叫ぶしかすべがありませんでした。

お粗末な東京の道路をまごつきながら通ったあと門をひとつくぐり、林が厳《おごそ》かな日陰をつくっている場所に入ると、都会の喧騒は聞こえなくなりました。ここ［増上寺］には無数の堂宇と、六人の将軍が「それぞれの館で栄光のなかに眠っている」堂々たるお墓がありま す。立派な屋根のついた赤い門、彩色し金を使った唐草模様、これまで足音のしたことのない彩色された柱廊、夏には涼しく冬には緑のみごとな杉の並木と木立、滝、花の咲く灌木の茂み、漆と青銅を使った日本の工芸の粋、そして死の静けさ。こういったものは、芝を訪ねてみたくなる、とても厳粛で魅惑的なリゾートとしています。以前は何百人もの僧侶が構内に住んでおり、その住まいと来客や巡礼用の宿坊だけでほぼ町を形づくるほどでしたが、「旧秩序」が変わり、飾りのない神道がきわめて装飾が多くて典礼的な仏教にとって代わり、僧侶は追い払われました。英国聖公会の礼拝は小さな寺院のひとつで行われています。政府は僧侶と巡礼用の建物、寺院、共同宿舎をお雇い外国人の住まいに割り当てたのです。

というわけで言及に値するのはわたしたちの「午後のお茶」のみです。というのもわたしたちを招いてくれた人は小さな稲荷神社の神官の家に暮らしているので。その家の庭には小さな社があり、神官はそこに棲んでいる二匹の狐だかあなぐまだかに食べ物を供えます。家屋は変則的な木造で、縁側となっている深い庇《ひさし》があり、人形の家のようで、重い人間がどかどかと歩けるようにはできていません。床に敷居があり、漆を塗って紙を貼った仕切り戸で小さな部屋が五つか六つある家から大部屋ひと間かふた間の家へと二分で変身できます。床に敷いてあるのは、もしもこれが立ててあるなら、とても白くて目の細かいござのパネルとでも呼ぶべきものです。どの外国人の家もある程度は「偏執と造詣」による日本の品々の美術館となっており、そういった品々は部屋の備品ともなり、また人々のおしゃべりの話題ともなっています。形や色はもちろん、材料すら西洋で使われているものとはあまりに異なっているので、大半のものはもっと目を養わなければ鑑賞できそうにありません。珍重されているもののなかには、どう見ても醜く思われるものもあれば、ひと目見て魅了されるものもありますが、古いから、あるいは日本のものだからというだけで美術品に感嘆するのを強いられるのはごめんです。日本に来て半年をすぎるまではなにも買いません。どこかの骨董品あさりの好きなイギリス婦人がやったように、何百個ものティーポットを国に持って帰るようなことはしないでしょう！

ホーズ大尉がいちごをくださいました。最近初輸入されたもので、おいしいのですが、これまで輸入栽培された外国産の果物がそうだったので、みんなすぐに風味がなくなるだろうと考えています。一日二日前、わたしたちは淡いグリーンピース色のよく熟れたいちごを食べましたが、強い香りと味がしたものの、いちごの味や香りではなくカトーバ葡萄のそれだったのです！

「そして翌日は安息日だった」。このことばは当然当地では意味をなさず、わたしたちは人々が休みなく仕事に勤《いそ》しんでいる通りを静かな芝の森へ、礼拝の行われる小さな寺院へと馬車を進めました。そこでは釈迦牟尼の祭壇のかわりに聖餐台が置かれ、畳を敷いた床にはわずかな会衆のために座席が設けられています。寺院の開口部は入江と林に面しており、そこにはアイリスと蓮が群生しています。鳥はさえずらないとしても、木立でちゅんちゅんと鳴き、何百もの虹色のかげろう、青と緋色のとんぼ、黒と金色の羽をした蝶々が五月のまぶしい日差しを浴びて水辺にたわむれています。蓮の花と葉が聖なる象徴とされているのはふしぎではなく、どちらも宗教的な目的に用いられるのがごく自然に思えます。この時期お城の堀とお寺の池は盾形の青緑色をしたみごとな蓮の葉で覆われ、葉には露の玉が宿っています。「蓮はあらゆる紺碧の小川のほとりに開花」しますが、「黄色い蓮の粉」についてはだれもなにも知らないのです！

I・L・B

第六信

六月七日、江戸、イギリス公使館にて

ヘプバーン博士——横浜山手——横浜の清国人——買弁——従者を雇う——伊藤の第一印象——厳粛な契約——食料問題

一週間の予定で横浜に出かけ、山手にお住まいのヘプバーン［ヘボン］博士夫妻を訪ねました。香港のバードン主教夫妻もいらしており、とても愉快でした。ヘプバーン博士はほぼ最古参の外国人居住者で、日本に住んで一九年になります。旧体制の不案内な時代に医療宣教師として来日し、日本人が有資格の医療スタッフのいる病院や診療所を開くより先に、年間七〇〇〇人に及ぶ患者を受け入れています。患者は博士の助言を得るために遠方からやってきたのです。博士は現在、日本では治療はキリスト教に関する知識を得るために必要だという考えではなく、健康の衰えもあって医療の仕事からは引退しています。日本のさまざまな事柄に造詣が深く、標準和英辞典［『和英語林集成』］は一三年間に及ぶほぼ孤立無援の言

語研究が結実したものです。博士は現在新約聖書を和訳している三人の学者のひとりで、平信徒ながらも、横浜の日本人信徒団の面倒を見ています。その広範な知識、学識、冷静な判断力、偏見にとらわれない態度を見ても、非常に興味深い人です。日本人に対して熱狂的になることも、またどんな点においても彼らの将来に関して楽観することもまったくなく、日本人は堅実さに欠けていると明確に考えています。

山手はニューイングランドのような美しさのあるとてもきれいなところで、なにもかもが整然としています。よく設計され、急な坂道の両側に瀟洒な平屋住宅が立ち並んでいて、家屋はよく茂った灌木や生け垣に半ば隠れ、ちょうどいまはつつじ、ばら、その他の花をつける低木がきちんと手入れされた敷地に彩りを与えています。山の勾配がきついおかげで、海側も陸側も眺めがとてもすばらしく、朝夕に眺める富士山の景色はみごとなものです。日本人の町は下にあり、目新しいものは数えきれないほどありますが、いまのところはなにが見えるのか描写することはできません。まだほんの輪郭すらつかめていないのです。日本は非常に古いものと精緻な文明とを持つ偉大な帝国で、めずらしいものがそこかしこにあり、まるでよその星に来ているようです！

横浜では小柄で薄着でおおかたが貧相な日本人とはまったく異なった種類の東洋人を見ない日はありません。日本在住の清国人二五〇〇人のうち一一〇〇人以上が横浜に住んでおり、もしも突然いなくなるようなことがあれば、商取引はたちまち停止してしまうでしょう。ここでもほかと同じように、清国人移民は必要欠くべからざる存在となっています。まるで自分は支配する側の民族だというように、泰然自若とした態度で体を揺らしながら通りを歩いています。清国人は背が高くて体格がよく、重ね着をした上に錦織の立派な上衣を着て、足首のところを絞った繻子のズボンをわずかにのぞかせ、先のやや反った黒繻子の高靴をはいているので、実際の背よりさらに高く見えます。頭はほとんど剃ってあるものの、後頭部の髪は黒い巾着ひもとともに膝まで届く弁髪に編んであり、その上には、ぐっとうしろ寄りに黒繻子の堅い縁なし帽をかぶっていて、この帽子をかぶらない姿を見ることはありません。顔はとても黄色くて、黒い目は長く、眉はこめかみに向かうにつれ上がっています。あごひげはその痕跡すらなく、肌はつやつやしています。あくまで裕福そうに見えます。外見は不愉快ではありませんが、天上人たる清国人として相手を見下しているという感じがします。商人の事務所でなにかを尋ねたり、店で金貨を札《サツ》に両替したり、鉄道や汽船の切符を買ったり、おつりをもらったりすれば、必ず清国人の本性が現れます。町中ではさも用事のありそうな表情で体を揺らしながらそばを通りすぎていきます。人力車《クルマ》に乗ってぴゅっと通りすぎていくときは、商売に没頭しているときです。生真面目で信頼でき、雇い主から金を奪うより搾り取るほうが満足できる――彼の人生の唯一の目的はカネなのです。カネのためなら、勤勉にも忠実にも禁欲的にもなり、ちゃんと報われるというわけです。

　横浜に着いて一時間とたたないうちに、人は「買弁」という新しいことばを耳にします。清国人が自信を持っているのはこの買弁としてであり、商売においてはこの外国人社会の支配力が大事なのです。それぞれの会社には清国人買弁がおり、雑役夫であったり、仲買人であったり、ときには暴君であったりします。日本の生産者は、多くの場合ブローカーですら、外国人商人とは一度も顔を合わせませんが、取り引きは「ピジン」英語に「ピジン」日本語ができ、さらには日本で広く用いられている漢字の知識もある清国人を通じて行います。清国人は雇用者の思惑にはある程度反して、商品の調達と販売、人夫の手配と支払い、お金の両替などなどを行います。彼が合法的な「中間搾取」と見なしているものをめったに惜しまない外国人商人からは信頼されていますが、清国人は日本人からなににつけても「中間搾取」をするうえ、日本人は清国人の強欲さを防ぐ手だてを持たないので、日本人ディーラーからは忌み嫌われています。買弁でない清国人は両替商、ブローカー、ホテルのフロント係で、いつでも横浜の金融活動にブレーキをかけられる力を持っています。自分のお金にどれくらいの価値があるのか、交換レートはいくらか、その他金融に関する疑問は、しゃれた身なりの、落ち着き払って「やけにくつろいだ」清国人に聞かないことには知りようがないのです。日本人の折り目正しさはその態度や表情がほとんど卑屈なほどで、清国人は横柄といっていいくらいに唯我独尊です。生きているあいだは、死んでしまってからもそうであるように、だれにもなにも負い目を持ちません。清国人には清国人の慈善団体やギルドや寺院があり、不運にも生きて自国に戻って財産を使えない場合は、自分の遺骨が自国で休めるよう手はずを整えます。清国人ほど勤勉で景気のいい外国人は日本にはいません。

新しくできた知り合いのうち何人かが従者兼通訳という（わたしにとっては）きわめて重大な問題を気にかけてくださり、おおぜいの日本人が「職を求めて」来ました。明瞭な英語が話せるのは不可欠な条件ですが、ひどい発音で片言だけ話したり、さらには単語をでためにに継ぎ合わせたりするのには驚きました。その程度でも、応募者たちはそれで充分な資格ありと考えているのです。英語はできますか？「はい」。賃金の希望額は？「月一二ドル」。ここまではいつも達者な英語で答えが返ってきて、そのたびに期待が持てそうな気がします。どなたに雇われたことがありますか？　発音がゆがんでいて、当然ながらまるで聞き覚えのない外国人の名前が返ってきます。これまでに旅行したところは？　この質問はたいてい日本語に訳さなければならず、返事はたいてい「東海道と中山道を京都と日光まで」と数え切れない旅行客が訪れている場所の名を挙げます。東北地方と北海道についてはなにか知っていますか？　ぽかんと怪訝《けげん》な顔で、返事は「いいえ」。どの応募者の場合もこの段階で手持ちの英語力が尽きてしまうので、ヘプバーン博士が同情して通訳をかってでてくださいます。これならと思える応募者が三名いました。ひとりは陽気な若者で、仕立てのいい明るい色のツイードの洋服、折ったカラー、ダイヤモンド（？）のピンを刺したネクタイ、ヨーロッパ式の浅いお辞儀すらできないほど糊《のり》の固くきいた白いシャツというでたちで現れました。金ぴかの時計鎖にロケットを下げており、真っ白な金巾《かなきん》のポケットチーフの角を胸ポケットから垂らし、手にはステッキとフェルト帽を持っています。日本人としては第一級の伊達男でした。わたしは残念な思いで彼を見つめました。糊のきいたカラーは、わたしには今後三ヵ月間手の届かない贅沢品になるはずです。彼の着ている上等な外国製の衣服は日本国内のどこへ行ってもものの値段をつりあげるでしょう。それにダンディな男性につまらない用事を頼むにはずっと遠慮がつきまといます。というわけで、彼の英語が二番目の質問で行きづまったときは大いにほっとしました。

そのつぎの応募者は三五歳の人品卑しからぬ風采の男で、立派な和服を着ていました。推薦状の評価も高く、最初に話した英語は期待が持てました。ところが彼の前身はある裕福なイギリス人官吏に仕えていたコックで、その官吏はおおぜいのお供を連れて旅し、旅の行き先にあらかじめ従者を送って準備させていたのです。この応募者の知っている英語の単語はごくわずかで、今回の旅の一行に「旦那さまはいない」こと、女の召使いはいないことを知ったときの彼の驚愕ぶりは、わたしが断ったのか、それとも向こうが断ったのか、わからなくなるほどでした。

三人目はウィルキンソン氏が送ってきた応募者で、質素な和服を着て知的で率直そうな顔をしていました。ヘプバーン博士が日本語で話しかけたものの、彼は自分はほかの人より英語をよく知っている、もっと落ち着けばうまくしゃべれると考えました。わたしの話すことはちゃんとわかったらしく、わたしは向こうのほうが「主人」になってしまうかもという懸念を抱きながらも、たいへん好感を持ったので、その場で契約しそうになりました。これならと思った応募者はほかにいないのです。

ところが、わたしが心を決めかけたとき、ヘプバーン博士の使用人と知り合いであるという以外、なんの推薦状も持たない応募者が現れました。まだたったの一八歳ですが、イギリスならこれは二三、四歳に相当しますし、身長は四フィート一〇インチ［約一四七センチ］

しかないものの、がに股ながら、よく均整のとれた頑丈そうな体軀の持ち主です。顔は丸顔で妙にのっぺりしており、きれいな歯と細い目をしています。それに重そうに垂れたまぶたはまるで日本人によくあるまぶたを戯画化したようです。これまで会った日本人のなかでは一番愚鈍そうに見えましたが、でもときおり見せるちらりと盗みうかがうような視線から察すると、鈍感を装っているところがなきにしもあらずのようです。彼が言うには、アメリカ公使館にいたことがある、大阪鉄道の職員をやったことがある、植物採集家のマリーズ氏と東のルートを通って東北地方と北海道を旅した、植物を乾燥するのは知っている、料理は少しできる、英語が書ける、一日二五マイル［約四〇キロ］歩ける、内陸旅行のなんたるかを知っているとのこと！　この逸材の卵は推薦状を一通も持っておらず、それは祖父の家で火事があり、推薦状を焼いてしまったからだと弁解しました。マリーズ氏にいますぐ問い合わせられるわけでもなく、それ以上に、わたしはこの男が信用できず、気に入りませんでした。とはいえ、彼にはわたしの英語がわかり、わたしには彼の英語がわかります。それに早く旅に出たくてたまらなかったわたしは、月一二ドルで彼を雇うことにしました。その後すぐに彼は契約書を持ってもう一度やってきました。契約書には合意した賃金で忠実に仕えることを神明にかけて誓うと明記してあり、彼は捺印を、わたしは署名をしました。翌日彼から一ヵ月分の賃金を前払いしてほしいと頼まれて支払いましたが、ヘプバーン博士がわたしを慰めるようにおっしゃるには、あの男はもう来ないだろうね！

契約書を交わした厳粛な夜以来わたしは気をもんでいましたが、昨日彼が約束の時刻にちやんと現れたので、まるで本物の「海の老人」［『千夜一夜物語』「船乗りシンドバードの物語」に出てくる妖怪］が自分の肩にしがみついたような気がしました。彼は猫のように音もなく階段を上がり廊下を歩きます。そしてわたしの身の回りのものがどこにあるかをすでに知っています。なにかに動じたりとまどったりすることがまるでなく、ハリー卿夫妻に出会ったときは深くお辞儀をしますが、公使館にいて「すっかりくつろいで」いるのは明らかです。またわたしの頼みに折れて、当番兵のひとりからメキシコ式の鞍《くら》とイギリス式の轡《くつわ》や手綱などのつけ方だけは習いました。彼はけっこう利口、つまり「頭が切れる」らしく、すでに旅の最初の三日分の手はずを整えてしまいました。名前は伊藤といい、これからの三ヵ月間、よきにつけあしきにつけわたしの守護神となるのですから、彼についてもっともっと書くことになるのはまちがいないでしょう。

まだ日本の奥地をひとりで旅行したイギリス人女性はひとりもいないので、わたしの計画は友人たちのあいだにとても友好的な関心を引き起こしましたが、旅行には行かないほうがいいという意見が多く、励ましは少しです。いちばん知的であるがゆえにいちばん強力な意見はヘプバーン博士のもので、博士はこの旅行はすべきでない、津軽海峡すら行けないだろうという考えです。缶詰の肉やスープ、ワインを持っていきなさい、日本人のメイドを連れて行きなさいと何人からも言われましたが、それを聞き入れていては、少なくとも荷馬六頭の行列が必要になります！　蚤については、蚤は夏に日本を旅行する場合の悩みの種だというのが残念ながらおおかたの一致した意見で、喉元までぴったり閉めた寝袋で寝るようにと何人からか言われましたし、べつの人々からはベッドにたっぷり殺虫剤をまけとか、石炭酸オイルを全身に塗っておけとか、蚤除草《のみよけそう》を干して粉にしたものをたっぷり使うとよいと言われました。とはいえ、どれも一時しのぎにしかならないけれどとのこと。ハンモックは残念ながら、日本の家屋では使えません。

「食料問題」はどの旅行者にとってもいちばん肝心な問題だということで、わたしの旅行のみならず、なにかにつけ驚くほどの熱意をこめて意見がかわされます。ほかの話題にはどれほど無関心な人でも、食べ物の話題となると、たちまち興味を示します。この件ではだれもが悩んだことがあるか、あるいはこれから悩むことになりかねず、だれもが自分の体験談を話したいか、さもなければ他の人の経験談を聞きたいというわけです。外国の公使も教授も宣教師も商人も、だれもが死活問題であるかのように真剣に論じます。そして多くの人にとっては本当に生死にかかわる問題であるようです。実際のところ、外国人客を想定している人気リゾート地のわずかなホテルをのぞいて、パン、バター、ミルク、牛肉や豚肉、鶏肉、コーヒー、ワイン、ビールは手に入らないし、新鮮な魚はめったにありません。また米、お茶、卵を常食とし、ときおり新鮮ではあっても味のない野菜をそれに加えることができないかぎり、食料を携行しなければなりません。魚と野菜を使った「日本食」はぞっとするほどひどいもので、食べられる人は少なく、それも長いあいだ練習を積んだすえのことなのです。(1)

もうひとつ、これよりずっと重要ではないとはいえよく話に出たのが、現地人の使用人には道中で金銭のやりとりがあるたびに「中間搾取」する習慣があり、使用人の腕と能力次第で旅行費用が二倍、ときには三倍になることが多いという問題です。あちこち旅行した経験のある三人の紳士がわたしの払うべき値段表をくれましたが、地方によってものの値段も異なり、旅行客の多い地域では大幅に高くなっています。またウィルキンソン氏が伊藤に向かってこの値段表を読み上げると、伊藤はときおり不満の声をあげました。ウィルキンソン氏は日本語でやりとりをかわしたあと、わたしに「金銭に関してはよくよく気をつけるべきですよ」と言いました。これは見通しとしては骨が折れます。わたしにはこれまで人をうまく監督できたためしがないし、小利口で抜け目のないこの日本人青年を監督できるはずはないでしょうから。たいがいの場合、伊藤は好きなようにわたしをだますことができるでしょう。

ここに戻ってくると、ハリー卿夫人が必要な旅支度の大半をすませてくださっていました。油紙製のカバーのついた軽い籠ふたつ、旅行用ベッド兼ストレッチャー、折り畳み椅子、ゴム製浴槽といったもので、すべて体の弱い者がこれだけ長期の旅行をする場合、なにが必要か考えてのことです。今週は東京で人と知り合ったり、市内見物をしたり、旅行についての情報を集めたりしてすごしましたが、東北地方について知っている外国人はほとんどいないようです。また政府のある部局はわたしが問い合わせると旅程表をくれましたが、踏破したいと考えているルートのうち一四〇マイル［約二二四キロ］分は「情報不充分」という理由で空白のままです。ハリー卿がにこやかにおっしゃるには「情報は行って自分で集めなければならないようですね。そのほうがかえっておもしろいじゃありませんか」。ああ！

でもどうやって？

I・L・B

第七信

六月七日、江戸、イギリス公使館にて

演劇界の改革――古い時代の演劇――近代演劇――舞台――新劇場のこけら落とし――役者――こけら落としの口上――倫理改革――腹立たしい騒音――コミカルな牧歌劇

正式に招待され、金曜日に新しい劇場新富座《しんとみざ》のこけら落としに出かけました。このこけら落としは日本の演劇に新しい時代を拓くものです。これまで日本人は概して演劇が大好きであるとはいえ、観劇という娯楽は慣習により中流と下層階級に限られてきています。天皇《ミカド》、あるいは岩倉［具視］、寺島［宗則］その他の閣僚が一般の劇場に姿を現せば、とんでもないことだと見なされたでしょう。ただし皇居には私的な劇場があり、天皇とその廷臣たちは日本中世の叙情劇であり「まさしく演劇芸術の貴族」である能を鑑賞します。しかしながら日本がこれだけ多方面で西欧を見習っていることから、この新劇場の意欲的な持ち主守田

［勘弥］は、舞台を改良して演劇を再生し、換気がよくて肩の凝らない観客席で見られるようにすれば、「ヨーロッパのような娯楽施設、それも日本最高のものになるだろう」、現地の『明六雑誌』がこの件に関し日本のことわざを引用して「娯楽の集まりほど貴賤を結びつけるものはない」と書いたような結果を生むだろう、と考えたのです。

　劇場は最初の演劇が草地で催されたところから、芝居屋《シバイヤ》（芝のある場所）と呼ばれます。日本の演劇の原点は、他のおおかたの国と同じように、宗教的なもので、その第一の目的は神々の怒りを鎮めることにありました。もともとは風変わりな衣装と仮面をつけた男の踊り手が、伴奏の管弦楽に合わせて舞を舞ったものでした。このような舞には二種類あり、ひとつは日本古来のもので、最も古い神道の伝統にのっとっており、もうひとつは六世紀に中国から伝わりました。どちらも現存しています。しかし初期の演劇らしきものは、九世紀はじめに翁に扮した男優が舞う舞でした。それから三世紀後、イソノ・ズイジ［磯禅師？］という女性が宮廷人の扮装をして舞を舞い、この女性を日本演劇の母と見なす人々もいます。一六二四年になってようやく将軍の命により、ある人［猿若勘三郎］が江戸に最初の劇場を開きました。劇場の大半がひとつの通りに集まり、この通りはその人の名にちなんで猿若《さるわか》町と呼ばれています[1]。

　この三〇〇年間に演劇の題材は伝説から歴史へ、歴史から庶民男女の日常のできごとへと変わってきました。精巧な舞台装置が使われるようになったこと、役者が増えたこと、作品の諸要素がばらばらになったことにより、しだいに新しい条件が整い、そこから近代的ドラマやメロドラマが発展しました。日本の古典演劇の優秀な作品はいまでも一部史実に基づくものです。最も人気のある作品のひとつに「四十七士」があり、これはミットフォード氏の『古い日本の物語』にごく簡単に書かれた話を基にしたものです。最悪の作品には最も人気のあるものが多いのですが、ここでは触れずにおくほうがいいように思います。現地の新聞何紙かが演劇は日本の若者にはとても有害だと非難し、『明六雑誌』は演劇が一般的に「不道徳で嘘が多く、くだらなくて退屈である」ことを理由に、演劇における改革を支持しています。『女性のための修身・教訓書』は、四〇歳未満の女性は劇場に行ってはならないとしていますが、この賢明な禁止令も下層階級では広く一般的に破られています。しかしながら、青年層が旧体制の衣装、慣習、作法、礼儀を学べるのはごく上質の歴史劇からだけで、演劇が三〇歳の男性ならだれでもおとなになってからの記憶がある、あの風格のある時代の生活の再現ばかりを提供し、人々を魅了するのは容易に理解できることです。

役者という職業は世襲で、手書きの指南書が大切に代々譲り渡されます。役者は劣った階級と見なされてきましたが、その法的に不利な条件は下層民である穢多《エタ》のそれとともに現在では廃止されています。現役俳優のなかでもいちばん有名な市川団十郎が属する一門は、一般の身分格下げ規則から除外されていました。将軍政治のもとでは、女性は男性といっしょに演劇に出演するのを禁じられていましたが、現在では有名でもなければ、多くもないとはいえ、女性の劇団もあるそうです。ふつう日本人にはひげがないので、男性が女性に「扮する」のは容易なことですが、真似た女性の声はとても不愉快で、このように演じられる女性の役には堅さがあり、優美ではありません。ある作品はストーリーは力強く語られるものの、体と顔の演技は、西欧式の考えでいくと、不自然で大げさ、また重く沈んだ音楽と嘆き悲しむようなコーラスは悲嘆と絶望の表現を強調しすぎです。古い日本に興味を持ち日本語の知識もまずまずある外国人には古典劇ファンが多いのですが、新富座で上演されたものがその代表であるなら、わたしにはテンポがのろくて退屈だと書くしかありません。

ふつう日本の演劇は午前六時か一〇時にはじまり、一日中、ことによっては二、三日続けざまに上演されます。また東京では夜間もやっています。幕間には休憩があり、近くの茶屋へ移動して軽い食事や飲み物をとる観客も多いのですが、飲食物が劇場のなかで供されるのは実に適切なことで、こけら落としの日にも茶屋の給仕が漆塗りのお盆にお茶やごはんやサンドイッチを載せて枡席や桟敷《さじき》席の客にたえず運んでいました。もちろん寺社その他の場所同様、禁煙ではありません。暗くなってから上演される場合は、舞台の前に蠟燭を立て、さらに係員が長い棒の先に蠟燭をつけたものでせりふを言ったりしかめ面をしたりしている役者の顔を照らします。ゆったりした黒い頭巾をかぶった少年たちは姿が見えないということになっており、役者の陰にうずくまって、もう使わない小道具を取り除いたり、同じ姿勢を限度以上に続けなければならない役者をこっそり支えたりします。能舞台は木を使った簡素な矩《く》形《けい》の場で、柱で支えてあり、一方をのぞいてすべての面が開いています。そして残り一方の壁には昔からのしきたりにより松の木が描いてあり、舞台と観客席を仕切る空間には小さな松の木が三本植えるか置くかしてあります。装飾はいっさいありません。しかしながら、ふつうの舞台にはほぼ完璧ともいえる背景が備えてあり、衣装はきわめて豪華で、その多くは昔の美しい刺繡が残ったすばらしい骨董品で、値段のつけようもありません。

守田の招待は外交官、お雇い外国人、多数の日本人高官に及びました。劇場の周辺全体がお祭り騒ぎです。立派な茶屋では席と飲食物の両方を予約できる切符を売っており、幟《のぼり》や色提灯を飾ってにぎやかです。また劇場の入り口の前は客以外は立ち入り禁止になっており、警官の列が通りにぎっしりいる群集を静かにふさいでいます。洋式の夜会服を着た給仕が舞台正面の二階桟敷最前列にある席までわたしたちを案内してくれました。正面の二階桟敷席はその半分が外国人客、残り半分が日本人官僚用に充ててあり、そのどちらも、また両側の桟敷席もこの日のためにひどく醜い絨毯が敷いてあります。開演がたいへん遅れ、そのあいだに招待客にはお茶と氷が運ばれました。

この劇場の建物は非常に地味で殺風景です。その日の舞台は背景も飾りもなく、能を上演するしつらえとなっていました。そうでなければ、回り舞台や迫《せ》り、それにごちゃごちゃした背景が用意されていたはずです。全体が白木でできていました。床すなわち平土間は枡席となっており、男性客、女性客、子供たちがおしゃべりをしたり、たばこを吸ったり、なにかを食べたりしています。平土間席には「花道」と呼ばれる木でできた二本の高床の通路が通っていて、ときにより役者はここから舞台に出入りします。天井はとてもしゃれており、木部の細工全体がそうであるように、上質の白木で高度に仕上げてあります。最も革新的な点はふたつのガス灯が導入されたことで、ガスのフットライトが陰気臭い獣脂蠟燭の列や、棒の先に小蠟燭をともして役者を照らしていた黒い「端役」「黒子」に取って代わりました。この劇場の収容人数は二〇〇〇名ですが、だからといってそれだけの席があると考えてはいけません。桟敷席というのは上質のござを敷いた囲い席にすぎず、観客は正座といういつもの姿勢で床に座るのです。唯一の装飾は役者の紋を赤く染め抜いたおびただしい数の白い幟《のぼり》があることで、国の色である紅白の旗や提灯があちこちに飾ってあります。このほとんど単調ともいえる簡素さは調和のとれた美しさを効果として生み出し、快く、また目を休めてくれます。舞台は「緞帳《どんちょう》」ではなく劇場の紋を赤く染め抜いた純白の幕で一部が閉ざされています。使われる色は赤と白のみなのです。

上演前に案内係が招待客のひとりひとりにきれいな白い扇子を配りました。赤く漢字で記した守田の名前が飾りとして入っています。こちらの人々は幸運にも、名前を記した文字がそのまま簡素で趣味のいい装飾になるのです。遅れがいよいよ耐えがたくなりかけ、陸軍と海軍の音楽隊が交互に演奏する騒々しい曲に神経を限界ぎりぎりまで苛立たせられたころ、舞台横の幕が引かれ、洋式の夜会服を着た四〇人の役者とともに守田が舞台正面、そして右手へと進みました。女役を演じる役者は着物《キモノ》と袴《ハカマ》で装って左手にいます。夜会服を着た役者たちが陰気臭い列をつくってごたごたとひとつにまとまりました。ああ、彼らにしてみればかわいそうに！　観客のアイドル、市川団十郎はどこにいるのでしょう。数え切れないほど何度も写真を目にしてわたしもすでに見覚えのある、あの錦の衣装をつけた堂々たる姿の彼はどこにあるのでしょう。それに彼ほどではなくとも、旧体制の豪華な衣装をまとい二本の刀を携えた有名人たちの群れは。六歳になるファニー・パークスは「パパ、あの醜い人たち、なんてへんなの！」と言いました。ファニーが六〇歳であれば、ここまで的を射た言い方はできなかったでしょう。どれもみな同じの黄色くて平凡な顔、弾丸形の頭、頭の上で逆立った剛くて短い髪、ぺちゃんこの胸、丸い肩、それに形の悪い痩せた脚、なにもかもが洋服姿では醜さとしてあらわになっていました。こんなことはこれが最初で最後にしてもらいたいものです。服はまるで四〇人全員の分をそこにはいないひとりの人間に合わせて仕立てたようでした。たしかに服をつけてはいますが、着こなしているのとはほど遠いのです。全員が痩せた腕を不揃いに両脇にたらし、手をサイズの合わない白いキッドの手袋に押し込んで、一様に嘆かわしい姿勢でこれから懲戒を受ける悪人のように立っています。

守田がつぎのような口上を日本語で読み上げました。

新富座での口上（江戸にて、新劇場こけら落としの日）

「演劇好きで、演劇界全般が退廃して無益な上演がなされているのを嘆く気持ちでいっぱいの人々数人が、島原座の座元である守田と主要な役者たちにつぎのことを切に望むと教えてくださいました。劇場の設備と上演される作品の性格の両方に手直しをし、下品さをすべて排除して、悪を懲らしめ善を勧めるような実在の歴史的な物語を舞台に載せなければならないと。これが達成されれば、一方では礼儀や道徳の改善に役立ち、もう一方ではこの劇場を華族、政府高官、各界名士、外国公使という、ひと言でいえば社会のエリートである方々にとって主要な憩いの場となすことができ、その結果、秩序ある政府を生むのにいささかでも貢献でき、文明開化の道を歩む社会の前進においてひとつの特徴となることができるのではないかと。それゆえ、守田ならびに役者陣はいかなる努力をも惜しみませんでした。そして社会のエリートたるみなさまのご支援を賜れるよう、劇場の設備と演劇の傾向のみならず、演じる者の品性や礼儀をも改善の対象としてまいりました。そしてここに劇場完成の日を迎えたのです。守田ならびに役者陣は、銀行その他の有用施設の落成式に見られるような式典でこの劇場の開業を行います。音楽を演奏していただくために軍楽隊をお招きしました。知事、警視庁幹部、政府高官、貴族、財界要人、各国公使と社会的エリートの方々すべてにご出席を賜り、かくも輝かしい落成式という吉兆に望まれるのは、演劇刷新の時代の幕開けであります」

このあとごひいきの役者が同門のべつの役者とともに自分とその仲間を代表して挨拶を述べました。猿まねの洋服が滑稽味をかきたてたはずだとはいえ、守田の口上には内部からの改革の希求をさらに裏づけるものとして、また西欧文明に向かった日本の大いなる動きを完全に支持するものとして、特別な関心と重要さがありました。舞台を浄化しようとする彼の試みは猥褻傾向のある絵や図柄の販売の禁止、多くの猥褻物の公開の禁止、都会の屋外での着衣の強制、公衆浴場での混浴禁止などなど、少なくとも屋外における公衆道徳を改善しようとする政府の行為と同調しています。

休憩中はお茶とシャンペンが桟敷席に用意され、枡席では宴会が繰り広げられましたが、そのあと、能舞台の幕が開いて、役者が現れました。『コーンヒル』誌一八七六年一〇月号にこの公演についての論文を書いた学者チェンバレン氏が、わたしをこの古い叙情劇にいくらかでも熱中させようとしました。しかしながら解説を受けても、衣装がどれだけすばらしく、また役者にどれだけ時代を経た風格があろうと、わたしにはとても退屈で、かき鳴らすような楽器の音と、つぶやいたり、わめいたりする歌やせりふと、足を踏み鳴らす音を伴奏にポーズをとるのは、門外漢にはまったく苛立たしいものでした。このあとには京都の御所を舞台にした短い作品が上演され、男優と「女優」の一団が踊り、浮かれ騒ぎながら桜の枝を振りつつ「花道」を歩いていくというコミカルな牧歌劇で終わりました。能の衣装は豪華で、なかにはおそらく何百年も昔のものがあり、また牧歌劇の衣装はえもいわれぬ美しいものでした。牧歌劇はまことにすばらしい演し物《だしもの》でした。

I・L・B

第八信

六月九日、江戸、イギリス公使館にて

浅草観音寺――寺院建築の一様性――人力車《クルマ》で外出――毎日がお祭り――仁王――虚飾のリンボ――異教徒の祈り――賓頭盧《びんずる》――稲荷――悪魔の一団――奇形の植物――日本女性――新しい日本――あるエレガントな女性

今回一度かぎりですが、お寺について書きましょう。浅草にある有名なお寺［浅草寺］(1)。で、一年中市があってお祭りをやっており、慈悲の女神「千手」観音が祀られています。一般的に日本の仏教寺院はその設計、屋根、概観においてどれも似ていると言えるかもしれません。聖なる建築物という観念はほぼ同じような形となって具現されるものです。一重または二重屋根の門があって、その両側の壁龕《へきがん》には彩り豊かな像が立っています。石畳の参道があって、石製またはブロンズ製の灯籠が、数の多少はべつとして、立っています。石製またはブロンズ製のアマイヌ［狛犬］すなわち天の犬が石の台座に座っており、屋根はついて

いたりいなかったりするものの、聖水をたたえた石槽［手水舎《ちょうずや》］があります。石段があり、柱廊式の玄関があって、それはそのまま建物の周囲をめぐるベランダとなっています。大きさも重さもえらく不均衡な屋根があり、独特の曲線を描いています。方形または矩形の広間があり、広間とは手すりで仕切られた「内陣」には高低のある祭壇、釈迦やその寺院が献じられている神を祀った厨子、香炉、その他の宗教的装飾品が備わっています。象徴や偶像、装飾品は寺院の所属する宗派や信者の裕福度、僧侶の気まぐれにより異なります。仏像や祭壇やたれ幕、ブロンズや真鍮の仏具、位牌、装飾品でいっぱいの寺院もあれば、門徒宗《モントしゅう》のそれのように、たいして改装しなくともあすからでもキリスト教の礼拝に使えそうなほど徹底して簡素なものもあります。

基礎は四角い石で、その上に角材が載っています。角材は楡《にれ》で、間隔を置いて柱が結合してあります。屋根が大きくてとても重いのは、トラスが上に行くに従って断面積の小さくなる重い骨組みをてっぺんまで重ねたものとなっているからです。主要な梁はとても太い丸太が自然のまま用いられています。屋根は非常に重くて装飾的な瓦で葺いてあったり、金の装飾入りの銅板で葺いてあったり、上質の屋根板か木の皮を用いた厚さ一フィートから三フィート［約三〇―九〇センチ］の草葺きとなっていたりします。外壁はふつう楡の厚板で仕上げてあり、漆が塗ってある場合となにも塗っていない場合があります。屋内の壁はきめ細かく鉋《かんな》をかけた美しい松材の薄い板を斜めに張ってあります。屋根の内張りは平らな羽目板を用いてあり、支柱で支えてある個所は一様に円形となっていて、きめの細かい真っ直ぐな松の幹が使ってあります。軒下に突き出た屋根の梁の先端は精巧な彫刻を施して鈍い赤に塗装してあるか、あるいは梁の接合部分と同じように銅板で覆ってあります。釘はほとんど使用されず、木材はほぞ継ぎやあり継ぎ、あるいはその他のよくわからない継ぎ方で非常に美しく接合してあります。

チェンバレン氏とわたしは、そろいの制服を着た三人の車夫が引く人力車《クルマ》で公使館から浅草へと三マイル［約五キロ］の込んだ道を急ぎました。浅草はかつては村でしたが、現在はこの巨大な都市に統合されています。広い道路から隅田川に架かる吾妻橋を渡りました。吾妻橋は東京でも数少ない石造りの橋のひとつで、東京東部に通じています。東部はおもしろくない地域で、運河、倉庫、木場、下級の武家屋敷《ヤシキ》が多くあります。吾妻橋に至るこの広い通りは歩行者やクルマで信じがたいほど込み合っていますが、市内「駅馬車路線」多数の終着駅で、中央にはみすぼらしい幌馬車二〇台がそれよりもっとみすぼらしいポニーに引かれて客を待っています。ここには東京の人々のありのままの生活がいっぱい見られます。というのも、人々が好んで参拝する寺社の近くには、罪のないものからひどいものまで数多くの娯楽施設が必ずあるからで、この浅草のお寺の近辺には食堂、茶屋、小さな芝居小屋、歌い踊る芸妓のいる盛り場があるのです。

この通りから歩行者だけが通れる舗装をした広い参道を行くと、みごとな入り口、二階建てになった二重屋根の巨大な門《モン》に出ます。門はくすんだ濃い朱に塗られています。この並木道の片側には屋台店が並び、商品を盛大に陳列しています。おもちゃ屋、喫煙具屋、かんざし屋がとくに目立ちます。門のそばにある屋台には、数珠、小さな厨子に納めた懐中用の真鍮製や木製の偶像、お守り袋、家の守り神としてもっとも人気のある富の神大黒《ダイコク》の陽気そうな像、祭壇、位牌、安価な奉納物、御鈴《おりん》、燭台、香炉などなど、家の内外で使用する仏教に関連したありとあらゆるものが売られています。浅草では毎日がお祭りです。このお寺は偉大な神々のなかでも最も人気のある神に献じられており、宗教に関係する行楽地としてはいちばん有名で、仏教徒であろうと神道を信仰していようとクリスチャンであろうと、首都に来てこの人で込んだ境内を訪れたり露店でなにかを買わない旅行者はいません。わたしもその例外ではなく、一束五〇本入りの花火を二銭すなわち一ドルで買いました。花火は一本ごとに美しい雪の結晶のような火花をぴかぴかと放ちながら、ゆっくりと燃えつきていきます。それにしなびた木髄のようなものが入っている小箱もひとつ二銭で買いました。これは水に入れると、ふくらんで木や花になるのです。

そこから舗装された路地を右に入ると、あまりきれいではない人工の川があり、曲がった石材一本でつくった橋が架かっています。そこから段々を上がると、ブロンズ製のみごとな鐘のある小さなお堂があります。入り口では数人の女性が祈りを捧げていました。同じ方向にブロンズ製の釈迦の精巧な座像が二体あり、一体は両手を合わせ、もう一体は蓮の花を持ち、どちらも額に「この世の光明」をつけています。実際の寺院の中庭に通じる朱色の大門はきわめて堂々たる印象をあたえ、そのそばにある入り口はわたしがはじめて見た立派な異教の寺院へと通じます。わたしは同じように売り手や買い手でにぎやかな境内を持つほかの神殿のことと、神殿もその境内も自分の「父の家」だと主張するキリストが手にしている「縄の鞭《むち》」のことを思いました。温厚な仏教の創始者がこの不浄な浅草の寺院の境内を浄化するには、これに劣らぬ義憤が必要でしょう。何百人もの老若男女がとぎれなく門を出入りしていきます。それも一年中毎日、日中のどの時刻をとってみてもこうなのであって、大きな祭《マツ》りのある日にはその人数が何倍にもふくれあがり、御神体を納めた聖なる乗り物御輿《ミコシ》が公開され、神聖な身振り狂言や舞が演じられたあと、時代装束をつけた壮麗な行列をつくって海辺まで運ばれ、また戻ります。門の両脇には仁王《ニオー》すなわち風になびく衣装をつけたふたりの王の巨大な像があり、一体は赤くて口を開け、陽《ヨー》すなわち中国哲学の雄の原理を、もう一体は緑で口を固く結び、陰《イン》すなわち雌の原理を表しています。二体とも目をむき、いまにも飛びかかってきそうなほど顔や体を憤怒にゆがめた恐ろしい姿をしています。大きな寺院ならたいていはこの二体の像が門を守っており、家々の戸口にはこの二像を刷った小さな絵がどろぼう除けとして貼ってあります。正面の格子にはわらじがいくつもぶらさがっていますが、これは自分の脚が仁王のそれのように丈夫であることを願う人々が結びつけたものです。

この門をくぐると、そこが参道で、正面に寺院があります。鈍い朱色をした堂々たる高さと大きさの建物で、重々しい灰色の瓦で葺いた屋根は反り返り、壮重であるとともに優美でもあります。梁や柱は太くて堅牢ですが、一般に日本では仏教、神道にかかわらず、お堂はすべて木造です。真鍮をかぶせた、奥行きの浅い急で広い段々を上がると、何本もの円柱でとても高い屋根を支えてあるポーチがあり、長さが一〇フィート［約三メートル］もある提灯が下がっています。ここからは回廊が寺院の軒下をぐるりとめぐっています。畳の敷いてない外側の礼拝堂［外陣］がひとつあり、内側の礼拝堂［内陣］は格子の向こうにあって、比較的ひっそりと祈りを捧げたい人、あるいは僧侶に祈禱してもらいたい人はお金を払えばなかに入れます。

外側の礼拝堂は騒々しくて人でごった返し、とまどいます。かたかたと下駄を鳴らして人々が出入りし、ポーチに棲みついている鳩が頭上を飛びかい、鳩のばたばたと翼を鳴らす音が鈴のちりんちりんと鳴る音や、太鼓や銅鑼《どら》を打つ音、僧侶の読経する甲高い声、祈りをつぶやく低い声、女の子たちの笑い声、男たちの荒々しい声、それにさまざまなざわめきと混じり合っています。一見してグロテスクなものがたくさんあります。男たちが床にしゃがみ、お守りや数珠、祈禱書、線香などを売っています。壁と太い円柱にはあらゆる種類の奉納物がぶらさがっています。その多くは粗雑な日本画です。うちひとつは隅田川で一〇〇人の命が失われた蒸気船の事故を描いてあり、観音の御慈悲で命が助かった人が奉納したものでした。[2] ここで祈願をして健康や財運を取り戻した人々からの記念品がいっぱいあります。命の危機に遭った船頭からのものも。多数ある男の髪の束と、ほこりをかぶっている女の髪を編んだ束は、ふつう病気になった身内のために祈願や誓いの印として献納したものです。これらすべてに混じって、左手にあるのがけばけばしい金縁の大鏡と、額に納めた郵便船チャイナ号の絵！　こういうごちゃごちゃしたものの上にはすばらしい木の彫刻と守護神ています。

入り口のそばには、古いブロンズ製品のなかではもっとも重量級のみごとな香炉があり、架空の獣である獅子がその上に載っています。周囲には日本式一二宮［十二支］の象徴である鼠、牛、虎、兎、龍、蛇、馬、羊、猿、鶏、犬、猪がくっきりしたレリーフで描かれています。縁にぐるりと開けてある孔からたえず香の煙が立ちのぼり、香をくべる役のお歯黒の女性はたえず参拝客から小銭を受け取っています。参拝客はこのあと祭壇前に進み、祈りを捧げます。高い祭壇とそもそも神のいるところとみなすべきそっくりすべてのものは、粗い金網の衝立《ついた》てで防護してあります。この最も聖なる場所は厨子や仏像、巨大な燭台、金箔をかぶせた銀の巨大な蓮、供物、灯明、漆器、経本、銅鑼、太鼓、御鈴、その他、教養人や奥義を知る人には倫理と哲学の体系であり、一般大衆には盲信的な偶像崇拝である信仰を象徴する摩訶《まか》不思議な品々でいっぱいです。この祭壇のあるところはほの暗く、明かりも落としてあり、香の煙が濃くたち込めています。そしてその煙のなかで、頭を剃った袈裟《けさ》姿の僧が観音像の納まっている高い厨子のまわりの畳を音もなく動き、蠟燭をともしたり、鐘をたたいたり、お経を唱えたりしています。衝立ての正面には深い切り込みの入った幅一四フィート［約四・三メートル］、奥行き一〇フィートの賽銭箱があり、参拝者が例外なしに投げ入れる銅貨のちゃりんという音は途切れることがありません。

ここでもみな祈りを捧げます。これが祈りと呼べるのかどうかは疑問ですが、たいがいの場合意味のわからない外国語の文句を繰り返し、頭を下げ、両手をこすり合わせてなにか二言三言つぶやき、数珠をつまぐり、両手をたたき、もう一度頭を下げ、それで去っていくか、あるいはまたべつの祭壇で同じ所作を繰り返します。絹の服を着た商人、古ぼけたフランス式制服姿の兵士、「下劣な衣服」をつけた農夫や人夫、洋服姿の既婚あるいは未婚の女性、侍《サムライ》姿の警官ですら慈悲の女神の前では頭《こうべ》をたれます。祈りの大半はぺちゃくちゃとかわす無頓着なおしゃべりをほんの束の間中断してそそくさと捧げられるにすぎず、崇敬するふりをする気配もありません。とはいえ簡単な「信心」に明らかに正真正銘の苦悩をこめている参拝者もいます。とくにわたしが目をとめたのは、しゃれた洋服姿の男性ふたりで、何度も何度も身をかがめ、数分間祭壇の前で目をとじ、どう見てもまぎれのない熱意をこめて小声で祈りを捧げていましたし、たぶん病人のことで祈願しているのか、見るからに悩みをかかえたようすの女性が数人、苦しみを訴えるように祈りを捧げていました。その祈りは本物であることにかけては、イギリスで天にましますく父なる神に捧げられる心の苦悶からの祈りになんら劣るものではありませんでした。

お堂のひとつには、全身に紙つぶてをくっつけた大きな像があります。何百もの紙つぶてが像を囲ってある金網にもくっついています。参拝者は祈願を紙に書いたり、いっそのこと僧侶に書いてもらったりしてから、その紙をパルプ状になるまで嚙み、仏像に向かって吹き飛ばします。ねらいがよくてうまく囲いに当たらずに飛ばせれば、それは吉兆で、紙が金網にひっかかれば、おそらく願いは叶わないというわけです。寺院の外にある仁王その他の仏

石灯籠

像にも同じように紙をくっつけているのがありました。左手には衝立ての棒に願いを書いた紙が無数に結《ゆ》わえてあるお堂があります。右手には釈迦に本来いた一六人の弟子のひとり賓頭盧《びんずる》が囲いなしで座っています。温厚そうなその風貌は、どこかジョージ三世時代の老地方紳士の静かな威厳を感じさせたのですが、いまは古びて醜くなり、スフィンクス並みに目鼻や口がなくなってしまっているうえ、手足の赤い漆ははげ落ちています。というのも賓頭盧は病気を治す偉大な神で、何百年にもわたって病人たちがまずこの像の顔や手足を、ついで自分の同じ個所をさすってきたのです。ひとりの若い女性がこの像に近寄り、像のうなじを撫でてから自分のうなじを撫でました。そのあとまぶたをひどく腫らし、腕の麻痺した老女を連れた質素な身なりの娘が像のまぶたを撫でてから、老女のつむったまぶたをそっとさすりました。ついで膝の腫れた人夫が賓頭盧の膝に荒っぽく触れ、今度は自分の膝にそれよりやさしく触れました。ほら、ここは庶民のお寺なのです。「金や身分や力」のある者は薄暗くて汚くて人でいっぱいのお堂には入っていかないのです(3)。

しかしながら、浅草の見所は観音寺本堂だけではありません。本堂の外には無数の神社や寺院、未加工の石の台座に載った大きな石のアマイヌすなわち天の犬、屋根があったりなかったりするものの、参拝者が身を清める水の入っている石製やブロンズ製の水槽、粗削りの石の台座に載った鋳鉄製のアマイヌ――最近奉納されたもの――、ブロンズや石の灯籠、石の柱に収めた石製の後生車《ごしよぐるま》、休憩中の労働者のようにせいせいとした表情の釈迦像があります。石仏には信者の願い事を書いた紙が貼りつけてあり、その前では何百人もの参拝者が焚いた線香の灰の山のうえにさらに線香が立ててあります。漢字や梵語を彫り刻んだ石柱、釈迦の「五〇〇人の弟子」[五百羅漢]の像を納めた八角のお堂、屋根と壁の上部を華やかに彩色したお堂。内陣に祀ってある円い神道の鏡。お堂の外にはブロンズの賽銭箱と参拝に来たことを神に知らせるために鳴らす鈴があります。朱の漆を多く使った、よく目立つ五重の塔。屋根の梁の先端にはとても奇抜な彫刻が施してあり、重い庇の周囲には風鐸《ふうたく》がついています。いちばん上の屋根のてっぺん部分は銅板で優美な螺旋形に葺いてあり、頂華《ちようげ》として炎に囲まれた「聖なる真珠」[宝珠の玉]がついています。そのそばには、寺院ならたいていそれがあるように、白木の枠が立っており、寺院に寄付をした人の名前と金額を書いた札が下がっています。

多くあるお堂のひとつに、稲荷《イナリ》すなわち狐の社があります。狐崇拝は日本でもっとも広く見られる偶像崇拝なのです。とはいえ狐は稲を発見し栽培したとされるウガ［倉稲魂神《うかのみたまのかみ》］という架空の人物の従者にすぎません。それでも一般にはイナリサマ（ウガを神として崇める名前）への敬意はその従者に対して向けられているのです。この社に祀られた二匹の金色の狐の前には盆があり、そこにはごはんを盛った小さな器と狐形に固めた砂糖が供えてありました。神道の御幣《ゴヘイ》は短冊に切った紙を特殊な形に折ったもので、ふつう白い棒につけてあり、神道の神々すなわちたんに崇められるだけの偉人たちを表すとされますが、これがこの社にもあり、入り口のそばには木と石でできた神道の鳥居がありました。

本堂の南東に床が石の立派な寺院があります。わたしたちが訪れたときは、ほかに参拝客がいませんでした。この寺院は非常に高く、ふんだんに装飾が施してあります。中央にあるのは八角の回転する部屋、あるいは部屋というより真紅の漆塗りの厨子で、とても華やかに装飾してあります。この厨子は黒い漆塗りの台に載っており、周囲には漆塗りの回廊がめぐっていて、装飾を凝らした戸がいくつか開いています。この回廊を肩で何度か押すと、厨子が回ります。実はこれは仏教の経典の回転書庫［転輪蔵］で、一周させるとそこにある経典を一度精読したことになるのです。この厨子は古い装飾的な漆の作品の実例としてはきわめて美しいものです。寺院の裏側には布をまとって片手を上げた真鍮製の釈迦像があり、品格のある鋳造作品です。釈迦像はすべてヒンズーの顔立ちをしており、優美な衣の襞《ひだ》とオリエント風な寝姿はインドから伝わったもので、日本固有の着想に見られるグロテスクな行きすぎとは著しいコントラストを示しています。この寺院にはまた、足に鉤爪《かぎづめ》を持ち、口には二本の大きな牙の生えたおそろしくけばけばしい等身大の木像四体があります。四体とも頭は火焰に包まれており、うしろには金環がついています。衣装もけばけばしく、激しい風になびいているように見えます。甲《かぶと》をかぶり、鎧《よろい》も一部つけていて、右手には笏《しゃく》のようなものを持っています。目をむいて口を開き、顔はゆがんですさまじい形相《ぎょうそう》をしています。真っ赤に塗られた一体は悪魔を踏みつけ、あざやかなピンクに塗られたその悪魔は身もだえして苦しんでいます。緑に塗られたもう一体は青緑の悪魔を、紺色の一体は空色の悪魔を踏みつけ、あざやかなピンクをしたもう一体の怪物は鉤爪の生えたその足で肌色の悪魔を踏んでいます。この四体がどんなに恐ろしい様相をしているかはとうてい伝えられそうにありません。虐待されている悪魔のほうがよほど罪がなさそうで、同情したくなるほどです。これらと同じ像が仏教寺院にはよくあります。地獄の王である閻魔《えんま》の拷問係だという人もあり、「四方の神々」［四天王］と呼ばれているそうです。

この寺院の境内ではとてもめずらしい光景が見られます。イギリスでは市場がもっとも盛んだったころでさえ、これほど盛りだくさんな呼び物はなかったでしょう。寺院の裏には数多くの射的場があり、娘たちがふだんのおとなしそうなようすとはまるで裏腹に、にこにこ笑って優美なカップについだ麦藁色のお茶とまずい砂糖菓子を漆塗りのお盆に載せて運んだり、小さなキセルでたばこを吸ったり、長さ二フィートの細い竹の弓と矢筒、それに小さな矢を渡してくれたりします。矢は桜材でできており、矢尻は骨で、赤、青、白の矢羽がついています。娘たちは微笑みながら、ごくさりげなく、両側に赤いクッションのついた四角い太鼓の前に掛かっている的に命中するかどうか、腕か運を試してみませんかと尋ねます。カチンとかビューン、あるいはほとんど聞こえない「ぐさり」という音で結果はわかります。矢を射るのはほとんどがおとなの男性で、その多くがこの子供じみた娯楽で一度に何時間もすごすのです。

境内じゅういたるところに、銅なべやおもしろい細工の鉄瓶をよく見る炭火にかけた屋台店があります。お茶の芳香が漂い、愛敬があっておしとやかな娘たちがいて、お茶を飲んで一服しようかという気にさせます。また食欲をわかせてはくれなくとも満腹にはさせてくれる食事もここではとれます。どの店もきれいな提灯の列で飾ってあります。このほかにあるのは写真館、茶屋の模擬店、大きな車をきしませながら回すと、何組もの等身大の像の集まりがそれに合った景色を背景に動き出す絵、畳を敷いた休憩所、神に供える米や豆を小皿に入れて売る屋台、鳩、それに二頭の聖なる馬。これは目と鼻がピンクをしたアルビノの小馬で、いやになるほど食い意地が張っており、一日じゅう食べていながら、まだ餌を催促します。歌ったり踊ったりできる店もあり、ひとつの店ではプロの講談師がぎっしり集まった聴衆を前に、昔から有名な悪事の話を語っていました。何厘か払ってとても醜くて食い意地のはった猿に餌をやったり、日本式に平伏するよう教え込まれたみすぼらしい猿を見物したりできる店もあります。おもしろい見物のひとつは等身大の像を描いた絵画で、観音を祀った三三ヵ所の寺を訪れて観音の力と寛大さに感銘を受けた画家が、自分の郷里の人々にも観音のご利益を示せるようにと描いた作品です。これらの観音像はすばらしく存在感があり、本物の衣装を着けています。絵画の大半で観音は美しくてやさしい聖母でありながら、神通力を持った女性として描かれています。グリフィス氏は『ミカドの帝国』でひとつひとつの絵の興味深い報告をしています。最もおもしろい二点は将来の罰と輪廻転生という仏教の信条ふたつを表したもので、飢えたどろぼうがお寺のお供えを盗んでおり、そのそばにはこのどろぼうの来るべき運命を描いた絵があるという作品です。どろぼうの運命を描いた絵には悪魔がいて、真っ赤に燃えている、車軸が炎でできた荷車があり、激しい頭痛に悩まされるひとりの男が観音に導かれて前世の自分の頭蓋骨が埋められているところまで行くと、そこには頭蓋骨の眼窩を貫いて伸びた木の根で地面がふたつに割れているさまが描かれています。木の根を取り除くと、頭痛がやむのです！　見物《みもの》はまだ半分だけ挙げたにすぎません。よくある見所以外に、寺院の左には庭園があり、そこには小型のつつじがまだ咲いています。この庭は一月には椿、三月初旬には梅、四月には桜、六月には聖なる蓮、そして一一月には菊と、日本の花々の美しい光景を何千人もの来園者につぎつぎと見せてくれるのです。日本人は一部の花々をことのほか愛《め》で、「花見」、「菖蒲と牡丹見物」、「蓮見物」、「紅葉狩り」は日本人の生活には欠かせない年中行事である遠足なのです。名家の紋の多くは花を使ったものです。天皇の公式の紋章は花弁の一六枚ある開いた菊の花で、皇居すなわち天皇の私的な紋章は桐の花と葉、将軍徳川家の有名な紋章は三枚の葵の葉が先端でつながったものです。とはいえこの季節の浅草の庭園で目を引いたのは、自然というより人工の美しさでした。日本庭園の「最高の技」の多くは自然をゆがめたり、形を変えたり、小さくしたり、大きくしたりすることにあります。花壇の縁取りは刈り込んだ茶の木ですし、低木も高木も丹念に手を入れて、傘や、船や、家や、洋式の帽子をかぶった人や、亀や、鶴や、猫の形に刈り込まれ、ときにはだれからも親しまれている富士山の形にしたものもあります。おもしろいことに、庭師はいちばん扱いにくい赤松や五葉松をもっとも手ごわい実験に選び、また、この二種の松は日本のほぼどこの庭園でも樹木の生長をとめ、変形させる盆栽の材料となっています。花屋にはギルドがあり、世襲の職業で、生産される盆栽の種類に応じてべつべつの家門がそれぞれ世襲の技術を持っています。丹精こめて矮小化したさまざまな種類の樹木、さまざまな色の花や葉が見られるめずらしさ、念には念をいれて誇張した萼《がく》、花冠、雌しべ、手をかけて発展させ定着させた突然変異。こういったものは自由に生長したみごとな大木の森――庭園にも境内にもあります――に劣らず、このような庭園をはじめて訪れた者にはとても興味深いものとしています。

とはいえここでもやはりほかのどこでもそうであるように、なによりもわたしが興味をかきたてられたのは人間でした。人々の敬虔ながらも、不敬な場合のほうがそれより多い礼拝のしかた、お粗末で幼稚な迷信、物乞いや暴徒のまったくいないこと、おとなの男や女の子供っぽい遊び、正装姿の子供たちとその重々しい態度、宗教と娯楽が奇妙に混合していること、蔑視がないとはいえ相変わらず外国人はひどくものめずらしげに見られること、両親と子供たちが親子連れで楽しんでいる姿のないこと、それでいながら女性は男性のいるなかをまったく自由に動きまわっていること、子供たちが父親からも母親からも大事にされていること、人々の体の小ささ、女性たちが顔を隠さず、また地味な顔だちをしていること、だれもが清潔できちんとした身なりであること、みんなきわめておとなしいこと、昼日中に何千人もの人々がお寺に押し寄せているのにみんな礼儀正しくて秩序が保たれていること、ひとりの警官もその場にはいなかったこと。こういったことにわたしは深い感銘を受けました。

女性、とくに娘たちはしとやかでやさしくて感じがいいのですが、美貌に関しては、これならまずまずという程度の顔にさえ出会いませんでした。鼻はぺったんこで唇は厚く、目は斜めに吊り上ったモンゴル人種のタイプです。それに眉を剃り落とし歯を黒く染める（ただし東京では以前ほど一般的ではありません）一般的な風習が一目でわかる生気のなさとあいまって、ほとんどどの顔もうつろでぼんやりして見えます。布をあまり使わない細身の衣服のせいで体格を判断することはできますが、彼女たちの体格は標準以下に見え、あたかも日本人全体がくたびれきっているとでもいうようです。肩は丸く、とても撫で肩で、胸と腰は小さく、手足もとても小さくて、背は四フィート八インチから五フィート一インチ［約一四二―一五五センチ］。子供を背負っているときは、まるで少女時代からいっきに中年に入ってしまったように見えます。子供も小柄な母親が背負うには重くて大きすぎるように見えますが、元気いっぱいの活力に欠け、育つにつれて小さくなるようです。男性も同じようなものです。ふつう身長は五フィートから五フィート五インチ［約一五三―一六五センチ］ありますが、体つきは貧弱で、筋肉がなくて痩せている点はだいたいどの男性にも共通していま す。わたしの受けた印象はこれまで会ったなかで最も醜くて最も感じのいい人々だ、それにもっとも手際がよくて器用だというものです。

ひどく長い手紙になってしまいました。でも浅草とその新奇さについてはまだ印象のあざやかなうちに書いておかないと、最も興味深い日本の名所のひとつを紹介しそこねてしまうことになるでしょう。帰り道にはロンドンで見るのと同じような赤い郵便馬車を見ました。それに洋式の制服を着て洋式の鞍に乗った騎兵大隊、海軍卿の馬車――イギリス式の馬具をつけた馬二頭の引くイギリス式箱型四輪馬車――、そして六人の騎兵も。三週間前に大久保［利通］内務卿が暗殺されたため、痛々しい予防措置がとられているのです。というわけで、この大都会には新しいものと旧いものが対照を示し、ひしめき合っています。天皇と閣僚、陸海軍将兵、公務員、警官は洋服を着ていますし、「若き日本」の象徴たろうとする遊び人ふうな若者多数も洋服を着ています。イギリス式の絨毯、椅子、テーブルを備えたイギリス式の馬車や家屋がしだいに増えてきていますし、外国製家具を購入する際の趣味の悪さは目につきますが、どこへ行っても見られる純和風の家屋の装飾品の趣味のよさも同様に目につくのです。さいわいこのように高価で不似合いな刷新は女性の衣服にほとんど及んでおらず、洋服を取り入れた女性のなかには着心地が悪く、いろいろ不都合があって面倒だと洋服を着るのをやめてしまった人もいます。

国の行事に出席した皇后は緋色の絹の袴にゆったりした衣という服装で、皇后をはじめ宮中の女性は一様に民族衣装をまとっています。わたしは洋装の女性をふたりしか見たことがなく、それはこちらで晩餐会があったときで、洋服を着ていたのは進取的な森［有礼］外務大輔の夫人と駐香港日本領事の夫人でした。ふたりとも海外生活が長く、洋装が板についていました。西郷［従道］文部卿夫人は、ある日なんともいえず美しい鳩色の縮緬《ちりめん》の和服姿で訪れました。同じ材質の淡いピンクのアンダードレス［長襦袢］を襟元と袖からほんのわずかのぞかせています。帯は深みのある鳩色の絹で、淡いピンクの花がちらほらと散らしてあります。フリルやけばけばしい飾りはいっさいなく、装飾品もシニョンに挿したピン一本のみ。やさしく美しい顔をしたこの夫人の優美で品のある和服姿は、洋装でもまさにこのとおりだっただろうと思わせました。洋服に比べ和服にはこれぞといった特長がひとつありま す。和服を一着と帯を一本さえ持っていれば、女性は完璧に服を着た状態になれることで、二着持っていれば、完璧に盛装できるのです。しかしながら、生まれが上流階級の女性の顔と中流下流のそれとは顔立ちや表情に差異があり、日本の画家はこのちがいを誇張して描きます。わたしは太った顔、しし鼻、厚い唇、吊り上った細長い目、白粉や紅をたっぷり塗らなければならない肌の色はごめんです。唇に赤みがかった黄色の紅をつけたり顔と首に真珠の粉を厚く塗り込める習慣にはぞっとします。とはいえ、これほどやさしくて品のいい物腰の女性たちに対しては、好意的でない批評は口にしにくいものです。　I・L・B

第九信

六月一〇日、粕壁《かすかべ》にて

不安――旅の装備――通行証――車夫の服装――江戸のジオラマ――稲作――茶屋――旅人の迎え方――粕壁の宿――プライバシーのなさ――騒がしさ――夜間の警戒心――警官来訪――江戸から届いた手紙の束

日付のあとの地名からおわかりのように、長い旅がはじまりました。ただし「未踏の地」にはまだ入っておらず、日光を出たあとにそこを踏めると期待しています。旅の第一夜を人でいっぱいの東洋の地でひとりすごすのは、奇妙で恐ろしくさえあります。きょうは一日じゅう緊張のしっ放しでした。不意を衝かれるのではないか、アイレー島［スコットランド南西部の島］出身のキャンベル氏から脅かされたように、暴徒に襲われるのではないか、日本の礼儀作法を破って怒りを買うのではないか、得体の知れないものが怖い（！）という状態でした。伊藤だけが頼りですが、伊藤とて「折れた葦」「頼りにならないもの」かもしれません。何度も今回の計画は中止したくなりましたが、自分の意気地のなさをはずかしく思ったところへ、最も確かな筋から、旅は安全だと請け合っていただいたのです(1)。

旅行支度はきのう終わり、わたしの荷物は一一〇ポンド［約五〇キロ］の重さとなりました。これが伊藤の荷物九〇ポンド［約四〇キロ］と合わせて平均的な日本の馬に載せられる量です。柳行李《やなぎごうり》二個は紙で内張りがしてあり、防水カバーがついていて、荷馬の背に振り分け荷物にできて便利です。わたしは折り畳み椅子を持っていて——日本の家屋には床しか座るところがなく、寄りかかれる壁すらないのです——人力車《クルマ》用の空気枕、ゴム製浴槽、シーツ、毛布一枚、そしてなによりも大事な、軽い棒にキャンバス地を張った折り畳み式ベッド。これは二分で組み立てられ、高さが二フィート半［約七六センチ］あるので、蚤除けになるでしょう。「食料問題」はあらゆるアドバイスをやんわりと拒絶することで解決しました！　わたしが買ったのはリービッヒ製肉エキス少々、レーズン四ポンド［約一・八キロ］、食べるのと飲むのにチョコレート少々、必要時に備えてブランディ少々、それだけです。自前のメキシコ式鞍と馬勒、適度な量の着替えを持ってきました。着替えには夜着るゆったりした部屋着も含まれます。蠟燭、ブラントン氏の大判日本地図、イギリスの『アジア協会紀要』数冊、サトウ氏の英和辞典。旅行着はベージュの縞柄ツイードの短いもので、黒く染めていない革の頑丈な編み上げ靴をはき、日本の笠をかぶります。この笠は大きなボウルを逆さにしたような形をしており、軽い竹を編んだものに白地木綿のカバーがついていま す。内側にとても軽い枠がついていて、そこに額がぴったり納まり、頭の上に一インチ半

人力車《クルマ》

［約四センチ］の隙間ができるので、通気がいいのです。重さはたった二オンス半［約七〇グラム］で、重いヘルメット帽よりはるかに具合がよく、また軽いのに頭を完全に保護してくれて、一日じゅう日が照って気温が華氏八六度［摂氏三〇度］あったにもかかわらず、ほかになんの日除けもいりませんでした。わたしのお金は五〇円、五〇銭、二〇銭、一〇銭の各紙幣を束にまとめてあり、ほかに筒に巻いた銅貨をいくつか持っています。通行証はバッグに入れて腰にぶらさげています。足台として使う鞍はべつとして、荷物はすべてクルマに載せ、伊藤は一二ポンドに制限された自分の荷物を

自分で持ちます。

クルマは三台あり、日光までの九〇マイル［約一四四キロ］を車夫は交代せずに三日で行く予定です。車夫の賃金はひとり一一シリングです。

通行証にはふつう外国人が通っていいルートが決められています。が、今回の場合はH・パークス卿が実質的に制限なしの通行証を入手してくださったので、東京以北と蝦夷のどこでもルートをなんら特定せずに旅することができます。この貴重な書類は、これがなければわたしは逮捕されて領事のもとへ送還されてしまうもので、もちろん日本語でしたためてありますが、表紙にはこの通行証の発行を管轄する法規が英語で記されています。「健康、植物調査、または学術研究」のために通行証を申請しなければならないとのこと。通行証を所持する者は、森林で火を焚いたり、馬上に火を携えたり、田畑、囲い地、狩猟地に不法侵入したり、神社仏閣や塀に落書きしたり、細い道で馬を早足で駆ったり、「通行禁止」の掲示を無視したりしてはなりません。「日本人および日本の当局に対して礼儀正しくなごやかにふるまわなければならない」。「官吏から求められた場合、通行証を呈示しなければならない」のです。これに反すれば、逮捕されます。また国内滞在中は、「日本人と商取引の持ち掛け、交渉、締結をしたり、必要滞在期間より長い期間家屋や部屋を借りてはならない」のです。

六月一三日、日光にて。ここは日本の楽園のひとつです！「日光を見るまではけっこうと言うなかれ」ということわざがありますが、これについては後述しましょう。粕壁で手紙を書こうとしたものの、果たせませんでした。蚤の大群に猛攻撃を受けて、簡易ベッドに退却せざるをえなかったのです。それにこのふた晩はあれやこれやで手紙を書けるような状態ではありませんでした。

公使館を月曜日の一一時に発ち、粕壁には五時に着きました。二三マイル［約三七キロ］の旅をクルマの車夫は楽に走り通しましたが、たばこや食事でしょっちゅう休憩しました。

車夫は青い木綿の短い股引《ももひき》をはいており、帯にはたばこ袋やキセルをぶらさげています。青い木綿の短いシャツは幅広の袖がついていて、前はウエストまで開いたままです。青い木綿の手ぬぐいを頭に巻いていますが、日差しがとてもきついときは、直径二フィート［約六一センチ］の平たい円盤状の笠を頭にかぶります。この笠はいつもクルマのうしろに下げてあり、雨の降ったときも使います。車夫はわらじをはいており、途中で二度はきかえなければなりませんでした。青と白の手ぬぐいをクルマの柄にかけていて、茶色の痩せた体にどんどん流れる汗をそれでぬぐいます。上半身に着ているものはいつもうしろにはためき、龍や魚を精巧に刺青《いれずみ》した背中や胸がむきだしになります。刺青は最近禁止されましたが、好まれる装飾であったばかりでなく、傷んでなくなってしまう衣服の代用品でもあったのです。

下層階級の男性は多くの場合とてもひどい髪形をしています。前頭部とてっぺんを剃り、後頭部と側頭部の長い髪を上でまとめて結んでワックスをかけ、さらに結んでから短く切ったあと、この固いまげをてっぺんのうしろ部分とともに前に持っていき、前を指すように固定します。このまげは陶製の短いパイプのような形をしています。このように頭を剃ってまげを結うにはプロの床屋並みの技術を要します。かつてはこの髪形は甲がかぶりやすいよう武士が結っており、現在ではおもに下層階級の髪形となっていますが、必ずしもみんながというわけではありません。

車夫たちは軽快な早足で公使館のポーチにいた心やさしい人々からさっさとわたしたちを遠ざけ、内堀を渡り、城内の車道を進み、門と石垣をすぎました。さらに二番目の堀を越え、すべて灰色の倉庫や店が立ち並ぶ街路を何マイルも走りました。通りは徒歩やクルマに乗った人々、二、三フィートの高さに荷物を積んだ荷馬で込んでいました。荷馬の鞍のアーチは赤と金の漆が塗ってあり、馬の額の飾り帯は赤い革製です。「蹄鉄」はわらじで、頭は腹帯の両側にきっちりとつないであり、胴体には架空の獣を青で描いた白地の立派な布をだらりと掛けていました。通りにはまたハイ！　フイダ！　とのどから絞り出すような叫び声をあげて重い荷物を引いている労働者、醜い形に頭を剃った子供もいました。それにときおり、あたかもぐるぐる回るジオラマのまんなかで道徳の教訓をたれるかのように、葬列が雑踏のなかを通りすぎていきます。豪華な衣装をまとった僧侶がお経を唱え、桶には遺体を納めてあり、会葬者は白い翼のついた青い衣装を着ています。そのあとわたしたちは江戸のはずれに来ました。家並みがつづかなくなってきたものの、その日は途切れがほとんどありませんでした。どの家も玄関が開いており、住んでいる人の職業ばかりか「家庭生活」が丸見えです。このような家の多くは路傍の茶屋で、そのほとんどすべてが砂糖菓子、干魚、漬物、もち、干し柿、雨笠、人間用と馬用のわらじを売っていました。道路は二台の馬車が通れるだけの幅が充分にあるものの（ただし馬車は一台も見ず）、状態はよくなく、両側の溝がきれいでもなければ好ましくもないことがしょっちゅうです。書かなくてはいけないでしょうか？　家々はみすぼらしくて、貧しくて、むさ苦しく、往々にして不潔ですらあり、臭いがひどく、人々は全員がなんらかの仕事をして働いているのに、醜くて、むさ苦しくて、貧しいようすをしています。

このあたりはまったくの平地で、おもに人工的な泥の低地か湿地になっており、その肥沃な沼にはさまざまな水鳥が歩いています。また人間の男女も何百人となく膝の上までを泥に埋めて動いていますが、それというのもこの江戸平野はおもに大水田地帯から成り、いまは田植えで忙しい時期なのです。ここでは、わたしたちが理解している意味において、人々は「パンを水に投げる」［陰徳を施す］のではありません。日本で栽培される米には主なものだけでも八種か九種あり、高地種である一種をのぞいたすべてが泥と水を必要とし、さらにその泥をかきまわすきつくて厄介な作業を要するのです。米は日本の主要食糧であり、富です。日本では収入が米で算定されます。米は灌漑の可能なところならほぼどこでも育っています。

稲粒は芽を出す寸前まで水に浸けたあと、小さな苗床にびっしりと蒔きます。苗床は毎晩二、三インチの深さまで水をひたし、日中は水を抜きます。苗がよく伸びてきたら、魚肥か油粕を施して生長を促進させます。約五〇日で苗床がおよそ三インチ［七、八センチ］に育った苗で覆われ、あざやかな緑がちょうどいまの横浜近辺全域のように目を楽しませてくれるころ、人々はその苗を三本か四本の束にまとめ、列に植えます。列と列の間隔は一フィートで、束と束もおなじだけの間隔を空けます。とはいえ、全般的にまだ田植えの時期ではまったくなく、その準備段階の作業をたいへんよく見ました。その作業というのは、わらの鞍をつけた馬に何本かの長い歯のある器具をつけて泥水のなかを往復させ、そのあとを人が歩いて、手綱ではなく、馬の鼻の両側につけた長い竹竿で馬を誘導します。こうして古い稲の根をちぎり、土壌をほぐし、土と肥料を混ぜるのです。というのも、水田は——日本の作物はすべてがそうであるように——土を肥やす成分があると思われるものはなんでも投入して、非常に濃厚に施肥されているのです。この土起こしが終わったところでは、黒い水に泡のある浮きかすが厚く生じ、暑い日差しの下で「有毒沼」の臭気を発しています。

稲は一般的に傾斜のある土地を段状にして形づくった田んぼで栽培され、その場合灌漑は楽ですが、このような平地では本水路からもっと高い位置にある細い溝まで携帯式のとても巧妙な「足踏み水車」ポンプを使い、骨を折って水を引きます。このポンプは科学的につくられた水桶のなかで回転するようになっており、羽根板を人が絶え間なしに踏んで水を汲み上げます。直径八フィート［約二・四メートル］ある汽船の外輪にいくぶん似ています。どこであろうと灌漑が必要になれば、この装置が高い溝と低い溝の交差する場所まで運ばれて、水を汲み上げる踏み車がちょうどはさまれて動くよう、竹の支柱で両側から固定します。横木を渡し、足でこの装置を動かす人の支えにします。ほかの場所でポンプが必要となったときは、これを外し、溝の堤防に残った跡をふさぐだけでこと足ります。泥水一帯を見

路傍の茶屋

渡したかぎりでは、動いている水車があり、下帯以外なにもつけていない赤銅色の肌をした男たちが羽根板をせっせと踏んでいました。

水田はふつうとても小さく、またいろんな形をしています。四分の一エーカー［約一〇一二平方メートル］がよい大きさの田んぼです。六月に植えられた稲は一一月まで収穫しませんが、その間三度「泥をかき回さ」なければなりません。すなわちあらゆる人々が泥水に入り、苗のまわりにはびこった雑草や苗の束から束へとからまり合った水草をすべて取り除き、根のまわりの泥をあらたにかき回すのです。稲は熟するまで水のなかで育て、熟したら田の水を抜きます。最良の土地一エーカーで年に五四ブシェル［約一九六四リットル］、最悪の土地で三〇ブシェル［約一〇九一リットル］の米が穫れます。

江戸平野には、幹線道路沿いにほぼ切れ目なくつづく村落のほかに、木立に囲まれたいわば島状の集落があります。またオアシスとも言うべき感じのよい緑地が何百とあり、小麦が刈り取りの時期を迎えていたり、玉ねぎ、黍、大豆、豌豆がよく育っています。蓮池もあり、栄えある睡蓮が食用（！）という不信心な用途のために育ちつつあります。蓮の典雅でみごとな葉はすでに水面から一フィートの高さになっています。おもだかの一種も食用として水中で栽培されますが、蓮もこのおもだかも贅沢な食材です。生け垣や塀はどこにも見当たらないものの、農夫の地主は土地の境界をよく知っており、「田に田を」足そうとする土地の亡者はいまだ現れていません。田を耕すのに馬や牛が使われる場合があるのをのぞいて、耕作はすべて手作業で、雑草は一本も見当たりません。材質が軽くて下駄をつくるのに用いられる桐の並木が植わっていますが、それでも景色はどこか単調です。

何マイルか軽快に走ったあと、車夫はわたしを茶屋へと運びました。茶屋で彼らは食事をとってたばこをふかし、その間わたしは庭に座っていました。庭はからからに乾いた泥土と滑らかな飛び石、金魚の何匹かいる小さな池、ゆがんだ松、石灯籠でできています。接待をしてくれる日本の店を外国人が見境なしに「茶屋《ティーハウス》」と呼ぶのはまちがいです。茶屋《ヤドヤ》はお茶や軽食を部屋で給仕付きでとれる店のことです。ホテルにある程度相当するのが宿屋で、宿泊設備と必要な場合は食事を提供してくれます。認可は異なっています。茶屋には大都会や有名行楽地にある三階建てで幟や提灯をにぎやかに飾ったものから、挿し絵に描いてあるような道端の茶屋で、軒下に床几《しょうぎ》が三、四台あり、ふつう裸の労働者がすっかりくつろいで休憩しているものまで、あらゆる等級のものがあります。床は地面から一八インチ「約四五センチ」ほど上げてあり、このような道端の茶屋では、たいがい畳敷きの床で、中央に文字どおり「土の空間」である土間《ドマ》というくぼんだ空間があり、そのまわりには、「板の空間」を意味する板間《イタマ》という磨いた木の床があります。そして旅人はそこに腰を下ろし、すぐに運ばれてくる水で土のついた足を洗います。土のついたまま、あるいは外国式の靴をはいたまま、畳敷きの床に足を踏み入れてはなりません。土間の片側に台所があります。台所には一ヵ所か二ヵ所炭火がおこしてあって、労働者が畳の上でくつろぎ、食事をしたりたばこを吸ったりしており、もうひとつの炭火では茶屋の家族が家業に勤しんでいます。最も小さな茶屋でもたいがい奥に一間か二間部屋がありますが、興味深い生活ぶりがすっかり見られるのは開いたままになった表のほうです。小さな茶屋では囲炉裏《イロリ》はひとつしかありません。囲炉裏とは床に切った四角い穴に砂か白い灰を満たし、そこに調理用の炭火をおこしてあるものです。また食べ物や食事道具を置く小さな棚があります。とはいえ大きな茶屋では炭火のこんろが並び、壁には天井まで棚がついていて、お客には漆塗りの食卓と漆や陶製の食器が使われます。大きな茶屋では襖《フスマ》という紙製の引き戸と、床と天井または梁にある溝「敷居と鴨居」により多数の部屋を即座に用意できます。

路傍の茶屋で止まると、車夫は足を洗い、口をすすいで、ごはん、漬物、塩魚、「ひどくまずいスープ」の食事をとったあと、小さなキセルでたばこをのみました。このキセルは一度たばこを詰めると三服でおわりです。茶屋でクルマから降りると、女の子が微笑みながら煙草盆《タバコボン》を運んできます。これは木製または漆塗りの四角い盆で、陶製または竹製の炭入れと灰皿が載っています。ついでべつの女の子が膳《ゼン》という六インチ［約一五センチ］ほどの高さの小さな漆塗りのテーブル、イギリスのお茶でいうとカップ一杯ほど入る、注ぎ口と直角に中空の柄のついた小さな急須、一〇〇から二〇〇ほど入りそうな柄も受け皿もないカップを二個運んできます。お茶の葉はお湯をそそいで一分しか蒸らさず、浸出した液体は透明な淡い黄色で、いい香りと味がして、どんなときも気分がさっぱりしてありがたいものです。日本茶は「淹《い》れっぱなし」にしておくと、苦くなり、いやな渋味が出てきます。ミルクや砂糖は加えません。清潔そうな木製または漆塗りのふたつきのお櫃《ひつ》がどの茶屋にも置いてあり、熱いごはんは注文しないかぎり日に三度しか用意されないものの、お櫃にはいつも冷たいごはんが入っていて、車夫は熱いお茶をそそいでごはんを温めます。食事をしていると、茶屋の女の子がこのお櫃をそばに置いて向かい側の床にしゃがみ、「もうけっこう！」と言うまで茶碗にごはんをよそってくれます。この街道では、一、二時間の休憩とお茶でお盆に三銭か四銭置いておくよう期待されます。

終日、わたしたちはかなり往来の多い水田のなかの道路を粕壁まで行きました。粕壁は大きくはあるもののみすぼらしい町で、目抜き通りは東京のいちばん貧しい地域の通りのようでした。その夜泊まるのでクルマが止まった大きな宿屋《ヤドヤ》は一階と二階に部屋があり、旅人で込んでいて、さまざまな悪臭がしていました。宿に入ると、宿の亭主《テイシ》が手を重ね、床に頭を三度すりつけて平伏しました。あちこちに翼を張り出した古い大きな家屋で、少なくとも三〇人の使用人が広々とした立派な台所《ダイドコロ》で立ち働いています。わたしは二階に（つまり磨き込まれた暗色の木の急な階段を上がって）軒下に縁のある部屋をとりました。二階の表側には正面と両側しか壁のない長い部屋がひとつありますが、これはそれぞれ敷居の溝にはまっている不透明な壁紙を張った引き戸を閉めると、即座に四つの部屋に仕切れます。背面も即席でつくれますが、これはちり紙のような薄い紙を格子のある枠に張った戸で、いろいろな穴や破れ目がありました。仕切りができると、わたしは一六フィート［五メートル弱］四方の部屋の所有者となりましたが、この部屋にはものを掛けたり、載せたり、しまったりするフックや棚や桟はなにもなく、つまるところ畳を敷いた床《マッテイド・フロア》以外なにもありません。マットということばを使いますが、誤解しないように。日本の家屋の畳は最上のアクスミンスター絨毯並みにこぎれいで、上質で、やわらかな床の敷物なのです。長さは五フィート九インチ［約一・七五メートル］、幅は三フィート、厚みは二インチ半［約六センチ］あります。枠は粗い藁でしっかりとつくってあり、その枠にこの上なく白くて目の細かいござがかぶせてあります。畳はふつうそれぞれ濃紺の布で縁取りしてあります。寺院や部屋はそこに敷いてある畳の数で大きさを測り、部屋は畳が敷けるようにつくります。畳を部屋に合わせて切ることはしません。畳はつねに床を囲んでいる敷居と高さが同じです。やわらかくて弾力性があり、上質のものは非常に美しい。最上のブリュッセル絨毯と同じくらい高価で、日本人は畳を大いに誇りとしており、無思慮な外国人が汚れた靴のままその上を歩きまわったりすると、とても迷惑します。あいにく畳には無数の蚤がひそんでいます。

わたしの部屋の外には、数多くある同じような部屋に通じる縁《えん》が、傷んだ板屋根や水桶をうら寂しく寄せ集めたようなものを囲んで走っています。これらの部屋はすべて満員でした。伊藤はわたしに使い方を一度聞いただけで簡易ベッドを組み立て、緑色をしたかび臭くて粗いキャンバス地の蚊帳《かや》のなかに据え、ゴム製浴槽にお湯を満たし、お茶とごはんと卵を運び、わたしの通行証を宿の亭主のところに持っていき、それからどこかへ行ってしまいました。あなたに手紙を書こうとしましたが、蚤と蚊のせいでそれができませんでした。それにしょっちゅう襖が音もなく開き、何対かの細長くて黒い目が隙間からわたしをじろじろ見るのです。それというのも右側の部屋には日本の家族二組が、左側の部屋には五人の男性がいたからです。わたしは障子《ショージ》という格子に薄紙を張った窓の戸を閉め、ベッドに入りました。が、プライバシーの欠如たるや恐ろしいものでした。わたしはまだ鍵や壁やドアのないところで落ち着きはらっていられるほど他人を信用してはいません！　視線はたえず部屋の両側へと行きます。ひとりの少女が二度部屋の仕切りの障子を開けました。廊下では、あとで盲人だと知りましたが、ひとりの男が按摩《あんま》の注文をとっており、部屋に入ってきてなにやら（もちろん）意味不明のことを言いました。ついで起きたあらたな物音に、わたしはすっかりめんくらいました。部屋の一方でひとりの男が甲高い声でお経を唱えはじめたかと思うと、もう片方では少女がギターの一種である三味線《サミセン》を鳴らしはじめたのです。宿じゅう話し声と水のはねる音にあふれ、外では太鼓を打ち鳴らしています。通りからは数え切れない叫び声が聞こえ、盲目のマッサージ師の笛の音、村という村を巡回してたたく防火夜回りの響き渡る拍子木の音。たまったものではありませんでした。そこにあるのはわたしのついぞ知らない生活で、その不可解さは好奇心よりも警戒心をかきたてました。わたしのお金はただぽんと置いてあり、襖のあいだから手をちょっと伸ばして盗むほど簡単なことはありません。伊藤がわたしに井戸は汚染されていてひどい悪臭がすると言いました。窃盗もこわいけれど、病気もこわい！　理屈にならない理屈でわたしはそう判断しました！(2)

わたしのベッドは二本の木の棒にキャンバス地の布を釘で打ち付けただけのものです。わたしが寝ると、キャンバス地が下の釘の列からばりばりとはがれて沈み、わたしは二対の架台をつないでいる縁のとがった棒の上に寝て、なすすべもなく蚤と蚊のえじきになる格好となってしまいました。それ以上キャンバス地が沈んでは困るので動くこともできず、三時間じっと横たわっていましたが、苛立ちは刻々増すばかりでした。そこへ伊藤が「会ってお話ししたいことがあります、ミス・バード」と障子の外から声をかけてきました。この上なにが起きたというの？　わたしがそう思い、まだ動揺しているところへ伊藤が先を続けました。「公使館から使いの人が来て、警官ふたりがあなたと話したいそうです」。ここに到着してすぐ、わたしは宿屋の亭主に通行証を渡すという正しい手続きをしています。亭主は法律にのっとり、わたしの通行証を帳簿に写し取って複写した一部を警察署に送っているのです。真夜中近くにこのように押しかけてこられるのは不可解で不当なことでした。にもかか

ハリー・パークス卿の飛脚

わらず、見覚えのある警棒と半球レンズのついたランプを持ち、へつらわずに敬意を示す洋式の制服姿の小人ふたりが現れたとたん、わたしはほっとしました。同じような警官が二〇人現れたとしても、歓迎したことでしょう。というのも、警官が現れたことで、わたしは自分が何者であるかを知られ、登録されていると確かめられ、またなにか特別な事情で外国人に自分たちが全知全能であると印象づけたい関係官庁が、わたしの身の安全に対して責任を負っていると確認できたからです。

警官ふたりがほの暗いランプの明かりでわたしの通行証を読んでいるあいだに、わたしは江戸から届いた小包を開けました。小包の中身はレモンシュガーの缶詰、ハリー・パークス卿のとても心やさしいメモ、そしてあなたからの手紙の束でした。手紙を読みたかったのですが、伊藤と警官とランプが部屋から出ていったので、わたしは六週間も待ちわびていた手紙と電報を開けずにベッドに置いたまま、そわそわと朝が来るまで横たわっている始末でした！

すでにわたしは自分の不安と運の悪さを笑うことができるのですから、あなたも笑うように。旅をする者は自分自身の体験を購《あがな》わなければならないのですし、成功するか失敗するかはおもに本人の個性次第なのです。このまま旅を続けるうちに、さまざまなことが経験により修正されるでしょう。それに自分は安全だと思う癖もつくでしょう。とはいえ、プライバシーのなさ、悪臭、蚤と蚊による拷問は、修正不可能な害悪だという気がします。

I・L・B

第九信（つづき）

車夫体調をくずす——農夫の服装——さまざまな脱穀法——栃木の宿屋——農村——美しい地方——追悼の並木道——人形の町——日光——旅の終わり——車夫の心遣い

翌朝七時にはごはんも食べおわり、部屋はまるで泊まり客などだれもいなかったかのように、なにもないがらんとした部屋に戻りました。八〇銭の宿泊料が支払われ、宿の亭主と使用人が口々にサヨナラと言ってひれ伏し、わたしたちは人力車《クルマ》に乗り早足で宿をあとにしました。最初の休憩地で、人がよくて親切ながらもとにかく醜いわたしの車夫が苦痛に襲われ、吐きました。粕壁で飲んだ水に当たったのが原因だと車夫は言い、そこに残りました。ありがたいことに向こうから実直に、自分と同じ条件をきっちり守る代わりの車夫を用意すると言い出してくれて、病気だからとチップを要求しませんでした。本当に親切で世話になったので、具合の悪いまま置いていくのはとても悲しいことでした。たしかに車夫にすぎないとはいえ、帝国民三四〇〇万人のほんの一粒にすぎないとはいえ、天にまします父なる神にとってはほかに劣らず大切なひとりなのですから。いいお天気の日で、気温は日陰で華氏八六度［摂氏三〇度］でしたが、暑さはひどくありませんでした。正午に利根川に着き、わたしは車夫の刺青の入った肩に負われて浅瀬に入り、ついでクルマ、友好的とは言えない荷馬、多数の旅人とともに平底船で川を渡りました。船頭も旅人も農夫もほとんど全員が服を着ていませんでしたが、もっと裕福な農夫は傘ほどもある大きな曲げ竹の笠をかぶり、広い袖をひもなどでしばっていない着物《キモノ》姿で帯に大きなうちわを挿し、田畑で農作業をしています。わたしたちの出会った旅人の多くは笠をかぶっていませんでしたが、顔の前に扇子をかざして日差しを遮っていました。おそらくひとつには民族衣装が労働をする際に不便なので、一般に裸でいる習慣があるのかもしれません。キモノは歩くときすらじゃまになり、道を歩いている人のなかにもうしろの裾の中央を帯にはさんで「尻からげ」している人が多いのです。そのため、多くの場合、足首丈の伸縮性があってぴったりした白木綿の股引が見えてしまいます。東京まで蒸気船の定期便がある村で川をもうひとつ船で渡ったあと、あたりはもっと目に快くなりました。田んぼは少なくなり、木立、家屋、納屋は大きくなって、遠くには高い山々がかすみのなかにぼんやりとそびえています。こちらでは小麦はパンではなく麺をつくるのですが、その小麦は多くがすでに運搬されています。一〇フィート［約三メートル］の高さに積み上げた小麦がゆっくり動いているのを見て、首をかしげているうちに、その下に足が四本動いているのに気づきます。収穫物はすべて人間の背中とはいかないまでも、馬の背に載せて運ぶのです。脱穀する場所を見に行きましたが、納屋の外のきれいな広い空間で、穀物はむしろの上に載っており、ふたりまたは四人の男が重い回転式のからざおで脱穀していました。女性は割った竹の台を縦に置いたものに打ちつけるというべつの方法で脱穀します。また畑と庭の両方で用いられているのを見たもうひとつの方法があり、斜めに鋭い鉄の歯のついた梳《す》き櫛《ぐし》様の装置に女性が穀物の束をひとつかみ通していました。鉄の歯が穂をしごき、茎は傷つかずに残るというわけです。これはたぶんイザヤ書に「歯を持つ鋭い脱穀具」と書かれているものでしょう。穂はそのあと手でもみます。この地方では小麦はすべて手でふるい、風でもみがらを飛ばしたあと、穀粒はむしろに載せたまま乾かします。鎌は用いませんが、一握りの茎をつかみ、柄と直角に固定してある短い直刀で根元を切ります。小麦は間隔を大きくとった列をつくって植えつけますが、この方法は大豆その他の穀物にも用います。刈り取ったあとはただちに大根《ダイコン》、きゅうり、その他の野菜を植えます。きめ細かく耕し肥料も豊富なので、年に二毛作、いや三毛作すら可能です。土は小麦の場合、稲以外の穀物と同様、溝を掘ります。雑草は一本も見られず、一帯全体が手入れの行き届いた庭のように見えます。この地方の納屋はとても立派で、そのみごとな屋根の多くはパゴダで見慣れているような反り返った形をしています。庇はたいがい八フィート［約二・四メートル］の深さがあり、葺いてある藁は三フィート［約九一センチ］の厚さがあります。農家の庭のなかにはかなり大仰な、イギリスの教会墓地にときどき見られる古めかしい「屋根付き門」のような立派な門構えをしているものもあります。牛はミルクを搾ったり牽引に使ったり食料にしたりせず、牧草地がないので、田畑も作業庭も妙に静かで活気がなく見えます。家で飼われている動物や家禽はみすぼらしい犬と数羽の鶏しかいません。牛や羊のモーモー、メーメーと鳴く声が恋しくなってしまいます。

六時に大きな城下町である栃木に着きました。ここの特産品はさまざまな種類のロープで、このあたり一帯には大量の大麻が育っています。瓦屋根が多くあり、一見これまで通ってきた町より家屋が込んでいて、立派な町かと思います。ところが、栃木は粕壁よりさらにひどい町でした。わたしは日本国内の旅行をいっさいやめてしまおうかと思いました。昨夜事態が大きく好転していなければ、きっと不面目にも東京に帰ってしまっていたでしょう。宿屋《ヤドヤ》はとても大きく、先に六〇人の客が到着していて部屋の選びようがなく、わたしは四方が襖《フスマ》ではなく障子《ショージ》で仕切られた部屋で満足しなければなりませんでした。緑色のかび臭い蚊帳は格好の蚤の巣で、その下にはベッドと浴槽と椅子をかろうじて置けるだけの広さしかありません。部屋の片側は人のよく通る廊下に、もう一方の側は小さな庭に面しており、その庭の向こうには部屋が三室あって、あまり品がいいとはいえない酔っ払い客で込んでいます。障子は穴だらけで、その穴のひとつずつからしょっちゅう人間の目がのぞきます。プライバシーは思い出すことすら御法度《ごはっと》の贅沢品でした。障子の穴からたえず目がのぞいているうえ、宿の使用人はとても騒々しくて粗野で、なんの口実もなくしきりに部屋のなかを見にきます。宿の主人は快活で愛想のよさそうな男でしたが、同じように部屋をのぞきます。大道芸人や楽士や盲目のマッサージ師や歌うたいの女がこぞって障子を開けます。わたしはキャンベル氏の言ったとおりだ、女ひとりで日本を旅行などすべきではないと思いはじめました。伊藤は隣の部屋に寝ましたが、どうもどろぼうが出そうだ、自分がお金を預かりましょうと申し出ました。そして彼が夜のあいだにわたしのお金を持ち逃げすることはなかったのです！　わたしは八時前に壊れそうな簡易ベッドに寝たものの、夜が更けるにつれ宿屋内の騒がしさは増すばかりで、しまいには本当のどんちゃん騒ぎになり、一時をすぎても静まりません。太鼓や銅鑼《どら》が鳴り、琴《コト》と三味線《サミセン》の耳障りな音が響きます。笑いたくなるほど音程のはずれた歌に合わせて芸者《ゲイシャ》（歌と舞と楽器の演奏ができるプロの女性）が踊ります。講談師が甲高い声で話を語り、わたしの部屋の近くを走りまわる音や水のはねる音はいっこうにやみません。夜遅くになって建てつけの悪いわたしの部屋の障子が偶然倒れ、どんちゃん騒ぎの光景が見えました。おおぜいの人間がお風呂に入り、お湯をかけ合っていたのです。

出発の物音は夜明けとともに聞こえはじめ、わたしは七時に喜びいさんで宿を発ちました。発つ前に襖は開け放たれ、自分の部屋だったところは広々とした畳敷きの大部屋の一部となりました。かび臭さを防ぐ効果的な案配というわけです。道がやや上り坂になり、車夫は疲れで速くは走れなくなっていましたが、わたしたちは三〇マイル［約四八キロ］を九時間で踏破しました。車夫がわたしに対しても、また車夫同士でも親切で礼儀正しいおかげで、つねに気持ちよくすごせました。笠とふんどししかつけていない男たちが丁重に挨拶し合うのを見るのはたいへん愉快なものです。ことばをかわし合うときはきまって笠を脱ぎ、また必ず三度深くお辞儀をするのです。

宿屋をあとにしてまもなく、見たこともないほど大きくて立派な家々が両側に立ち並ぶ広い通りに入りました。どの家も正面は開けっ放しで、よく磨き込んだ床や廊下はまるで静かな水面のようです。側面の壁に飾ってある掛物《カケモノ》すなわち壁に掛ける絵画はきわめて美しく、畳はごく上質の白いものです。裏手には泉のある広い庭があって花々が咲いており、軽い石の橋の架かった小川が家のなかを流れていたりします。看板から、わたしはこの家々は宿屋だろうと推測しました。が、どうして泊まらないのかと伊藤に聞いたところ、すべてカシツケヤすなわちいかがわしい種類の茶屋だと答えてきました。とても悲しいことです[1]。

旅を続けるうちに、景色はますますきれいになり、森に覆われた山のなかへと不意に入りました。遠くには雲のかかった山並みが見えます。農村は心地よさげに木々に囲まれ、裕福な農家は幅二フィート［約六一センチ］、高さがしばしば二〇フィートに達するきちんと刈り込んだ生け垣が、いえ、生け垣というよりも目隠しが敷地にめぐらしてあります。どの家にもお茶が植えてあり、摘み取ったその葉がむしろに干してあります。桑の茂みが現れはじめたのは養蚕をしているしるしで、道路沿いにも白と淡黄色のまゆが平箱に入って日差しを浴びているのが見られます。数多くの女性が家の表に座って一五インチ［約三八センチ］幅の木綿地を織っています。綿糸は大半がイギリスから輸入され、地元産の藍《あい》が染料に用いられます。年老いた女性が糸をつむぎ、老若どちらの女性もかしこそうな赤ん坊を背中に負った上からキモノを着て、仕事に精を出しています。赤ん坊が母親の肩越しに外をのぞいているようすはかわいいものです。七、八歳の少女ですら赤ん坊を背負って遊んでいます。まだ小さくて本物の赤ちゃんを背負えない子供は大きな人形を同じようにおぶっています。

数え切れないほどの村々、きまって赤ん坊のいる、人でいっぱいの家々からは、とても人口の多い地域だという印象を受けます。いいお日和のまま時間がたつにつれ、景色はバラエティに富み、さらに美しくなりました。雪をさっと掃いたみごとな山々が麓の低い丘陵を見下ろし、その低い丘陵の急な山腹には、濃い青緑の松と杉を明るく照らすように、落葉樹が春の色調を帯びています。小さな丘には杉林があり、頂上には神社があって、そこへは立派な石段を上っていきます。収穫期を迎えた金茶色の畑はあざやかな緑をした大麻のえもいわれぬ美しい葉を際立たせ、雑木林ではローズ色と白のつつじがぽっとともった明かりのように咲いています。広い道が日光の聖なる社の参道、杉の並木道へと変わり、木漏れ日が草に木の葉の影を揺らめかせはじめると、わたしは日本は美しいと思いました。江戸の干潟はいやな夢にすぎなかったのだと!

二本の街道が日光に通じています。わたしは一般的な宇都宮経由の道を避けたので、奥州街道という幹線道路に沿ってほぼ五五マイル［約八八・五キロ］続く、立派なほうの並木道は見られませんでした。わたしのとった例幣使《れいへいし》街道に沿った並木道は三〇マイル［約四八キロ］続き、この二本の並木道はしょっちゅう村で途切れながら、日光から八マイルの今市《いまいち》の村で合流し、日光の町の入り口ではじめて終点となります。この杉の並木は貧しくて青銅の灯籠を将軍《ショーグン》の祀られている神社に奉納できなかった男がお供えとして植えたものだと言われています。これ以上に立派な記念碑は考えられなかったでしょうし、並木としてもおそらく最高のものです。例幣使街道の並木道は良好な馬車道で、高さ八フィート［約二・四メートル」の傾斜した盛土がついており、草や羊歯《しだ》が生えています。この盛土の上にあるのが杉で、それに草の生えた二本の歩道があり、歩道と耕作地のあいだに若木と下生えの目隠しがあります。杉の大半が地面から四フィートの高さで二股に分かれています。幹の多くは周囲が二七フィート［約八・二メートル］あり、五〇から六〇フィート［約一五―一八メートル］の高さに達するまで細くなることも枝分かれすることもありません。非常に高くそびえて見えるのは、赤みがかった色の樹皮が約二インチ［約五センチ］の幅で縦に細長く割れているせいでもあります。木立はピラミッド形をしており、少し離れて見るとシーダーに似ています。このみごとな並木は葉影も大きくて木漏れ日が躍り、まれに高い山々が垣間見られるので、非常に荘厳な感じがします。これをたどって行けば、ここと同じように壮麗ななかに出会えるはずだと直感でわかるのです。この並木道はときおり小さな村落で途切れます。村落には対の柱のあいだに大きな鐘をつりさげたものがあります。またぼろ切れや花を供えた道端の社、たいてい顔がなかったり倒れたりしていますが、釈迦とその弟子の石像もあります。釈迦も弟子も至福の安らぎのときをすごしているような、世事には無関心な表情を浮かべています。漆を塗った木造の朽ち果てそうなお寺もあり、その鐘は夕方の風に乗ってこの上なく甘美な音色を遠くまで運んでいました。

二本の堂々たる並木道が合流する今市は街路が長い上り坂で、まんなかにある石の水路を透き通った山水の流れが走っており、切り出したままの石板が水路にかかっています。水路の上にあり、上流と下流が見渡せる部屋で、ふたりの警官が座ってなにか書き物をしていました。交通量も少なくて単調なところに見え、あたかも下の並木道と上の神社の荘厳さに圧迫されているかのようです。とはいえ静かな宿屋があり、そこでわたしはキャンバス地のベッドがほとんど床につきそうだったものの、ぐっすりと眠りました。けさそこを発って小ぬか雨の降る杉林のなかを八マイル［約一三キロ］上りました。夏蒸し暑く、山間部で降雨量が桁外れに多いことから予想されるように、植生は豊かで、岩はどれも苔に覆われ、道の両側は緑藻と数種の銭苔で青々としています。わたしたちがいるのは頂上まで森に覆われて切り立つ男体《なんたい》山の麓の、高さが一〇〇〇フィート［約三〇五メートル］ある丘陵で、ごうごうと流れるおびただしい数の渓流の音はうるさいほどです。鉢石《はちいし》の長い通りは勾配の強い屋根に軒の深い家々が集まっていること、温かな色調をしていること、急な坂道にはときおり段々があることから、入っていくとある種スイスのような趣があります。ただしクルマは段々を引っ張り上げなければならないので、歩かざるをえません。また急勾配の屋根や松の木立やところどころ針葉樹に覆われた山々が与えるスイスに似た印象は、急な坂道を上がり、いたるところで売られている木彫品や古風な木製のかごを眺めていても、すっかりなくなるわけではありません。ここは実に活気のない古めかしい通りで、人々が出てきてじろじろ見つめます。まるでハリー卿夫妻が日光見物を許可された最初の西洋人として本坊に滞在した一八七〇年以来、外国人を見かけるのはめずらしいできごとだとでもいうようです。低くて小さな家々はきれいに畳を敷き、なんとも清潔で整理整頓が行き届き、繊細で軽やかで、まさに人形の町のようです。靴を脱いで家のなかに入っても、わたしは自分の体の重みで家を壊してしまいそうで、「陶器屋に迷い込んだ牛」になった気がしました。通りはあまりに清潔で、客間の絨毯と同じく、その上を泥靴で歩くのははばかられました。ここは静かな山の雰囲気があり、店の大半は特産品、漆製品、黒豆と砂糖でできたお菓子、さまざまな箱、盆、カップ、磨いた木でできた簡素な台、木の根でつくったもっと奇怪な品物を売っています。

外国人を受け入れる鉢石の立派な宿屋に泊まるのは予定にありませんでした。わたしは日本語の手紙を持たせて伊藤を半マイル離れた家の持ち主のところへ使いに出し、いまそこにいます。伊藤を待つあいだ、わたしは通りの入り口にある岩山に座り、だれにもじゃまされずに山々の荘厳な森を眺めました。そこには最も偉大な将軍がふたり「栄光に包まれて眠って」います。下には昨夜の雨で水嵩を増した大谷川《だいや》が勢いよく流れ、狭い峡谷で轟音をあげています。向こうには巨大な石段が杉の木立のあいだに神秘に包まれて見え隠れし、その上には日光山がそびえています。奔流がふたつの岩壁にじゃまされて猛り狂うちょうどその地点に、長さ八四フィート［約二五・六メートル］、幅一八フィート［約五・五メートル］の橋が架かっています。橋にはくすんだ朱の漆が塗ってあり、両側とも二本の石柱に載っていて、石柱は二本の石の横梁でつながっています。濃い緑と淡い鼠色ばかりのなかにあって、朱色がわずかながらも見えるのはうれしいことですが、この橋には威圧的なところがなにもありません。興味を引くのは、この橋が一六三六年に建設された御橋《ミハシ》すなわち聖なる橋で、かつては将軍と天皇の使者、そして年に二度行われる巡礼に対してしか開かれなかったという点です。門は両側とも錠がかかっています。雨と霧の地、日光は雄大で寂しく見えます。クルマの道はここで終わり、これから先は歩くか、馬に乗るか、あるいは駕籠で行かなければなりません。

伊藤が先に行ってしまい、車夫たちはわたしに日本語で話しかけつづけました。おかげでわたしは途方に暮れ、ひとりぽっちだという思いがしました。するとしまいに車夫たちはわたしの荷物をかついで石段を下りました。俗界の橋を渡ってまもなく、わたしたちはいま滞在している家の主人、金谷《かなや》［善一郎］に会いました。金谷はとても快活な感じのよさそうな人で、頭が地面につくほど深々とお辞儀をしました。段々道がどの方向に進んでも杉林を通って神社に通じています。またわたしたちがたどっている道は数多くの堂々たる囲い地を通りすぎますが、伽藍からは遠ざかり、霊場として有名な中禅寺、有名行楽地である湯元、その他の村に至る本街道でありながらも非常に険しく、ときおり石段があるので、馬に乗るか歩くかでないと利用できません。

外観をひと目見てうれしく思った金谷邸で、残念ながらわたしは心厚く忠実に仕えてくれた車夫たちと別れました。いつも服から土やほこりを払ってもらったり、空気まくらをふくらましてもらったり、花を摘んできてもらったりと細々したことでずいぶん世話になったうえ、わたしが歩いて山を上ると、車夫たちはいつも感謝の気持ちを表したのです。それにたったいまも、山へちょっと遊びにいったあと、彼らはお別れのしるしにとわたしにつつじの枝を持ってきてくれました。

I・L・B

第一〇信

六月一五日、日光、金谷邸［カナヤ　カッテイジ・イン］にて

日本の牧歌的な風景——音楽的な静けさ——わたしの部屋——花を使った装飾——金谷とその一家——食器

この家のことはどう書けばいいのかわかりません。まさに日本の牧歌的生活がここにはあります。家の内外ともに目を喜ばせないものはなにひとつなく、あの宿屋のどんちゃん騒ぎを経験したあとでは、勢いよく流れる渓流の水音と鳥のさえずりが快いここの静けさにはまことに心が洗われます。この家は簡素ながらも不規則な形をした二階建ての離れで、石垣のある敷地に立っており、玄関前には石段がついています。庭は植栽がよく考えて配置してあり、いまは牡丹、あやめ、つつじが咲いていてとてもきれいです。山は麓部分が赤いつつじに覆われてすぐうしろに迫り、そこから流れ落ちる山水がこの家の水源となっていますが、冷たくて澄んでいます。またもう一本の渓流が小さな滝となって落ちたあと、この家の下を

通って岩の小島のある池をめぐり、下の川に合流しています。入町《いりまち》の灰色の家並みが道路の反対側に大谷《だいや》川とともに閉じ込められてあり、その向こうには小高い山々が途切れながらそびえ、山々を覆う豊かな森には峡谷や滝の亀裂が入っています。

とてもやさしくて上品な雰囲気の金谷の妹が玄関でわたしを迎え、ブーツを脱がせてくれました。二ヵ所ある縁側はよく磨き込まれており、それは玄関やわたしの部屋に通じる階段も同様で、畳はとても上質で白く、ブーツを脱いでストッキングだけとなった足でさえ、歩くのがためらわれるほどでした。磨き込まれた階段を上がると美しい景色の望めるぴかぴかに磨き込まれた広縁があり、そこから広い部屋に入ります。部屋は広すぎ、すぐさまふた部屋に仕切られました。そこから磨き込まれた四段の階段を行くと、奥にとても優美な部屋があり、そこは伊藤が使っています。そしてさらにまた磨き込まれた階段があって、浴室と庭に通じています。わたしの部屋の正面はすべて障子《ショージ》がはまっており、日中は開けておきます。天井は明色の板に暗色の桟《さん》が入っており、柱は暗色の磨いた木材です。襖《フスマ》は空色の縮緬状の紙に金が吹きつけてあります。奥には床に磨いた板を張ったふたつのアルコーヴがあって、このアルコーヴを床の間《トコノマ》と言います。床の間のひとつには掛物《カケモノ》が掛かっています。この白い絹地に桜の枝を描いた絵画は申し分のない芸術品で、これが掛かっているだけで部屋がいきいきとして美しさに満ちます。この絵を描いた画家は桜の花以外なにも描かず、維新の反乱で命を落としました。もうひとつの床の間の棚には引き戸のついたとても高価なキャビネットが載っています。磨き込まれた柱の一本に掛かった、純白の一輪挿しにローズ色の

金谷邸

つつじがひと枝、そしてもう一本の柱にあやめが一輪。飾りはそれだけです。畳はとても目がつんでいて白いのですが、唯一の家具は風景と思われるものを墨で描いた屏風があるのみです。この家の部屋がいまひとつすばらしくなければいいのに。わたしとしてはそう思いたくなってしまいます。インクをこぼしはしまいか、畳に傷をつけはしまいか、障子を破りはしまいかと四六時中びくびくしているのですから。階下には同じように美しい部屋がひとつと広いスペースがあり、家事はすべてそこで行われます。家の右手には瓦屋根の蔵《クラ》すなわち防火倉庫があります。

　金谷は神社の耳障りな音楽の楽団長をしています。が、職務はあまりなく、家や庭をいつも美しくするのが主な仕事です。母親はとても徳の高い老婦人で、この母親と、わたしの知っている日本女性のなかでは最もやさしくて上品な妹が金谷と同居しています。妹は家のなかを妖精のように軽やかに動きまわり、その声は音楽の調べのような音色をしています。愚鈍な下男と妹の子供たち男女ひとりずつで家族はすべてです。金谷は村の長《おさ》で、非常に頭がよく、見るからに高い教育を受けています。妻とは離縁し、また妹も夫とは実質的に離婚しています。最近になって彼は収入の助けにと、紹介状を携えた外国人に自宅の美しい部屋を開放しています。部屋が気に入ってもらえるかどうかをひどく心配しているものの、趣味がいいのでこの美しい自宅を洋風にするようなことは避けています。

夕食は膳《ゼン》という高さ六インチ［約一五センチ］の古めかしい金塗りの小さな食卓でとり、金塗りの器に盛ったごはん、上質な磁器、加賀焼の急須と湯呑みが運ばれます。部屋代にごはんとお茶代を添えて、わたしは日に二シリング払っています。わたしの食料は伊藤が探してきてくれます。ときおり鶏が一羽一〇ペンス、ひと皿分の鱒が六ペンスで手に入りますし、卵はいつでも一個一ペンスで買えます。個人の家で暮らし、日本の中流家庭の生活をせめてその外側だけでも見られるのは、きわめて興味深いことです。

I・L・B

第一一信

六月二一日、日光、金谷邸にて

日光の美しさ——家康の葬儀——大神社の参道——陽明門——豪華な装飾——簡素な霊廟——家光の社殿——日本とインドの宗教芸術——地震——木彫の美しさ

これで日光に来て九日になるのですから、「けっこう！」ということばを使う資格はできたでしょう。

日光には独特の個性があります。個性はそのすばらしい美しさと見所の多さというより、むしろその荘厳さと壮大さ、深い哀愁、ゆっくりと着実に進行している衰退、どんな人でも多かれ少なかれ必ず味わわずにはいられない歴史的、宗教的な雰囲気にあります。ここはまた墓地でもあり、たえず雨が降って奇妙な静けさがあり、栄華は過去にこそあるのです。この有名な社に、わたしは毎日出かけました。が、装飾物があまりに豊富で、また神話の引喩があまりに複雑なので、こまかに説明するのはあきらめ、この日光がどんなところかを、及ばずながらも描写してみるしかありません。わたしにはこの世で最も美しい景観に数えられていいのではないかと思われるのです。

日光とは「太陽の輝き」という意味で、その美しさは詩歌に詠まれ絵画に描かれて日本全国に知れ渡っています。山々は一年の大半を雪にすっぽりと、あるいはまだらに覆われ、神として崇められるその王者たる男体《なんたい》山を中心に、大連山を形成しています。みごとな樹木の森、まだほとんど人の入っていない渓谷や峠、無限の平穏に包まれて眠る深緑色の湖、中禅《ちゅうぜん》寺《じ》湖の水が二五〇フィート［約七六メートル］の高さから落下する華厳《けごん》の深い滝壺、霧降《きりふり》の滝のまばゆい美しさ、大日堂《だいにちどう》の庭園の愛らしさ、大谷川がその間を上流からほとばしり流れる峠の鬱蒼とした壮大さ、つつじと泰山木《たいさんぼく》の華やかさ、おそらく日本でも比類のない植生の豊富さ。これらはふたりの偉大な将軍を祀った神社周辺の見所のほんの一部にすぎないのです。

仏岩《ほとけいわ》の中腹斜面にある荘厳な墓地は七六七年、仏教の聖人勝道上人《しょうどうしょうにん》がここを訪れて、この山の古い神道の神は釈迦の発現にほかならないと宣言して以来聖なる地とされていますが、徳川家二代目将軍秀忠は一六一七年、ここに父親家康の遺骸を移しました。大葬儀でした。勅使、天皇家の神官、京都の公家たち、何百人もの大名《ダイミヨー》、武将、下級貴族がこの儀式に参列しました。盛装した僧侶の集団が三日かけて聖なる典礼文を一万回唱和し、家康は勅令により「東の光、偉大なる釈迦の化身」を意味する名［東照大権現］のもとに神格化されたのです。その後天皇からは年に一度御幣《ゴヘイ》を供えるために勅使が送られました。ふつうの御幣は細長く切った紙を棒につけたもので、どの神社でも見られますが、勅使が捧げたのは純金の御幣です。ここに葬られているもうひとりの将軍は家光で、家康の有能な孫にあたります。家光は日光の伽藍《がらん》と江戸の上野にある東叡山《とうえいざん》の寺院［寛永寺］を完成させました。徳川家将軍でもこのふたりほど重要ではない人々は上野と芝に埋葬されています。明治維新と仏教廃止とでもいうべきもの［廃仏棄釈］以来、家康の社は栄光ある典礼とそのみごとな仏式道具をすべて奪われてしまいました。典礼に壮麗さを与えていた二〇〇人の僧侶もちりぢりに去り、六人いる神職が交代で詰めていますが、これは聖職者としての職務のためばかりではなく、入場券を売るためでもあります。

すべての街道、橋、並木道がこれらの神社に通じていますが、主たる参道は赤橋からところどころに石段のある広い道を行くものです。この広い道は両側に土を盛って石垣をめぐらしてあり、そこに杉が植えてあります。この道を上がった頂上に上質花崗岩製の鳥居《トリイ》があります。直径三フィート六インチ［約一メートル］の石柱でできたこの鳥居は高さが二七フィート六インチ［約八・四メートル］あり、一六一八年に筑前の大名が自分の領地の採石場から切り出して奉納したものです。鳥居の向こうには一一八基のどっしりした石の台に載ったすばらしい青銅製の灯籠が連なります。灯籠のひとつひとつに家康の神号と寄贈者の名――すべて大名――、寄贈に際しての銘が記されています。ひと塊の花崗岩をくりぬいてつくった聖水盤［御水舎］の屋根は二〇本の石の角柱で支えられています。またすばらしい細工の青銅製の鐘と灯籠、枝つき燭台は朝鮮と琉球の王から贈られたものです。左手には高さ一〇四フィート［約三二メートル］の五重塔があり、細かな彫刻と金、極彩色の装飾が入っています。下の階層には十二支が描かれています。

鳥居から四〇ヤード［約三六メートル］のところにある立派な石段を上がると、表門があります。黒地に天皇家の紋章の入った白い環形の幕が門の一部にかかっており、それは美しい門ですが、ここにゆっくりとどまって奥まったくぼみにある金の天犬《アマイヌ》［狛犬］や軒下の猛る虎の彫刻をじっくり眺めているひまはありません。なぜなら目に入った最初の内庭の壮観とその美しさに圧倒されてしまうのですから。建物の様式も、その設備も、用いられているどの技法も、あるいはこのすべてに吹き込まれている思想も、なにもかもが日本的で、仁王門から垣間見える光景は、その美しさが形といい色といいこれまで想像だにしなかったものであることを教えてくれるのです。

整然と玉砂利の敷かれた内庭はあざやかな朱の板塀で囲んであり、それを取り囲むようにこの寺院の宝物が納めてある倉庫三棟、神が使うときに備えて飼ってある聖なるアルビノの馬三頭用の厩《うまや》、素麵《そうめん》滝から給水される花崗岩の堂々たる水盤、仏教の経典完全一式が納めてあるびっしりと装飾を施した建物があります。ここから石段を上がると、前より小さな内庭に入り、そこには「驚くべき細工と装飾」の鐘楼、同じように美しい鼓楼、社、前に触れた枝つき燭台、鐘、灯籠、そして非常に大きな青銅製の灯籠が何基かあります。

この内庭からさらに石段を上がったところにあるのが陽明《ようめい》門です。この門のすばらしさについては日に日に感嘆が増すばかりです。門を支える白い円柱の柱頭は首が朱塗りの大きなみごとな獣の頭となっており、これは架空の獣、麒麟《キリン》を象《かたど》ったものです。台輪の上には露台が突き出てぐるりとめぐっており、手すりは龍の頭が支えています。中央では二匹の白い龍が永遠の闘いを続けています。その下には遊んでいる童子の群れが深い浮き彫りになっており、さらに極彩色に塗った組木の梁があって、中国の賢人たちが七つの集団になって表されています。高い屋根は首が緋色をした金の龍の頭で支えられています。門の内側には白く塗ったくぼみがあり、牡丹をデザインした優美な唐草模様が入っています。歩廊が左右に伸びており、その二一ある仕切りの外壁は花鳥草木のみごとな彫刻で装飾されています。この歩廊はまたべつの内庭の三方を囲んでいて、内庭の残りの一方は山腹に築かれた石垣となっています。右手には二棟の凝った建物があり、うち一棟には聖なる舞〔神楽〕を演じるときの舞台が、もう一棟には杉の香を焚くときの祭壇が納めてあります。左手にある建物は祭りの際に用いられる御輿《みこし》が三台収納されています。内庭から内庭へと進むのは、壮麗さから壮麗さへと移動することです。これで最後の内庭だ、こちらの賞賛する能力にかかっていた圧迫もこれで終わりだと思うとうれしくなるほどです。

中央にあるのは聖なる囲い地で、一辺が一五〇フィート〔約四六メートル〕の上下に彩色の縁のある金色の格子垣で囲んであります。ここには拝殿《はいでん》があります。格子垣の下には草むらを背景にした鳥の群れの非常に大胆な彫刻があります。木彫で極彩色に塗られています。堂々たる門から杉を二重に植えた並木道、中庭、門、寺社、五重塔、青銅の大鐘、金を象眼した灯籠を眺めてきて、この最後の中庭を壮麗さにとまどいながら歩いていき、さらに金色の門をくぐってほの暗い金色の聖堂に入ります。ところがそこにあるのは円い金属の鏡が載った黒い漆塗りの台だけとは！

内部は上質の畳を敷いた間口四二フィート［約一二・八メートル］、奥行き二七フィート［約八・二メートル］の広間になっており、両側に上段の間があります。上段の間は片方は将軍用、もう片方は「法親王用」となっています。どちらにももちろんだれもいません。広間の天井には鏡板が張ってあり、びっしりとフレスコ画が描かれています。将軍の間には金泥の地に麒麟（架空の怪獣）が描かれたとてもみごとな襖《フスマ》が数枚、細かな彫刻の入ったオーク材のパネルが四枚あり、パネルの大きさは八フィート×六フィート［約二・四×一・八メートル］で、さまざまな技法を用いた薄肉彫の鳳凰が描かれています。法親王の間にも同じようなパネルがあり、いきいきと描かれた鷹の装飾が入っています。ほの暗く豪華な殿内で宗教的な調度は簡素な金の御幣のみです。奥の階段を上がると石畳の殿堂があり、鏡板を張ったみごとな天井には濃紺の地に龍が描かれています。その奥の引き戸の向こうには本殿があり、部屋が四つありますが、中には入れません。とはいえ、黒地に金の蒔絵の施された外側のようすから察して、内部はきわめて豪華にちがいありません。

それなのに、家康が自分の遺体を葬るよう定めたのは、これら豪華な聖殿のどれでもないのです。そこへ行くには最後の中庭に引き返し、東の歩廊にある屋根つきの門をくぐって囲い地から出てしまわなければなりません。門をくぐるとそこは緑に苔むした石の回廊となっています。内部は富と芸術のつくりあげた金と極彩色のおとぎの国で、外部は自然がその風格を最大限に発揮して偉大なる将軍の墓所を壮麗さと厳粛さで包み込んでいるのです。二四〇段の石段を上った山頂の、彼をたたえて建立されたすべての堂々たる社殿を遠くから見下ろす場所に家康の遺骸は眠っています。墓は装飾はないものの、巨石を積んだ上に青銅製の宝塔が載っています。正面には石の台があり、青銅製の香炉、真鍮製の蓮の花と葉を挿した花瓶、口に青銅製の蠟燭をくわえた鶴の装飾が施されています。欄干のついた高い石塀がこの簡素にして堂々たる墓所を取り囲んでいます。また山の裏手に生えている杉の大木のおかげで、あたりはつねにほの暗くなっています。この林は傾いた日差ししか透さず、また一輪の花も咲いていませんし、鳥のさえずりもありません。静寂と哀惜が日本の生んだ最も手腕があり最も偉大な人物の墓所を包んでいるばかりです。

木工、青銅、漆のみごとな細工に感激したあまり、あやうく見落とすところでしたが、巨大な石垣、石の回廊、階段、欄干といった石組みも同様にみごとで、すべてモルタルやセメントを用いずに組まれています。とても精巧に組んであるため、その継ぎ目は二六〇年のあいだ風雨や湿気や植物による侵食の被害をほとんど受けずにきています。石段の踏み板は極上の一枚石でできており、片側の石柵とその笠、頂上の重厚な手すりは長さ一〇フィートから一八フィート［約三―五・五メートル］の一枚石をくり抜いたものです。みごとな花崗岩の水盤の細工もすばらしいことに変わりはありません。とても精密に調節して台に据えてあり、近くの滝から引いてある水がぴたりと均一な円柱となって縁からあふれて落ちるので、サトウ氏の言うように「石というより水の無垢材でできている」かのようです。

家光の祀られている社殿［大猷院《だいゆういん》］は家康を祀ったそれ［東照宮］の近くにあり、壮麗さではいくぶん劣りながらも、なおいっそう見物客を当惑させます。というのも家光の霊廟はいまでも仏教徒が管理しており、さまざまな仏像や豪華な仏具が数多くあって、金と極彩色のまぶしさに囲まれて神道の鏡がぽつんとひとつある簡素さと驚くばかりの対比をなしているからです。正面入り口の大門には朱塗りの巨大な仁王《ニオー》像二体があります。これは仏教版ゴグとマゴグのようなもので、花柄の絹地を模した襞衣をつけています。つぎに対になった像は赤と緑に塗ってあり、家光の社殿から移して門内部のくぼみに安置してあります。石段を上がるともうひとつ門があり、豪華なくぼみに人間の姿をした恐ろしい怪物が立っています。これは風と雷の神を表しています。風神は水晶の目を持ち、機嫌のよさと凶暴さが半々の表情を浮かべています。この像は緑に塗ってあり、風の袋をかついでいます。長い袋は両端がしばってあり、風神がその両端を握っています。雷神は朱塗りで毛先が紫色の髪をしており、手に稲妻を持って雲の上に立っています。さらに石段があり、もうひとつ門があって、ここには大胆な木彫の四天王《テンノー》、すなわち四方の神の像が立っています。長い犬歯をして、力強い動きを見せています。ここでようやく本殿にたどり着いたことになります。ここへわたしをはじめて連れてきてくれた老僧は風神雷神のそばを通るとき、「昔はこういうものを信じていたのですが、いまはもう信じていません」と言いました。他の神々について話す彼の口ぶりはずいぶん蔑んでいるようでした。とはいえこの老僧は本殿の入り口でわたしに帽子と靴を脱いでほしいと告げました。本殿内部には豪華な厨子があり、従者が金地の幕を開けると、そのなかは同じように格調高く、金色をした真鍮製の仏像二体と釈迦像一体が花びらの重なった蓮華上に胡座しています。その顔に浮かんだ例の永遠につづく休息の表情は、道中の風景で最もよく見られるものです。この厨子の正面には蠟燭が何本かともしてあり、参拝者からの供物があって、全体が二個の淡く燃えるランプに照らされていました。祭壇の段々にはひどく体をゆがめた悪魔が落着かなげにしゃがんでいます。というのもなんという皮肉な成り行きか、肩にずっしりと重い香炉をかつがされているのです。この社殿には一〇〇体を超す偶像が何列にも並んでおり、その多くが等身大で、なかには悪魔を踏みつけているのもあります。どれもみな恐ろしく見えるのは、ひとつにはあざやかな緑や朱や青に塗ってあるからでしょう。どの像も筋肉が著しく発達しており、体も表情もすべてなんらかの活発な動きを表していて、たいがいそれがひどく誇張してあります。

これで二度目になりますが、わたしは日本の宗教の想像力が生んだ恐ろしい作品や奇怪な作品は、そのゆがんだ姿やひらひらと風になびく派手な衣装が、インドの宗教芸術が生み出したものである、輸入された仏陀の表情や姿の東洋的な穏やかさや衣の優美な襞と一風変わったコントラストをなしているのに気づきました。この社殿にある日本の神々のどれもが非常に目立つ歯をしています。偶像のなかには厨子に納めてあるもの（たとえば農夫や漁夫の神）もあり、お米やお菓子といったささやかな供物がその前に置いてあります。僧侶たちはこういった神々の名を記した紙切れを海難や稲の不作から守る魔除けとして売っており、伊藤は不作を除けるお守りをいっぱい買い込みました。横浜の米をつくる農夫何人かから手数料をもらって頼まれたのです。いまは巡礼のシーズンではありませんが、数人の巡礼がいて、蠟燭や香や米を供えていました。

中庭を突っ切って歩いているとき、地震でぐらぐらと二度揺れました。屋根のまわりに下げてある金色の風鐸がいっせいに小さく鳴り、おおぜいの僧侶がお寺のなかに駆け込んでさまざまな太鼓を半時間打ちつづけました。家光の墓には拝殿の右手にある石段を上がっていきます。様式は家康の墓と同じですが、正面の門が青銅でできており、明るい真鍮で梵字が大きく記されています。数多くある景観のなかでも最も美しいのが、社殿のいちばん高いところにある門から見た眺めです。二度目に訪れたときは日が照り、春らしい彩りの仏岩《ほとけいわ》の木立が日差しを浴びて、鬱蒼とした杉林を背景に美しくぼかされた眺めとなっていました。

ここまではサトウ氏のご助力を得て、主たる関心の対象であるものについて記してきました。書きそびれたことはたくさんありますが、家康の社殿から放出された仏像や仏具を納めるために、目下正面並木道の右手に大きな堂宇が建設中であることは書き添えておかなければなりません。各霊廟の入場券は一枚七ペンスで売っていますが、そうやって得たお金を修理に使うのかどうかははっきりわかりません。木工部や塗料や金箔はいつまでも朽ちたりはげたりしないわけではなく、日本政府は古い文化の保存より物質的な発展のほうに熱心なので、人々の信仰が衰退するにつれ、これらの社殿が生き残っていくかどうかは疑問です。わたしは完全に絶望して、便覧並みの無味乾燥な描写のしかたをしてしまいました。

日光東照宮陽明門

建物のなかには屋根が銅板で葺いてあるものもありますが、大半は瓦屋根です。とはいえ、日本では瓦屋根は芸術品並みの風格を備えていると言っていいくらいなのです。瓦自体は赤みがかった灰色で、金属的な光沢が感じられます。やや凹形をしており、継ぎ目は凸形のべつの瓦で覆います。この継ぎ目の瓦は大棟の中心から重厚な管のように連なって庇《ひさし》までくだり、徳川家の紋章を金で刻んだ円盤がついています。東照宮の社殿では、よほど似つかわしくないところでないかぎり、どこにでも見られます。屋根は非常に重厚なので、それを支えるにはその下の凝った彫刻を施した木材すべてが必要です。これらの木材はほかと同じように金または金に似たもので光り輝いています。

東照宮は日本の寺社建築でも最もすばらしいものです。風格のある周囲の杉林は地上三フィート［約九二センチ］の高さで幹の周囲が二〇フィート［約六メートル］を超える大木がほとんどで、西洋美術のルールなど一切無視し、その美しさで社殿を囚われ人のように封じ込め、訪れる者にこれまでは知らなかった形や色の組み合わせの美しさを認識させるのです。そしてまた漆を塗った木材はそれ自体きわめて高い美的観念を表しうることにも気づかずにはいられません。金はふんだんに用いられており、広範囲に惜しみなく使われている黒、鈍い赤、白はきわめて独創的です。青銅の雷文《らいもん》ひとつをとってみても仔細な観察に値し、木彫はその概念や細部を充分に把握するには何週間もの熱心な研究を要します。ひとつの衝立であるいは手すりだけで六〇に及ぶパネルを用いてあり、パネルはそれぞれ長さが四フィート［約一・二メートル］あって、孔雀や雉、鶴、蓮、牡丹、竹、葉がむきだしのままみごとな大胆さで深く彫り刻まれているのです。鳥における形と色の忠実さ、動きの美しさの再現にかけては他の追随を許しません。

それでいながら、花にわたしはなおいっそう好感をいだきました。実のところ作者は自分の作品に夢中になり、嬉々として彫刻し彩色しています。蓮の花は葉に支えられて露に濡れ、牡丹はクリーム色を帯びた白のさまざまな色合いを見せ、竹の葉はその優雅な茎の上で揺れて硬い松葉と対比をなしています。そして無数にある花冠は華麗な飾り格子に茂る葉に囲まれ、生命力あふれる完璧な彩りで咲きほころんでいます。これらの彫刻は一〇インチから一五インチ［約二五―三八センチ］の厚みがあり、孔雀の尾の単体の羽はほぼ同じ厚みの牡丹の前にたっぷり六インチ［約一五センチ］突き出ています。

社殿をあとにすると、細部は記憶から日々消えていきます。そのかわりに思い出されるのは、黒や朱の漆と金に彩られた目にあざやかな集合体、音もなく開く金色の戸、やわらかで足音ひとつしない畳の敷かれた広間。金色の内部社殿のほの暗いその広間では、傾いた太陽が凝った唐草模様の入った壁や花鳥を彫刻されたパネル、精緻な絵画で装飾された格天井に斜めの光を投げかけています。丈が六フィート［約一・八メートル］ある金の百合、金襴の緞帳、香の煙、巨大な鐘と金の大棟、麒麟、龍、鳳凰など架空の鳥獣、草や木と奇妙に混じり合った象、猿、虎。金地に描かれた金の飾り格子や幾何学模様、漆塗りの衝立て、五重塔、青銅製灯籠の列、頭を剃った金襴の衣装姿の僧、黒い烏帽子をかぶった神官、随所で見られる日差しを浴びた金の輝き、簡素な墓碑。そして杉林に覆われた山腹にはその厳かな色調をなごめるようにローズ色のつつじが咲いていました。[1]

I・L・B

第一二信

六月二二日、日光山湯元、ヤシマ屋にて

日本の荷馬と荷鞍——中禅寺湖に至る山道——人気《ひとけ》のない村——巡礼の季節——ローズ色のつつじ——宿屋《ヤドヤ》と接客係——ここは温泉地——硫黄泉の浴場——ピンはね——うれしい宿泊客の出現

きょうは試しに馬に乗ってみて、一五マイル［約二四キロ］休みなしに旅できました。またこれまで愉快ではない話をいっぱい聞かされ、わたしにとっては麒麟《キリン》や龍のような伝説上の獣だった日本の荷馬にはじめて出会いました。とはいえ、蹴られもかまれもしなければ、振り落とされもしませんでした。というのも雌馬はこのあたりでしか使わず、気性はやさしいのです。体高約一四ハンド［約一四三センチ］で貧弱な下半身をしており、頭部はぼさぼさのたてがみと前髪でほとんど隠れています。鼻に回した綱で引き、足にはなにもつけてはいませんが、岩道を行くときは馬子《マゴ》すなわち馬の引き手がわらじをはかせます。荷鞍は厚さ

八インチ［約二〇センチ］の藁包み二個でできており、赤い上張りがしてあります。そして前とうしろを派手に色を塗ったり漆を塗ったりしたオーク材の頑丈なアーチでつないでありますす。腹帯のかわりに胴体の下で綱をゆるく結んであり、荷の安全は鞦《しりがい》次第ですが、ふつう鞦は一片の竹を鞍に綱でくくりつけたもので、木の対材とつないであります。またべつの綱が一本首に回してあり、荷鞍の上に乗る際にはこれに足をかけて上ります。荷は慎重にバランスをとらなければなりません。でないと惨事を招きます。馬子はまず荷を全部積み、重みを振り分けるのが無理な場合は石を片方ずつに足します。ここでは巨大な雨笠をかぶって紺の細身のズボンの上で着物《キモノ》をしばった女性たちが荷を積み、馬を引きました。わたしは塀の上から荷を積んだ馬の上に飛び乗りました。たたんだ布団《フトン》をかけて鞍の背や棒や金具や綱の結び目を均《なら》してあるので、鞍は馬の背から一四インチ［約三五センチ］の高さになります。足を馬の首の上に垂らしている格好になるわけで、気をつけてバランスをとらないと、鞍ごとひっくり返ってしまいます。とはいえ、バランスをとるのにはまもなく慣れました。馬がつまずきさえしなければ、平坦な場所では荷鞍の具合はまずまずですが、坂道を上がるときは背骨がとても痛くなり、下るときにはあまりの耐えがたさに、馬の頭をすべり落ちてぬかるみの穴ぼこにはまってもむしろほっとしたくらいでした。しかも手綱があったとしても、馬が手綱というものを理解してくれないのですから、話になりません。馬は自分の六フィート［約一・八メートル］先をとぼとぼと行く馬子にやみくもについていくのです。

道路の最初の部分は段々が何ヵ所かあったものの、まずまずの状態で、滝、お寺、散らば

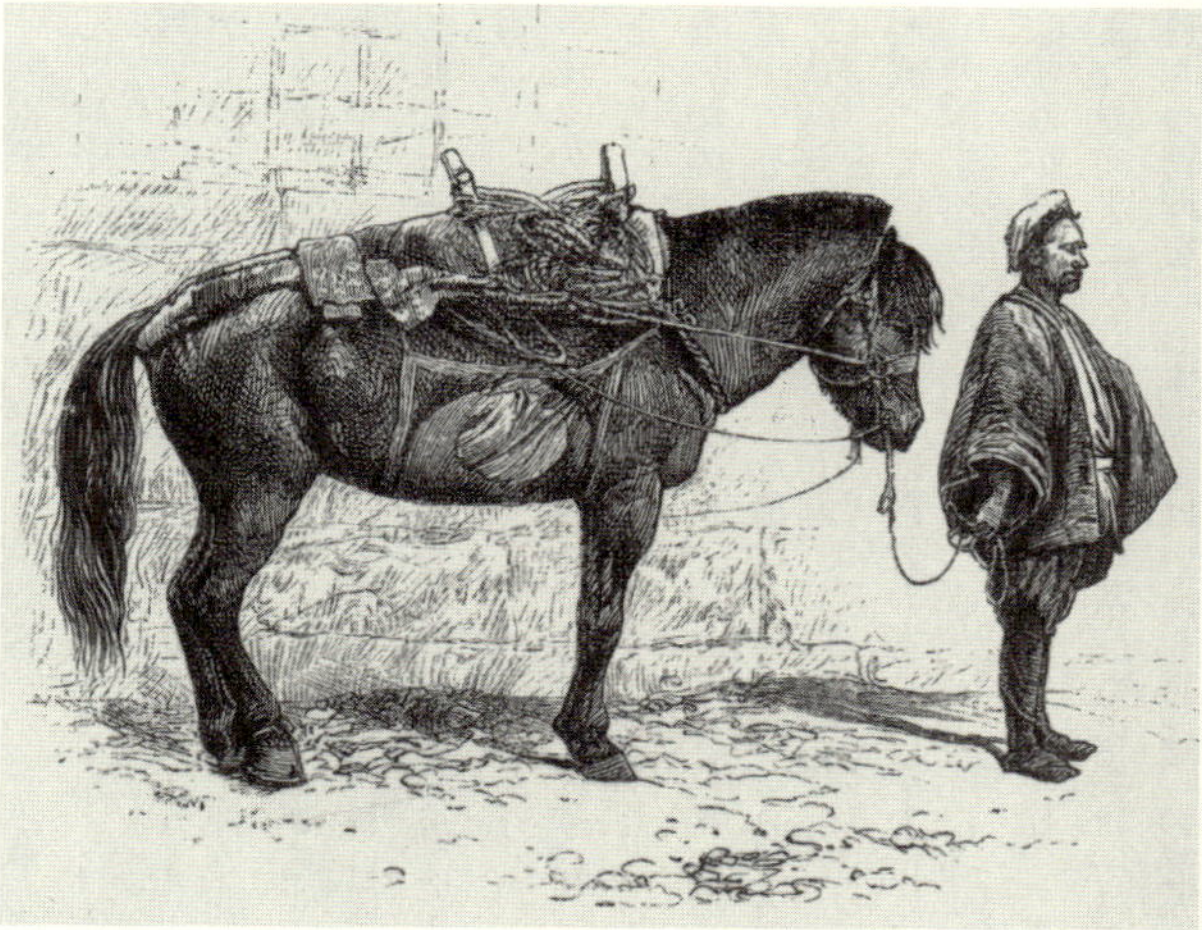

日本の荷馬

っている田畑、貧しい村落を通りました。村々では住民の大半が鉢石《はちいし》で漆を塗る木の盆をつくっています。馬返《うまがえし》（馬の方向転換）の村に着くと、伊藤と女性の馬子はきれいな庭のある道脇の茶屋でたばこを一服するために止まりました。わたしは増水で水浸しになった急流の河川敷を通っている粗末な道を二マイル〔約三・二キロ〕歩きました。河川敷はいまは溶岩礫が散らばり、そこを大谷川の奔流が縫うように下っています。谷間は渓流の走る岩間となり、玄武岩の絶壁がそびえています。渓流には丸太を土と小枝でぞんざいに覆った橋が何本も架かっています。男体山は一見幾度か行く手を阻むように思えますが、川と道は相変わらずその裏をかき、ますます壮大さを増す峡谷を二〇〇〇フィート［約六一〇メートル］上がると、わたしたちは大きな亀裂をはさんで対岸のある断崖に来ました。ここからは雪をさっと掃いた連山の雄大な景観が望めます。山々は寄り合うふたつの渓谷で深く裂け、渓谷の終わる岩棚にはふたつのすばらしい滝がまっ逆さまに落ちています。日光—中禅寺間の七マイル［約一一・三キロ］には七四〇の段があり、その大半は最後の二マイルにあるとのこと。馬道が急勾配の山腹をジグザグ状に上がっており、楽に上れるように丸太の長い段々があります。馬はこれが嫌いで、段の両脇の泥には一フィート以上も深さのある足跡とそのあいだの畝が馬の道となって続いています。

木々の向こうに見える景色はますますすばらしいものとなってきました。山頂まで上ったところで三〇〇〇フィートの高さまで来たことになり、男体山の麓の美しい中禅寺湖が波のない鏡のようなその水面に、向こう岸にある険しい山々の濃い緑を映しています。男体山は霊山でそのごつごつした頂は中禅寺湖から三五〇〇フィート［約一〇六七メートル］の高さにあり、小さな神社があって、そのわきにある岩の上にはおよそ一〇〇ほどの錆びた剣の刃が載っています。これは自分の為した暴力行為を悔悟した男たちの奉納物で、この山頂に登り、山霊を祀った社の前に捨てたものです。妙に悲しげに見える灰色のあばら屋らしい長い家並みが湖畔の一角にぽつりぽつりとあり、二、三軒ある茶屋も人が住んでいるようにはあまり見えません。こういった茶屋も冬場は一〇月に閉めてしまい、一二人の人間が順番に五日ずつ管理をします。とはいえ七月はこの静かな村も参拝客でにぎわい、灰色の長いあばら屋の家並みは人で込み合います。というのも急な上り坂に黒い鳥居のある大きな赤い社殿があり、これは日光の権現のもともとの社で、とても聖なる場所なのです。ふつうの日本の参拝客には厳粛なところ、敬虔なところはなにもありません。特別な場合をのぞき、たんなる休日の「外出」、とてもにぎやかでなごやかなお祭り騒ぎにすぎないのです。

わたしは少女の引く馬に乗った坊主頭の僧侶のあとについて、鬱蒼とした森のなかを数マイル行きました。オーク、栃、ヨーロッパ栗、松、楡、数種の楓が茂り、下木にはつつじ、いぼたのき、はしどい、紫陽花、ぶどう、笹、わたしの知らない美しい花をつけた低木数種が見られます。小道は湖岸の湾曲部近くを通っているので、さざ波が浜の小石を洗う音がたえず聞こえました。たいへんうれしかったのは、ゆうに一五フィート［約四・六メートル］の高さがあるつつじに、葉が見えないほど真っ赤な花がびっしりと咲いていたことです。小道はいくばくかの距離がこのつつじで明るくなっていました。長さが四フィートほどある太い蛇を二匹見ましたが、一匹は緑でもう一匹は赤と茶色をしており、平たい木の枝に巻きついて、どうやら休眠中のようでした。

湖をあとにすると、道は急な上りとなります。水の流れ落ちる轟音が聞こえ、道の急なカーブをひとつ曲がると、朽ちた丸木橋と激しい山の奔流が岩壁のあいだを流れ落ちているのが見えました。岩壁は湿気を好むあらゆる種類の草木で青々としています。柏槇《びゃくしん》の大木と栗がその上に覆いかぶさり、亀裂という亀裂には楓の繊細な切り込みの入った葉が見られます。流れをまたぐように昔倒れた柏槇がそのままになっており、苔と羊歯で緑色に染まっています。楓ですらその巨大な幹に根づき、わたしの目に見えるかぎり、そのアーケード全体がローズ色のつつじで彩られ、午後の傾いた陽光をまだらに受けています。えもいわれぬその美しさに、わたしは倒れた地蔵に座り、中禅寺でお茶とたばこで一服するのに残してきた同行者たちを一時間待つのがうれしく思えたものでした。

湿地をすぎ、さらに上ると、深緑色の水に樹木の生い茂った高山が深く影を落とす愛らしい湖、湯元《ゆもと》湖に至り、ついできわめて美しい森に入りました。地面はまるで岩山が砕け散ったようで、大岩もあれば小岩もありますが、どれもみな角が鋭くとがっています。地表にあらわになった破片はひとつも見当たりません。どの岩も湿地にはびこる植物、美しい杉苔《すぎごけ》や銭苔《ぜにごけ》、苔忍《こけしのぶ》、薄い羽のような洞苔《ほらごけ》に覆われています。木々はすべてみごとな柏槙で、夕暮れ時のその葉陰はほの暗くてかぐわしく、炎の色をしたつつじだけが明るさを放っていました。

荷馬の足取りにいらいらさせられたわたしは、湖を見下ろす肌寒い森を出たのをうれしく思いました。森ではすでに最後の日差しが消えようとしています。というのも高山に囲まれているからで、そのうちのひとつ、湯元のすぐ上にある白根山は八五〇〇フィート［約二五九三メートル］あり、その深い渓谷は木々のあいだにたっぷりと雪を残していました。道はここで終わりますが、健脚でよいガイドがついていれば、二つのルートで山を越えることができます。湯元の入り口は露天風呂で美観を損ねています。おおぜいの人々が裸で硫化水素の湯気のなかに寝ているのです。それはこの袋小路が有名な温泉地でリウマチや頑固な皮膚

茶屋の仲居

病に効くとされているからで、数ヵ所の硫黄泉は温泉として利用されたあと、この地点で黄色い浮きかすの漂う青い水から強烈な硫黄臭を立ちのぼらせつつ湖に流れ込んでいきます。

きょうのきつい旅も申し分のない宿屋《ヤドヤ》で終わりとなりました。建物の内も外も美しく、旅の土ぼこりにまみれた人間より妖精にふさわしいところです。襖《フスマ》は鉋《かんな》をかけた軽い板でい い香りがします。畳はほぼ白に近く、縁は磨き込んだ松材です。宿屋に入ると、少女が微笑みながら繊細なアーモンドの香りのする梅の花のお茶、大豆と砂糖でできたお菓子、それに凍った雪を漆のお椀に入れて運んできてくれました。ひねた鶏で骨の折れる食事をとったあと、わたしは外で夜のひとときをすごしました。日本の温泉地がわたしにはめずらしくて関心がありました。

湖と山とのあいだには、製材したばかりの赤い柏槙材で建てたこぎれいな家々が段状に連なる一風変わった村落があり、すきまはほとんどありません。ここでは冬は一〇フィート［約三メートル］の積雪があり、人々は一〇月一〇日に美しい住まいをむしろでくるみます。屋根すら覆いをせずにすませることはありません。そして五月の一〇日まで一週間交代の当番をひとり置いて低地に行きます。わたしがこちらの家の持ち主なら、雨の降る日はきまってむしろでくるみたくなったでしょう！　当地で馬に乗ったのはまちがいでした。駕籠すなわち屋根つきのバスケットでここまで運んでもらうのが正しかったのです。

この村は二本の短い通りで成り立っています。幅八フィート［約二・四メートル］の通りにあるのはさまざまな等級の宿屋ばかりで、各宿屋の庇の深い正面は変化があっておもしろく、縁側は優美で、提灯が列をなし、一階の表は戸を開け放っています。ここは人でいっぱいで、四ヵ所ある浴場は込んでいます。ある精力的な病人は一日に一二度入浴するとのこと！　歩いている人はだれもが青い手ぬぐいを腕にかけ、縁側の手すりには青い手ぬぐいが干してあります。娯楽施設はほとんどありません。村の背後にはいきなり山々がそびえ、びっしりと森で覆われているので、村の短い通りか、わたしがたどってきた道を散歩するしかないのです。湖を遊覧できる屋根船が一隻あり、三味線《サミセン》の弾ける芸者《ゲイシャ》が何人かいますが、賭け事は違法ですし、浴場以外に公衆保養施設はなにもないので、人々は温泉に浸かったり、眠ったり、たばこを吸ったり、なにかを食べたりしてすごします。大きな温泉は村のうしろの、まわりに土盛りをした四角い水槽にあります。ぼこぼこと湧き出て、悪臭のする湯煙を立てています。幅広の板が間隔をおいて渡してあり、リウマチで手足の不自由な人々は硫黄分を含む蒸気によく当たるよう、その板の上に何時間も寝そべっています。温泉の温度は華氏一三〇度［摂氏五四・四度］ですが、村までふたのない木製のパイプで引いているので、八四度［摂氏二八・九度］しかありません。湯元は四〇〇〇フィート［約一二二〇メートル］の高さにあり、とても寒いのです。

入町《いりまち》——湯元を発つ前に、わたしは「ピンはね」の手口を知りました。精算を頼むと、請求書はわたしに渡されず、宿の亭主は二階へ駆け上がって伊藤にいくらにすべきか尋ね、ふっかけて得た儲けをふたりでわけようと話を持ちかけたのです。なにを買っても従者は「ピンはね」分を得ます。宿代に関しては非常に巧みに行われるので、防ぎようがなく、納得のいく範囲で収まっているかぎりは気をもまないことです。

戻りがけ、湯元湖の水があふれて落ちている湯滝《ゆのたき》を見物しました。大量の水が細かくうねった黒い岩の上を四〇度の角度でほとばしり、幾千もの小さな滝となって流れ落ちるさまは、細く引き裂いた絹地のようでした。もうひとつの滝、華厳《けごん》は大谷川が中禅寺湖から深い滝壺に落ちていますが、陽光を浴びて咲くローズ色のつつじを前景とし、羊歯に覆われ切り立ってそびえる山を背景とするその眺めはみごとなものでした。それに大谷川が巨大な裂け目に消えていくさまも負けず劣らずみごとでした。断崖のジグザグ道を行くと二〇〇フィート［約六一メートル］下の展望台に至ります。そこには老人、幼児、酒《サケ》を飲みすぎた者はここから下るべからずという愉快な張り紙がしてあります。景色の美しいところには必ず雨除けのついたベンチと飲食のできる設備があり、ここもその例外ではありませんでした。

激しい雨が降りはじめ、川はみるみる増水しました。あたりは日光にあるといわれる二〇〇の滝の轟音に満ち、馬はぬかるんだ山腹を歩くというよりすべりながら下りました。入町付近で道は急流と化し、石段をいくぶん激しく流れ落ちました。服も荷物もぐっしょり濡れましたが、西洋人の男性と女性がわたしの部屋の縁に服を干しており、わたしのすてきな部屋はそのふたりが使っていました。とはいえ、自分と同じ人種で自分と同じ言語を話す人と出会ったのがあまりにうれしく、わたしは喜んで奥の部屋に納まりました。そして乾いた服に着替えたあとただちにそのふたりとお近づきになったところ、北京から新婚旅行中のチョンシー・グッドリッチ夫妻だとわかりました(1)。

I・L・B

第一三信

六月二三日、日光、入町《いりまち》にて

平穏な単調さ――日本の学校――陰鬱な詩――おしおき――子供のパーティ――幼い美女――女性の名前――子供の芝居――裁縫――書道――金谷――毎日の仕事――ある夜のもてなし――旅のルートを考える――神棚

当地での平穏にして単調な生活も終わりに近づきつつあります。こちらの人々はややもすれば静かすぎるくらいもの静かで親切ですし、この村以外のことを多少知るにつけ、わたしはここがとても気に入りました。けれども、気候にはがっかりしています。雨が降っていなければ、蒸し風呂にいるようですし、雨が降っていれば――だいたいいつも雨が降っているのですが――、それこそ滝のように降ります。気温は華氏七二度から八六度［摂氏二二・二度から三〇度］で、高温多湿なので針は錆《さ》び、本や靴には白かびが生え、道路や塀は緑苔で日に日に緑が濃くなります。空気がとてものんびりさせてくれ、見られるものすべてを見る谷《や》のを目標と決めたはずなのに、長い散歩をしようという気にはなりません。散歩はふつう金《かな》谷や伊藤といっしょに出かけます。寺院のあとは、滝を見物し、男体《なんたい》、赤薙《あかなぎ》、女峰《にょほう》、小さくともみごとな真名子《まなご》という五大峰のある、日光を取り囲む雪をかぶった馬蹄型連山の壮大な眺めを見て、これまで江戸から旅してきた平野が低くうねる丘陵地帯の向こうに筑波山脈まで広がるのを外山《そとやま》からこの目で見たあとは、このあたりの村での暮らしぶりがわたしの主な、いいえ、主なというよりまず第一の関心事でした。

入町はいまのわたしにとって日本の村の生活の縮図となってくれていますが、この村は三本の道路に沿って建てられた三〇〇戸の家々で成り、三段か四段の石段が道路の途中に何ヵ所かあります。それぞれの道路のまんなかに急流の走る石の水路があり、これが子供たち、とくに男の子には飽くことのない遊び場で、水車で動く模型や機械仕掛けのおもちゃをいろいろ工夫《くふう》してつくっています。とはいえ、午前七時には太鼓が鳴り、子供たちを学校に集めます。校舎はイギリスならどの教育委員会をも辱めないものです。西洋化しすぎているとわたしは思いましたが、子供たちは現地式に床に座るのではなく、椅子に腰をかけて机に向かい、とても居心地が悪そうです。学校の設備は非常によく、壁には上等の地図が掛かっています。教師は二五歳くらいの男性で、黒板を自在に使ってどんどん生徒に質問していました。イギリスと同じように、いちばんいい答えを返した生徒はクラスの首席に移動します。服従は日本の社会秩序の基本で、家庭で絶対服従に慣れている子供たちが相手なので、教師はなんの苦もなく生徒を静かにさせたり、自分のほうに注目させたり、言うことを聞かせたりできます。教科書を懸命に読んでいる子供たちの大人びた顔には、痛々しいまでの熱意があります。外国人が教室に入ってくるというめったにないできごとがあっても、生徒たちはよそ見などするものではありません。年少の生徒は主に実物教育で学び、年かさの生徒は地理や歴史の教科書を声を出して読む練習をします。漢字もかなも甲高くてひどく耳障りな調子で読みます。ほかに算術と自然科学分野の初歩も習います。子供たちが朗読している詩歌は、わたしの理解したところでは、簡単な五十音図となっていました。訳すとつぎのようになります。

「色と香は消えてしまう。
この世にずっと残るものがあるだろうか。
きょうという日は無の底に消えてしまう。
束の間の夢のようなものにすぎず、わずかな苦しか生じさせない」
［色は匂へど　散りぬるを　我が世誰ぞ　常ならむ
有為の奥山　今日越えて　浅き夢見じ　酔ひもせず」

これはあの倦《う》んだ好色家の嘆き「空しさのきわみ、すべては虚無だ」に共鳴しており、東洋独特の厭世観を示していますが、幼い子供たちが学ぶ簡単な詩なのです。以前日本の教育の基盤であった古典漢籍は、現在主として漢字の知識を伝える手段として教えられていますが、漢字を適度に覚えるだけでも、子供たちはずいぶんとよけいな苦労をしなければなりません。

品行が悪い場合の処罰方法は、かつては鞭で向うずねを二、三度たたくか、人差し指に軽くお灸をすえるというものでした。これは家庭においては現在でも一般的なおしおきの方法ですが、いまでは放課後の居残りしか処罰は報告されていないと教師が言うのは理解できます。この教師は用事を言いつけるというイギリス式の罰し方にはまったく賛成できないという意見です。一二時になると子供たちは男女別にきちんと整列して学校の構内を出て行き、そのあと静かに散っていきました。

すでに政府はどの階級にも教育が行き渡るようたいへんな労力をそそいでいますが、教育を強制する効果的な対策はまだなく、推定就学児童五〇〇万人のうち実際に学校に通っている児童は二〇〇万人あまりしかありません。教職は女性に対して開かれた職業の求人数を大幅に増やすことになりそうで、すでに八〇〇人が雇用されています。日光の教師は自治体によって任命されていますが、報酬額は授業料や任意の寄付に左右されます。授業料は親の収入によって異なり、月半ペンスから一ペンス半です。ただしこれには墨、紙、石板、教科書の費用は含まれていません。日光の教師の話では、教師には一三の等級があるとのこと。彼は八番目で、月給は一ポンドです。

帰宅すると子供たちは食事をします。夕方はほとんどどこの家でもぼそぼそと予習や宿題をする声が聞こえます。昼食のあとは遊びの時間ですが、女の子たちは家にいることが多く、赤ちゃんをおんぶして午後じゅう人形遊びをしています。ある夜わたしは六〇人の少年少女の行列に出会いました。全員が黒い球のついた白旗を掲げていますが、リーダーのだけは金色の球がついています。そしてみんなで歩きながら歌を歌っているというか、わめいていました。とはいえほかの遊びはあまり動かないものでした。水車で動く機械仕掛けのおもちゃは子供たちを夢中にさせます。

正式の子供のパーティが金谷邸で催され、この家の子供である一二歳の女の子の名前で正式の招待状が送られました。招待客は午後三時ごろに到着しましたが、多くの場合召使いが付き添っています。この家の娘ハルは石段のいちばん上で客を出迎え、ひとりずつ客間に案内しました。客間ではちゃんとみんなに納得できる席順の規則があるらしく、それにのっとって席が設けられています。ハルは髪をうしろに引いて前髪を上げ、環をふたつ並べた形に結っており、緋色の縮緬かなにかがなかに巻きつけてあります。顔と首は白塗りをして、うなじの後れ毛をすべて毛抜きできれいに取り除き、襟足の三つの角の際まで白粉が塗ってあります。唇にはほんのりと紅をつけ、その顔は安物の人形のようです。青地に花柄の絹の着物《キモノ》を着ており、袖は地面に届いています。青地の帯は緋色の裏地がついており、白く塗った首とキモノのあいだには緋色の縮緬を折ったものがのぞいています。小さな足には白い綿地のソックス、足袋《タビ》をはいています。足袋は緋の鼻緒のついたきれいな漆塗りのぽっくりがはけるよう、親指の部分が分かれています。ハルは親指とほかの四本の指をべつべつに鼻緒に通してこのぽっくりをはき、石段の上で客を迎えました。ほかの小さな貴婦人たちも同じように装い、全員ができそこないの人形のようでした。ハルはとても形式ばってはいるものの優雅なお辞儀をして客を迎えました。

客が全員集まると、ハルととても上品なその母親はひとりひとりの前に座り、漆塗りの盆に載ったお茶とお菓子を振る舞いました。それから子供たちは黄昏時までとても静かに行儀よくゲームに興じました。みんなそれぞれを名前で呼ぶときは、敬意を表す「お」という接頭辞をつけます。これは女性の場合にだけ使われます。それに敬称の接尾辞「さん」をつけるので、ハルは「おハルさん」となり、これは英語の「ミス」に相当します。家の女主人は「おかみさん」と呼ばれ、「奥さま」——「マイ・レディ」のようなもの——は既婚婦人に対して用いられます。女性には姓がありません。ゆえにサグチ夫人とは言わず、サグチさんの妻と言います。また直接呼びかけるときは「奥さま」と呼びます。子供の名前には春《ハル》、雪《ユキ》、花《ハナ》、菊《キク》、銀《ギン》などがあります。

ゲームのひとつにとてもおもしろいのがあり、そこそこの意気込みとかなりの威厳をもって行われます。この遊びはひとりの子供が病気のふりをし、べつの子供が医者になるのですが、医者役は威張ってもったいぶったようすを、それに病人役はいかにも弱々しく苦しそうなようすをとてもじょうずにまねるのです。あいにく医者はその患者を死なせてしまい、患者は死んだふりをしましたが、白塗りの顔がとても効果を発揮しています。ついで葬式と喪がありました。子供たちはこのように婚礼や宴会その他の人生のさまざまなできごとを劇化します。この子供たちの威厳と落ち着きはすばらしいものです。実のところ日本の礼儀作法に必要なすべてのことは、子供たちがことばをしゃべれるようになるとすぐに手ほどきが行われ、一〇歳にもなれば、どんなときにはどうすべきか、なにをしてはいけないかを正確に心得ているのです。パーティがお開きとなる前に、お茶とお菓子がもう一度振る舞われました。それを断るのも、また一度手をつけたものを残すのも礼儀に反するので、何人かの小さな貴婦人たちは残したものを大きな袖のなかに忍ばせました。客が去っていくときは、出迎えたときと同じように堅苦しい挨拶がかわされました。

ハルの母親、ユキはうっとりするほど優雅に話し、動き、歩きます。夜と、よく友だちが午後のお茶を飲みに現れるとき以外、ユキは掃除や縫い物、洗濯といった家事に勤しむか、野菜を植えたり畑の草取りをしたりしています。日本の女の子はみな裁縫を習い、自分の着るものを縫いますが、イギリスのようにややこしさやむずかしさのせいで裁縫の稽古が恐怖の種になるようなことはありません。着物《キモノ》、羽織《ハオリ》、帯、それに長く垂れ下がった袖も平行な縫い目があるだけで、衣服としては仮縫いしてあるにすぎないのです。洗うときはそれをほどき、各部分をごく軽く糊づけして、板に広げて乾します。ベルトやフリル、まち、ボタンホールのついた下着はなく、貧しい階級の女性は下着をつけません。またそれより上の階層ではユキのように、泡のような縮緬でできた、上に着るキモノと同じように簡単な仕立ての下着をつけます。たいがいの村と同じく、ここでも巡回図書館があります。ユキもハルも夜、昔のヒーローやヒロインの話を読むのが好きで、主人公は大衆の好みに合わせたいでたちをしており、できるだけ読みやすく書いてあります。伊藤は一〇冊ほどの本を自分の部屋に持っており、夜半までそれを読んでいます。

ユキもハルも読み書きは楽にできますが、わたしたちの場合も多くがそうであるように、女性の書き方は男性のそれとは異なり、もっと筆記体の傾向が強く、文体は古典的ではありません。また略語が多く使われるのと男性のあいだでは用いられない表現があるほか、構文はふだんの口語から派生したもので、文字は平易なひらがな、また特定のサイズと質の紙を選ぶことや、文字は曲線を使って女らしい上品さを出すことも作法となっています。

ユキの一三歳になる息子はよくわたしの部屋に来て漢字を書く腕前を見せてくれました。とても聡明な男の子で、絵を描くのにたいへんな才を示しています。まったくのところ、文字を書くのと絵を描くのにはわずかなちがいしかありません。文字のなかにはジョット［イタリアのフィレンツェ派の画家・彫刻家・建築家］の描く円顔負けの力強く効果的な筆致を持つものがありました。文字はペンではなく、らくだの毛の筆に墨を含ませて書いてありますが、この少年はぐいぐいと二度か三度筆を力強く動かして、さまざまな店の外に掛けてある看板に見られるような、長さが一フィート［約三〇・五センチ］ある文字を書くのです。

ユキは三味線《サミセン》を弾きますが、三味線は全国的に女性の楽器と見なされており、ハルは毎日先生のところへこの楽器を習いに行っています。

生け花は入門書を使って学び、女の子の教育のひとつに数えられています。わたしの部屋に花が生けかえられない日はめったにないほどです。これはわたしにとっても教育で、ただひとつのものだけを飾る、その極端な美しさを評価しはじめています。床の間に掛けてあるえもいわれぬ美しい掛物《カケモノ》には、花をつけた桜の枝が一本だけ描いてあります。屛風の一面には一輪だけのあやめがあります。磨き込んだ柱にとても優美に掛かっている一輪挿しにはそれぞれ牡丹、あやめ、つつじが一輪または一枝ずつ挿してあり、茎も葉も花弁もすべてがその美しさをあますところなく見せています。イギリスの「花屋」のつくる「花束」ほどグロテスクで野蛮なものはないでしょう。異なった色の花を幾重にも同心円状にたばね、羊歯と堅い紙のレースでそれを巻くのですから、茎も葉も、いや、花びらさえ無残につぶれ、それぞれの花の優美さと個性は当然だいなしになってしまいます。

金谷はこの村の長ですが、神社のお祭りで奏でられる不協和音と耳障りな響きの音楽の楽団長でもあります。また謎の世界かどこかで薬を調合し、売っています。わたしがここに来てから、彼の第一の目標は庭を美しくすることで、とても立派な滝、小川、池、素朴な竹の橋、それに築山をいくつかつくり、大木を何本か移植しました。親切にも、わたしの外出によく連れ立ってくれます。金谷はとても知的ですし、伊藤は優秀な通訳とわかり、さらにわたしの思うには誠実な通訳でもあるので、ここでの滞在は非常に快適なものとなっています。

こちらの人々は夜明けとともに起き、それまで寝ていた布団《フトン》をたたみ、上に小さく紙を巻いたものか、小さなクッションのついた、立体鏡のような形の木の枕とともども引き戸のついた押し入れにしまいます。畳をていねいに掃き、木造部すべてと縁側を拭いて、雨戸《アマド》――縁側の縁《へり》にある敷居をすべらせて開け閉めする木製のよろい戸で、夜は家全体をふさぎ、昼間は戸袋にしまいます――と障子を開けます。そのあと朝食をとってから家事。一時に昼食、そして裁縫や畑の世話をしたり、人を訪問したりして六時に夕食です。

ふつう夕食後すぐに客が訪れ、一一時か一二時までいます。最初は日本式のチェスをやったり、物語を話したり、三味線を弾いたりしていますが、そのあとにはみんなは歌だと言うものの、苦痛をともなう演し物がはじまります。これはまさに野蛮そのもので、主に声を震わせながら長く伸ばして「ノー」と言うのです。これがはじまったとたん、わたしはまるで未開人に取り囲まれているような心地がします。客の帰る前には米のビールである酒《サケ》が底に幸運の神の描かれた盃で振る舞われます。酒は温めてあるとたちまち頭に血が上ります。盃に一杯飲んだだけで、愚かな下男がとてもばかげた音楽に合わせてはしゃぎだしました。こんなことを書いては申し訳ないのですが、この下男の主人夫妻も下男がふざけるのを見て大いに喜んでいるし、酒は飲まない信条の伊藤もげらげらと笑っているのです。

ある夜わたしは仲間に入らないかと誘われ、写真やガイドブックを見せてもてなされました。ガイドブックのある日本の地方は多く、名所の木版画が入っていて、旅程や宿屋の名などの情報が載っています。絹地にとてもみごとに印刷されたある絵画集は一〇〇年以上前のものです。古い金の漆細工や磁器、古い絹の刺繍、それに二〇〇年以上昔のものだというそれは美しい楽器も見せてもらいました。このうち家に保管してある宝物はひとつもありません。蔵《クラ》という家のそばにある防火造りの倉庫にしまってあるのです。室内は満艦飾にすることはなく、掛物か漆器か磁器を一点だけ飾り、二、三日でほかのものに替えます。したがって簡素であるばかりでなく変化もあり、どれも飾られたときにはじっくりと眺められるわけです。

金谷とその妹はよく夜わたしを訪ねてきます。そしてわたしたちは床にブラントン地図を広げ、新潟への思いもかけないルートを考えるのですが、たいがいいつも越えられる道のない山脈に突き当たって頓挫してしまいます。このあたりの人々は生活が楽なようですが、金谷はお金が足りないと嘆いています。裕福になって外国人用のホテルを建てるつもりなのです。

金谷邸に唯一ある宗教の名残は神棚で、神社のような形をした木製の祭壇があり、なかには亡くなった身内の位牌が納められています。毎朝常緑樹の小枝と、少量のごはんと、酒を供え、毎夕明かりをともします。

第一三信（つづきその一）

目に見える闇――日光の店屋――未婚の娘と既婚婦人――夜と睡眠――親の愛情――子供たちの従順さ――髪形――皮膚病――モグサ――鍼

日本人が早起きなのもふしぎはありません。夜は明かりが暗くて楽しみがないのですから。この家でも、またほかの家でも、照明具は四本の脚がついた高さ二フィート半［約七六センチ］の角型または円筒型の漆塗りの枠に白い紙が貼ってあります。このなかに油を入れた平たい鉄の皿が吊ってあり、まんなかにおもりのついた灯芯草の髄が渡してあって、その一端に火をつけます。この粗末な照明具は行灯《アンドン》といい、その貧弱な「目に見える闇」を囲んで家族が集まります。子供たちはゲームや勉強を、女性たちは縫い物をします。日本の日照時間は短く家は暗いのです。この行灯に負けず劣らず嘆かわしいのは、行灯と同じくらいの高さがある蠟燭《ろうそく》立てで、木蠟でできた「安蠟燭」の底の穴に合う釘がてっぺんについています。芯は紙を撚《よ》ったもので太く、しょっちゅう切らなければならないうえ、大きくなったり小さくなったりする炎をほんの短いあいだ上げたあと、いやな臭いを発して消えます。国産や外国産の鉱油を燃やすランプは大規模に製造されてはいますが、その危険性はべつにして、国内での油の運搬が非常に高くつきます。夜部屋に行灯をともさないで寝ようと考える日本人はひとりもいないでしょう。

このあたりの村々は店でいっぱいです。なにも売っていない家はほとんどありません。どこから客が来るのか、いかにして儲けを得るのかは謎です。商品の多くは食べ物です。一インチ半［約三・七センチ］の長さで串に刺してある干魚、ケーキ［饅頭?］、米と小麦粉とごく少量の砂糖でできた菓子、餅《モチ》という米粉の生地でつくった丸いかたまり、塩ゆでした根菜、豆製の白いゼリー［豆腐］、人間用・馬用のロープやわらじ、蓑、唐傘、防水紙、ヘアピン、つまようじ、キセル、懐紙、それに竹製、藁製、草製、木製の雑貨などなど。こういったものは陳列台に載せてあり、そのうしろにある、通りに面して戸を開け放った部屋ではあらゆる家事が行われていて、ふつうは家の主婦が赤ん坊をねんねこにくるんで背負い、お湯を沸かしたり縫い物をしたりしているのが見えます。最近黄燐マッチ工場が建ったので、多くの家の前では男たちが木をマッチの長さに切っています。ほかの家の前では稲のもみがらとりをしています。これは重労働で、もみを床に掘った臼に入れ、先端の平たい木のすりこぎでつきます。すりこぎは長い水平レバーにつけてあり、このレバーはきまって裸の男がもう一端を踏んで動かします。

女の人が機《はた》を織っている家もあり、また綿を紡いでいる家もあります。ふつう母親と長男の妻、未婚の娘がひとりかふたりと、三人または四人の女性がいます。女の子は一六歳で結婚し、血色も顔立ちもよくて健康そうな娘たちはじきにやつれてうつろな表情の中年女へと変身していきますが、これは歯を黒く染め、眉を剃ってしまうせいです。この習慣は婚約につづいてなされない場合でも、第一子誕生とともに行われます。ほかの家では女性たちがお化粧中で、畳の上に置いた折りたたみ式の鏡台の前で歯を黒く染めたり、腰まで着物《キモノ》をはだけて体を拭いています。朝子供たちが学校にいるあいだ村はとても静かです。子供たちが戻ってくると少し活気づきますが、子供は遊んでいるときですらおとなしいのです。夕暮れに男たちが戻ってくると、活気が少々増します。お風呂で威勢よくお湯を使うばしゃっという音が聞こえ、そのあと男たちは幼い子供たちの遊びの相手をします。そのあいだ上の子供たちは単調な高いつぶやき声で本を読み上げ、あすの予習をするというわけです。暗くなると窓の障子もその外の雨戸《アマド》も閉まり、神棚に灯明がともります。夕食がすむと、子供たちは行灯のまわりでおとなしくゲームに興じます。そして一〇時ごろには布団と木の枕を押し入れから取り出し、雨戸にかんぬきを掛け、家族全員がひとつの部屋で寝ます。おとなの枕元にはいつでも食べ物を載せた小さなお盆と煙草盆《タバコボン》が置いてあり、夜間何度かとんとんとキセルから灰を落とす音が聞こえてくるのにも慣れっこになってしまいます。子供たちは両親といっしょに遅くまで起きており、おとなの会話にもすべて加わります。

これほど自分の子供たちをかわいがる人々を見たことはありません。だっこやおんぶをしたり、手をつないで歩いたり、ゲームをやっているのを眺めたり、いっしょにやったり、しょっちゅうおもちゃを与えたり、遠足やお祭りに連れていったり。子供たちがいなくては気がすまず、また他人の子供に対してもそれ相応にかわいがり、世話を焼きます。父親も母親も子供を自慢にしています。毎朝六時に一二人から一四人の男が低い塀に腰をかけ、二歳以下の子供を抱いてあやしたり遊んでやったりして、その子の発育のよさと利口さを見せびらかしているのを見るのはとても愉快です。ようすから判断すると、この朝の集いの主な話題は子供のことのようです。夜、家が閉まってしまったあと、「一家団欒」の場でふんどし一丁の醜い顔をした父親がおとなしそうな赤ちゃんの顔をやさしくのぞき込み、母親はたいていキモノを肩まで脱いで裸の子供をふたり腕に抱いているのが、引き戸を隠す綱や籐《とう》のれんの隙間から見られます。なぜか子供は男の子が好まれるとはいえ、女の子も同じようにかわいがられます。子供たちはわたしたちの抱いている概念からいえば、おとなしすぎるししゃちほこばってもいますが、外見や態度は非常に好感が持てます。とても素直で言うことをよく聞き、両親の手伝いをよくし、自分より年少の子供たちの面倒をみます。それにわたしは遊んでいるときの子供たちをずいぶん見ましたが、怒っていることばを耳にしたことはおろか、不機嫌な顔をしているのを見たことすら一度もありません。とはいえ、当地の子供たちは子供ではなく小さなおとななのです。それに子供たちがおとなびて見えるのは、前にも書いたように、おとなと同じものを着ているからというのも大いにあります。

　しかしながら、女の子の髪形は多様で、どの女の子でも髪形から結婚前の年齢をかなり正確に推定することができます。また結婚すると同時に髪形は決定的に変わります。男の子はどの子も頭でっかちに見え、頭が異様に大きく見えるのは、ひとつには三歳までは頭をきれいに剃ってしまういやな風習のせいです。生まれて三年をすぎると、両耳の上とうなじの三ヵ所だけ髪を房にして伸ばします。一〇歳で頭のてっぺんのみ髪を剃って前髪を伸ばし、一五歳で成人としての責任を負うようになると、おとなのように髪を伸ばすことが許されます。重々しい威厳を備えた男の子たちが奇怪な髪形をしているのはとてもおもしろいものです。

全体または一部を剃った頭がいつもつるつるして清潔であってくれればいいのですが！疥癬《かいせん》、しらくも、輪癬《りんせん》、眼炎、不健康そうな発疹が流行っているのを見るのはつらいことです。それに村民の三割以上に疱瘡《ほうそう》のひどい痕があります。

裸でいるので体格を観察することができますが、背骨の両脇に四つずつやけどのような丸い点がいつもあるのには首をかしげました。同じような点は脚にもあり、胸や脇に見られることもあります。これは艾《モグサ》［灸］によるもので、よもぎの乾した繊維を小さな円錐状に丸めて肌の上に置き、火をつけるのです。お灸の痕のない背中はほんとうにまれです。この村では大半の家にモグサがあり、イギリスでも以前春に瀉血《しやけつ》をする習慣があったように、春にお灸をすえます。母親が息子にお灸をすえているのを見たことがありますが、息子はまったく平然とそれに耐えていました。とはいえときとしてそのあと化膿した場合の痛みはたいへんひどいものです。これがさまざまな病気を治す唯一の民間療法だというのではありませんが、六度すえるのは脚気《カツケ》（セイロンやインドのベリベリ）の特効薬だと信じられています。当然のことながら、脚気は日本人の悩みの種なのです。ほかの民間療法には鍼《はり》があり、素人でもしょっちゅう鍼を打ちます。ある夜ユキが神経痛か歯痛を起こし、金谷はとても細い金色の鍼を取り出してユキの頬の皮膚を強く伸ばし、その鍼を直角に刺すと、指でそっと回転させつつ押し込んでいきました。「二〇〇種の薬」の調合薬があり、人々はこの薬を大いに頼りとしています。男たちはこれを入れた小箱を帯のあいだにはさんで野良仕事に出ます。そして気分が悪くなったり、どこか痛くなったりしたときにはそれを呑むのです。伊藤も肌身離さずこの薬を持っており、しきりにわたしにもくれようとします。こげ茶色の粉薬で、芳香性のある味がして、ひとつまみ呑むと体じゅうがぽかぽかしてきます！

第一三信（つづきその二）

商店と買い物――勘定――床屋――防水紙――伊藤のおしゃれ――大黒崇拝――旅の支度――交通手段と料金――貨幣と距離の単位

鉢石で旅行に備えて買い物を少ししなければならなくなりました。まず頭に入れておいてほしいのですが、商店の表は全面的に開口部となっており、地面から二フィート［約六一センチ］ほどの床の高さに磨き込んだ幅の広い木の台があって、客はそこに座ります。女性がひとり、青銅製の火鉢《ヒバチ》でつねに湯をわかしており、箸のような真鍮製の炭ばさみで器用に炭の燃えさしを動かしています。その背中からは赤ん坊がおとなしくまわりを眺めています。この女性が店の女主人ですが、客がなにかを買おうと決めた気配がするまで、この女主人は知らん顔をしています。気配を感じると、女主人はこちらへやってきて、地面に頭のつきそうなお辞儀をします。わたしも体を起こし、お辞儀をします。それからわたしか伊藤が品物の値段をたずね、女主人が値を言いますが、六ペンスで売るべきものに四シリングの代金を要求していそうなようすです。そこでこちらが三シリングと言うと、女主人は笑い声をあげ、三シリング六ペンスと答えます。二シリングとこちら。また笑い声があがり、三シリングと女主人は煙草盆《タバコボン》を勧めて言います。最終的にこちらが一シリングをさしだして値段の折り合いがつくと、女主人は実にうれしそうです。何度もお辞儀と「サヨナラ」を繰り返し合って店を出るときの気分は愉快なものです。勤勉な女性に本来の価値より倍多く払い、しかもこちらは予算より安くすんだのですから！

こちらが値段を言うそのたびに、店の女性は算盤《ソロバン》を大いに使います。算盤は太い針金に玉を通し、枠で囲んだもので、日本のあらゆる商取引で用いられ、あまりに使い慣れているので、算盤がないと日本人は二足す二も勘定できないくらいです。店の女主人が熱心に算盤をはじくので、最初わたしはこちらの言った値ではなんの儲けにもならないとわからせるために細かい計算をしているのだろうかと思ってしまいました。伊藤の言うには、日本人の客には受け入れるつもりの額を言う、外国人は「脅し」たり値切ったりして日本人より安くものを手に入れる、日本人は礼儀正しすぎてそれができないとのこと。なかには、たとえば五〇銭という向こうの言った値があまりに法外だと思い、わたしが出ようとすると、店番の女性が足を引きずりながら追いかけてきて、いや、二〇銭でいいという店もありました。どの店でもわたしが腰を下ろすと、野次馬が店先に集まります。野次馬は主に女性と子供たちで、ほとんど全員が赤ん坊を背負っており、まじめな顔で黙ってぽかんとこちらを見つめるので、わたしはどこか落ち着きません。

床屋も何軒かあり、夕方は床屋にとって書き入れ時のようです。村の生活では一般にプライバシーが重んじられませんが、それは散髪も同様で、開け放した店の表の台で行われます。石鹸は使わず、その過程はひどいものです。犠牲となる客は着ているものを腰まで脱ぎ、左手に漆塗りの盆を持って、それで刈った髪を受けます。床屋は客の頭をあっちに向けたりこっちに向けたりして自分の作業のできばえを判断しようとしますが、客の日本人の醜い顔はこのときぼんやりとあきらめきったとても奇怪な表情を浮かべます。顔をつるつるになるまで剃り、髪を切って油を塗り、紙でできた撚り糸でまげを結う。これが日光の夕刻に見られる光景です。

漆器と変わった木彫の品々は店の大きな呼び物ですが、それよりもわたしには日本の日常生活で用いられる雑貨のほうがとてもよく工夫され、細工と応用性の点で完璧な分、ずっと興味をかきたてられます。種屋は種がまさしく理想的な売られ方をしており、毎日のようにわたしを惹きつけます。売られている種は三〇種類あり、形も色もさまざまで、とても芸術的に陳列されていて、なかには根や葉や花を水彩画で写した袋に入っているものもあります。ふつう、うしろの畳に寝そべっている男の子がこの実にみごとな絵を描いています。そ れも筆を二、三度さっさと無造作に動かして描きあげてしまうのです。この男の子は屏風用に描いて反故《ほご》にした牡丹の絵をわたしに三銭で売ってくれました。絵を買ったのは例外で、わたしの買い物は必要品ばかりでした。防水紙のマント――四角い油紙を貼り合わせた外側が黒、内側が黄色の「円」――、それに荷物の覆いとして同じようにできた大判の防水紙を少々。わたしは伊藤にあのいやなフェルト帽をかぶるのをやめさせ、わたしのと同じすり鉢形の帽子をかぶらせるのに成功しました。というのも、わたしは伊藤はぶ男だと思っていますが、伊藤はその割におしゃれがえらく好きで、歯を白くしたり、鏡の前でていねいに顔に粉をはたいたり、日に焼けるのをひどくいやがったりするのです。手にも粉をはたいていますし、爪を磨き、外に出るときは必ず手袋をはめます。

わたしはこのあたりの村の貧しさに驚いています。上流階級はなく、中流は金谷と川の対岸に住んでいる男の人がその代表です。人々は「早起きし、つましくパンを食べ」、全員借金を背負っています。入町では最近大火があり、人々はかろうじて破産せずにいるばかりです。わたしは彼らを気の毒に思います。貧しいからというだけでなく、彼らは迷信を信じていながらも物質主義で、全身全霊をこめて富の神大黒《ダイコク》を拝んでいるからです。この人々すべてがキリスト教徒であったならと思います。主キリストの純粋で誠実で禁欲的な信者であり、祈禱書詩篇三二篇に「彼は慈悲深く、愛情に満ち、高潔である」と記される信心深い人間の含蓄ある形容に気がついていたならと。

あすは贅沢な生活をあとにし、内陸へと入っていきます。なんとか日本海に出られるといいのですが。当地では新潟までのルートでわたしがとらないと決めたものについて以外、なにも情報が得られていません。そこで、ブラントン地図をいろいろ調べたすえ、わたしはひとつの場所を選び、「田島《たじま》に行きます」とはっきり言いました。田島まで行ければ、さらにその先まで行けますが、わたしにわかるのは「非常な悪路で全行程が山中を通る」ということのみ。自分が快適にすごせるかどうかが大いに気になる伊藤は、快適でなくなりますよとわたしに出発を思いとどまらせようとしましたが、こちらの親切な人々がキャンバス地を二重にして枠の穴にひもでしばり、わたしのベッドを器用に直してくれたので[1]、それにこの三日間はお米と卵、それに色といい太さといいみみずそっくりの粗末な麺を食べてきたので、そう言われてもわたしは動じませんでした！　日本には東京に本社のある陸運会社《リクウンカイシャ》という陸上運送会社があり、支店がさまざまな町や村にあります。この会社は固定料金で旅行客や貨物を荷馬と人夫で運び、しかるべき書式の領収書をくれます。農家の馬を雇い、それぞれの業務でそこそこの利益をあげていますが、旅行者にとっては手間もいらず、遅れもせず、またゆすりにも遭わずにすむのです。料金は地方によって大きく変わり、馬の飼料、道路事情、雇える馬の数で規定されています。ほぼ二マイル半〔約四キロ〕に相当する一里《リ》で、馬一頭と馬子ひとりにつき六銭から一〇銭、車夫ひとりで引く人力車《クルマ》一台で同じ距離が四銭から九銭、荷物を運搬する人夫もそれとほぼ同じです。〔この運送会社はじつにうまく組織されています。わたしは一二〇〇マイルを超える旅でこの会社を利用しましたが、いつも手際がよくて信頼できました。〕今後もずっとこの会社を利用するつもりでいます。農夫と取り引きして「ピンはね」しようという魂胆でいる伊藤の期待には、大いに反することになりますが。

　わたしの旅はこれから完全に「未踏の道」をたどり、「古き日本」とでも呼ぶべきところを通っていくことになります。当然、相当する英語のないお金と距離の単位については日本語を使うことになるでしょうから、いまここに書いておきます。円《エン》は一ドルを表す紙幣のことで、イギリスなら三シリング七ペンス程度に相当します。銭《セン》は半ペンスより多少安く、厘《リン》は鉄または青銅の薄くて丸い硬貨で、まんなかに四角い穴があり、一〇枚で一銭、一〇〇枚で一円になります。天保《テンポ》［天保通宝］はまんなかに穴の開いた立派な楕円形の青銅硬貨で、五枚で四銭になります。距離は里《リ》、町《チョー》、間《ケン》で測ります。六フィート［約一・八メートル］が一間、六〇間が一町、三〇町が一里で、一里はイギリスの二マイル半にほぼ相当します。わたしが道路と書くときは、幅が四フィートから八フィート［約一・二―二・四メートル］の乗馬道で、クルマ用の道路はそのように明記します。

I・L・B

第一四信

六月二四日、藤原《ふじはら》にて

快適さと別れる――美しい景色――はっとしたできごと――ある農家――異様な衣装――馬勒をつける――女性の服装と醜さ――赤ん坊――わたしの馬子《マゴ》――鬼怒川の美しさ――仏教徒の墓地――藤原――わたしの従者――馬のわらじ――ばかばかしい誤解

伊藤に情報を提供した人の言ったとおりです。快適な生活は日光に置いてきてしまいました！

小柄な女性がけさ六時にしょぼくれた馬を二頭連れてきました。わたしの鞍と馬勒を一頭につけ、もう一頭に荷物を積んで伊藤が乗りました。わたしが宿主一家と心をこめた挨拶とお辞儀をかわすと、女馬子が鼻に回した綱でわたしの乗る哀れな馬を引きました。わたしたちは日光の壮麗な社や厳かな杉林をあとにして、長くて清潔な日光の通りをたどりました。

そして《記念》並木道の木立の枝葉がもっとも鬱蒼と茂ったところで左に折れ、小川の川床のような小道に入りました。この小道はたいへんな悪路で、大谷川の粗い岩のあいだを曲がりくねってつづきます。大谷川には木材に木の枝と土をかぶせた、間に合わせの橋がよく架かっています。日光山脈の低い山脚のひとつを越えたあと、谷間をくねくねと曲がりながら進みました。急な山腹には楓、オーク、木蓮、楡、松、杉が生え、よく茂った藤の花綱でつながっています。また、つつじと梅花《ばいか》うつぎの群れがあたりに明るさを添えています。どこを眺めても雄大な山が立ちはだかります。滝は轟音をあげ、木々のあいだにまぶしく輝く川がのぞきます。六月のすばらしい日差しのなかで見るあたりの景色は、きわめて美しいものでした。

岩間や深いぬかるみをもがくように進むので、一時間に旅する距離は一里《り》に達しません。着物《キモノ》の裾を帯にたくし込み、わらじをはいた馬子は重い足を勇ましく運んでいましたが、突然綱を放り出し、悲鳴をあげてうしろへ逃げました。大きな蛇にすっかり仰天したのです。赤い斑点のある灰色のその蛇も大きな蛙を飲み込もうとしている最中に人間に遭遇して泡を食ったにちがいなく、あわてて蛙を飲み込むと、身をくねらせながら灌木の茂みに消えていきました。三時間もがきながら旅をつづけたあと、わたしたちは田んぼの縁にある小百《こびやく》という山間の農村で馬から下りました。女馬子は自分の荷物を数えてすべて無事にあるのを確かめると、心づけをもらうのも待たずに馬と引き返していきました。わたしは一軒の家の縁側に椅子を据えました。この家は裕福な造り酒屋の敷地に建っていますが、付近には大家族の農民が住んでいる貧しい家が何軒かあります。一時間待っておなかがすいたので薄くてぬるいお茶とゆでた大麦を少々とり、もう一時間、さらにもう一時間待ちました。というのも馬はすべて山で葉っぱを食《は》んでいたのです。やがて小さな動きがありました。男の人たちが大麦の束を背負って帰ってきて、その束を軒下に積みました。ほとんど裸の子供たちは何時間も何時間もわたしを見つめています。そしておとなもしゃあしゃあとその仲間に加わりました。西洋の女やフォークやスプーンを一度も見たことがないのです。マクレガー博士の最後の説教に「なんと奇妙な光景を見る人もいるものだろう！」という一節があったのを覚えていますか？　縁側に人品卑しからぬ中年の男性が寝そべり、肘をついて熱心に本を読んでいる。そしてその男性は眼鏡以外なにも身につけていない——これほど奇妙な光景があるでしょうか。静かな生活のこんな妙な断片のほかには、女性たちがしょっちゅう井戸から水を汲み上げています。それには杭に棒をつるし、その棒の両端にそれぞれ桶と石をぶらさげた原始的な装置を使っています。

馬が到着すると、男たちが自分たちには馬勒がつけられると言いました。ところが、あれこれ談義をしたあと、ふたりがかりで手荒く馬に口をむりやり開けさせ、そのあいだにべつのひとりが隙をねらって馬銜《はみ》を馬の口のなかにすべり込ませるというやり方でした。つぎの乗り換え地点では、馬勒というものをまったく知らず、馬銜を歯の近くに押しつければ、馬は自分から口を開きますよと言うと、野次馬はひやかすように「どんな馬も口を開けるときは食べるかかみつくかしかしない」と答え、わたしが自分で馬勒をつけてみせるとようやく納得しました。新しい馬はらくだのように体を揺らして歩き、小佐越《こさごえ》で放免したときはほっとしました。小佐越は高原にある小さな村で、とても貧しく、家々は貧困に荒れています。子供たちはとても汚くて、ひどい皮膚病にかかり、女性たちは重労働のせいで血色が悪くて顔つきが険しく、木を焚く煙を大量に浴びているのでとても醜くて、その体つきは均整がとれているとはとてもいえません。

わたしは見たとおりの事実を書いています。もしもわたしの記述が東海道や中山道、琵琶湖、箱根について書いている旅行家の話と食いちがったとしても、どちらかがまちがっているということにはなりません。とはいえ、本当にこれはわたしにとってはじめて知る日本で、どの本にもまったくなにも書かれてはいなかったし、ここはおとぎの国ではないのです。男性はなにも着ていないといえます。女性はほとんどが腰にぴったりと巻きつける短いペティコート［腰巻き］か、膝下はとてもぴったりしてその上はぶかぶかの青い木綿のズボン［もんぺ］、それに前がウエストまで開いていて、帯にたくし込んで着る青い木綿の上着と頭に巻きつけてしばる青木綿の手拭い以外、ほかのものを身につけていません。衣服からは着ているのが男性か女性かがさっぱりわからず、眉を剃ったり歯を黒く染めたりしていなければ、顔からも男女の区別がつきません。短いペティコートは本当に未開人に見え、女の人が裸の赤ん坊を抱いたり背負ったりしてぽかんと外国人を見つめたまま立っていたりすると、わたしには自分が「文明化された」日本にいるとは思えないくらいです。首もちゃんと据わった体格のいい赤ん坊が母親の肩越しににこにことまわりを眺めていますが、六、七歳の子供がまだ首も据わっていない赤ん坊を背負っているのを見ると、いつもわたしは気が滅入ります。髪を刈った赤ん坊の頭は日差しにじゅっと焼ける音をたてそうで、いまにも落ちそうに「ぐらぐらして」いるし、目は看護婦が言うように「自分の頭の上を見て」います。この地方では蚕を多く飼っており、開け放した作業小屋で素裸の男たちと上半身裸の女たちが桑の葉をせっせと枝からはがしています。家々はすべて貧しく、人々は体も衣服も汚れています。若い女性のなかには、石鹼と水をたっぷり使って顔を洗えば、美人になりそうなのもいますが、石鹼は使われず、衣類の洗濯も砂をつけて川でちょっとこするだけなのです。ばかばかしい勘違いをしそうなおもしろい例をひとつあげておきましょう。荷馬の性格の悪さと気性の荒さについてはいろいろ話を聞いているし、また仲間のお尻をかじったり人間にかみついたりしないよう口輪をはめているとも聞かされていました。そしてわかったのです。口輪をつけたところで歩きながら餌を食べないようにするくらいにしか役に立ちません。雌馬はこの地方でしか使われておらず、またこの品種のなかではいちばんおとなしいものです。馬一頭に積める重さの荷物があって、実際には非力な馬には重すぎるとわかった場合でも、運送屋の係員は荷物を二頭、ひょっとすると三頭の馬にわけてくれます。料金は一頭分のままです。小佐越を出発した時点でのわたしたちの行列は、たてがみがもじゃもじゃでろくに前も見えないような小型の雌馬四頭に元気な子馬三頭で、女性がひとりと三人の少女がそれを引きました。それなのにわたしが支払ったのは一里あたり七銭の馬二頭分の料金だけでした。

わたしの馬子《マゴ》は労働で鍛えられたどこまでも親切そうな顔が、黒い歯のせいで不気味なものに変わっていましたが、わらじをはき、これ以上ないほど粗末でくたびれた青木綿のズボンにチョッキをたくしこんで着ており、頭には青木綿の手拭いをかぶっていました。空模様があやしくなってくると、馬子は蓑を着ました。これは藁製のケープをふたつつないだもので、一枚は首、もう一枚はウエストでひもをくくります。馬子は直径二フィート半［約七六センチ］の平たい菅《すげ》の笠を盾のように背中にたらしました。上って下って、岩を越え、深いぬかるみを渡りました。馬子はしっかりした足取りで歩き、ときおりその醜くて人の好さそうな顔をうしろに向けては少女たちがちゃんとついてきているかどうかを確かめました。わたしはこの好ましくない衣装のおかげでとれるしっかりした我慢強い足取りのほうが、ぴったりしたキモノや高い下駄をはいたもっと文明化された女性たちのすり足より好きです。

夏の服装・冬の服装

小百から道は木の茂った山にはさまれた、草の多いでこぼこした谷間を通ります。谷間自体は松とヨーロッパ栗の公園のような木立がありますが、小佐越をすぎると景色は変わりました。険しい岩だらけの道を行くと、鬼怒川《きぬがわ》に出ました。流れの速い澄んだ川で、色のついた岩を縫って走っており、かなりな高さの橋が架かっています。橋は驚くほど急な曲線を描いており、そこからは高い山々のすばらしい眺めが得られます。最も古い神道の伝説のなかにはこの山々のひとつ二荒山《ふたらさん》にまつわるものがあります。鬼怒川の水の音の聞こえる道をしばらく行き、この川のすばらしい姿――斑岩にはさまれた荒々しい姿、あるいは川幅を増し、ピンクやグリーンの大岩盤の上に藍緑色の水面をゆったりと広げている姿――を何度も目にしました。具合よく陽光が当たったり、虹がかかったり、日陰の深いよどみとなって休んだり、とそのようすはさまざまですが、どれもみな美しいのです。鬼怒川が貫いて流れる山脈は切り立って険しく、その頂上まで針葉樹が生えていますが、それより険しくなくて道の通っている側は、起伏しつつ下方に行くにしたがって緑の小山となり、みごとなヨーロッパ栗や楓が見られます。ヨーロッパ栗はまだほとんど花は咲いておらず、楓は秋のみならず春にも紅葉していたその緋色をまだ失ってはいません。ほかにも花をつけるさまざまな樹木がありますが、わたしにははじめて見るものでした。それに下生えとしては赤いつつじ、梅花うつぎ、青い紫陽花――まさしく天の青――、黄色い木苺、羊歯、クレマチス、白と黄の百合、青いアイリス。その他五〇種の高木低木に藤がからまり、その美しい葉はイギリスの黒苺の葉と同じようになじみのものです。植物の豊富さはまさに熱帯的で、最近降った雨のしずくを宿している天然のままの緑のすばらしさと多様さは、斜めに射しこむ午後の陽光にいっそうその魅力を増していました。

込んだ墓地をいくつか通りすぎました。実のところこの谷間沿いは生きている者より死んだ者のほうが多そうです。墓地はとても整然と保ってあり、墓石はどれほど貧乏でもなんとか調達して、三フィート［約九二センチ］間隔で肩を寄せ合うように列をつくって配置してあります。多くの墓地に、例によってかぎりなく空虚な表情で手を組んだ仏の座像が一体またはそれ以上あります。わたしたちの墓地の概念でいえば、三フィートの間隔はお墓には狭いものの、仏教徒は寝棺で埋葬するのではなく、また貧困層では竹のたがをはめた松材の桶を棺に使うので、遺体はしゃがんで頭をたれた姿勢にならざるをえないのです。とはいえ、お葬式はどの場合も敬意を表し、ていねいに行われます。

わたしたちの通った数少ない村落は農家ばかりの集まりで、軒の深い屋根が母屋、作業小屋、廐をひとかたまりに覆っていました。どの作業小屋でも裸の人々がさまざまな作業を行っていました。米と酒を積み、頭と尾をつなぎ合わせた雌の荷馬の行列に会いました。また桑の葉をいっぱい入れたかごを運んでいる人々にも。谷間はますます美しくなり、鬱蒼とした杉林を通って上っていくと、えもいわれぬ美しいところにある村に来ました。いくつもの小さな谷間が丹精込めた棚田となって下り、大いなる亀裂である鬼怒川に至っています。一一時間旅したその道のりは一八マイル［約二九キロ］でした！

六月二五日、五十里《いかり》にて――藤原には四六戸の農家と宿屋が一軒ありますが、どれも暗くてじめじめして汚くて隙間風の入る住居で、母屋と作業小屋と廐がいっしょになっています。宿屋は仕切りのない台所《ダイドコロ》と廐が下にあり、上は小さな屋根裏部屋で、この部屋は仕切れるようになっています。わたしが散歩から帰ってくると、六人の日本人が極端に服を着ていない格好でわたしの通り道にいました。それが改められると、わたしは座って手紙を書きはじめましたが、すぐさま縁側に逃げ出さざるをえなくなりました。浜飛び虫が砂浜から現れるように、蚤の大群が畳から飛び出してきたのです。しかも縁側でも手紙の上に飛び上がってきます。二面あるけばだった土壁の隙間にはなにやら虫が這《は》っているし、むきだしの垂木からは蜘蛛の巣がぶらさがっています。畳は汚れと年代で茶色くなっており、米はかび臭くて洗い方が足りず、卵は古くて、お茶もかびの臭いがします。

わたしは伊藤とともに人々の忍耐強い働きぶり、絶景のなかにある村、夕べのすごし方、静かな単調さなど外のようすをすっかり見ました。そして縁側から外を眺めてそのことをじっくり考え、今度の旅を思いつかせた（『日本アジア協会紀要』のある論文の）一節「鬼怒川上流には絶景に恵まれていながらも困難なルートがあるが、日本人にも外国人にもほとんど知られていない」を読みました。上には澄んだレモン色の空があり、下には一フィートの深さのぬかるみがあります。いまの時期は湿地と化している道が、そこかしこに厚板の橋の架かった急流と交わりつつ村を通っています。この川は「お手洗い」でもあり「水飲み場」でもあります。人々は仕事から帰ってくると厚板に座り、泥に汚れた衣服を脱いで絞り、川の流れに足をひたします。両側には住まいがあり、その前にはかなり腐敗した肥料の山があって、女性たちがはだしでその山を崩し、どろどろになるまでせっせと踏みつけています。みんな作業中はチョッキとズボンという姿ですが、家のなかでは短いペティコートしかつけていません。何人かの立派な母親たちが、なんら無作法と思わずにこの格好でほかの家を訪問するのをわたしは目にしています。幼い子供たちはひもに下げたお守り以外なにも身につけていません。人も衣服も家も害虫でいっぱいで、不潔ということばが自立して勤勉な人々に対しても遣われるなら、ここの人々は不潔です。夜になるとわたしの部屋では甲虫、蜘蛛、わらじ虫が、宴会を繰り広げます。それに同じ家屋に馬がいるので、馬が馬蠅を持ち込みます。わたしの携帯用寝台には防虫剤をまきましたが、毛布が少しでも床につくと、もう蚤にやられて眠れなくなります。とても長い夜でした。行灯が消えると、油の鼻をつく臭いがします。日本原産のクリーム色をした犬は狼によく似ていて、大きさはコリーくらい。とてもうるさいうえ攻撃的ですが、がき大将がたいがいそうであるように臆病です。藤原にはこの犬がいっぱいいて、吠えたり、うなったり、けんかしたりが、あいだを置いては夜明けまでつづきます。けんかをしていないときは遠吠えをするのです。大雨が降り、わたしは漏ってくる雨がかからないようベッドをあちらからこちらへと動かさなければなりませんでした。五時に伊藤が来て、頼むからもう出発してほしいと訴え、「全然眠れませんでした。ここには何万匹もの蚤がいます!」と愚痴をこぼしました。伊藤はほかのルートを通り内陸を津軽海峡まで旅したことがあります。その体験がなければ、こんなところが日本にあるとは信じられなかったはずだ、蚤や女性の格好の話をしても横浜ではだれも信じてくれないだろうとのこと。「外国人にこんなところを見せるのは恥だ」と言いました。伊藤の旅の巧みさと並外れた知性には毎日驚かされます。「ふつう」の英語とはちがう「いい」英語を話せるようになりたいというのが彼の望みで、新しい単語を正しく発音できるようになりたいと強く願っています。毎日伊藤はわたしが遣って自分にはよくわからなかった単語をノートに書きとめ、夜わたしにそれを見せて意味とつづりを日本語で記しています。すでにプロの通訳よりずっとうまく英語が話せますが、アメリカ式の下品なことばと自由で気楽な話し方を覚えていなければ、もっとよかったでしょう。優秀な通訳を得るのは非常に大事なことですし、これだけ若くて未熟な従者を雇うべきではなかったのでしょうが、伊藤はとても頭がよく、いまでは料理人、洗濯人、一般的なお供、それにガイドと通訳をすべて兼ねるほど有能で、歳を取った従者よりずっと楽だと思います。わたしは伊藤をうまく操縦しようとしていますが、それは伊藤がわたしを操縦しようとしているのが見えたからで、とくに「料金のふっかけ」に関してはそうです。彼は強烈に日本人的で、その愛国心には自分の虚栄という弱みと強みがしっかりとあり、外国のものはなんでも劣ると思っています。わたしたちの態度、目、ものの食べ方は彼にはとにかく不愉快なのです。イギリス人は無作法だという受け売りの話をするのが好きで、イギリスの男性は「道で会っただれにでもオハヨウと大声で言う」、茶屋の娘たちをこわがらせる、人夫をなぐったり蹴ったりする、白い畳の上をずかずかと泥靴で歩く、なにかにつけできそこないのサテュロスのような行動をとる、ちょっと田舎に行くというだけでいやだいやだと大騒ぎする。これではイギリス人とその国がばかにされたり笑われたりしても当然だというのです[1]。伊藤はわたしが無作法なことをしまいかととても心配しており、わたしはわたしで、どこに行っても日本式に行儀よく振る舞えるようでありたいし、日本の作法に反したくないので、どんなときにどんなふうにしなければならないか、あるいはどうしてはいけないかについては伊藤の意見を聞くことにしています。わたしのお辞儀は日に日に低くなりつつあります！　こちらの人々はとても親切で丁重なのですから、外国人が彼らに対して親切あるいは丁重に接しないとすれば、本当に失礼です。あなたも気づいたことでしょうが、わたしは完全に伊藤を頼りにしています。旅行の手配ばかりでなく、問い合わせ、情報入手をするのに、さらには実のところ同伴者としてすら。いっしょに厳しくて冒険的な旅に出たことで、お互いにやさしく思いやり合えるようになればいいのですが。表向き伊藤は神道信者で、つまるところ無宗教です。日光でわたしは伊藤にルカによる福音書の最初の何章かを読んでやりました。放蕩息子のくだりに来たところで、伊藤がどこかばかにしたような笑い声をあげて言うには「お釈迦さまの話と同じじゃありませんか！」。

きょうの旅はとてもきついながらも、なかなか楽しいものでした。お昼に雨も小降りになり、わたしはアメリカ式の「登山着」にウェリントンブーツといういでたち――この国で女性が徒歩または荷馬の旅を楽しめる唯一のいでたち――で藤原を歩いて出発しました。肩にはこのあたりの防水具である軽いござをかけ、二頭の荷馬とともに足首までもぐるぬかるみをとぼとぼと行きましたが、やがて雨がやんで霧のなかから山々が見え、下方からは増水した鬼怒川のごうごうという水音が聞こえてくると、満足に食事をとっていない状態でも楽しい気分になってきました。しまいにわたしは荷鞍に乗りましたが、高さ二一〇〇フィート［約六四〇メートル］の高田山《たかだ》の山脚をよく工夫されたジグザグ道を通って越えました。このジグザグ道は連なっており、そのうち八本がひとまとめで眼下に重なって見えます。森はさほど密ではなく、下の山腹には立派なヨーロッパ栗があちらこちらに茂っています。下りは急で滑りやすく、足があまり丈夫でない馬はひどくよろけましたが、ようやく下り、わたしは馬の頭までずり落ちて心やさしい女馬子にたいへん気をもませました。この「靴ひも」は球節とひづめとのあいだに藁を回して結ぶ馬用のわらじは実に厄介な代物です。このわらじはしょっちゅうほどけ、わらじはやわらかい土の道で二里、固い道なら一里ももちません。このわらじのせいで馬の足はふわふわとやわらかいままなので、これをつけずにはまったく歩けないのです。わらじがすり減ってくると、馬がよろけだし、馬子は不安になり、まもなくこちらも足をとめます。鞍にぶらさげてある四つのわらじは水にぐっしょり濡れており、馬をなだめすかして地面からたっぷり一インチ［約二・五センチ］足を上げさせ、このわらじをはかせます。これほど持ちが悪くて扱いに困るものはありません。乗馬道にははき捨てたわらじがあちこちに落ちており、子供たちがそれを拾い集めて腐らせ、肥料にしています。わらじはひと組三銭か四銭で、どの村でも男たちは暇な時間をわらじづくりに充てています。

このルート沿いには自動洗米機がよく見られ、いったいどういう構造なのだろうと興味を惹かれます。それは完全に遮蔽した木の箱で、ミニチュアの水車のようなものがついており、いつも小川の縁にちょこんと置いてあります。規則正しくどんという音がなかから聞こえ、そばにはだれもいませんが、よく見ると片端の、丸太のうろになった端か、横棒に取りつけたひしゃくに水が流れ込むようになっています。ひしゃくに水が満ちるにつれ、もう一端に重い木槌のついたレバーが上がり、ひしゃくが充分に傾くと、水がこぼれて空になり、木槌が米の入った臼に落ちるのです。どん、どんという音の間隔はひしゃくに引いてある水の量によって異なります。

つぎの高原《たかはら》というところで、わたしたちは荷物用に馬を一頭手に入れ、川と峡谷を渡りました。それから急な坂を上り、一軒だけの宿屋に着きました。宿屋は例によって表が開け放してあり、老若男女入り交じっておおぜいの人々が囲炉裏を囲んでいました。わたしが着くと、愛想のよさそうな娘たちがいっせいに駆け寄ってきましたが、伊藤が年かさの仲居にひと言なにかを言い、娘たちはすぐに呼び戻されました。パークス卿夫人は乗馬服姿で横鞍に乗っていましたが、髪を目にするまで人々は夫人を男性だとばかり思っていたそうです。またわたしの若い友人のひとりはきれいな肌をした美人なのに、最近ご主人と旅をした際、あごひげをきれいに剃り落とした男性と間違われています。わたしの帽子は農作業をするときに日差しや雨を防ぐ、女性しかかぶらないものですが、わたしは眉を剃り落としてもいないし歯を黒く染めてもいません。そこで少女たちはわたしを外国の男性だと思ったわけです。伊藤が説明してくれて、こう言いました。「あの娘たちはなにも見たことはないのに、みんなから外国人が女性に対してどんなに無礼なことをするかを聞いていて、それでひどくこわがっているんです」。食べられるものは米と卵以外なにもなく、わたしは一八対の黒い目にじっと見つめられながら、ごはんと卵を食べました。体の痛む人々が多数利用する温泉が、粗末な階段を下りた川のそばに建っている、壁のない小屋のなかにあります。でもおおぜいの男女がお湯につかっているので、湯の温度を確かめることはできませんでした。みんな一日に四度も温泉に入り、一回につき一時間ほどつかっています。

わたしたちはどしゃ降りのなかを五マイル［約八キロ］先の五十里をめざして出発しました。新しくできた通路を行きましたが、この通路は滝のように流れる鬼怒川にすっかり閉じ込められ、岩肌から川の上に突き出ている支柱に載っていて、あるときは低く、あるときは高くつづきます。日本にこれよりすてきなものはないでしょう。

川はつねに青か緑に澄み切っており、雨で大幅に増水していて、あざやかな色の岩のあいだを勢いよく流れています。岩で途中何度も流れをはばまれ、泡を立てながらほとばしるその全行程において、ひとところにゆっくりととどまっていることはほとんどありません。川を取り囲む高い山々はみごとな木々に覆われ、下方には暗い峡谷の裂け目が入っています。その峡谷を急流が泡としぶきをあげて流れ、岩に水の当たって砕ける音とほとばしる轟音はこだまで何倍にもふくれあがります。そしてどの峡谷もはるか後方にさらに連なる山々と裂け目と滝を垣間見せてくれるのです。緑のあまりな豊かさに、わたしは灰色の絶壁やなにも生えていない岩肌が見えるのを歓迎したものでした。通路に沿って、蒸し暑さを喜んでいるさまざまな緑の見とれるような装飾がありました。羊歯、苔、糸状藻、きのこ、蔓《つる》が小さな流れに葉陰をつくり、そしてその小さな流れは羽毛を思わせる繊細な羊歯の茂る洞穴に落ちています。緑の葉はまた素朴な通路を越えて川にもたれさがり、頭上には何種類かの楓の細かな切れ込みの入った羽のような葉が光を浴びてまるで緑のもやのように見えます。春のほのかな色調はまだ夏の単調な色へとその濃さを増してはおらず、ローズ色のつつじがいまも山腹に彩りを添え、杉林は深みと陰影をあたえています。このままでも充分美しいのですが、それでも人は南洋のココ椰子やバナナのような、はっとさせる個性と優美な姿形を求める思いを満たしてくれるものはないかとため息をついてしまいます。楓の羽のような葉、杉の矢のようにすっくとしたピラミッド形の姿は他のなによりわたしの目を喜ばせてくれますが、でもあら捜しをしてどうなるでしょう。一〇分ばかり陽光が射すと、すべてがおとぎの国に変わるのです。

家もなく人もいませんでした。この美しい川をあとにして、わたしたちはとても香りのいい白いすいかずらが木々すべての根元に群生している山脚をひとつ越えました。すると静かな小川がにぎやかな鬼怒川と合流する広々とした谷間に出ました。さらに一マイル［約一・六キロ］行き、美しい場所にあるこの村に着きました。ここは二五戸の村で山々に囲まれ、近くには大川［男鹿川《おじか》］という渓流が走っています。日本の川の名前は連続性に欠けるので、地理的な情報がほとんど得られません。川は三、四〇マイル流れるあいだに通過する場所によってその名前が何度か変わります。この大川は二日間上流へと旅してきた鬼怒川のことなのです。この村が趣深いのは、場所が足りないからでもあります。五十里の家々は山の斜面に寄り集まっており、暖かな茶色や灰色の色調をした素朴な見かけの短い通りは、「雨後の晴天」時にはとても心を奪われます。わたしが休んだのは山のてっぺんにある運送事務所で、大きな納屋のような建物の片隅に廐が、反対側に居間があって、まんなかでは生産物が運ばれるのを待っており、何人かの人々が桑の枝から葉をむしっていました。近くの大名が東京に行く途中ここで休んだそうで、大名の部屋という旅行客用の部屋が二室あります。高さが一五フィート［約四・六メートル］ある立派な天井は暗色の木材を用いてあり、障子は雷文細工の名に値する立派な細工です。襖も風雅な装飾が施され、畳は清潔なうえ上質で、床の間には古めかしい金の漆塗りの刀掛けがありました。わたしは内側の部屋を、伊藤は他の客四人とともに外側の部屋をとりました。とても暗いものの、昨夜が昨夜だっただけに贅沢でした。建物の残りの部分は蚕を飼うのに充てられています。ここでも藤原でも宿屋のあるじは通行証に慣れておらず、都会育ちの青年をきどっている伊藤が説明をしてわたしの通行証の写しをとり、集まってきた村じゅうの男性の前でそれを読み上げました。伊藤は「学術調査」に相当することばを知りませんが、わたしの格を誇張すれば自分の格も増すという考えから、この人は学者《ガクシャ》だとみんなに言いました。この村には警察がありませんが、こういった町外れの宿屋には毎月警察官がやってきて宿帳を調べます。

ここは前夜泊まった宿屋よりずっときれいではあるものの、人々は愚鈍で無感動に見えます。大名と封建制度を廃止し、穢多《エタ》を平民に格上げして、この国を西洋文明の軌道に乗せる計画を推進している人々のことをいったいどう思っているのでしょう！

屋根板が藁葺きに変わっているので、村々には見とれたくなるものが多くあります。急勾配の屋根、深い軒と縁側、暖かな朽ち葉色の屋根と壁、農家と椿とざくろの垣根、竹やぶと柿の木が混在する古風で趣のあるたたずまい、それに（埃っぽくて悪臭がするとはいえ）おおむね満ち足りたようすの地主たち。

ここでは米と卵以外食べ物はなにも手に入らず、わたしには公使館の「肉なべ」は言うまでもなく、日光の鶏と魚がしきりに思い出されました。「最大の不幸はしあわせな種々を覚えていること」です！

夜間気温は七〇度［摂氏二一・一度］に下がり、わたしはだいたいいつも三時ごろに寒くて目が覚めます。というのも毛布が夏用のものしかないからで、上に掛けるにも下に敷くにも布団のなかには蚤がいるので、毛布に足そうという気にはなれません。ふつう七時半に休みますが、それは黄昏時がほとんどないせいで、蠟燭や行灯の暗い明かりを頼りに起きている気にはほとんどなりません。また足取りものろく、体は揺れ、よくつまずく馬に乗ったこの何日間かはとてもきつい旅でした。散歩好きである以上、たしかに旅は徒歩のほうが好きです。

I・L・B

第一五信

六月三〇日、車峠《くるまとうげ》にて

とりとめのないごた混ぜ――貧乏人の子だくさん――分水界――ひどさ増す――米農家の休日――疾患のある人々――素人医者――お風呂――清潔の欠如――不衛生な家々――早食い――早老

六日間厳しい旅をつづけたあと、高地の静かな場所で日曜日の休息をとれるのは本当にうれしいことです！　山々、峠、谷、田んぼ、森、また田んぼ、村、また田んぼ。貧しさ、勤勉、土ぼこり、荒れた寺、くたびれた仏像、藁ぐつをはいた荷馬の列。特徴のない灰色の長い通り、静かにじっとこちらを見つめている野次馬。なにもかもが記憶のなかでとりとめもなくごた混ぜになっています。五十里から横川《よこかわ》に至る美しい風景のなかを通るあいだ、すばらしい天気がお供をしてくれました。横川では茶屋に数えきれないほどいる蚤を避け、通りでほぼ住民全員に輪になって囲まれながらお昼を食べました。最初子供たちは大きいのも小さいのもこわがって逃げ出しましたが、徐々におそるおそる戻ってきて、親のスカート（スカートというのはこの場合隠喩的な表現です）にまとわりつき、わたしが目をやるたびにまた逃げ出していきました。人々はことばにならないほど汚くて不潔です。貧しいのにどうしてここまで「子だくさん」なの？　ぞろぞろといる礼儀正しくておとなびた裸の子供たちを見ると、そう訊きたくなります。この子供たちも生まれながらにつらい労働を受け継ぎ、親と同じように害虫に食われ、税の重みに苦しむのです。馬が腹帯を締める前に鞍を振り落としました。野次馬は左右に散り、外国人を見物するので二時間中断したままだった仕事に戻っていきました。

長い上り坂を行き、高さ二五〇〇フィート［約七六三メートル］の峠の頂上に来ました。幅が三〇フィート［約九メートル］に満たない突き出た尾根で、ここからの山々と峡谷の眺めは壮観です。複雑に入り組んだ渓流が合流して力強い滝となり、何時間かそのコースをたどってみましたが、滝はやがて静かな川となって広がり、かなりな広さのある水田地帯をゆったりと流れていきます。この地方の地図は空白となっていますが、この峠でわたしたちは分水界を越えたことになり、この先の渓流は太平洋ではなく日本海に流れ込むと判断しましたが、のちにそのとおりであるとわかりました。糸沢《いとさわ》で馬が耐え切れないほどよろめきはじめたので、わたしは最後の旅程を歩き、川島《かわしま》に着きました。五七戸のみすぼらしい村で、くたびれはてていたわたしはこれ以上歩けず、苦難に耐える力は前より劣っているのに、藤原《ふじはら》よりひどい宿屋に泊まらざるをえなくなりました。

宿屋はとにかくひどいものでした。台所には大きな薪の燃えている溝があり、目と鼻のちくちくする煙が充満しています。わたしの部屋は傷んだ障子でこの台所と仕切ってあるだけで、煙から逃れられません。垂木は煤《すす》と湿気で黒く光っています。宿屋の亭主はわたしの部屋の床にいつまでもひざまずいていて伊藤に追い払われながらも、家の汚いことを詫びましたが、それも当然です。部屋が窮屈で暗く、煙だらけではあったものの、通りに野次馬が集まってきたので、わたしは窓の障子を閉めました。米も大豆もなく、伊藤はなにより自分がたまらないので、宿の亭主と使用人に語気も荒くなにか言いながら、わたしの持ち物を放り出しはじめました。すぐにわたしはそれをやめさせましたが、従者が無作法にいばり散らすとは、外国人にとってこれほど心が痛み、まわりの人々にとってこれほど不親切なことはありません。それに宿の亭主は非常に丁重で、わたしに近づくときは必ず正座しているのです。慣例どおりわたしが通行証を渡したときも、宿のあるじはそれに額をすりつけ、ついで床に額をすりつけています。

食べられるものは黒い豆とゆでたきゅうりしかありませんでした。部屋は案の定、暗くて汚く、みすぼらしくて騒々しく、下水の臭いがします。田植えが終わると二日間の休みがあり、稲作農家の守り神である稲荷に多くの捧げ物がなされます。そして休みとなった人々は夜を徹して浮かれ騒ぎ、大太鼓や小太鼓をたえず打ち鳴らすので、とても眠れるものではありません。

宿屋の息子である小さな男の子がひどく咳をしており、持っていたクロロダイン［麻酔鎮痛剤」を渡して飲ませたところすっかり治ってしまいました。翌朝早くにそれがうわさとなって広まり、五時になるころには村のほとんどの住民がわたしの部屋の外に集まって小声で話し合ったり、はだしで歩きまわったり、障子にいっぱい開いている穴に目を当てたりしています。障子を開けたわたしは現れた痛々しい光景にとまどいました。押し合いへし合いしている人々のうち、父親や母親は皮膚病にかかったり、頭にやけどをしたり、白癬を持っていたりする裸の子供を抱いており、娘たちはほとんど目の見えない母親の手を引いています。ひどい傷を見せている男性もいれば、眼炎でふさがりかけた目に蠅をたからせている子供もいます。具合の悪い者も健康な者も、全員が実に「劣悪な衣服」を身につけており、嘆かわしいほど汚なく、害虫だらけで、病人は薬を求め、健康な者は病人を連れているか、無感動な好奇心を満足させようとしています。遺憾ながらわたしは、わたしにはあなたがたのさまざまな「病気や痛み」がわからない、わかったとしても薬を持っていない、わたしの国では毎日のように衣服を洗い、肌を水で濡らして清潔な布でこすれば、そういう皮膚病の治療と予防になると医者も勧めていると言いました。彼らを鎮めるために、ある人の貯蔵分から苦労して抽出した獣脂と硫黄華で軟膏をつくり、塗り方をいちばんひどい症状の場合を例に教えました。馬が腹帯を締めるのに慣れていないので、鞍をつけると気難しくなり、野次馬を逃げ惑わせました。それに馬子が二度と馬にさわろうとしません。みんなまるで豹でも見るように、おとなしい雌馬をこわがります。子供たちは全員かなりの距離を置いてわたしのあとについてきました。それに同じ方向に行くからという口実のもとに、おおぜいのおとなも。

わたしは日光を発って以来目にしてきた明々白々な貧困、正真正銘の汚さと不快さにまったく覚悟ができていませんでした。わたしたちにとって、汚らしい種類の貧乏はふつう怠け癖や酔っ払いと結びついていますが、ここでは怠け癖はいざ知らず、酔っ払うことは自作農のあいだではまれなのです。農作業は休みなしで、安息日もありません。なにもすることがないときにしか休日がないのです。彼らは土を耕し、この国を雑草の一本すら見当たらない美しく手入れされた庭園に変えました。彼らは浪費せず、質素で、どんなものでも役立てて使います。土地は濃密に肥やし、輪作を心得、生産性を高める農法について学ぶべきことはあるとしてもわずかです。わたしはこのテーマに関しては新参者で考えを述べる立場にありません。貧しく見えるのは、この人々がまだ身近なものとはなっていない快適な設備や環境に対して無関心であるからかもしれません。汚れは防げますし、子供たちに皮膚病が流行っている原因をつきとめるのはむずかしいことではありません。これまで旅したほぼ全域で清潔さが欠如していることは疑いなく、これにわたしは驚いています。

人々は一週間に一度はお風呂に入るとわたしに言います。それはいいことに思えますが、よく聞いてみるとそうでもありません。個人の家のお風呂には高さ四フィート［約一・二メートル］の浴槽があり、平均的な体格の人間が例のごとくしゃがんで入るには充分な大きさです。炭で沸かすので、時として煙が命取りになることがあります。お湯の温度は華氏一一〇度から一一五度［摂氏約四三度から四六度］あり、入浴中の老人が致命的な失神を起こすこともあります。個人の家のお風呂の湯は家族全員が入浴をすませるまで取り替えず、公衆浴場ではおおぜいの客が入ります。入浴は汚れを落とすためではなく、贅沢感を楽しむためのものなのです。石鹸は使われず、体をこするのも、一般にやわらかくて汚い手ぬぐいで申し訳程度にざっとひと撫でして終わり。中間に洗うといっても、足が泥だらけになった場合に足をお湯につけながら、手と顔を洗うか、濡らした手ぬぐいでざっとぬぐうくらいです。

ここの人々は下着をつけず、めったに洗わない服はぼろぼろになるまで昼も夜も着通しです。夜間はできるだけ家を密閉し、そもそも炭火の煙とたばこの煙で空気の汚れたひとつの寝室に何人もの人間が集まり、汚れた服を着たまま綿入れ布団にくるまりますが、この布団は昼間押し入れにしまってあり、一年を通してめったに洗うことがありません。畳はまずまずきれいな表面の下に害虫が群れになって棲んでおり、またほこり、有機物などなどの受け皿となっています。髪は整髪油がついており、週に一度結い直しますが、このあたりではそれより回数が少なく、その結果がどれほど嘆かわしいものであるか、細かく記す必要はないでしょう。その他のこともご想像におまかせしたほうがよさそうです。人々、とくに子供の体は害虫がたかっており、皮膚病の原因のひとつがこの害虫による炎症です。家々の床は畳でふさがれており、床板に隙間のあるまま無造作に敷かれています。じめじめした地面から一八インチ［約四五センチ］か二フィート［約六一センチ］の高さしかなく、地面から発散されるあらゆるものが畳を通して室内に入ってきます。飲み水を汲む井戸は家々の密集したまんなかにあり、汚染されているのは確実でしょう。屋内の非衛生的な構造がじかに影響しているとも考えられますし、あるいは腐敗進行中の有機物が詰まっている外の溝から土に浸透しているとも考えられます。農村では一般に汚物は家屋の戸口の地面に埋めてある大きな桶に溜めておき、そこからふたのない桶で田畑に運びます。

この地域の家々は（どこでもそうだろうと思いますが）夏も冬も夜間、換気口のない雨戸で文字どおりぴったりとふさがれます。したがってこんなことはめったに起きるはずもありませんが、家がばらばらに壊れないかぎり、おおぜいの人間の呼吸や、欠陥のある屋内構造により発生する瘴気《しょうき》、それに火鉢の煙で汚れた空気が入れ換えられることはまったくないのです。運動や体操が好んで行われることはめったになく、女性は田畑で働かないかぎり、一年のうち五ヵ月間は延々と煮炊きをしたり部屋を暖めたりと、一日じゅう炭火の煙を浴びています。農民の食料の多くは生か半生の塩漬けにした魚と、粗雑な漬物にして消化しにくくなった野菜で、あたかも食事を極力短時間ですませるのは人生の目的のひとつだとでも言わんばかりに、すべてがあっという間におなかのなかに納められます。既婚婦人は若いころなどなかったように見え、肌はまさになめし革のようです。川島でカラシマ氏が五〇歳くらいに見える宿のあるじの妻においくつですかと（日本では礼儀にかなった質問）尋ねると、二二歳だという答えが返ってきました。このように驚かされたことはほかにいくつもあります。この宿の息子は五歳ですが、いまだに乳離れしていません。

以上の余談は住民の一面について述べたものです[1]。

I・L・B

第一五信（つづき）

渡し――藤――田畑の作物――朝鮮人参――栽培の作法――畝の連なる道――山王峠――さまざまな草木――美しくない下生え――男子のほうが多い――自然崇拝の社――目に明らかな宗教衰退

田島《たじま》でわたしたちは馬を替えました。田島はかつて大名《ダイミョー》が住んでおり、日本の町にしてはかなり趣のあるところです。下駄、雑な陶器、雑な漆器、雑なかごをつくり、移出しています。

三〇平方ヤード［約二五平方メートル］から四分の一エーカー［約一〇一二平方メートル］と広さもさまざまな田んぼのあいだを旅しましたが、畦《あぜ》を利用して蔓なし隠元が植えてありました。そのあとわたしたちがこの二日間支流をたどってきた荒海《あらかい》川という大きな川に出て、汚くて勤勉な人々が寄り集まっている汚い村をいくつか通りすぎたあと、平底船で川を渡りました。どちらの側の土手にも叉《また》になった長い杭がしっかりと打ち込んであり、藤の蔓を何本か結び束ねたロープを支えています。ひとりがこのロープをたぐり、もうひとりが船尾で棹《さお》を使い、あとは流れの速さにまかせるというわけです。のちにわたしたちはこの方法で多くの川を渡りました。渡しの料金はどの渡し場にも立て札に記してあります。有料の橋の場合も同様です。料金所には男の人が座っていて、お金を受け取ります。

ふつうの綱より強さや耐久性が求められる場合、たいがい藤の蔓が用いられるのはどこでも同じようです。矮小体の藤は山や道端に茂っていますし、攻撃的な蔓植物としての藤は最も高い樹木にも伝いあがり、容赦なく締めつけてときとしてこの高木を枯らしてしまいます。そしてついには枯れ枝の上ではびこり、みごとに茂るのです。実に美しい新種の樹木に出会ったと思ったのに、それは楡か杉の枯れ木にこの蔓性植物が生い茂ったものであったことが何度かあります。藤の曲がった茎のなかには人の体ほど太いものもあります。遊園地の藤は大型の四阿《あずまや》を形づくるよう棚に這わせてあり、一本の木で一〇〇人の人々が日陰で休める大きさのものもよくあります。

休みなく耕作をしている村々が短い間隔でつづき、作物の種類がこれまで以上に増えました。小麦、大麦、黍、米、大豆（数多い作物のなかでも大豆は主要産物として米のつぎに数えられます）、豌豆、西瓜《すいか》、豌豆のように添え木で仕立てたきゅうり、さつまいも、茄子、鬼百合、葉をほうれん草のように食べる紫色のあぶらな、レタス、藍。小さな黄菊を植えた畑がよく見られます。花びらを軽くゆで、珍味として酢で食べるのです。この地方でいちばん高価な作物は人参《ニンジン》、すなわち植物性万能薬の朝鮮人参です。朝鮮人参は漢方薬では筆頭の位置を占めており（それにまつわる迷信をべつにしても）、発熱に対してわたしたちがキニーネを使うように用いられます。東洋ではときには同じ目方の金と取り引きされることもあったほどですが、一ポンド［約四五三・六グラム］当たり四〇シリングまで価格が落ちたとはいえ、栽培して得られる利益は大きなものです。最近では年間二〇万ポンドが清に輸出され、あと二年もすれば現在の二倍に当たる量が市場に出回るでしょう。きめ細かな日本の栽培法は人参でその本領を発揮しているのです。

人参は長さ二七フィート［約八・二メートル］、幅二フィート半［約七六センチ］、高さ一フィート［約三〇・五センチ］の苗床に植え付けます。苗床同士は二フィート離します。苗床はそれぞれ四三八個の種穴があり、各種穴に三粒の種をまきます。これはこのおかしなくらいにしゃちほこばった国では、あらゆることに細かな作法が決まっているという例としていま記しています。冬も夏も藁できちんとつくった屋根を日よけにして苗床を覆います。最初の一年は強い苗しか生き残れません。五年目に根を抜いて湯通しし、盆にならべたものを大きさに応じて四日から八日間微温で暖めます。茎と葉は黒くてきめの粗いゼリー状になるまで煮つめます。ちょうどリコリスのようですが、とても苦く、体が衰弱した場合に用います。胡麻からは整髪にもまた魚を揚げるのにも使う油を採りますが、この胡麻が栽培されはじめました。ものを揚げるのにこの油を使うのは、日本の強烈な悪臭の原因のひとつです。ダイコン［たくあん］にも負けないほどの悪臭です。

この地方は本当にとても美しいところでした。景色は前より見晴らしがよくてすばらしくなり、山頂まで木々に覆われた峰のある山々のみごとな眺めが望めました。山王《さんのう》峠の頂上から眺めた群峰は、黄金色に輝く夕日のもやに包まれ、この世のものとは思えぬ美しさでした。山奥のきれいな谷間にある大内《おおうち》という村の養蚕農家で、郵便局、運送事務所でもあり、大名の宿泊所でもあった家に泊まり、翌朝早くに出発してとてもすばらしい旅をこなしました。オヤケという噴火口にできたかわいらしい湖を通り、ついでイチカワの堂々たる山越え道［市野峠？］を上りました。皮肉にも本道と慇懃《いんぎん》に呼ばれている道をそれ、ひどい悪路に入りました。一フィート幅の横畝《うね》が連なっているだけで、畝と畝とのあいだのくぼみはどの荷馬も先人の足跡を踏んで歩くので一フィート以上も深くなっています。どの穴もぬかるんで粘土状になっており、二四〇〇フィート［約七三二メートル］の上りは非常に急で、馬子は終始、ハイ！　ハイ！　ハイ！　と馬に声をかけていました。これはうんと気をつけて足を運ぶようにと言っているように思われます。馬の藁ぐつはすぐにひもがほどけ、四マイル［約六・四キロ］で二組はきつぶしました。峠の頂上は、ほかでもたいがいそうであるように、狭い尾根で、向こう側では道がいきなりたいへんな峡谷へと下っています。そちら側に沿ってわたしたちは一マイルばかり下りましたが、話をしようとしても、響き渡る川音で声が消されてしまうばかりでした。木々の茂った絶壁のあいだから見下ろした眺めはすばらしいものでした。藍色の山陰に平地の森がなだらかに起伏して、その向こうを森に覆われた山々が取り囲み、さらにその上には雪で濃いまだら模様に化粧した連山がそびえているのですから！　植生は温暖な気候を示していました。木蓮と竹がふたたび現れ、熱帯性の羊歯が美しいブルーの紫陽花、黄色の日本百合、みごとな青釣り鐘草に混じっています。美しい蔓草（またたび）のからまった樹海がありました。この蔓草は白い葉が茂り、遠目には白い花の大きな群れのように見えます。とはいえ、この地方の森の下生えは魅力的ではありません。下生えはその多くが雑草という名にふさわしいもので、不格好でみすぼらしい散形花《さんけいか》、ありふれたぎしぎし、はびこるいら草、その他、わたしの知らないものや見たくもないものがいっぱいです。この下りの終わり近くで、わたしの乗った雌馬が馬銜《はみ》を歯のあいだにはさみ、ぎこちないギャロップでわたしを運んでいってくれたところが美しい風景のなかにある高山の村市川《いちかわ》でした。この村はまんなかに流れ落ちるきれいな滝のしぶきを受けて、みごとにじっとりと湿り、木々や道端は藻で緑に染まっています。この村の運送係は女性でした。女性が男性のように自由に宿屋や店を切り盛りし、田畑を耕しています。住民数、男女の数、馬と去勢牛の数を記した板が各村に掲げてあり、わたしはこれまでのどことも同じく、市川でも男子のほうが多いのに気づきました(1)。

いたるところにびっしりと杉林で覆われた円錐形の山があり、そういった山にはほとんどといっていいほど、麓に石製か木製の鳥居《トリイ》とそこからつづく立派で急な石段があります。下から見上げても石段の上は謎に包まれていますが、石段を上がりまさしく「厳粛な陰影」のなかに入っていくと、たいてい小さな木造の社があり、たとえば数本の花、少量の米、常緑樹の枝など参拝をした印が残されています。こういった「鎮守の森」と「高台」は、「あらゆる高台とあらゆる緑樹の下に」そのシンボルを持つ古い自然英雄崇拝の社なのです。鎮守の森の入り口には、藁しべを垂らした赤い鳥居しかない場合もあり、また一本または複数の霊木が藁の房を垂らした藁縄で囲ってある——聖域の印——場合や、あるいは朽ちた灰色の鳥居の列の下に舗装をした参道があるばかりという場合もあります。森にある社へとつづく立派な石段はこの地方の大きな宗教的特徴で、いまよりずっと敬虔な時代があったことをしのばせます。仏教寺院は最近少なく、神社よりずっと派手で、ふつう石灯籠やさまざまな碑が境内にあるものの、古ぼけたり朽ちたり塗料が木部から剝げ落ちたりしており、熱心な「任意の寄付」で補われることもなく、どう見ても「国教制廃止」の様相を示しています。この地方でもっとも目立つ特徴のひとつが宗教建造物と宗教的象徴の衰退した姿です。仏像はあっても、鼻がなくて苔で覆われたものがあちこちに見られ、ピンクの布切れを首に巻き、雑草のなかで倒れている仏像はいたるところにあります。一日旅するあいだに何百体も見かけます。

宗教的シンボルがなおざりにされているのとは対照的に、墓地は自然のままの山の中腹にぽつんとあるものでさえ、必ずよく手入れされています。倒れた墓石はなく、大半の墓に摘んだばかりの花が供えてあります。いくつかの村のそばには、ほかに比べて手入れが行き届かず、非常に変わった形の碑が立っている墓地がありましたが、ここにはその地域の荷馬が葬られています。今夜はあまりにいい夜なので、この手紙もこの辺で終わりにしましょう。もう充分すぎるほど長くなってしまいました。

I・L・B

第一六信

六月三〇日、車峠にて

若松平野――品格ある樹木――軽装――高田の野次馬――和紙――学校長会議――野次馬のおとなしさ――悪路――凶暴な馬――山からの眺望――眺めのいい宿――魚の骨を飲み込む――貧しさと自殺――宿屋の台所――イギリスを知らない！――朝食消える

市川からほんのしばらく馬に乗ると、間口一一マイル［約一八キロ］、奥行き一八マイル［約二九キロ］の平野があります。若松《わかまつ》という大きな町がその南端の近くにあり、平野には町や村が散らばっています。すばらしい湖猪苗代《いなわしろ》もここから遠くはありません。平野は土壌が肥沃です。遠くには森を従えた村々の三角屋根の家並みが趣深く見えます。いつものように塀や門は見当たらず、裕福な農家が目隠しに用いる高い生け垣のほかには垣根もありませんん。ここは木々の緑に富み、灌漑もよいすばらしい平野だと認めなければなりません。繁盛している村々は柿や栗の木に半分隠れ、その肥えた農地はよく耕されて、この草のはびこる時季にさえ一本の雑草も見当たらないのです。漆の木が多く、最も美しいこの地独特の樹木のひとつであるけやき、すなわち日本版楡が巨木に育っています。神道の藁縄［注連縄《しめなわ》］で囲んであったけやきの一本の幹を測ってみましたが、地面から四フィート［約一・二メートル］の高さで周囲が三六フィート一〇インチ［約一一・二メートル］ありました。びっしりと葉をつけて垂れ下がった枝は均整がとれ、みごとです。茶の木はどこの庭にも植えてあり、桑もいたるところにあって、養蚕がこの地方の主要産業のひとつであることを示しています。また、梶の木も多くあります。

悪路と悪馬のおかげで楽しむどころではありませんでした。良馬なら一時間で平野を渡れるところを、ふうふう言いながら七時間かかるありさま。日は傾き、暑く静かな雨のなかで暮れました。空気は蒸して息苦しく、鞍は大きすぎるのでしょっちゅうずれ、藁ぐつはいつも以上に厄介で、馬蠅はしつこく、人も馬も這うように進みました。田んぼは二度目の土こね中で、作業をしている男たちの多くが笠をかぶり、帯にうちわをはさんだだけの格好です。

一本の杉並木といくぶん金ぴかの立派なお寺ふたつがありました。なにがしか重要な場所に近づいてきたことを感じさせますが、いかにも高田《たかだ》は大きな町で、かなりの量の絹、綱、人参が取り引きされ、また県の高官のひとりが住んでいるのです。街道は一マイル［約一・六キロ］の長さがあり、どの家も店をやっています。全体的には貧相でわびしいようすです。このように人のあまり旅しないところでは、こちらが町外れまでたどり着いたとたん、道で会った最初の人間が町へと引き返し、「外国人がいるぞ！」と街道をすっ飛んでいきます。そしてまもなく目の見える者も見えない者も、若いのも年寄りも、服を着たのも着ていないのも、みんな集まってきます。宿屋《ヤドヤ》ではあまりの勢いで人が集まってきたので、宿のあるじはわたしを庭にあるきれいな離れに移しました。ところがおとなたちは屋根に上ってそこからこちらを見下ろし、子供たちは家の端にある柵によじ上り、その重みで柵を壊してしまいました。そこでその柵の壊れたところからみんながいっせいに押し寄せてきたので、わたしは障子《ショージ》を閉め、休憩とは名ばかりの時間のあいだじゅう、外につめかけている多数の野次馬を辟易《へきえき》するほど意識せずにはいられませんでした。やがて黒いアルパカのフロックコートに白いズボン姿の警官が五人やってきて、わたしのあてにならないプライバシーを侵害し、通行証を見せてほしいと言いました。宿泊した場合をのぞいて、このような要求をされたことはこれまでありません。洋服を着ているので日本式の律義なお辞儀こそできないものの、この警官たちはとても丁重で、野次馬に対して大いに不快感を示し、追い払ってくれました。外に出たわたしは、ゆうに一〇〇〇人を超す人々のおかげで、奇跡の人イエスがガリラヤからユダヤに着いたとき、人口の多いユダヤの都市がいかにここと同じような服装の人々を送り出してきたかを悟りましたが、長い一日を懸命に説教してすごしたイエスにとって、群がる民衆とそのざわめきによる疲労がどんなものであったかはわかりませんでした。しかしながら、この日本の野次馬たちは静かでおとなしく、乱暴に押し合いへし合いすることは少しもありません。相手があなたでなければ、彼らのことでこんな愚痴をこぼすこともなかったでしょう。警官のうち四人がまたやってきて、町の外れまでわたしを警護してくれました。下駄をはいた一〇〇〇人の人々が足をひきずって歩く音は雹《ひょう》の嵐のようでした。

日本では紙は非常に重要な役割を担っており、高田の近くのある農家でこの紙について少し学べたのはとてもうれしいことでした。紹介してもらった農夫はとても礼儀正しい人でした。梶の木はポリネシア人がタパという紙の服をつくるその木です。日本では梶の木栽培はとても重要な産業なのです。藤うつぎとハイビスカス種の樹木も使われるものの少量で、梶の木の樹皮と混ぜて用います。紙は六〇を超す種類が生産され、それぞれの用途はしきたりで決まっています。壁、窓、コップ、ハンカチ、提灯、ひも、包装紙、外套、帽子、荷物の覆いは言うまでもなく、家庭内でも、また職場でも、わたしたちなら湿布や包帯や布を使うところに紙が使われます。したがってその消費量もたいへんなものです。紙は破れそうにないほど丈夫で、最上質のものはまるで半透明の布のように美しく、また繊細な縮緬のようにやわらかで、ふつう上質の金の漆器が包んでありますが、これですらなかなか破れません。

この農家では家で使うために少量の紙をつくっていました。あるじのタナカの話では、毎年梶の木の芽が五フィート［約一・五メートル］まで生長したところでこれを切り、数日間水につけるのだそうです。そのあと樹皮を取り出して灰汁で煮ます。内側の白い樹皮は上質の紙をつくるのに用いるので、外側の樹皮とべつにします。タナカはいちばん粗いところだけを使っていました。樹皮はハワイでもやるように、たたいてパルプにします。そして少量ずつ枠に入れ、日光に当てて乾します。タナカは粗い灰色の紙をつくっていましたが、これは最も貧しい階級の木の枕の当て物を覆うのに使います。一四インチ×一〇インチ［約三五センチ×二五センチ］のもの三枚で一ファージング［四分の一ペンス］です。

このあと水田のあいだを五時間みじめにとぼとぼと行きました。じっとりとした気候とこのような旅の疲れとでわたしの健康状態は悪化しています。背骨の痛みは日に日に強くなっており、一度に二〇分以上は馬に乗ることも歩くこともできません。とてもペースがのろいので、坂下《ばんげ》に着いたのは六時でした。文字どおり田んぼのなかにある人口五〇〇〇の商業町で、みすぼらしくて汚く、じめじめしてうらぶれたところで、黒いどろどろした溝《どぶ》の発する強烈な悪臭に満ちています。気温は八四度［摂氏約二九度］で、どんよりとよどんだ空気のなかを暑い雨がざあざあと降っていました。わたしたちは馬から下りて干魚の梱《こり》でいっぱいの粗末な平屋に入りました。そこは強烈な臭いがたちこめ、外国人を見ようと汚れて濡れた人々が集まってきたので、息ができなくなりそうに思えました。

とはいえ進歩の兆候もありました。三日間にわたる学校長の会議があったのです。空いた職の志願者が考査されました。長々とした教育に関する話し合いがあり、教育の一環として漢籍を学ぶことの価値がとくに議論されました。どの宿も満杯でした。

坂下はマラリアに冒されています。マラリア熱があまりに流行し、政府は追加の医療補助員を送りこんだほどです。山はたった一里のところにあり、旅を続けるのは当然に思えました。でも馬は午後一〇時まで手に入りません。道はこれまで以上にひどく、背骨の痛みはいっそう鋭くなっています。疲労の激しくなったわたしはとどまらざるをえませんでした。くたびれはてた一時間がすぎ、そのあいだに運送業者の使者五人が部屋を探してくれ、日が暮れてかなりたってから、わたしは人でいっぱいの古くてだだっ広い宿屋に入りました。わたしの部屋は大部分が支柱の上に建っていて、その下にはよどんだ水が溜まっており、空気がかすむほど蚊の大群がいます。むんむんと暑くてつらい夜をすごしたわたしは、翌朝早くに起きて出発するのをうれしく思いました。

たっぷり二〇〇〇人の人々が集まっていました。馬に乗ったあと、わたしは鞍の突起に掛けてあるケースから望遠鏡を取り出しかけました。すると、例によって野次馬が老いも若きも全速力で逃げまどい、子供など急ぎあわてるおとなに押し倒されています。伊藤が言うには、みんなわたしがピストルを取り出して脅そうとしていると思ったとのこと。わたしは伊藤にそれがなんであるかを説明してもらいました。というのも、彼らはおとなしくて害がなく、いちいち腹を立てていたら、こちらが真剣に後悔しなければならなくなる、そんな人々なのです。ヨーロッパの国の多くでは、またたぶんイギリスでもどこかの地方では、女性がたったひとりでよその国の服装をして旅すれば、危険な目に遭うとまではいかなくとも、無礼に扱われたり、侮辱されたり、値段をふっかけられたりするでしょう。でもここではただの一度として無作法な扱いを受けたことも、法外な値段をふっかけられたこともないのです。それに野次馬が集まったとしても、無作法ではありません。馬子《マゴ》はわたしが濡れたり怖い思いをしたりしないかと気を遣い、旅の終わりには革ひもやゆるんだ荷がすべて無事かどうかを几帳面《きちょうめん》に確かめてくれます。そして心づけを当てにしてうろうろしたり、茶屋でおしゃべりをするために休憩したりなどせず、さっさと馬から荷を下ろすと、運送業者から伝票を受け取って帰っていきます。ついきのうも革ひもが一本なくなり、もう日は暮れていたにもかかわらず、馬子は一里引き返して革ひもを探してくれたうえ、わたしが渡したかった何銭かを、旅の終わりにはなにもかも無事な状態で引き渡すのが自分の責任だからと、受け取ろうとはしませんでした。馬子同士でもたいへん親切にし合うのは見ていて気持ちのいいものです。伊藤はわたしに対しては感じのいい態度も丁重な態度もとりませんが、自国の人々に対するときは作法の枷《かせ》から逃れられず、ほかのみんなと同じように深々とお辞儀をしてていねいなことばをかけます。

一時間でマラリアにかかりそうな平野を渡り、わたしたちはそれからずっと山間にいます。悪評高い道路はつるつるすべり、わたしの馬は何度か転びました。荷馬は伊藤が乗っていましたが、ひっくり返り、載せていた荷物が方々に散らばってしまいました。よい道路はまさに日本がなによりも切実に必要とするものです。内陸に物資を輸送できるまずまずの道路をつくるというような、充分に元のとれる事業に政府が出費して国を豊かにするのは、イギリスで艦船を買ったり高価な洋風のつまらないものに乱費するよりはるかにいいことでしょう。

道がひどいだけに、阿賀野《あがの》という大川を渡るのに通った橋の立派さには驚かされました。橋は一二隻の大型平底船でできており、各船は藤を編んだ頑丈な綱につないであります。綱はかなりの高さで渡してあり、平底船と厚板でできた橋が一二フィート［約三・七メートル］の範囲内で水位の高低に対応できるようになっています。

伊藤が災難に遭って一時間遅れ、その間わたしは阿賀野川を見下ろす高台に急な屋根の家屋が寄り添い合った片門《かたかど》という小さな村で米袋に座っていました。二〇〇頭を超す荷馬の群れが暴れ、かみついたり、いなないたり、蹴ったりしていました。わたしが馬から下りる間もないうちに、狂暴な馬が一頭猛襲をかけてきましたが、立派な木製の鐙《あぶみ》をたたいただけですみました。ひづめと歯がよけられる場所はまずありませんでした。わたしの荷馬は荷物を降ろすと激しく興奮しました。左右にいた人間に歯の攻撃をかけ、前脚は乱暴に突き出し、後脚でも蹴ろうとします。そして馬子を壁際まで追いつめてしまいました。

手に負えないこの光景をあとにし、わたしたちはふたたび山道をたどりはじめました。山並みは果てしがなく、着いたばかりの山の背ごとにそこから見る眺めはすばらしくなるばかりです。というのもわたしたちはこれで高くそびえる会津《あいづ》連山の近くまで来ており、二峰を頂く磐梯《ばんだい》山、絶壁の切り立つ飯豊《いいとよ》山［飯豊《いいで》山］、南西には堂々たる明神岳《みょうじんだけ》が広大な雪原や雪をかぶった峡谷とともにすべて一望できるのです。裸岩、あるいはまぶしい雪に覆われたこれらの山頂は緑したたる連山を見下ろして繊細なブルーの空を背景にそびえ、わたしの思うところでは日本の風景にふつう欠けている個性や強烈さそのものを発揮しています。わたしは一足先に馬に乗り、ひとりで野沢《のざわ》という町に着いて人々の好奇心の的となりました。休憩したあと、わたしたちは急流の上にそびえる尾根の山腹を三マイル［約四・八キロ］、とても気持ちよく散歩しました。黄金色の黄昏に会津の山々が紫色に染まっているのはみごとな眺めでした。

お寺の青銅の鐘の音が静けさのなかで甘くもの悲しく聞こえ、このようにのどかな地方にはもっとふさわしいはずの牛や羊の鳴き声がないことを忘れさせてくれます。

黄昏時、わたしたちは水田地帯の端にある趣に富んだ野尻《のじり》の村にやってきました。けれどもわたしは日曜日を穴のなかですごすことにひるみ、そこより一五〇〇フィート［約四五八メートル］高い山のまさしく縁にある一軒家に目をつけたあと、その家が茶屋であるという情報を探り出してこちらにやってきました。注目すべきこの峠を取り囲む、切り立ったジグザグ道を上ってくるのに四五分かかりました。日が暮れると同時に雷が鳴りはじめました。そしてわたしたちが着いたそのとき、青い炎のすさまじい稲光が走って家を照らし、家のなかにたき火を囲んでおおぜいの人々が座っているのが見えたかと思うと、またあたりは暗闇に包まれました。これにはたいへん驚きました。この家はすばらしい場所にあり、車峠という剣の刃のような尾根の端からもう少しでぶらさがってしまいそうな形で建っています。わたしが泊まってなんらかの眺望が得られた宿屋《ヤドヤ》はここしかありませんでした。村はほとんどの場合谷間にあり、いちばんいい部屋は奥にあって、見晴らしはおきまりの庭にめぐらした塀で限定されてしまいます。蚤の大群さえいなければ、もっと長くここに滞在するところなのですが。なにしろ会津の雪景色はすばらしく、ほかには家が二軒しかないので、野次馬に囲まれずに散策できるのです。

家の一軒で昨夜二歳半の子供が魚の骨を飲み込んで痛がり、一晩じゅう泣いていました。母親の悲しがりように伊藤が同情し、わたしを呼びにきました。母親は一八時間子供を抱いて行ったり来たりしながら、子供ののどをのぞいてみることはまったく考えもせず、わたしにそうさせるのも気が進まないようでした。骨は見えるところにあり、かぎ針で簡単に取れました。一時間後、母親はケーキや粗末な菓子をいっぱいお盆に載せ、贈り物には必ず添える干した海藻をつけて、プレゼントだと贈ってきました。夜にならないうちに、脚に炎症を起こした人が七人、「診断」を求めてきました。炎症はどれも表面的なもので全部似通っており、全員が蟻にかまれたところをずっとかいていたらこうなったとのことでした。

きょうのような夏の日には、このあたりは美しくもあり、また裕福にも見えます。山の麓にちんまりとおさまっているこの野尻のとがった屋根屋根の下に、深刻な貧しさがあるとは考えられないことでしょう。けれども、そのすぐ下の杉の木からぶらさがっている二本の麻縄は、二日前にある年配の男性が貧しくて大家族を養えず、首を吊ったという悲しい話を物語っているのです。この家のおかみさんと伊藤から聞いたところでは、若い家族がいて、自分は年をとったり弱ったりして働けなくなった者が自殺する話はよくあるとのことです。自殺はとても多いようです。若い男女が結婚したくとも両親の同意が得られない場合、お互いの体を縛り合って入水することがよくあります。〔これは非常に多い法律違反で、新法では違反して逮捕された場合、一〇年の懲役刑を受けます。〕女性は首吊りはしませんが、案の定、自殺は男性より女性に多く、激しい恥辱、恋人同士のいさかい、芸者などの場合は修業期間にその監督から受ける訓練のつらさ、加齢や病気による容色の衰え、あるいは容色の衰えに対する恐怖がいちばん多い原因です。このような場合、自殺者は夜家を出て、垂れ下がった大きな袖にたっぷり石を入れてから川か井戸に飛び込みます。わたしは最近自殺者が出たため使われなくなった井戸をふたつ見かけました。

宿のおかみさんは家族を持つ未亡人で、人が好くてまめで、とても話し好きです。家は一日じゅうどこも開けっ放しで、文字どおり壁がひとつもありません。屋根と一間だけある二階の部屋は柱で支えてあり、わたしの使うはしごは台所の火にいまにも触れそうです。日中、屋根の下の畳を敷いた広い空間には仕切りがなにもなく、旅人や馬子の集団が横になっています。車峠のどちらの側からでも、骨を折りつつ上ってきた人はだれでも「食べ物つきのお茶」を一杯飲むので、この宿のおかみさんは一日じゅう忙しくしています。大きな井戸がかまどのそばにあります。もちろん家具はなにもありません。ただし屋根の下に棚があり、そこには二体の黒い偶像をおさめた仏壇があり、一体はよく祀られている富の神大黒です。調理道具を置く棚の横に台がひとつだけあり、そこには六枚の茶色の大皿に盛った食べ物が売られています。黒い液に浸した塩からい貝、串に刺して干した鱒、醬油漬けのなまこ、植物の根の粉でつくったもち、どろどろの川藻でつくり、圧して干した緑のケーキ――すべてできそこないでまずそうな食品です。きょうの午後、裸の男が練り粉をござの上で踏んでいました。青い絹の着物姿の旅人がひとり床に寝てたばこを吸っており、髪を高いまげに結って歯を黒く染めたしどけない服装の五人の女性が炉のまわりに座っています。宿のおかみさんに頼まれて、わたしはこの家からの眺めを賛えることばを英語で書き、それを読み上げました。伊藤がそれを日本語に訳すと、一同はおおいに満足しました。そして今度は四本の扇子に書いてくれと頼まれました。おかみさんはイギリスのことを一度も話に聞いたことがありません。このような奥地では「関係ない」ものなのです。アメリカについても聞いたことがありません。ロシアは大国だと知っており、清国はもちろん知っていますが、彼女の知識はそこまでです。とはいえ東京と京都に行ったことがあります。

七月一日——昨夜は蚊と蚤がいたにもかかわらず眠りにおち、すぐに話し声と鶏の鳴き声で目を覚ましました。わめいている強情な雌鶏をかかえた伊藤、彼が苦労して雌鶏を買い取った男女がわたしのベッドのそばに現れました。わたしは小さな声で朝食にそれをゆでてほしいと言いましたが、けさ伊藤はわたしを呼び、ひどく情けなさそうな顔で、雌鶏を殺そうとしたら森のなかに逃げてしまったと言うのです！　わたしの気持ちを理解するには、一〇日間魚も肉も鶏も味わえない状態を経験してもらわなければ！　代用品といえば、卵ときのう男の人がござの上で踏んでから細く切ってゆでた麵料理が少々！　粗製の小麦粉とそば粉で、あなたにもおわかりのとおり、わたしは好みにうるさくてはだめだということを学んだわけです！

I・L・B

第一七信

七月二日、津川《つがわ》にて

悪名高き道路――単調な緑――救いがたい不潔さ――低級な生活――漆の木――櫨《はぜ》の木と蠟燭――津川の宿屋――礼儀正しさ――積出港――「野蛮な鬼」

きのうの旅はこれまでのなかで最もきついもののひとつで、一〇時間四苦八苦しつつ旅して、進めたのはたったの一五マイル［約二四キロ］でした。車峠から西に行く道はとても悪く、宿場と宿場のあいだがときとして一マイルそこそこしかありません。それでも多数の町を擁する豊かな会津平野やとても広い内陸地域の農産物と工業製品が新潟で販路を見つけるには、少なくとも津川までは、この道を通らざるをえないのです。現代的な着想などはなから無視して、この道はわたしには見当すらつかない勾配で山をまっすぐ上り下りし、いまは完全な泥沼となっています。この泥沼には大きな石が投げ込まれていますが、石は角を上にして沈んだり、もうすっかり見えなくなったりしています。これまで旅したなかでもまさに最悪の道だといえば、よくわかるでしょう！　車峠はわたしが日光から越えてきた一七ある高さ二〇〇〇フィート［約六一〇メートル］以上の峠の最後のひとつです。この峠と津川のあいだの景色は、スケールこそ小さくなりますが、これまでと同じ種類のものです。つまり頂上まで森に包まれた山々があり、峡谷の隙間からはさらに遠くの連山がのぞき、なにもかもが緑に覆われています。気に入らないときのわたしが「はびこった植物」と呼んでしまう緑です。ああ、この単調な緑一色の景色に、どれほど不調和でもかまわないから、絶壁か灼熱の砂漠か、なにかぱっと目につく華々しいものがふいに割り込んできてくれないものでしょうか！

この地方の村々はホザワ［宝坂《ほうさか》？］と栄山《さかえやま》で不潔さの極みに達したにちがいないとわたしには思えます。鶏、犬、馬、人間が薪をたいた煙で黒くなった粗末な平屋にいっしょくたに暮らしており、山になった家畜の糞尿が井戸に流れ込んでいます。幼い男の子で着物を着ているのはひとりもいません。ふんどし以外になにか身につけている男性はわずかで、女性は上半身裸のうえ、着ているものはとても汚く、ただただ習慣で着ているにすぎません。おとなたちは体じゅう虫にかまれた跡が炎症を起こしており、子供たちは皮膚病にかかっています。家屋は汚く、正座したりうつ伏せに寝ているときの人々は未開人とたいして変わらなく見えます。風体と慎みに欠ける習慣にはぞっとするばかりですが、後者に関しては、これまでわたしが交わった何ヵ国かの未開の人々と大いに不利な対比を成しています。もしもわたしが日光、箱根、宮ノ下その他の外国人が短期間だけ訪れる場所にしか行っていなければ、いまとはまるで異なった印象をいだいたことでしょう。よく考えることなのですが、この地の人々の精神状態は肉体的な状態よりずっと高尚なのでしょうか？　彼らは丁重で、親切で、勤勉で、大悪事とは無縁です。とはいえわたしが日本人と交わした会話や見たことから判断すると、基本的な道徳観念はとても低く、暮らしぶりは誠実でも純粋でもないのです。

宗教として残っているものは、ほんの少しの迷信で、将来に関しては、希望にせよ不安にせよ、白紙で、将来のことで頭をわずらわせるようなことはほとんどありません。彼らはまさしく影響を改善し、キリスト教の理想であるような高尚な男らしさと女らしさへと向上させられることを切実に必要としています。もしも彼らがいまより礼儀に欠け、親切でなければ、彼らの現状をここまで心配はしないでしょう。しかしながら、その現状とは、最良の様相を見せながらも、実のところは気高く生きるための最も崇高な要素が欠けているのです。

ぬかるみをのろのろと進むきょうの旅は広い谷間で終わりました。ここは円錐形に切り立った山々に囲まれてはいますが、色の濃い杉に覆われた円錐形の小山があるところがほかと異なっています。漆の木はこの地方一帯にふんだんに生えています。イギリスの一般的なとねりこほどの大きさにしかなりませんが、いろんな意味でこのとねりこに似ています。この木は最も美しい日本製品の名を高めているあの漆を採るために栽培されているのです。どの木も横に浅い切り込みがいっぱい入っており、早春にその切り込みから樹液がしみだしてきます。採取したばかりの樹液は色も濃度も濃いクリームのようですが、空気にさらされると黒くなります。漆は芝や日光の金色の社殿にはじまり最下層の労働者がごはんを食べるのに用いるお椀に至るまで、あらゆるものに使われます。わたしには紙と同じく、漆のない日本は想像もできません。またこのふたつを組み合わせたものがそこかしこにあるのです。店で売られている上質の漆製品は五層塗り重ねて強化してあり、良質の漆は炭の残り火に直接触れても気泡を生じずにもちこたえます。漆の木の種からはかなりの量の油が採れます。新しい漆の匂いをかいだり、さわったり、あるいはその両方をすると、現地の人々も外国人も、おおかたが「漆かぶれ」という非常に不愉快な疾患に罹《かか》ります。軽い場合は皮膚がかぶれるだけですみますが、重い場合は全身に症状が出ます。伊藤はどんなことがあっても漆の木に触れたり、その下で雨宿りしたりしようとはしません。

漆の木の同種である櫨《はぜ》の木からは植物性の蠟《ろう》がつくられますが、この地方でも少ないながらある程度生えています。この木というと、わたしは緑がかった色をして太い紙の芯のついた蠟燭の妙に消えがちな明かりを頼りに、あなたに宛てて手紙を書こうとしたとてもみじめな夜のことを思い出します。蠟燭は煙をあげて燃え、獣脂のような臭いを発したものでした。蠟燭製造用としてイギリスに輸出される蠟はていねいに漂白されますが、一般家庭で用いるものは、豆の形をした黒っぽい黄色の核を、米つきと似た方法で殻を取ってから、蒸してやわらかくしただけで圧縮し、素焼きの容器で油を受けます。油は容器のなかで青緑色に固まり、これで蠟燭となる準備ができたわけです。

込んだ宿屋《ヤドヤ》に泊まりましたが、野次馬の来ない、庭にある気持ちのいい部屋を二室わたしに充ててくれました。どこに着いても伊藤はわたしを部屋に閉じ込め、翌朝の出発時まではぼ囚人のようにしてしまいたがります。けれどもここではわたしは部屋を出て台所《ダイドコロ》を見物してたいへん愉快にすごしました。宿の亭主は、いまは制度もすたれましたが、サムライすなわち武士階級の出身です。それより下の階級より面長で唇は薄く、鼻も高くて鼻筋が通っています。また態度や物腰もちがいます。宿の亭主とはおもしろい話をたくさん交わしました。

台所と同じ広い間で、番頭が両端の反り返ったありふれた形の漆塗りの低い机で書き物をしていました。女性がひとり仕立物をしており、人夫たちが板間《イタマ》で足を洗っています。人夫はほかにも何人かが囲炉裏《イロリ》のまわりに座り、たばこを吸ったりお茶を飲んだりしています。下男がわたしの夕食用に米を少し洗ってくれましたが、その前に着ているものを脱ぎ、ごはんを炊いてくれた女性は仕事にかかる前にウエストまで着物《キモノ》をはだけました。宿のあるじの妻と伊藤は警戒もせずにわたしのことを話しています。わたしはふたりになんと言っているのかと尋ねました。「あなたはとても礼儀正しい。外国人にしては、とおかみさんは言っているのですよ」、伊藤はそう答えました。どういう意味だと尋ねると、畳に上がる前にブーツを脱ぎ、煙草盆《タバコボン》を差し出されたときにお辞儀をしたからだとのこと。

あすの川の旅に備えてなにか食料はないかと町を歩いてみましたが、卵の白身と砂糖でできたウエハース、砂糖とごく少量の小麦粉でできたボーロ、砂糖衣をかけた豆しか入手できませんでした。趣のある草葺きの屋根はなくなり、津川の町の屋根は樹皮に石の重しを載せてあります。とはいえ家々は破風を通りに向けており、とぎれなしに軒下を通れる遊歩道があって、また通りは二度直角に曲がって土手のお寺で終わるので、ほかの日本の町ほど単調ではありません。この町の人口は三〇〇〇で、大量の生産物がここから新潟まで川を通って運ばれます。きょうは荷馬でいっぱいでした。わたしは野次馬に囲まれ、おおむね礼儀正しい原則のたったひとつの例外として、ひとりの子供がわたしを中国語で言うフェン・クワイ——野蛮な鬼——と呼びましたが、きつく叱られ、また警官がついさっき詫びにきました。獲れたての鮭の切り身が一切れ差し出されましたが、これほどおいしいものは食べたことがないように思います。陸路の旅の最初の部分をこれで終え、あすの朝は船で新潟に向かいます。

I・L・B

第一八信

七月四日、新潟にて

あわてて出発——津川の定期船——急流を下る——心奪われる景観——川辺の暮らしぶり——ぶどう畑——大麦を干す——夏の静けさ——新潟郊外——教会宣教館

新潟行きの船は八時に出発の予定でしたが、五時に伊藤がわたしを起こし、船が満員だからすぐに発とうと言うので、あわてて出発しました。宿の亭主がわたしの大きなトランクを背負って川まで走り、「発つ客をとっとと送り出して」くれました。ふたつの川が合わさった流れはいつまでも眺めていたいほど美しく、ことさら深みのあるやわらかな色合いの朝は、光がまぶしくもなく蒸し暑さもないすばらしい天候の日中へと移っていきました。「定期船」は頑丈な造りの船で、幅が六フィート［約一・八メートル］、長さが四五フィート［約一三・七メートル］あり、ひとりが船尾で櫓をこぎ、もうひとりが水かき部分の広い、短い櫂《かい》を使います。櫂は船首にある藤の輪に通してあります。長さが一八インチ［約四五センチ］ほどのクロケットの打球槌のような柄がついており、ひとかきごとに船頭は体をくねらせてこれを操ります。船尾の船頭も船首の船頭も立ちっぱなしで、雨笠をかぶっています。船の前部と中央部分には袋づめの米、木枠につめた陶器を積んでおり、後部には草葺きの屋根があって、そこには出発時二五人の日本人が乗っていましたが、川沿いの集落でつぎつぎに降り、新潟に着いたときは三人しかいませんでした。わたしは積み荷の上に椅子を据え、日に一五マイルから一八マイル［約二四―二九キロ］のペースで泥沼を這うように進んだ難儀な旅とは異なる船旅を心地よく思いました。この旅は「津川《つがわ》の急流下り」といいます。一二マイル［約一九キロ］にわたってこの川はそびえ立つ絶壁にはさまれ、水中に没した岩、あるいは水面に頭を出している岩が点在し、ふいに湾曲する個所がいくつかあって、また浅瀬も多く、船を速く下らせてくれます。大きな事故も起こりやすく、それを避けるには、長い経験があり、腕もたしかで冷静な船頭が必要だとのことです。とはいうものの、急流はあっても規模は小さく、すばらしいとしか言いようがありません。この川は標高があるので、船は四五マイル［約七二キロ］を八時間で下り、料金も三〇銭すなわち一シリング三ペンスしかしませんが、遡行するには五日から七日かかり、棹《さお》を差すのも綱で引くのもたいへんな労力を要します。

赤銅色に焼けた船頭といい、草葺きの屋根といい、また乗客の雨笠がどれもみなマストにかけてあるところといい、船はまったく「現地」風の外観をしています。わたしは一瞬一瞬を楽しみました。静かに流れを下るのは快適で、空気はおいしく、事前になにも耳にしていなかったわたしには津川の美しさは快い驚きで、そのうえ船が進めば進むほど待ち望んでいる故国からの手紙へと近づいていくのです。津川をあとにしてすぐ、川下りの航路はすばらしい山々にふさがれたように思えました。山々はじきに岩の門をわたしたちがちょうど通れる幅に開き、そののちまた門を閉じます。赤い裸岩の尖峰が鬱蒼と茂った森からにょっきりとそびえ――緑を足したクィラング［スコットランド、スカイ島の山］、廃虚のないラインの川であり、このふたつより美しいのです。馬の背ほど狭い尾根で結ばれた連山があったかと思うと、雄大な灰色の大岩壁を控えた山々もあり、深い裂け目の底には渓流が走っています。高台にはパゴダ式の屋根のあるお寺があるかと思うと、花をつけた木々のあいだに隠れるように軒の深い藁葺きの家の集まった村が日向のなかにあります。そして手前の山々の隙間からは雪をかぶった山脈が垣間見えるのです。

この心奪われる景観のなかを一二マイル下ったあと、津川の残りの水路は広くゆったりとした流れとなり、林のあるまずまず平たくて一部雪山に囲まれた地域をみごとに蛇行していきました。川辺の暮らしぶりはとてもおもしろいものです。丸木舟が多く、野菜を積んでいるものもあれば、小麦もあり、あるいは学校帰りの少年少女を乗せているものもあります。一〇隻ほどの船団を組んだ、帆がしわしわの小舟がときおり水深の大きいところをのろのろと上がっていったり、陽気に叫ぶ船頭たちに浅瀬を曳いていかれたりしています。そのあと景色は広くて深い川へと変わり、水に溶けずに堆積した大量の植物性物質が独特のにおいを放っていました。樹木の密な森があって、川は竹藪に縁取られた土手のあいだをゆったりと流れていきます。土手はまわりに氾濫しないぎりぎりの高さしかありません。家屋はまったくと言っていいほど見当たりませんが、住民の多い形跡はまだ続いています。ほぼ何百ヤードかごとに森から川に向かう細い道があり、その川と突き当たったところには丸木舟がつないであります。端に桶と石をそれぞれつけた竹竿の揺れる絞首台のような台がときどき見えるのは、付近に給水を川に頼っている家屋があることを示しています。給水設備のある土手ではどこでも馬の背中にひしゃくで水をかけて洗ったり、裸の子供たちが泥のなかで転げまわったりしており、コッコッという鶏の鳴き声や人の話し声、仕事をする人々のたてる物音が緑いっぱいの岸から聞こえてきて、その姿は見えなくとも、この周辺には住民の多いことが感じられます。暑くて静かな午後——のどかでとても気持ちのいい午後——には船頭とわたし以外、だれも起きていませんでした。川を下っていくと、ときおり水平に格子棚を仕立てたぶどう畑や、杉の木の幹の二〇フィート［約六メートル］の高さに長さがおおむね四〇フィートある竹の横木を渡し、そこに大麦の束をぎっしりと並べてかけて干してあるのが見られます。

さらに森があり、さらにのどかさが続き、ついで森とふんだんにあった草木がなくなり、川は低地と砂や砂利の岸のあいだを流れていきました。三時には新潟の郊外に入り、屋根に石を並べて置いてある低い家並みが砂地の向こうに広がり、さらにその向こうには樅《もみ》の木立のある砂丘が見えます。縁側のたくさんついた茶屋が川沿いにちょこちょことあり、宴会客が芸者《ゲイシャ》や酒《サケ》で楽しんでいますが、全体として川辺の通りは粗末でみすぼらしく、日本西部の都市新潟の内陸地域はどうやら期待外れのようです。それにここが交易港とは信じがたいことです。海は見えず、領事館の旗など一本も翻っていないのですから。わたしたちは何百隻と行き交う荷を積んだ船に混じって、農産物や物資の輸送路である数多い運河のひとつを棹で進み、この都会の中心部で陸に上がりました。そして何度も道を尋ねたすえ、教会宣教館にたどり着きました。各官庁に近く、ベランダがなく、日除けもない木造の建物です。ここでファイソン夫妻からとても温かい歓迎を受けました。

この家屋は簡素で不便なほど小さいのですが、ドアや壁はたいへん豪華です。意味不明の日本語のおしゃべりばかりを耳にし、日本人の無作法をえんえんと経験してきたあとだけに、洗練された西洋人の家庭に迎えられたことがどれだけうれしいものであるか、あなたには想像もつかないでしょう。

I・L・B

日光から新潟までの旅程（鬼怒川ルート）

東京から	戸数	里	町
日光		三六	
小百	六	二	一八
小佐越	一九	一	一八
藤原	四六	二	一九

高原	一五	二	一〇
五十里	二五	二	
中三《なかみ》依《より》	一〇	一	二四
横川	二〇	二	二一
糸沢	三八	二	三四
川島	五七	一	四
田島	二五〇	一	二一
豊成《とよなり》	一二〇	二	一二
栄富《えいとみ》	三四	一	
大内《おおうち》	二七	二	一二
市川《いちかわ》	七	二	二二
高田《たかだ》	四二〇	二	一一
坂下《ばんげ》	九一〇	三	四
片門《かたかど》	五〇	一	二〇
野沢	三〇六	三	二四
野尻	一一〇	一	二七
車峠	三		九
ホザワ［宝坂？］	二〇	一	一四

トリゲ［鳥井《とりい》？］		二一	一
栄山《さかえやま》	二八		二四
津川	六一五	二	一八
新潟	五万人	一八	
		一〇一里	六
約二四七マイル			

新潟での伝道に関するノート

キリスト教伝道団――伝道基地としての新潟――ふたりの宣教師――三年間の活動の成果――毎日の説教――医療伝道――病院――日本にいる宣教師の障害

「汝あまねく世に出でて神のあらゆる創造物に福音を説け」という主の命令について、かのウェリントン公爵の名言「教会の突撃命令」以上にこれをうまく定義したものはない。異教徒の究極的な運命がどうなるかに関して、わたしたちの見解はそれぞれ大きく異なろうとも、問題は神の手にゆだね、神の命令をいっさいの疑念なく服従して遂行するのが教会の義務であるという点においては、「みずからをキリスト教徒と公言する者はみな」見解を一にする。

しかしながら、本国で海外布教にごく一般的な関心をいだくのと、三四〇〇万人の異教徒を前にして布教について考えるのとでは、話がまったく異なってくる。後者の場合、まず自分自身の利己心と無関心を恥じる気持ちにたえず苛まれ、ついでその何千倍もの利己心と無関心を無念に思う気持ちにたえず苛まれる。こちらの利己心と無関心はキリスト教に伴ってきた一時的な恩恵と、「生と不死」の希望を享受することで満足し、何百万もの人々がこの恩恵と希望を知らずに生きて死んでいくという思いに苦悩を募らせることもない。日本人にまじって旅しながら、わたしは信仰と呼ばれるものの多くに胡散臭さと陳腐さをよく感じた。高潔で慈悲深い男や女が、これらキリスト教を知らない人々は堕落の一途をたどるしかないと心底考えるなら、少なからぬ祈りやポンドやシリングがこれらの人々を改宗させるために費やされるであろうし、また多くの人々が自分の信仰上の兄弟姉妹を、どの場合も凝視すれば言語に絶する恐怖を感じずにはいられない破滅から、なんとしても救おうとするにちがいない。

新潟は人口五万人の大都市で、越後という広くて人口の大きい地方の主都である。日本の日本海側にある唯一の開港場で、函館―長崎間（二都市間の距離は一一〇〇マイル〔約一七六〇キロ〕）。人口は何百万かに達し、大部分は外国人との交流に汚染されていない）にあって、宣教師が住むことを許されており、プロテスタント・キリスト教はこの前哨地をファイソン氏とパーム医師という二名の力により確保した。このふたりはお互いにつながりがあるわけではまったくなく、また実際の二氏ほどの品性や分別の持ち主でなければ、きっと醜いいさかいが起きたり、ライバル関係、さらには敵対関係を呈していたかもしれない。

パーム医師はエジンバラ医療伝道教会から派遣されてきており、当然同僚はなく、日本人医師の篤い協力に助けられている。とはいえ、この辺地に宣教師をたった一人で三年間放り出し、言語の障壁や日本人の無関心や気まぐれからつぎつぎと起きる問題と孤立無援で闘わせるとは、英国聖公会宣教協会も不可解な方針をとるものである。

わたしは新潟の伝道師のどちらに対してもこの上ない尊敬の念をいだいている。ふたりとも真摯で、誠実で、良識ある人物で、熱情家でも陽気でもないが、それぞれ最善と思われる方法でキリスト教を伝道する仕事に専念している。なぜならふたりはそれがイエス・キリストより示された職務だと信じているからである。ふたりは「報告用の事例」を粉飾したり、ちょっとした促進を誇張したり、重大な支障を隠したり、あるいは本国にいて、当然のことながら成果を知りたいとはやる人々が伝道師にかけてくる圧力に、不正な方法で応えたりすることなどはできそうにない。しばらく前に妻を亡くし、子供もいないパーム医師は、協定で決められた二五マイル［約四〇キロ］以内にある人口の大きい町や村を広く定期巡回してきている。ファイソン夫妻は徳の高いキリスト教徒の家庭の見本という、風紀の乱れているこの地においてはとても重要なものを提供している。ファイソン家では、使用人は配慮の行き届いた公正な待遇を受け、またどんな些細なことにもきわめて思いやりのある誠実さが行き渡っている。宣教師はひどい日本語を話す最下層の労働者のことばで最も聖なるテーマを扱うと非難されるが、ファイソン氏は勉学に努めており、教育を受けながらも宣教師を忌み嫌っている伊藤は、氏の日本語は流暢ではないけれど、「本当によい日本語」だと言っている。ファイソン夫人は日常会話が難なくでき、聖書のクラスを持つ以外に、近所の女性多くとても友好的な間柄にある。みんな打ち解けた話をしにくるし、夫人も非常に興味を示している。ファイソン夫人の日本の女性に対する関心が本物であることや、共感のこもった女性らしい方法で相談事に乗るばかりでなく、道徳観のちがいの壁を乗り越えていることがわたしにはとてもうれしい。

ファイソン氏は一年のうち一定の季節に巡回説教する。氏はこの国にはキリスト教に対する強い偏見があること、新潟の人々はキリスト教にはきわめて無関心であることを知った。最初の巡回ではおおぜいの人々が新しい「道」のことを聞きにやってきたものの、その種の関心はすぼんでしまった。下層階級で信じられているのは、宣教師は密かな政治的目論見があってイギリス政府に雇われている、改宗者は死んだとたん眼をくりぬかれ——死ぬまで眼があったとして——、その眼は軟膏をつくるのに使われる、宣教師は用心深く隠しておいたお金をこっそり持ち去ってしまう、などなどである！

越後の地元役所はキリスト教の普及になんの反対も現実にはしていない。また最近まで地方の僧侶はキリスト教の普及に対して無関心であった。一度神職がファイソン氏に自分の所有する場所で説教するのを許可したことがあり、そのとき神職はこの国は「仏教で沈んでいる」と言ったそうである。またファイソン氏は仏教の僧侶にお寺の石段の上から説教させてもらったこともある。新潟では、仏教の僧侶は新しい「道」を攻撃するのが望ましいと考えており、地元新聞はその攻撃とキリスト教改宗者からの反論を載せる欄を開設した。キリスト教について学び、キリスト教が他の宗教よりすぐれていること、道理にかなっていることを認める人々も多くいるものの、こういった人々も宗教全般に対して非常に無関心であるため、それ以上先へは進まない。伝道館付属の建物で毎週日曜日の午後行われる公開説教に来る人々のなかには、キリスト教について質問をする者もいるが、たいがいは欲得ずくの動機に駆り立てられたものだと判明してしまう。三年にわたる熱心な努力の「外に顕れた印」として、ファイソン氏は七人に対して洗礼を行い、そのうち五人からわたしはイギリス式の聖餐式に招かれた。ファイソン氏には非常に精力的で知的な現地人の伝道師がついており、この伝道師は巡回説教してかなりの数の聴衆を集めている。キリスト教の説教を行う部屋を借りる際にはよく問題が起きる。宣教師が屋外で説教を行うのは「適切」ではない。「猿回し」や手品師など大道芸人と同じレベルに並ぶことになるのであるから！

最近仏教徒は一、二ヵ所の新潟の寺院で毎日の説教をするようになり、弁舌の才があるということで選ばれた説法師がおおぜいの聴衆を引き寄せた。聴衆は主に女性で、下層階級の人々ばかりである。実質的に、キリスト教にとって支障となるのは、あらゆる宗教に対しての全般的な無関心である。「宗教能力」は日本人の天性から失われてしまったようだ。古い信仰が衰えているからといって、日本が新しい信仰を受け入れるのに機は熟していると考えては大きな間違いである。この帝国は物質的な発展の道を走り出したのである。その方向にありそうなものはなにもかもかっさらい、吸収する。そうされないものは、価値なしとして排除される。わたしは高等教育を受けた思慮深くて若い日本人に訊いたことがある。この人はアメリカで数年間科学的研究の授業を受けて帰国したばかりなのであるが、宗教の勉強をしたことがあるかどうか尋ねたところ、「実質的に意味のないものはなにも勉強する時間がなかった」という、少なくとも教育水準の高い階級の見解を具現した答が返ってきた。

わたしが新潟を訪れた主な目的は、パーム医師の行った医療伝道活動についてなにがしかを学ぶことにあった。この活動は医師を必要とし、医師を仕事責めにし、医師のもとに患者を殺到させる。範囲はどれもみな有用なありとあらゆる部門に及ぶ。病気の治療において科学的真理を広めること。手術や外国の薬に対する偏見を取り除くこと。いんちきな民間療法をその玉座からひきずり下ろすこと。良識や進んだ衛生学を紹介すること。世俗分野では知的な協力を促すこと。最後にこれまた重要なのは、この活動に必ず伴うよき医師の福音への道を均《なら》すこと。これらは日本における医療伝道にとって争う余地のない訴えである。

医療伝道団にはパーム医師というとても貴重な人材がいる。充分な素養を備えた医師で、みずからの職業を愛する学究の徒であると同時に、宣教師でもある。彼は自分の仕事の全域において、判断力にすぐれ、ゆるぎがなく、誠実である。彼の診療所や病院では「手抜き」というものがまったくない。助手になにかを教えるにしても、自分でやった場合と同じ程度にうまくできるよう訓練し、自分の監督のもとに助手たちにすべてをまかせて行わせる。パーム医師はおおぜいの日本人医師から真心のこもった善意を得てきており、これらの日本人医師が町や村でパーム医師に協力し、彼の助力のもとに最良の西洋式治療法を導入している。パーム医師は口語文語両方の日本語を熱心に、また根気強く学んでいる。日本人の性格を仔細に観察している。熱狂せず、少なくともキリスト教の前途に横たわる困難を十二分に重要視していて、その将来については希望的観測を避け、自分の時間と能力のすべてを要求される仕事に就いていることに満足している。パーム医師は廉直で高潔な人物であり、だからこそまわりから尊敬されている。彼は厳しい修練期間のあと三一名の改宗者に洗礼を施した。またこの初期段階の教会のメンバーの全般的な品行には、非難すべきところがない。伝道助手の押川《おしかわ》［方義《まさよし》］氏は才能と意欲のある人物で、非常に有能な伝道者である。彼はキリスト教事業に全霊を傾けており、とても広範に巡回説教を行っている。診療所の助手はよく訓練され、まめである。

最近、初期のころからの拠点のひとつである水原《すいばら》の医師が洗礼を受けた。この医師は学識のある有能な開業医で、一年半前から水原でパーム医師に協力し、説教をする場所の費用をすべて引き受け、医療と伝道との両方の事業を真心込めて推進してきている。さらにまた最近もうひとり、佐渡の医師が受洗した。この医師はこの地方の各地域の日本人開業医に眼病の治療法を教えるために、先ごろ政府がパーム医師とともに行った事業計画により、新潟に滞在していた。パーム医師がいかに尊敬されているかを示すのに、これ以上の証左はない。彼は以前、中国語で書かれたダッジョン博士の医学書にあった記述からキリスト教に心が傾き、診療所で毎日声をかけられてキリスト教に帰依《きえ》しようと決心したのである。

現地人の医師は通行証の制約さえなければ、居留地の境界外までパーム医師を相談に呼び出しそうなほど「イギリス人ドクター」を高く評価している。職務中には愉快なことがしょっちゅう起きる。最近、ある患者の親戚から危険なことは重々承知の上で熱心に頼まれ、パーム医師はきわめて条件の悪い、問題の多い環境で非常に大きな手術を行い、患者は死亡した。日本人漢方医（とんでもないいんちき療法と民間療法の一派）はイギリス式手術のすばらしさにたいへんな感銘を受け、手術が不成功だったにもかかわらず、それまでの自分のやり方を放棄し、自分はこれから西洋医学を学ぶことにした、おまえたちも同様にせよと三人の弟子を追い払ってしまったのである！

多くの場合、パーム医師の診察要請は日本人医師から来て、このような事情から、これら日本人医師が説教場所を確保する手はずを整える。中条《なかじょう》という町で六人の若い医師が診療所を開き、この六人の医師の要請で診療所には月に一度パーム医師が訪れる。長岡《ながおか》という大きな町は居留境界外にあるが、そこには官立の病院があり、三人の日本人医師と弟子多数がいて、苦労して通行証を手に入れ、一度の来訪に一〇ドルの出張費をパーム医師に支払うほどイギリス式技術を待ち望んでいる。長岡でもまたほかのどこでも、説教があるときには治療も行われる。

外国人であるパーム医師を好まない仏教施設においても、パーム医師の宗教と医療は同じように強力であることが多い。一方、神道施設においては、人々は外国人であることやキリスト教には頓着せず、医療は熱心に求められている。ちょうどわたしが滞在していたとき、地元の役所が強くではないものの郊外での伝道をやめさせようとしており、また、警察は将来いっさいの部屋を説教のために使用してはならないという通告を出し、同様の通告をパーム医師も受け取った。しかしながら、これは実施されることがなく、立ち消えになってしまった。警察は説教許可証の提示を求めてファイソン氏の伝道にも干渉したが、この件についてはべつに法令があるわけではなく、パーム医師同様、ファイソン氏も自分の権利を維持する意向を示したので、以後この件はそのままになっている。

パーム医師は市街中心にある小さな日本家屋に住んでおり、そのそばにある診療所と最近開設された病院とをわたしも訪問した。診療所では毎日六〇人から七〇人の患者が治療を受ける。患者は清潔で、とてもよい身なりをしている。わたしが訪ねた日は患者の半分が眼病を患っていた。午前九時前に診療所の部屋に着くと、患者は診察してもらう順番を書いた券をもらう。キリスト教についての講話は必ず行われるが、券を受け取った患者のなかには自分の番が回ってくるまでどこかへ行ってしまう者もあり、パーム医師は説教を聞くことを患者にあまり強制するのは賢明でないと考えている。みんな非常に自立心が強く、治療代を払おうとするが、わずかながら例外として、きわめて貧しい患者もいる。薬剤は日本人助手がつくる。

わたしが訪ねる六週間前、パーム医師は外科の病院にと家を一軒借りた。重篤な癌患者がひとりおり、あとの患者は背骨の腫瘍と股関節の疾病を患っていた。看護と着替えを容易にすべくパーム医師が患者用ベッドを用意したものの、それを使うに際しては最初大きな反対があった。みんなベッドをこわがり、床に落ちそうに思ったのである。看護は日本においては案の定、弱点となっている。立派な男性ひとりとその妻が担当しているが、外科看護婦がいれば、かぎりなく貴重にちがいない。病室はまずまず換気され、消毒処理が施されるので、パーム医師は壊疽《えそ》の心配はしていないが、暗くて手術には不向きである。事実、あまりに暗くて、重い癌患者をパーム医師の居間から出入りできる部屋に移さなければならなかったほどである。病院の患者は一日あたり一〇銭、つまり一週間でほぼ三シリング支払う。診療所の患者が気前よく支払うので、現地での寄付を含めると、病院と診療所はほぼ経営が成り立っている。病院の収容人数は一二名で、昨年の支出は三一九ポンド、患者からの収入は三一六ポンドであった！

医療伝道事業の急成長ぶりにはまさに目をみはらされる。事業は四年前に開始され、事業と貴く結びついているキリスト教への偏見ばかりでなく、「西洋の薬」やなかでも外科手術に対する偏見と闘わなければならなかった。初年度の患者数は五〇〇人を下回った。昨年は五〇〇〇人を超え、うち一五〇〇人が一三ヵ所ある分局で受診している。分局では日本人医師が協力し、パーム医師の指示のもとに薬剤処方を行い、臨床の指導もパーム医師から受けている。昨年は人々からの信頼もぐんと高まり、一七四人が外科手術を受け、そのうち何人かの重症者は分局で日本人医師が担当し、消毒処置を施した。パーム医師は若手の医師を知的で高い教育を受け、医学の進歩に意欲的であると見なしている。昨年は何名もの若手医師で相互進歩と医事討論の会を結成した。パーム医師は請われてその会長となり、月に一度彼らに講義を行っている。パーム医師は現在も会長で講義を行っており、一部の会員は英語ができるので、『ブリティッシュ医事ジャーナル』を渡して適切な翻訳も行われている。

それ自体計り知れない価値のある治療の活動と結びついて、福音は開港場境界内の非常に人口の多い地域に浸透した。無関心、軽蔑、嫌悪が蔓延しているが、それでもなお、これだけ種子が広く蒔かれたのだから、新潟のふたりの宣教師がこの収穫の見込まれない田畑から意気揚々と穀物の束を持ち帰れることが期待できるはずである。

本国で宣教師に寄せられる同情の多くはまるで的がはずれている。日本では、宣教師は快適な住まいと充分な収入を供給され、ファイソン夫妻が証言してくださるように、なすべき活動のある人々は新潟の辺鄙《へんぴ》さすら感じていない。「一大決心をする」という文句は意味を持たず、ここでは人々からも風土からもなんら危険を招くことはない。見方を変えれば、このように隔絶した赴任地にいる宣教師は同情に値するのであるが、そのような同情はめったに寄せられることがない。医療伝道は少なくとも医師たる宣教師の職務を実践することができ、宣教師がその適任者であるならば、これはとめどもなく興味をそそる。また宣教師の活動はそこまでの準備や覚悟ができていなくとも彼を求めることがある。たんに福音を説くだけの宣教師は、逆に、自分の活動を求め、見つけ、無関心で鈍い人々と対しなければならないのである。

いずれの場合も、教えることをはじめる前に、非常に難解で曖昧《あいまい》な言語を厳しい勉学によりいくらかでも身につけておかなければならない。また多少上達したあとでも、自分の使ったことばが意味を伝えているかどうかに自信の持てない時期が長く続くはずである。単独の伝道師にとっては、受洗志望者や洗礼について問い合わせをする人々がまわりに集まりはじめた段階で、あらたな問題が生ずる。孤立無援の状態で、彼は人柄、動機を見分け、清浄を保つのが肝心要の教会に受け入れるにふさわしいかどうかを総合的に判断しなければならない。その人物の家庭環境、経歴、過去と現在を、それも内密に、しかもたいがいはでっちあげや誤りの泥沼をかき分けるように調べなければならないのである。主日［日曜日］に仕事を休むことができない者、不審な手段で生活費を得ている者を教会員として認めるかどうかという問題もある。またすべてが満足に見えても、妻が何人もいるなどというようなことが判明したりする場合もある。どれも十把ひとからげにするわけにはいかず、それぞれのケースにはさまざまに入り組んだ事情があり、なににつけても事実を知るのがことにむずかしい国で、だれからの助けもなく、真価に基づいて判断をくださなければならないのである。

I・L・B

注記――このノートを記してから、新潟はコレラに襲われ、当時布教活動は痛手を蒙った。なぜなら、キリスト教徒が井戸に毒を入れたと無知な人々が簡単に信じ込んだからである。槍で武装した農民がキリスト教宣教者を監視し、中条にあるパーム医師の説教所は暴動で破壊された。外国人とキリスト教双方に対する非常に強い反感が越後地方全体に出現したものの、事態は徐々に旧に復しつつある。

I・L・B

第一九信

七月六日、新潟にて

寺町――寺院の内部――仏教とローマ・カトリックの形式の相似点――大衆的な説教師――涅槃《ねはん》――仏教のやさしさ――日本人は「永遠の命」がきらい――キリスト教を阻む新しい障害

ここには寺町という通りがあります。片側にはほぼその全長分、仏教寺院とその土地や僧侶の住まいがあり、反対側はおもに女郎屋《ジョローヤ》で構成されています。寺院はだいたいが立派で広々としています。板張りの天井とそれを支える柱の列は華やかに彩色した木目の細かな檜《ひのき》材でできています。すべてにおいて、本堂内部のほぼ半分が柵で「平信徒」から隔ててあります。どの寺院でも、高い祭壇が豪奢で、けばけばしい俗悪な装飾はいっさいありません。祭壇の仏具には中央に孔をうがったふたつきの香炉、両側の花立、その左または右に燭台があり、すべてブロンズ製で、中国の古い図柄から採ったデザインが多いのですが、もとのデザインのほうは初期の仏教伝道者とともにインドから伝来したと言われています。全体として、新潟にある寺院は聖堂らしく敬虔なたたずまいをしており、二、三の仏具を取り除けば、改造しなくともキリスト教の礼拝堂として使えるでしょう。真鍮の器は非常に美しく、盃、瓶、ランプ、燭台は形が古典的で、きわめて簡素です。

祭壇には襞《ひだ》の入った衣をまとった釈迦の立像があります。頭の周囲には後光が射しており、豪華な厨子に納まっていて、聖母像のように見えます。その下には先ほど述べた仏具があり、花立には生花が挿してあって、香の煙が揺れて立ち昇り、幻想的な芳香を漂わせています。

僧　侶

淡く燃え、決して消えない古めかしいランプが厨子の前に下がっています。香の煙、小さな鐘のちりんと鳴る音、高い祭壇にともっている蠟燭、僧侶の剃髪した頭とゆったりした衣、平らに伏すお辞儀と行列、知らない言語による読経、「内陣の柵」、淡い明かりなどなど、よく似ているものもわずかにしか似ていないものも、こういった類似点はカトリックの儀式の豪華さを思い起こさせます。これら厨子、ランプ、燭台、真鍮の器の図柄はどこから来たのでしょう？　仏教、英国国教典礼派、ギリシャ正教、ローマ・カトリック教など、このような図柄はよく用いられ、寺院にある火焔、聖水、儀式を行う聖職者の法衣、祭壇の蠟燭と花、巡礼者の白い衣など、偶然にもよく似ている点にはしょっちゅう驚かされてばかりです。仏具店のありようさえオックスフォード街の「教会装飾」店に似ているのです。

それればかりか、わたしたちが午後の説教を聞きに立派な寺院に入っていったとき、畳敷きの床に座り、茶色の数珠をつまぐりつつ祈禱のことばを唱えているおおぜいの礼拝者の群れもやはり似ています。それはとてもはっとする光景でした。柵のすぐ内側にある紫色の絹で覆った四角い台に講話をする僧侶が座っています。彼は琥珀《こはく》色の錦織の法衣《ほうえ》に紫色の肩掛けと頭巾、白い紗《しゃ》の上祭服という姿で、手には数珠を持っています。膝には経典が載っており、そこにある一節からなんとも形容しがたい激しさをこめ、かなり活発な身振りで説教するのですが、その甲高くてとても変わった声音は聞いていると痛々しく思えるほどです。説教の主題は来世における罰、つまり仏教の地獄の拷問のことです。最初の部分の結論に来ると、それまで狂人の真似をして話していたのが、急に口をつぐみ、ついで「ナム・アミダ・ブツ」という文句を繰り返しました。するとそこにいた人々は数珠を巻いた手をかすかに上げ、力強い大きな声で「永遠なる仏陀よ、救いたまえ」といっせいに答えました。そのあと僧侶は祭壇の向こうに引き取り、大人の礼拝者たちはそれまでの堅苦しい態度をゆるめてくつろぎ、キセルに火をつけておしゃべりをはじめました。子供たちは人込みのなかを這いまわっています。ついで僧侶が低頭しながら祭壇を通り過ぎ、演壇に戻りました。が、彼が二つ目の講話をはじめる前に、「永遠なる仏陀よ、救いたまえ」と低く唱える祈りの文句が大きな波音のように寺院内に広がり、こうしてさらに二時間集会礼拝はつづけられました。外には聖水の水盤が水屋に納まっており、入り口に通じる階段には礼拝者の下駄と雨傘が何列にも並べてあります。寺院内では、人心をとらえきれなくなりつつある宗教の僧侶が、イギリスでと同じように、その開祖の道徳的な教えに従うよう集会者に説き、罪人を待っている罰——筆舌に尽くせぬ拷問や恐怖——や、不浄な魂が憎むべき獣に輪廻転生《りんねてんしょう》することを身振り手振りで描写してその説くところを強調しています。大衆的な説教師の講話はたいへん精力的ではあるものの、今夜これまでよりも清らかなり善良なりになった一家や人の心はあるのでしょうか。

この寺院の境内には、蓮の花の上にいつもの姿勢で座っているとてもみごとなブロンズ製の釈迦像があります。仏教徒が清らかさと正しさで地獄の拷問を逃れて達するのが、この釈迦像の表している涅槃《ねはん》です。釈迦は眠っているのでもなく、覚醒しているのでもなく、動いているのでも、考えているのでもなく、意識があるかどうかは不確かです。彼は存在する——それがすべてです。なすべきことを終えた——朦朧とした至福、無が残っています。これが敬虔な仏教徒の切望しうる最良の来世なのです。最大の悪は生です。最大の善は涅槃、すなわち生における死なのです。

寺院を訪れるたびにわたしはいつも、仏教がアジアの人々に慈悲、生に対するやさしさと敬いの教えを与えてきた功績を十二分に認めずにはいられません。その祭壇でいけにえが燻《いぶ》し焼きにされたことは一度としてなく、葉陰をなすその木立が残酷な、あるいは恐ろしいできごとの場となったこともないのです。また子供たちをいけにえに要求し、火のなかを通らせるモロク［セム族の神］のようなものもなにひとつありません。仏教が教えてきたのはこのようにあらゆる形となって表れる生に対する尊厳である以上、キリストの贖罪《しょくざい》に関して遣われる神学的用語、さらには聖書のことばですら、日本人の心にとってはまず第一にきまって嫌悪感を抱かせるものなのです。またレビ記におけるいけにえのあり方全般、「血を流すことなしに罪の赦しはない」というような記述は、日本人のキリスト教について知りたいと思う気持ちをまちがいなく阻むものと思われます。日本人には原罪の観念はなく、キリストの教えが原罪その他のテーマに関する彼らの概念を刷新するには、長い時間がかかるにちがいありません。

ここでもまた、あのハワイの人々を新たな歓喜でうち震わせた「永遠の命」という概念は、「神の贈り物」より呪いを連想させそうです。神道には来世に関する教えはなく、仏教は純粋でまったき無、すなわち意識の消滅、あるいは意識している個の一部が聖なる釈迦に没入されることを説きます。存在が引き伸ばされることをきらうのは、元来、東洋的です。生の疲れは、生の喜びの最中にあっても東洋人を悩ませ、また無知な日本の農民にとっては、永遠の命は、新たに転生するたびに新たな苦しみのある生と死をほぼ果てしなく繰り返しながら、地獄を下へ下へと沈んでいく、あるいは苦しみつつ天国を上へ上へと、個というもののない祝福された破滅へと昇っていく、霊魂の再生という仏教の教義が通俗的な形で表されたものなのです。ここにおいて、「永遠の命」とは存在することがつぎつぎに連続するほぼ無限の鎖を表します。日本でよく知られた格言「きらいな相手は生かしておけ」は、人生を不満に思う日本人の思いを端的に示しています。

キリスト教のもうひとつの障害は（どれもその道徳観の清浄さに対する根が深くて本物の反感とはべつのものですが）、政府から派遣されてイギリスやアメリカで学んでいる日本人学生が帰国して自国の人々に、いささかでも知性と社会的地位のある者はだれひとりとして現在キリスト教を信じていない、キリスト教は破綻しており、支持する者は聖職者と無学な庶民しかいないと語っていることです。それでもなお、これをはじめとするさまざまなことがあっても、またキリスト教がなしてきた進歩は非常にのろいものであるとはいえ、それをまったく抜きにして日本の今後を占おうとするなら、それはきわめて重大な誤りを犯していることになります。

I・L・B

第二〇信

七月九日、新潟にて

実に不愉快な天候——害虫——海外交易はなし——手を焼かせる川——進歩——日本の都市——運河——新潟の庭——ルース・ファイソン——冬の気候——綿入れの服を着た住民

新潟では一週間以上すごしましたが、残念ながらあすここを発ちます。残念ながらというのは、この町に対する関心からというより、ここで友人ができたからです。こんなに不愉快な天候の一週間をすごしたことはこれまでありません。太陽を目にしたのは一度きりで、三〇マイル［約四八キロ］離れている山々は一度も見られませんでした。雲は茶色がかった灰色で、空気は湿ってよどみ、気温は日中八二度［摂氏二七・八度］、夜間八〇度［摂氏二六・七度］のあいだを上下しました。ファイソン家の人々もだるさと食欲不振に悩まされています。夕方になっても涼しくはならず、かわりに飛んだり、這《は》ったり、跳ねたり、走ったりする生物がわんさと現れます。すべて人を傷つける力を持った生物で、これが羽音の前触れもなく人に毒を注射する、脚がまだら模様の昼間の蚊と入れ替わるわけです。夜の蚊は大軍です。遊歩道は街中と公園にしかありません。というのも新潟は砂州の上にできた町で、暑くて木々がなにもないのです。木造の見張り台のてっぺんまで上らないかぎり、この町の眺めは得られません。

新潟は開港場ですが、海外交易はなく、外国人居住者もほとんどいません。昨年も今年もここの港を訪れた外国船は一隻もないのです。外国商館はふたつしかなく、どちらもドイツのものです。外国人は一八人のみで、そのうち宣教師をのぞき、ほぼ全員が政府に雇用されています。新潟の川、信濃川は日本最長の川で、本流支流を合わせると桁外《けたはず》れな量の水を運んでいます。とはいえ、日本の川は山から流れてきた土砂や砂利で詰まっている場合が多いのです。わたしが見た川では、固い岩盤で物理的に制限されているものをのぞき、河床はすべて砂、丸石、砂利が漂積しており、そのまんなかを砂の岸と浅瀬にはさまれて本来の流れが曲がりくねって通っています。毎年規模の大小はあれ洪水が起き、莫大な量の水がこの砂や砂利の川床を流れて土砂や漂積物を河口まで運び、河口はすべて砂州でふさがれていきます。このような川のなかでも最大の信濃川は最も手ごわく、その河口に砂州を積み上げてしまいました。この砂州を貫く流れは深さ七フィート［約二・一メートル］のもの一本しかなく、その深さも着実に浅くなりつつあります。技師たちも信濃川には大いに心を砕いており、政府もなんとか河口を深くして、港湾という日本海側の地方に現在ないものをつくりたいと考えていますが、それにかかる費用は莫大です。で、港湾がないいまは、沿岸海上輸送ははしけと外海に一時停泊するわずかな日本の小型蒸気船で行われています(1)。イギリスの副領事館がありますが、昇進のためのワン・ステップとしてならいざ知らず、これほどつまらないポストに就きたがる人や辺地の居留地に来たがる人はそういないでしょう。

とはいえ新潟は五万人の人口を擁する繁栄した立派な町で、人口一五〇万の越後という裕福な地方の主都であり、県令《ケンレイ》の置かれている地であり、第一級裁判所、立派な学校、病院、兵舎があります。こんな辺鄙なところにある町に大学という名に値する学校があるのは興味をそそられますが、この大学には中学校、小学校、師範学校、イギリス人とアメリカ人の教師が組織する生徒数一五〇の英語学校、工学校、地質資料館、すばらしい設備の実験室、よく改良された最新の科学と教育の器具が備わっています。政府の庁舎はファイソン邸の近くに集まっていますが、白い木造の建物で、大きくてガラス窓がたくさんあり、堂々としています。西洋人医師の整えた大きな病院(2)がひとつあって、付属の医学校を備えており、この病院と県庁《ケンチョー》、裁判所《サイバンチョー》、学校、兵舎、これらに負けず劣らずの大きさを誇る銀行一行はすべて進取の西洋式で、大胆でよく目立つ味気ない外観をしています。大きな公園があり、とてもよく配置されていて、きれいに砂利を敷いた遊歩道がついています。この地方で採れる鉱油を燃やす街灯が三〇〇基あります。

それでもなお、手を焼かせる信濃川が天然の重要交通路である海との行き来をしつこく阻んでいるので、日本でも有数の豊かな地方の主都であるこの新潟は「取り残されて」おり、

街路と運河

地方自体も米、絹、茶、麻、人参《ニンジン》、藍《あい》ばかりか、金、銅、石炭、石油を大量に産しながら、その産物の多くは荷馬に積み、わたしがたどったような悪路を通って山脈を越え、江戸まで運ばなければならないのです。

新潟の官庁街は西洋志向の進歩のきざしを見せ、同じ新潟の純日本式街区に比べて実に魅力のないたたずまいをしています。純日本式街区は見たこともないほどきちんとしていて清潔で、とても居心地のよさそうな町で、外国人居留区のように目立つことを競い合うところがここにはまったくありません。遠くからも客がやってくる美しい茶屋やすばらしい劇場があることで知られ、広い地域の娯楽・遊興の中心地となっています。日光がそうであったように、ここも非常に清潔で、きれいに掃き清められた通りは泥靴で歩くのがためらわれるほどです。どんな藁くずも紙くずも落ちたとたんに拾われ、ごみはふたつきの箱か桶に捨てられて、通りにはちりひとつないのですから、エジンバラにとってはよいお手本となるでしょう。街区はきちんと四角く区切られ、一マイル［約一・六キロ］ちょっとの長さの通り五本で形成されており、この五本の通りにおびただしい数の短い道が交差しています。また運河もこれに交わっていますが、運河は事実上の道路です。通りでは荷馬を見かけませんでした。なにもかもが船で届き、戸口からすぐ近くにある運河を利用してものを送り出せない家は、街中にはほとんどありません。運河は終日活気がありますが、早朝は日々の食材として欠かせない野菜を積んだ船が入ってくるので、ことばで形容できないほどの混雑ぶりです。ちょうどいまはきゅうりを載せた船がたいへん見物《みもの》です。運河はふつう通りの真ん中を通っており、両側にかなり広い道路があります。通りの高さよりずっと低く、ほぼ直角の堤防はきちんと木材が張ってあり、ときおりそれが途切れて階段がついています。運河の縁には木が植えてあり、多くはしだれ柳です。そのあいだを川の水が流れているのでまことに美しく、また短い間隔を置いて細身の橋が架かっており、運河は新潟のとても魅力的な特徴となっています。

新潟の家屋は勾配のとても大きい板葺き屋根をしており、石の重しが載せてあります。高さがまちまちで、どの家も二階の急勾配の切妻が通りのほうを向いているので、日本ではとてもまれな趣があります。奥行きの深いベランダが通りの続くあいだつながっており、冬の雪が深いときは屋根のある歩道となってくれます。並木のある運河とすばらしい公園、そしてきれいで趣に富んだ通りと、この町は本当に魅力的です。とはいえ、このように整備されたのは近年のことで、現在は東京府知事となっている楠本正隆《くすもとまさたか》氏によりつい最近完成したばかりです。この町はどこにも貧しさを示すものはないものの、富を示すものはあったとしてもしっかりと隠されています。この町の目立った特徴のひとつは鎧板《よろいいた》をつけた張り出し窓のある住居の並ぶ通りが多いことで、これだとなかから外が見えて、しかも外からなかは見えないのです。ただし夜行灯《アンドン》をつけると、わたしたちがパーム医師邸から歩いていたときのように、ほとんどの家で家族が素裸同然の格好で火鉢《ヒバチ》を囲んで座っているのが見えました。

家は表の間口がとても狭く、驚くほどの長さで奥に延びており、花や灌木や蚊の育つ庭がついています。橋がいくつか繰り返すように架かっていて、通りから見ると、お伽《とぎ》の国を眺めているような効果があります。どの日本家屋も主な居住部分は奥にあり、こういったミニチュアの景色が眺められます。庭はたいがい三〇フィート［約九メートル］四方しかない空間にうまく矮小化して造園してあります。湖、岩、橋、石灯籠、変形させた松は不可欠なものですが、環境と方法が許すかぎり、あらゆる種類の古風な趣が取り入れられます。静かで涼しいところでお茶を点《た》てたり、本を読んだり、眠ったり、屋根の下で釣りをしたり、酒《サケ》を飲んだりできる小さな四阿《あずまや》や離れ、ブロンズ製のパゴダ、ブロンズ製の龍の口から流れ落ちる滝、金色や銀色の魚が出たり入ったりする岩の洞穴、岩の小島のある湖、鼠か蛙がちょうど下を通れる高さの緑の橋が架かった小川、芝生、雨が降ったときでも芝生を歩ける飛び石、洞窟、丘、谷、ミニチュアの椰子《やし》、蘇鉄《そてつ》、竹の木立。紫がかった緑やくすんだ緑の小さく仕立てたさまざまな種類の樹木が、驚くほどそっくりに、獣や地を這う生き物の形に剪定《せんてい》されたり、小さな湖の上に腕を伸ばしていたりします。

わたしは新潟の街をとてもよく歩きまわりました。いまのところ現地では唯一の西洋人女性であるファイソン夫人、そのお嬢ちゃんである三歳のかわいいイングランド人ルースといっしょに歩いていると、たいへんな数の野次馬があとをついてきました。カールした金色の髪が肩まであるこの色白のお嬢ちゃんの姿はとても心を奪うのです。男も女もともに子供に対してはやさしくて愛想がよく、ルースは野次馬を怖がるより、彼らに向かってにこにこ笑い、日本式にお辞儀をして日本語で話しかけ、自分の同胞たちのことはちょっぴり忘れてしまいそうなようすでした。わたしたちに遅れずに歩かせるのはなかなかたいへんで、二度か三度、そばにいないので振り返ると、数百人の人垣のなかで現地式に座って挨拶や賛辞を受けており、そこから離れるのをとてもいやがりました。日本人は子供がとにかく好きですが、道徳観が堕落しているのと、嘘をつくことを教えるため、西洋の子供が日本人とあまりいっしょにいるのはよくありません。

新潟およびこの広い越後地方の大半の気候は、山脈の向こう側にある地方とはあまりうれしくない対照を示しており、向こう側では北太平洋の湾流により暖かく、秋と冬は、大気がとどまっていて気温がそう下がらず、また空も晴れて青く、一年で最も気持ちのよい季節なのです。降雪のある日は平均して三二日あります。運河や川は凍り、流れの速い信濃川でさえ馬の重みに耐えることがあります。一月と二月は雪が三、四フィート［約九二―一二二センチ］の深さに積もり、空は薄い雲がかかってどんよりとします。人々はできるだけ日の光を得ようと階上の部屋に住み、荷馬の交通は中断して、歩行者は粗造りの雪靴をはき苦労して歩きます。また強くて冷たい北西の風が多く吹くので、ほぼ六ヵ月間にわたり海岸沿いは航行にふさわしくありません。この町では人々は綿入れの服を着て、目以外の部分をすっぽり覆い、ベランダの下をもぞもぞと歩きます。この町の住民は火鉢を囲んで身を寄せ合いながら震えていますが、夏に九二度［摂氏三三度］まで上がる気温が冬には一五度［摂氏マイナス九度］まで下がるのです。そしてこれはみな北緯三七度五五分――ナポリより三度南――のところで起きることなのですよ！

I・L・B

第二信

七月九日、新潟にて

みすぼらしい街――骨董屋――芸術品ともいえる桶――かんざし――安手の漆器――彫像――仏具――再生毛織物――書店――女性用の書物――きめ細かな家庭でのしつけ――著作権――製本――提灯――染め付け磁器――いんちき薬――批評

「華麗なる東」という文句は、二、三の寺院をのぞき日本のなにに対しても当てはまりません。灰色をした低い木造の家屋が並ぶ都会は類がないほどみすぼらしく、また商店は外観に関するかぎり、ほかのものと同じようにお粗末です。というのも、最上の反物は湿気やほこりや雨でだめになりはしないかと外に陳列することができないのです。また「骨董屋」と呼ぶべき古物商は数多くあるものの、ありふれたものしか表には陳列しません。陶器屋、菓子屋、神具屋がいちばん見物です。時間と根気があるなら、裏通りの小さな店に入るか、急なはしごを上がって屋根裏に行くと、古い漆器の掘り出し物に出会えるかもしれません。とはいえ各商品はやわらかな縮緬のような紙で幾重にも包み、よくできた桐箱に収めてあります。樽屋や桶屋には細工が絶妙で用途の並外れて広い品物があります。樽屋の前を通るたびに、わたしはなにかしら買いたくなります。ありふれたたらいが、材料を入念に選び、細部のつくりと美的感覚に留意することによって芸術品に変わっているのです。目の粗いものから細かいものまである竹細工は、石を入れて防波堤に使う大きな竹かごから、細かく編んだうちわに払いのけたくなるほど本物そっくりにつくられたバッタ、蜘蛛、甲虫がわざとつけてあるものまで、とにもかくにもすばらしい。店舗は同じ種類のものが集まっています。ゆえに一本の長い通りでは車のついたぬいぐるみや陶製の動物、風車、水車、おもちゃの偶像や偶像の車、羽子板と羽根、さまざまな種類の砂糖でできたおもちゃ、各種サイズの人形のあるおもちゃ屋以外、見るべきものはほとんどありません。ある短い通りには床屋以外ほとんどなにもなく、もう一本の通りはかつら、まげ、入れ毛、女性が自毛と器用に結い混ぜる粗くて黒いかもじの販売店ばかりです。その近くの通りは値段も安い無地の真鍮製や銀製から、最低八円から一二円する小鳥の群れを描いた凝った鼈甲《べっこう》製や、繊細な彫刻を施した竹製まで、あらゆる種類のかんざしを売る店でいっぱいです。わたしの数えたところでは飾りのついたかんざしは一一七種類もありました！　同じ通りではどんなまげを結うのにも使う詰め物をした固い台も売っています。さらにそこからそう遠くないところには、下駄を扱う通りがありますが、新潟では年間何千足もの下駄がつくられているのです。さらにべつの通りでは唐傘、日笠、雨笠、防水紙製の外套や荷物の覆い、藁製の雨除けむしろを売っています し、前が赤い漆塗りの荷鞍を売る店も集まっています。一種類の店が八軒や一〇軒集まって いるのがまったくふつうとはいえ、主な通りではかなり混合しています。新潟はロンドンの 店や市場で売っているような、黒か赤の地に金色の鳥や竹や牡丹をさっと描いた安手の漆の 盆の生産地として有名です。脚のついた同じような盆は膳《ゼン》といい、家庭用に一〇個ひと組で 売っていますし、ごはん茶碗、お櫃《ひつ》、杓子、枕、その他の家庭用品もあります。海草からつ くったラッカーの一種［海草糊？］も生産されています。

漆器店があるのと同じ通りに仏具店があります。仏具店の裏手では、イザヤ書に記されて いるような、未加工の木塊から最後の細かな仕上げに至る仏像を彫る作業の全工程が見られ ます。家庭用の仏像がすべてそろっており、なかでもにこにこ笑っている富の神大黒には目 をとめずにいられません。また高さが八フィート［約二・四メートル］あるものから、子供 たちがお守りとして身につける金色の刺繍をした袋入りの長さ一インチ［約二・五センチ］ のものまで、またおとなが袖に入れて持ち運ぶ繊細な細工のものなど、あらゆるサイズの 神々の像があります。わたしも袖に入れるタイプの慈悲の神の像を持っています。ケースは 蓮の花のつぼみで、暗色の木でうまく仕上げてあり、このつぼみをはずすと台座があり、そ こに襞のある衣をまとった女神の像が立っています。女神の頭のまわりには金色の後光が射 し、そばに金色の笏《しゃく》があって、両腕はそっと胸で組まれています。女神のうしろには一〇組 ほどの腕が突き出ていますが、とてもたくみに配置されているので、少しも異様な感じはしません。表情にも、また姿にも堂々とした静けさ、穏やかさがあります。この像は全体で四インチの高さがありますが、これほど精緻な木彫作品は見たことがありません。かぎりない穏やかさをたたえて仏像が安置されている寺院用の豪華な仏壇や、釈迦の弟子を祀る厨子、上はブロンズと金を使った二〇〇円のものから下は一ドルの白木製のものまで、さまざまな大きさと値段の家庭用仏壇、戒名《カイミヨー》という死者の名前を記す黒または金の位牌、ブロンズと真鍮製の蠟燭立てと香炉、高さが六フィートある真鍮製の蓮の花、金で豪華に細工した仏具、太鼓、銅鑼、鈴その他、寺院での礼拝に用いられる数多くの楽器、それにある宗派で礼拝する際に象徴として用いる複雑怪奇な品々が種々さまざま何百とあり、どれも多かれ少なかれ凝ったつくりとなっています。大量に消費される香の店はべつにあります。

既製や中古の男物の衣服だけを売っている店は多くあります。女物は注文するか自分で仕立てるのが常です。毛布やきわめて厚かましい「再生毛織」のイギリス産ウール製品を売っている店もあれば、近辺で生産される縞《しま》の入った薄い絹地しか扱わない店もあり、この縞の絹地は一般に羽織《ハオリ》用の生地です。三銭のものから四円あるいは五円するものまである扇子を売る店、掛け物《カケモノ》［掛け軸］、巻き物《マケモノ》すなわち巻き絵、花の画集を売る店、屏風を売る店、羽織のひもを売る店、縮緬を売る店、白と紺の手ぬぐいを売る店はそれぞれべつにあります。喫煙具しか扱わない店が多くあるのは驚きです。一五歳以上の男性ならだれでもたばこを吸い、女性の多くと男性全員がキセルとたばこ入れを帯にはさんで持ち歩くことを考えれば、当たり前のことなのですが。さらに筆だけを売る店、墨とすずりを売る店があり、文箱《ふばこ》以外なにも扱っていない店もあります。

大型の書店があって、地方の町と、村々まで運ぶ行商人に本を供給しています。日本では「純文学会」が大いに必要です。最も需要の高い本は最小のスペースに最大数の犯罪を盛り込んだもので、全階級のモラルを堕落させています。ある本屋の店主から聞いたところでは、大量にある在庫のうち八割は小説で、その多くが雑な挿し絵の入ったもので、残りの二割が「一流の作品」とのこと。あなたも知りたいでしょうから、最も無学な家をのぞいてはほぼどの家にもあり、わたしたちの国でいうなら聖書や『天路歴程』に当たる本の名前をいくつか挙げてみましょう。

まとめて文庫と呼ばれる女性用の本があります。ひとつひとつ挙げれば、『女大学』は中国の古典を基にした女性の道徳的な義務について書かれたもの、『女小学』はその入門書、『女重宝記』は服装、調度、客の迎え方、それに日常や行事でのこと細かな決まりに関するもの、『婦人の書簡文例集』、『二十四孝童子』は二四人の模範的な中国の子供の話が書かれたものです。これらの本は小さなローマン体で印刷すれば、全部合わせてもせいぜい『コーンヒル・マガジン』誌の大きさにしかならないだろう、書いてあるのは格言や作法で、一〇〇〇年も昔のことが多く、「わが国の全女性」の道徳観や礼儀作法はそれに基づいているので、女性同士の道徳観と礼儀作法がきわめてよく似ているのは容易に説明のつくことだ、とある人から言われました。こういった本は幼少のころから教わったり学んだりします。多くの点で、このように既婚婦人の家での義務や起こりうるすべての状況について、女の子がどう振る舞うかで困らなくてすむようきめ細かく教え込むのは、わたしたちの国では多くの娘たちがそうであるように、事前になにも教えられないまま、対処方法のわからない状況に陥り、つらい目に遭って人生の教訓を得るという行き当たりばったりな方法よりはるかに賢明です。ほかにも繰り返し読まれて日本のどの家でも女性たちが中身を覚えてしまっている本がもう一冊あります。それは一〇〇人の詩人が詠んだ一〇〇篇の詩を集めたもので、模範的な女性の人生、夫と妻の契りを完璧なものにするための決まり、そのような契りの例、その他娘、妻、母にふさわしい有益な知識や飾りだけの知識がその内容となっています。

本はきわめて安価です。日本の著者は作品六部の販売価格に相当する額を政府に支払って著作権を得ます。作品は木版で絹のような上質の紙に刷り、紙は二重にして外側にだけ印刷しますが、束ねる工程において、本体用紙より重い厚紙以上に上質のものを使っているのは見たことがありません。ただし手描きの絵本の場合は例外で、多くの場合錦や金色、銀色の材料を使って製本されます。

この店主はことのほか話し好きで、またとても事情通らしく、日本の歴史、地理、植物に関する日本人の作品には以前ほど需要がないとわたしに語りました。二つ折り判の植物図鑑を見せてくれましたが、これは四巻あって分厚く、すべての植物の根、茎、葉、花、種子が描かれており（四〇〇種あります）、この上なく精密で、色も非常に忠実です。きわめて価値が高く、また興味深い本です。店主はハクスリー、ダーウィン、ハーバート・スペンサーの作品の訳書を何冊か持っており、上級学校に通っている若い男性が買っていくとのこと。

『種の起原』がいちばん売れています。店主はイギリスにおける本の出版・販売事情についてわたしにいろいろ尋ね、伊藤がみごとに通訳としての役を果たしました。宗教に関する書物は一冊もありませんでした。

　紙を売る店の数はたいへんなものです。それに火鉢《ヒバチ》以外なにもない店があります。火鉢には上質のブロンズ製で非常に美しいものもあり、どれも美術品として充分に通用する品のよさがあります。真鍮製火箸《ひばし》を売る店、上質のワサカ［若狭塗りのことか？］や象眼細工のものから使い捨てのありふれた木製のものまで、箸しか扱わない店もあります。

　提灯の店はいちばん目立っておもしろい店のひとつです。提灯の用途の広さといったら、見当もつかないでしょう。提灯は日本独特の魅力のひとつです。宗教的であろうがなかろうが、何百何千もの提灯なしにはどんな祭りも完結はしません。夜は多くの家や店の表に提灯をともし、宿屋、茶屋、劇場は常時照明を絶やさず、徒歩の通行人、車夫は必ず自分の名を白地に赤か黒の漢字で記した提灯を携えています。提灯の大きさは、お寺に下がっている直径三フィートか四フィート［約〇・九―一・二メートル］、長さ一〇フィートか一二フィート［約三―三・七メートル］のものから、幅四インチか五インチ［約一〇―一三センチ］、長さ一フィートの街中で持ち歩ける、折り畳み式の小型のものまでさまざまあります。提灯の飾りには創意、発想、センスが最大限に生かされ、その多くが、なかでも日常的に使うものはとくに、とても美しいものです。ふつう提灯は丸い形をしていますが、祭り用に長方形や正方形のもの——提灯というより動かせる透かし絵——や、扇や魚に似せたものがつくられます。いちばんすてきな提灯のなかには、白地に赤で家紋や漢字で名前を記しただけのものもあります。一軒の店で値段を尋ねたところ、八銭から八円まで幅があるとわかりました。どれかひとつでもほしいのですが、買えません。

行灯《アンドン》屋、鉄瓶屋、針箱（どの日本女性にとっても不可欠な道具）屋、調理具屋、茶屋、酒屋とどれもおもしろいのですが、心を奪われる点では通り一本のすべてを占める陶器店がその上を行きます。染め付けの磁器のファンはその種類の多さにとまどいそうになるでしょう。ものによってはその美しさ、ことに魚料理を盛る大皿の大胆なデザインのあり方に。日本国内ではいたるところで染め付け磁器を積んだ馬を見ますし、染め付けの器を目にしなかった道筋の茶屋はほとんどありません。なかには非常に古いものもあり、買いたくてたまりませんでした。内側に七福神の描いてある盃にもたいへん購買意欲をそそられますが、それよりもなによりも魅惑されるのはあらゆるサイズと模様をそろえた急須で、海外でも有名な日本の各産地のものがすべてあります。純日本式の急須はどれも短くてまっすぐな注ぎ口と直角に、中が空洞の柄がついています。店によってはほかになにも売っていません。ロープと麻を扱う店は非常に多くあります。

ひとつの街区は食料品店ばかりが立ち並び、いつも込んでいますが、イギリスの大きな町の同じような通りで目立つうるさい値引きの交渉はここではひとつもありません。菓子屋、米のだんごや大麦のケーキを扱う粗末な街頭物売り、鰹《かつお》の切り身、あなご、平目、えび、ひとで、いかが陳列台に載っている魚屋、干魚、米、穀物の販売店、ソース、香辛料、味噌を売る店、酒、茶を扱う店。すべてがぎっしりと集まっています。青果商には枇杷《びわ》、すもも（どちらもひどく酸っぱい）、若いかぶ、にんじん、きゅうり、豆が並んで早い時刻から興味をそそり、花屋は切り花、小型の灌木、すばらしい盆栽を味わい深く陳列しています。きゅうりの消費量はすばらしいものです。どんな男も女も子供もきゅうりを食べ――大きなかご、ひと盛りが四銭で買えるのです――、一日に三、四本というのはべつに法外な量ではありません。ファイソン家の人々とわたしが食事のたびに平らげる量を見たら、あなたもきっとびっくりするでしょう！　それから干した果実、砂糖漬けの果実の店があり、卵屋があり、店の前に座り日本製のミシンを動かしている仕立て屋がいます。綿打ち屋、精米屋、機織り屋、眼鏡屋、針屋、鋳掛《いか》け屋、薬草屋、両替商、たばこ刻み屋、奇怪な作品が圧倒的に多い画商、赤い漢字を記した青や白の立派な磁器に商品がしまってある薬屋、人目を引く長さ三、四フィートの黒地の看板に金や赤で漢字を記した「いんちき薬」売りがあります。

日本政府は臣民の福利に対し温情ある配慮を示しており、「いんちき薬」にはとくに気をつけています。薬をつくって売る許可を得るには、その薬の性質と効能をくわしく記した説明書を例のなにもかもを扱う官庁、内務省に提出しなければなりません。許可なく薬を製造したり販売したりした場合は重い処罰を受け、またそれぞれの薬の製造許可は年に八シリングかかります。薬屋と行商人は薬販売許可を得るのにごくわずかな料金を支払っています。一般の人々は、正規の医療専門家が処方する薬より、こういった売薬や寺院で売っている病除けのお守りのほうに大きな信頼を置いています。

さまざまな製品の仕上げのよさは注目すべきものです。また見るからにわずかな道具しかない薄暗い部屋からつくり出されるものの美しさも。鉄製、ブロンズ製の最上製品には、床の火のそばに陣取った鍛冶屋がつくるものがあります。ひとりが一対の小さなふいごで炭を吹き、もうひとりが高さ一フィートの鉄床《かなとこ》で鉄を鎚で打ちます。ただし一部の旅行者のように見境なく誉めちぎることはわたしにはできません。多くの製品、とくに漆製品は安っぽくて趣味もよくありません。綿製品にはマンチェスターのけばけばしい柄の悪い影響を示しているものがあります。磁器にはどうにも醜いものが大量にあり、奇怪さが誇張されている場合が多いのです。人間の姿を描いたものはほとんど全部といっていいほど絵の体をなしていませんし、自然を描いたものはときとして平凡すぎます。またたとえばかんざしのような装飾品は安っぽくて下品です。

店のことばかりで、あなたが退屈していなければいいのですが。必需品を買おうとかなりな時間を費やして店をまわったのです。それに商店はたしかに人々の趣味や習慣や需要を示していています。わたしは新潟の商店は典型的なものではなかろうかと思っていますが、そのとおりであるとするなら、ここには高価な趣味の商品はないこと、あるいはそのような趣味を満足させる手だてはないことが表れています。

第二一信（つづき）

買い物下手――悲しそうな店主、うれしそうな店主――コンデンス・ミルク――レモン・シュガー――濃縮コーヒー――厚顔無恥なペテン師――ローズ・デンティフリス――伊藤――旅行の食料

見たところ日本式の買い物のしかたは会得すべき技のひとつのようですが、わたしにはそれだけの根気がありません。原則として、わたしは値切るのに時間をかけるより、売り手が最初に言ってきた値段に近い額を払います。けれどもそれではお金は損をするし、店主からはばかにされそうですから、買い物じょうずの外国人たちはこんなことはしません。買いたいものがある場合はほかのものの値段をいくつか尋ね、その品物には関心のないふりを装います。たぶん店主は一〇円と言ってきます。そうしたらこちらはさもおかしそうに笑い声をあげ、二円と答えます。店主はばかにしたように笑いますが、悪気はまったくありません。こちらが取り合わないでいると、向こうは八円と言ってきます。こちらがまた笑い声をあげ、その辺をぶらぶら歩くと、店主はおかしそうに七円と言ってきます。こちらは無造作に

三円と言います。店主は悲しそうに算盤をはじきそうな気配を見せます。そこでこちらは店を出ようとするふりを装います。すると向こうはおそらくぽんとうれしそうに手をたたき、「ゆろし」と言います。これは三円なら売ってもいいという意味です。おそらくほんとうの値段よりずっと高いでしょう。売り手が気むずかしくて陰気な場合、このやりとりは耐えがたくなりますが、こちらが丁重ににこにこしていれば、向こうもたいへん快い態度をとってくれます。

缶詰の肉、コンデンス・ミルク、それに旅行用品を売っていると公言している店も何軒かあり、ずいぶん時間をかけて見ましたが、収穫はほとんどありませんでした。「イーグル」印のコンデンス・ミルクを買いましたが、開けてみると、中身は青白い糖蜜で、吉草根《きっそうこん》が少々混じっています。「レモン・シュガー」を買いました。あの飲むに値する清涼飲料の、です。これはまんなかにガラスの小瓶があって、レモンの果汁ではなくコールタール臭のする油っぽい液体が入っている、たんなる砂糖水とわかりました。フランスのラベルのついたフランスの瓶に入ったコニャックが一クォート［約一・一リットル］四〇銭で売られているのも見ましたが、これは元の値段の九分の一です。スミス社製濃縮コーヒーを高い値段で買ったところ、悲しいかな、開けてみると苦い糊状に固まっており、伊藤はこれは人参の葉を煎じたものだと言っています。最近わたしは半透明の石鹸を何個か試しに買ってみました。そして使ってみたところ、半時間後に猩紅熱《しょうこうねつ》のような発疹が出てきてしまいました！

事実を語るべきとするなら、貪欲さのせいで日本人は厚顔無恥なペテン師となっているのです。外国製食料・飲料として売られているものの半分はじつに不快で有害なくずで、東京かどこかでつくられ、バス、マーテル、ギネス、クロス&ブラックウェルといった老舗の名前やラベルをつけた瓶に詰めて売り出されるのです。クロス&ブラックウェル社は不愉快で悪意のある詐欺行為を防ぐために、自社製品の瓶は空き瓶となったら割ってほしいと横浜の新聞各紙に依頼広告を定期的に載せています。けれども、これら良心を持たない悪党どもは東京に組織を持ち、中身ばかりでなく、中身の売れ行きをよくしてくれるラベルをも製造しているのです。偽物のなかには巧みに似せてはなはだ順調に売れているものもあります。また綴りに不可解な変化さえなければ、まんまと客をだませそうなものもあります。その例をひとつだけ挙げてみましょう。もっともわたし自身「レモン・シュガー」で痛い目に遭った身ではありますが。こんなわけで、歯磨き粉を買う人はふたに「ローズ・デンティフリス」［ローズ印歯磨き粉］と書いてあるイギリス風の箱を見てもべつにおかしいとは思いません。でもこの製品に巻いてあるラベルには「歯痛を止めるには無類の薬剤ローズ・デンティフルージュ」（歯の洗浄）と書いてあるのです。これは偽物が本家本元にそっくりといえるくらいよくできているので、害はありません。

蝦夷行きの汽船が一ヵ月近くないことがわかったので、このあとの夏の計画が決まりました。陸路の旅はおよそ四五〇マイル［約七二〇キロ］で、とりたいルートについてなにも情報は得られませんが、伊藤が通れない道路や難所や宿泊設備のひどさについてホテルからうわさを仕入れてきてくれたものの、体力さえ落ちなければ、無事踏破できるとわたしは確信しています。それに夏をすごすのに北部山間地を旅するより健康的な方法は考えられません。伊藤は旅の付き添いとしても通訳としても本当に貴重な存在ですし、経験から得た教訓で荷物は六五ポンド［約二九キロ］まで減らしましたし、それは上等な蚊帳《かや》も手に入れましたから、わたしのことは心配しなくて大丈夫です。

サゴ澱粉をいくらかと純正コンデンス・ミルクを二缶持っていきますが、買い物に出かけて得られた携帯食料はこれで全部です。とはいえファイソン夫人からビスケットを一缶、パーム博士からチョコレートとキニーネをいただきました。あすは内陸に入ってみるつもりです。それがうまく行けば、二、三週間後には蝦夷から手紙を書くことになるでしょう。

I・L・B

食べ物と料理に関するノート

魚と醤油――鳥獣と家禽――多種多様な野菜――大根――果物の味気なさ――ケーキと砂糖菓子――清潔でむだのない調理法――調理器具――活きづくり――スープ――正式の宴会料理――飲み物――貧しい階層の食事

日本の食べ物については手紙のなかでたいへんよく言及してきたものの、それでもまだ少ないので、手紙に出てきた二、三のつながりの深いものに関して、このノートで補足をしておきたい。

日本の食材の範囲はほぼ際限がない。とはいえ、最下層の人々の必需食料品を成しているのは、米、粟、塩魚、大根である。九〇種を超える海または川の魚が煮たり、焼いたり、あるいは生のままで食され、その大きさも鰹や鯨の切り身から、丸々一尾でもひと口より小さい小魚まであるが、小魚はふつう竹串に刺したものを宿屋の台所で多数見ることができる。鰹、鯨、強く塩をしたり干したりした鮭、なまこ、いかその他は生で食べる。ごま油で揚げて食べる魚もあり、これは揚げ物をしているのが近所にわかってしまうほどの臭いを発する。うなぎその他の美味は日本の偉大なソースである醬油を添えて供されるが、醬油は発酵させた小麦と大豆、それに塩、酢、場合によってはさらに風味を出すために酒を加えてつくり、濃い茶色をしている。いかはいつも気持ちの悪い見かけをしているし、ほかにもそういうものは多い。貝類は一三、四種類食べられ、蛤《はまぐり》、とり貝、牡蠣《かき》などがある。

鶴やこうのとりは裕福な人々の贅沢品であるが、鴨、雁、雉《きじ》、鴫《しぎ》、鷺《さぎ》、山鴫《やましぎ》、雲雀《ひばり》、鶉《うずら》、鳩は中流が食べ、神道の強いところや、仏教の生命の尊さについての教えが外国人との接触やその間接的な影響により消えてしまったところでは、鶏や家鴨《あひる》も食べる。鶉、山鴫、雉をのぞき、これらはすべて煮て調理する。

野菜の種類は無限にあるが、大きな例外ひとつをのぞき、あとはきわめて無味である。大豆は一四種が食料として栽培され、そのほか豌豆、蕎麦、とうもろこし、さつまいも（最下層しか食べない）、蕪《かぶ》、にんじん、レタス、きくぢしゃ、きゅうり、瓜、マスクメロン、西瓜、ほうれん草、ポロねぎ、玉ねぎ、にんにく、チリ唐辛子、唐辛子、茄子《なす》、山芋、紫蘇《しそ》、とくさの一種［つくし?］、黄菊の花、蓮の根と種、くわい、里芋、ハワイのタロ芋などがある。栽培した野菜以外に、ごぼう、わらび、寒葵《かんあおい》、たで、筍（非常に美味）その他の根菜や茎を食べる。茄子は非常に広く栽培されている。鬼百合と白百合の球根も食用に栽培されている。野菜はふつう煮る。最後まで残しておいたのはすぐれた野菜、かの名高い大根《ダイコン》であるが、これには旅行者も居留者も外国人はみんな悩まされる。大根は有名な植物であるが、まったく敬意に値する！　果敢な人でも逃げ出すほどなのだから！　大根は下層階級によってどこでも栽培されて使われており、味のしない食べ物にこれで風味をあたえる。その葉は蕪の葉に似ており、美しい菜で、初冬の畑のにぎわいとなる。その根は純白で、でこぼこがほとんどなく、とてつもなく大きくしたラディッシュのように見え、ふつうの人の腕くらいに太く、長さは一フィート［約三〇・五センチ］から二フィートあまりある。この状態では比較的害はない。これを軽く干してから米ぬかとともに塩水に漬ける。大根は多孔質で、寝かせてある三ヵ月のあいだに大量の漬け汁を吸収し、その結果、それを食べているときは同じ家のなかにいるのも困難なほどの悪臭を放つようになる。わたしの知る悪臭のなかで、これよりひどいのはスカンクくらいのものである！

きのこは干したり、ゆでたり、ソースを添えたりしたものが街道沿いのどの茶屋でも見られる。

果物はひとつの例外をのぞき生で食べるが、砂糖や香辛料は加えない。日本で最高の果実は柿《カキ》で、これは美しい樹木になる大きな黄金色の果物である。種類はいろいろあるが、おそらくいちばんいいのは固い種類で、皮をむいたあと天日で干したものは無花果《いちじく》のような味がする。枇杷はおいしく、砂糖を加えて煮る。とくにその大きな種は桃の仁に似た味をしている。ぶどうはまずまずといった程度にすぎず、オレンジも同様である。黄色と赤の木苺は野生のがあるが、イギリスの黒苺よりまずい。果物にはほかにりんご、梨、かりん、すもも、栗、桃、あんず、マスクメロン、西瓜などがあるが、酸っぱくて香りがない。

海藻は日常よく用いられる食材で、干して国内のどこへでも運搬される。煮て、あるいは油で揚げて、あるいは酢に漬けて、あるいは生で、あるいはスープの実として、労働者の食事に海藻が使われていないのを見たことはほとんどない。

漬物と香辛料は莫大に消費される。きゅうりや茄子をほかの一、二種の野菜とともに塩水あるいは酒粕につけたもの、あるいはこれにぬかを加えて漬けたものは広く食され、食欲を増進させるものとされている。他の野菜は塩としょうがの葉で漬物にして朝一番のお茶とともに食し、湿気の影響をこれで中和するものと思われる。

日本にはプディングやタルトやクリーム、カスタードといったミルクとバターを使ったものは皆無で、現在の料理法による甘い菓子は重要な役を担わないが、わたしは飴や菓子がこれほど多くの店で売られているところをほかでは見たことがない。また高級な宿屋に着くと、砂糖菓子がお茶といっしょに供され、客を歓迎する。砂糖菓子とお茶は「朝の来客」にも振る舞われる。上質の砂糖菓子は東京から取り寄せられ、色も形も本物そっくりの花や葉に似せてあって美しい。あざやかな緑や黄色となると疑わしくなくもないが、無害だと思う。ほぼどこの村にも素朴な菓子があり、主に子供用につくるが、男、女、子供、寺、太鼓、犬などなどを粗糖でかたどってある。大半はえらく風味がなく、混ぜてある砂糖か粉が「古い」味をしている。よくある種類のものは家庭でつくり、どこの村でも見られる。伊藤はどこに行っても砂糖菓子にお金を遣っていた。伊藤にとって菓子はたばこのように欠かせないものらしく、彼の言うには、酒を飲まない者はみんな甘いものをほしがるとのことである。わたしはよく豆を砂糖でくるんだ糖菓や、細かい米の粉に砂糖を混ぜて練った菓子や羊《ヨー》羹《カン》で、乏しい食料の不足分を補った。羊羹は長四角の形をしており、干した葉に包んで売っているが、豆と砂糖でできていて、海藻から採ったゼラチンで固めてある。カステイラというスポンジ・ケーキに似たケーキがあり、これはとても人気があって、かなりおいしい。ただし古い卵を使ってあることが多く、その場合をのぞく。カステイラはスペイン人から伝えられ、その名もカスティーヤの訛《なま》ったものと言われている。餅《モチ》は米の練り粉を焼かずに平たく丸めた小さなケーキで、味はないものの、まずいわけではなく、これも人気がある。

驚嘆すべきは、少量の燃料と限られた調理器具でこれほどまでに多種多様な料理ができるという点である。たとえば上は政府高官から下は車夫や荷物運搬の人夫まで四〇人の客のいる宿屋を例にとってみる。四〇人分の食事を調えるのはたいへんではないかもしれないが、この四〇人分の食事をひとりずつ別個の漆塗りの膳で供し、四枚から一二枚の皿か椀に食べ物を盛らなければならないとすれば、これはたいへんにちがいない。わたしはこのごちそうが大の苦手であるが、しかし一介の人夫でさえ、昼食をとる際には必ずきれいで清潔なその供し方に率直に感心した声をあげるし、たったひとりでとる食事の盛り付けや給仕は融通がきいて上品で、「乱雑さ」やわびしさ、不備がなにひとつない。清潔でむだがなく、手際のよい調理作業を見物するのはとても興味深いし、ちょうど箸のように使う真鍮製の華奢《きやしや》な火箸で、家族の食事を煮炊きするのに、小さな炭火を何度も器用におこすようすを眺めるのはとてもおもしろい。貧しい階級の衣服やさらには家がいかに汚くても、調理と配膳に関するかぎり、わたしはきわめて清潔なものしか目にしたことがなかった。また自室にひとりいてもったいをつけるより、台所の火のそばで一時間すごすほうをよく好んだものである。

調理器具はそれぞれ独特の美しさがあり、また用途に適《かな》っていて、人々は器具が清潔であり古いことを誇りにしている。宿屋の台所には横浜の骨董商の俗悪で趣のないがらくたをすべてをひっくるめたほどの価値があるブロンズ製、鉄製の器具が数多くあり、とくに古くて凝った細工の鉄製やブロンズ製の湯沸かしは、デザインにおいて少なくとも奈良の正倉院のそれと同じもので、さらには形の優美さと仕上げの繊細さにおいてナポリ博物館のポンペイの部屋にある料理器具を上回る。いまわたしの目の前には時代を経たブロンズ製の優美な形をした湯沸かしがふたつあるが、これにはニエロ細工の小さな円い浮き彫りが四つか五つ飾りについており、それぞれ菖蒲、菊、あるいは桜の花を金で象眼したものが金の環で囲んである。もちろん炭火は煙を出さず、湯沸かしは脚の三本ついた鉄の環に載せて炭の上に置き、煤《すす》がつかないようにしている。

大きな台所では小さな炉を並べて使いやすい高さに据えたもので煮炊きを行うが、これも囲炉裏《イロリ》と同じ節約の原理にのっとってのことである。魚は水、醤油、それに味醂酒《ミリンシュ》といういわば甘い酒で煮て、それに少量の砂糖を加える。盛り付けには堅いしきたりで定められている作法に従ってさまざまな薬味を添える。焼く場合、焼いているあいだに上から塩を振りかけるのがもっとも一般的な方法であるが、もっとぴりっとさせたい場合は魚にときおり少量の醤油と味醂酒をかける。鳥は鶉、山鴫、雉は串に刺して焼くが、それ以外はすべてまず小さく切り、少量の塩を加えた水でゆでる。一般の人々はまた水に少量の醤油と味醂酒を加えた「鳥なべ」も好物である。生の魚を供する方法にはふた通りある。ひとつは魚肉を小さな短冊に切り、もうひとつは非常に細い糸状に切る。鯉はまだ生きているうちに包丁を入れることが多く、一部身をそがれてもしばらく生きている。客が半身を生で食べているあいだ、背骨についている残りの半身とまだ包丁の入っていない頭は動きまわり、哀れなこの魚に水をかけて動きを速めることも多い。この料理は美味に数えられ、「鯉《コイ》の活きづくり」という。

スープのうち中流階級の飲む主なものは味噌汁、卵汁、澄まし汁である。澄まし汁には水に塩を加えたものと醬油を加えたものの二種類ある。下層階級ではいろいろな種類があるが、その多くは汚れた水に塩をひとつまみ加えたような味がして、さいころに切った豆腐、干魚、生いかなどが入っている。あるスープは黒い液体のなかに革のような舌触りの干した巻き貝が入っており、大半のスープは聖書に記される「忌まわしいものの煮出し汁」という文句がぴったりである。卵汁はふつう外国人の口にもどうにか合う。「上流社会」では魚と野菜をべつべつにゆでてスープに加える。鯉は味噌汁にしか用いないが、鱸《すずき》はあの特に苦行のスープに用いられ、このスープは水に塩で味付けしたものである。

「裕福な」人々のふだんの食事はごはん、スープ、煮魚と焼き魚、香の物で、わたしたちに比べると食事の占める重要性ははるかに大きい。正式の宴会料理は、料理を載せた漆塗りの膳が三つ客のひとりひとりに振る舞われる三の膳《サンノゼン》、二の膳《ニノゼン》、一つの本膳《ホンゼン》の三つに分けられる。それぞれの種類で供されるメニューをつぎに挙げる。

三の膳
第一の膳　ごはん、鯉の入った味噌汁、生魚の糸づくりに添え物をあしらったもの、煮魚、香の物
第二の膳　澄まし汁、焼き魚、野菜の煮たもの
第三の膳　澄まし汁または味噌汁、煮魚、野菜の煮たもの、わずかに手を加えた澄まし汁、その他の野菜

二の膳
第一の膳　ごはん、スープ、煮魚、もう一種類のスープ、香の物
第二の膳　焼き魚、野菜

本膳
ごはん、スープ、焼き魚、刺し身《サシミ》、野菜

上記のメニューは貧弱に思えるが、数多くの美味が前菜という名のもとに控えており、こういった美味がそれぞれの膳におそらく八個から一二個の椀や皿に盛られて載る。どの宴会料理でも、かすかな味と匂いのする麦藁色の液体、すなわち米のビールである酒《サケ》

が重要な役を担っているが、酒のアルコール含有量はだいたい一一から一七・五パーセントというところである。酒は温めて飲むことが多く、日本人が本当の食事とみなすものの前に飲む。

宴会料理の前に、上質の漆器、あるいは磁器、あるいはべつの膳に盛られた魚が酒とともに各客に供されるが、これは酒の肴《サケノサカナ》すなわち「酒に伴うもの」という名前で知られている。この酒の肴は宴会の一の膳、二の膳、三の膳から独立している。生の魚を短冊に切ったものは刺し身《サシミ》といい、もっぱら酒の肴《サケノサカナ》に用いられるが、場合によっては魚やゆでた鶏をはじめとするごちそうをつぎつぎに積み上げたものを酒の肴とすることもある。この前菜の前には茶菓がぐるりと配られるが、ほとんどだれも手をつけない。

最高級日本料理で用いられる組み合わせを二、三挙げると、野鴨とごぼうとすぎな「つくし?」、鱸とちしゃと蕪、わらびと鱸と独活《うど》、鶴と独活ときのこ、塩漬けの雉とごぼうと独活、たらと白魚と青菜の酒蒸しがある。どれもここに挙げた順序どおりにスープの実となっている。

生の魚を細切りにした膾《なます》の付け合わせは、平目、えび、栗、生姜、大根である。オレンジ、なまこ、くらげ、小えび、にんじん、玉ねぎ、パセリ、おろした大根のうち四種類をふつう同じ皿に盛りつける。

生の魚を短冊切りにした刺し身の組み合わせは、鮭、きのこ、レモンジュース、鯉の活きづくり、大きな蛤、瓶に入れた強い酒、ゆでた雉、にんにくソースである。野菜の「ごた混ぜ」である和えもの《アエモノ》は、わかめ、にんじん、きのこ、なまこ、みじん切りの豆、きのこ、すぎなの一種である。料理におけるこういった組み合わせは、われわれがそうであるのと同じく、一部慣習により決まっている(1)。

一般に使われる飲み物には茶、白湯、酒、焼酎《ショーチユウ》があり、焼酎はアルコールのひとつで、酒よりさらに外国人の口には合わず、暑い季節にはなにかと冷たいまま飲む。茶はたいして沸いていないお湯を茶葉を通して注いだだけのもので、ふつう食事の際にとる飲み物である。茶《チャ》にも酒にも敬意を表す接頭語がついている。薄茶《ウスチャ》は茶の粉末でいれ、豌豆スープのような見かけと濃度をしているが、これを飲むだけのゆとりのある人々のあいだでは高く尊ばれている。薄茶は食事の前にもあとにも供され、その場合、昔の全国的な飲み物であった白湯――アイヌの人々のあいだではいまもそうであるが――が食事に添えられる。

すべてを網羅したとはとうてい言えないこの拙文から、「裕福な」日本人の料理がみすぼらしいどころかその反対であることがおわかりになろうが、それでも日本人のごちそうには外国人には合わないところがあり、どのイギリス人も長い体験を経てはじめて、情けない顔をせずに日本食を飲み込めるようになる。貧しい階層の食事は粗末で栄養に乏しく、味も見かけもひどい。また食事をおいしくするためにとるソースや漬物の量は消化器官にとても有害である。食料にできるものはなんでも利用する。ごはんを炊いたときの水から一種の凝乳かゼリーのようなものをつくるくらいである。都市部ではごく一般的な日本人の食事に欠かせない品目は、ごはん、魚、大根の漬物で、内陸部では、ごはんあるいはその代わりの雑穀、大豆または豌豆、それに大根である。労働者の一日当たりの米の平均消費量は二ポンド〔約九〇〇グラム〕。これまでに書いた贅沢な食材のうち、北の旅で一度も目にしなかったのは野鳥で、鶏と新鮮な魚にはとてもまれにしか出会わなかった。とはいえ、日本の高級な食事に触れてみたい旅行者は、江戸、京都、大阪、大津、さらには横浜の安手でない宿屋でそれを味わうことができる。

第二二信

七月一二日、市野々《いちのの》にて

新潟の運河のほとり――とてつもない孤独感――厚遇――ふたりで引くパーム医師のクルマ――にぎやかな祭り――がたがたと揺れる旅――山間の村――冬のわびしさ――孤立した村――込み合った世帯――牛に乗る――「酒乱」――余儀なく休息――励みになる情報がない――重い荷物――物乞いがいない――のろい旅

外国人の男性ひとりだけなら、たぶん人目を引かなかったでしょうに、わたしが新潟を発つときは、そこへ外国人女性がふたりに金髪の外国人の子供がふたり、毛足の長い外国の犬が連れ立っており、おおぜいではあるけれども愛想のいい野次馬が運河のそばに集まりました。ファイソン家の人々は現地人に子供を肩車してもらい、運河の端までわたしを見送りに来てくれました。渦を巻く広い信濃川の本流に小舟が出ると、わたしはとてつもない孤独感に襲われました。わたしたちは信濃川を横切り、土手にはさまれた狭い新川《しん》を溯り、氾濫した阿賀野川と必死に格闘し、細くて変色した加治川《かじ》では臭い肥料を積んだ船の列に大いにじゃまをされました。どこまでも続く瓜畑ときゅうり畑や、変わった川辺の生き物に驚嘆しました。そして六時間懸命に棹を使ったあと、木崎《きさき》に着き、きっかり一〇マイル［約一六キロ］の旅を終えました。それから車夫の引く人力車《クルマ》三台に乗り、二〇マイル走りました。一里四銭半の安い料金でした。あるところでは道を板でふさいでありましたが、外国人が旅をしていると村長に話すと、村長は丁重に通行を許してくれ、わたしが「無事通った」ことを確認するために、急送会社の係員が同行してくれました。道はその日一日人家がまずまず多く、築地《ついじ》、笠柳《かさやなぎ》、真野《まの》、真里《まり》と道筋にある農村はこぎれいで、農家の多くは道路からなかが見えないよう竹垣があります。おおむね気持ちのいい地方で、人々はほとんどなにも着てはいないものの、貧しそうにもまたさほど汚そうにも見えません。土壌は非常に軽くて砂が混じっています。それどころか「松しか生えない」裸の砂山があって、そこにはひょろっとしたスコットランド樅と低木樅しか生えていませんが、砂山のあいだの砂っぽい平地は菜園らしく施肥をして耕してあり、豌豆のように仕立てたきゅうり、メロン、南瓜、里芋、甘藷、とうもろこし、茶、鬼百合、大豆、玉ねぎがみごとに実っていました。また高さ八フィート［約二・四メートル］の棚で仕立てたりんごと梨の広い果樹園がそのなかでは斬新でした。

一日かけて東側にある頂上まで森に覆われた山々へと近づいていったものの、植物の量はさほど多くなく、田んぼはわずかしかなくて、空気は前より乾燥し心地よくなってきました。わたしのクルマの車夫は松しか生えていないはげ山を快調に走っています。そのとき、医療伝道旅行から戻ってきたパーム医師に出会いました。博士のクルマは裸の車夫ふたりがたいへんなスピードで引っ張っています。エジンバラ医療伝道団のお上品な理事たちにそのようすを見せて活を入れたいものです！　この先しばらくは西洋人を見かけることもないでしょう。たいへんこぎれいな村、築地でわたしたちはクルマを替え、そこから中条《なかじょう》に通じる砂利道を揺れながら進みました。中条はかなりの大きさの町で、条約により外国人が居留できる範囲内ぎりぎりにあります。この町の日本人医師は、ほかの町にも同じような医師はいますが、心からのパーム医師の協力者で、そのうち五、六人はパーム医師も誠実、正直、一途というまれな美徳があると考えています。この人たちはイギリスの医療事業を学んでいて、診療所設立に資金を出し合い、パーム医師の指示のもとに消毒治療を行ってもいます。こっけいな失敗を何度か経たあとのことですけれど！

中条は神道の地ですが、きょう一日わたしはなにかにつけてこの地方が「仏教に沈んで」いることを示すものに気づきました。緑に囲まれた仏教寺院の反った大屋根、奉納物をいっぱいつけた道端の祠、路傍の仏像、それに祠の前で実際に祈りを捧げる人もあるのです。ほかにもまだめずらしいものがありました。肥料を溜めておく大きな槽――地面にうずめ、きちんと藁で葺いた屋根がかけてあります――、人間の引くタイヤのない重い木の車のついた荷車がそうです。

クルマは町や村を通るときはいつもそうするように、中条の町を駆け抜け、霧雨のなか、樅が三列か四列に植わった並木道を走りました。この並木道は中条から黒川《くろかわ》へと延び、さらにその先何マイルかは湿った谷間を通っていますが、そこでは茶と米を交互につくっていました。ついで砂利の多い黒川の支流二本をいい加減なつくりの橋で越え、がたがたと黒川の町に入りました。この町は幟や提灯の飾りが多く、みんな神社に集まっていました。神社では太鼓を打ち鳴らし、化粧をして飾り立てた女の子が数人、屋根のある舞台で祭り《マツリ》の主であるこの地の神をたたえる舞いを舞っています。ふたたび町を出て、無慈悲にも黄昏時に樅の並木道を揺れながら進み、ある一軒家に着きましたが、そこではあるじがわたしたちを泊めるのに少々難色を示しました。宿の認可があすにならないと発効しないというのです。とはいえ最後にはあるじも折れ、二階の部屋をわたしに割り当ててくれました。部屋は高さがきっかり五フィート［約一・五メートル］しかなく、帽子をかぶったまま立つのもままなりません。宿のあるじがついで雨戸《アマド》を閉めたので、部屋は息苦しくなりました。雨戸を閉めた理由はよく聞くもので、開けたままにしておくとどろぼうが入り、警察からはきつく責められるばかりで、盗られたものを取り返そうとはまるでしてくれないからというのです。宿には米がないので、おいしいきゅうりを堪能しました。この地方ほどきゅうりをよく食べるところは見たことがありません。子供たちは朝から晩までかじっていますし、母親の背中におぶわれた赤ん坊ですら一生懸命しゃぶっています。ちょうどいまの季節だと一ダース一銭で売られています。

暗くなってから宿屋《ヤドヤ》に到着するのはよくありません。最上の部屋が空いていても、食事と部屋の用意ができるのにたっぷり一時間はかかります。そしてその間、わたしは蚊のおかげで時間を有意義には使えないのです。夜通し大雨が降り、おまけにわたしが日本に着いて以来はじめてその音を耳にする風が吹いています。ときおり聞こえる松の木立のきしむ音、神社で太鼓を打ち鳴らす音のおかげで、わたしは日の出とともに起きるのがうれしかったものでした。いや、日の出というより朝の光というべきでしょう。日本に来てから日の出も日の入りもないのですから。その日わたしたちはクルマで関《せき》を通り川口《かわぐち》まで来ました。つまり何度か石にどんと当たったり、湿地の縁に出て、降りてくれと言われたり、あるいは荒川《あらい》の上にある悪名高い馬道では一度に二、三マイル［約三—五キロ］歩かされたりしました。荒川の上流では、車夫ふたりでかかっても一台の空のクルマを満足に押したり引いたりはできませんでした。しかもクルマ全体を持ち上げてしばらく運ばなければならないことが頻繁にあったので、川口の村に着いて車夫がもうこれ以上は走れないとわかったときは本当にうれしく思いました。とはいえ、馬が一頭しか調達できず、わたしは最後の旅程を滝のような雨の降るなか、防水紙の合羽というお粗末ないでたちで歩かなければなりませんでした。

わたしたちはいま日本の中央大山脈のふところにいます。この山脈は九〇〇マイル［約一四四〇キロ］にわたってほとんど途切れなく延びており、幅は四〇から一〇〇マイルあって、延々と続く尾根に分かれています。尾根を越えるには高さ一〇〇〇から五〇〇〇フィートの険しい峠を通るしかなく、おびただしい数の川や雨裂《うれつ》や谷間があります。高地や雨裂はびっしりと森で覆われ、川は流れが激しく、氾濫しやすくて、谷間はどれも棚田に耕してあります。村があるのは谷間で、村落はこれまで見たことがないほど孤立しています。この地域は道路事情が悪いのでほかの地方から遮断されています。家屋はとても貧しく、男性の夏の服装はふんどしのみ、女性のそれは前の開いたシャツとズボンで、昨夜わたしたちが黒沢《くろさわ》に着いたときは、それがズボンだけに減っていました。交通はほとんどなく、飼われている馬の数もごくわずかで、大きな村で生きている家畜は二、三頭です。店はお粗末で、最小限の生活必需品しか置いていません。米より雑穀か蕎麦に例の大根《ダイコン》が必需食料品です。気候は夏は湿気が多く、冬はひどく冷えます。いまの季節ですら、濡れて着いた人々が、雨混じりの風が窓の紙の破れ目から吹き込むなかで、煙にむせ返りながら指先を囲炉裏《イロリ》で暖めているのは、わびしいものです。湿った風は夜家を完全に閉めてしまうまで、囲炉裏の灰を畳《タタミ》にまき散らします。ここの人々はわたしたちの知っている快適な道具や設備をなにひとつ知らないのです。長い冬、どうにもひどい馬道が雪で閉ざされ、凍るような風が強く吹くと、家族で陰気な行灯《アンドン》の明かりを頼りに、煙で燻る囲炉裏のまわりに集まり、仕事も本も遊びもなく、寒さと陰鬱さに震えて長い夕べをすごし、夜は獣のように体を寄せ合って暖をとるのです。彼らの状況は極貧同然の悲惨なものにちがいありません。この地方で見た人々の顔は生気に乏しく無表情で、わたしは悲しくなりました。女性のうつろなまなざしはさらにうつろとなりました。これら山間の村に学校はありません。また医療の助言も古い漢方によるもの以外、なかなか得られません。生活必需品は貴重になりつつあります。在東京の政府機関はとても高額の賄賂を求め、収税官は収穫物を追いかけます。人々は、進歩は代償がかかるわりに恵みは少ないことを知っているのです。さいわいこの状況にはべつの面もあります。旧来の圧制が終わっているのです。政府は税の負担を軽くし、その圧迫を均等にしようと全力を挙げています。家長は自作農で、身分の区別はなく、財産の権利は保障され、華美や贅沢で農民の粗末な家屋や食卓を嘲笑う「隣の宮殿」はないのです。

その夜わたしは沼《ぬま》の村にとぼとぼと入りながら、最悪の状態を目にしました。沼の坂道の下には増水した川が流れ、人々は水が入らないよう家のまわりに土嚢を積んでいます。わたしは濡れて疲れていましたが、一軒の粗末な宿屋の女性は「悪いけれども、ここはとても汚くて、立派なお客さまにはとうていふさわしくない」と言うのです。そのことばどおり、はしごを上がって入った部屋は、窓はぼろぼろ、火鉢《ヒバチ》に炭はなく、卵もなく、米はとても汚くて、小さな黒い種がいっぱい混じっており、食べられる代物《しろもの》ではありませんでした。なによりもひどいことに、ここには駅逓所がなく、村には馬が一頭もいません。翌朝農夫を五マイル離れたところへ送り、かなり長い交渉のすえようやく一頭調達できました。日本で戸数から住民数を推定する際、ふつう戸数に五を掛けますが、好奇心に駆られて沼の集落内を歩き、日本の家屋ならどこでも居住者の名前と人数と性別を書いて外にかけてある表札を伊藤に訳してもらいました。すると戸数二四で住民数は三〇七になりました！　家によっては祖父母、父母、長男夫婦とその子供、それにひとりふたりの姉妹とその夫に子供と四家族住んでいることもあります。長男は家屋と土地を受け継ぎ、ほぼ必ず妻を自分の父親の家に連れてきます。妻は多くの場合義理の母親にとって奴隷同然の存在となります。厳格なしきたりにより、嫁は自分の血縁を文字どおり捨て、「子としての義務」は夫の母親に対するものへと移行します。夫の母親は往々にして嫁を嫌い、息子夫婦に子供ができないと、息子に妻を離縁するようそそのかします。わたしの泊まった宿の妻女も嫁と離婚するよう息子を説き伏せました。そしてその理由は嫁が怠け者だからという程度のものなのです。

宿のおかみさんの話では、沼の人々はこれまで外国人を一度も見たことがないとのことで、したがって翌朝は雨がまだ激しく降っているにもかかわらず、早くから村人は大騒ぎでした。みんなわたしがしゃべるのを聞きたがったので、わたしはみんなのいる前で伊藤に指示を出しました。きのうはとてもきつい一日で、おもに二井《ふたい》、鷹ノ巣《たかす》、榎《えのき》の大峠をよろけながら上り、滑りながら下りてすごしました。どの峠も森に覆われた山々のなかにあり、山々には森をつめ込んだような雨裂の裂け目が入って、緑一色の樹海の単調さを破るように会津連山の雪化粧をした峰がときおり見えます。馬のわらじは数分おきにひもがほどけ、一時間かけて進める距離はただの一マイル！　ようやくわたしたちはあまり期待のもてそうにない玉川《たまがわ》の村で馬から下ろされ、米商人が三日間粘ったあげくこのあたりの馬を一頭残らず持っていってしまったと言われました。二時間交渉したすえ、荷物の運搬人ひとりが見つかり、荷物の一部を米用の馬に載せ、荷鞍をつけた馬一頭のかわりに丸々太ったとても小さな雌牛がわたし用に調達されました。この牛はわたしを乗せて雄大な大里《おおり》の峠を無事上り下りして、田んぼのなかにある小国《おぐに》の町に着きました。溺れそうなほど雨が降っており、わたしは荷牛がもう一頭見つかるまでおおぜいの人夫とともに囲炉裏のそばで雨宿りできるのがうれしかったものです。そのあと田んぼ地帯を歩き、ついでふたたび山に入って黒沢《くろさわ》に向かいました。黒沢で泊まるつもりだったのですが、宿屋が一軒もなく、旅人を泊めてくれる農家はマラリアを多発しそうな池の端にあって、暗くて目鼻のちくちくする煙が充満しているのはべつとしても、ひどく汚くて害虫がいっぱいおり、くたびれはてているにもかかわらず、わたしは先へ進まざるをえませんでした。とはいえあたりは暗くなりつつあり、駅逓所はないうえ、人々がはじめて値段をふっかけてきたので、伊藤はもう少しで困りはてるところでした。農民は暗くなってからは外出したがりません。それというのも幽霊や妖怪やなんやかやがこわいからで、夕方遅くから出発させるのはむずかしいのです。

泊まれるほど清潔な家はなく、わたしは石に腰を下ろし、一時間あまり人々について考えました。頭にやけどをした子供、疥癬《かいせん》のある子供、眼炎を起こしている子供が群がっています。どの女性もみな赤ん坊を背負い、子供もおんぶのできる子供はみな赤ん坊をおんぶしています。綿のズボン以外になにかを着ている女性はまるでいません。ひとりの女性が「酔っ払って暴れながら」ふらふらと歩いています。伊藤は石に座り、両手で顔を隠しています。具合でも悪いのとわたしが尋ねると、伊藤はとても嘆かわしそうに「こんなところをお見せするとは、はずかしくてどうしていいかわかりません！」と答えました。伊藤はまだ一八歳にすぎず、わたしは彼をかわいそうに思いました。女の人が酔っ払うことはよくあるのと尋ねると、横浜ではあるけれど、ふつう家の外には出ないからと彼は答えました。そういう女は月末にいろいろな支払いをするのに夫がお金を渡しても、それを酒《サケ》に遣ってしまうことがよくあり、ときには店で酒を買いながら、米やお茶を買ったことにしてもらう場合もあるそうです。「昔からよくあることなんですよ！」。わたしは土ぼこりと野蛮な行為に目をやり、これが本で読んだ日本なのだろうかと尋ねました。それでも品のない服装をしたある女性は、ふつう客が休憩した場所に置いていく二銭か三銭を、どうしても受け取ろうとしませんでした。わたしがお茶ではなく、水しか飲まなかったからというのです。わたしがむりやりお金を渡すと、その女性はお金を伊藤に返しました。名誉挽回のこのできごとにわたしはとても慰められました。

沼からここまでの距離はたった一里半ですが、険しい朴ノ木《ほおき》峠を越えます。この峠は何百もの粗い石の段々を上り下りし、暗がりに越えるのは愉快なものではありません。この峠でわたしははじめて樺を見ました。峠の麓で立派な橋を渡って山形に入り、それからまもなくこの村に着きました。村には見るからに不吉そうな農家しか泊まれるところはなかったのですが、二室を残してあとはすべて蚕に占領されていたものの、その二室はとてもいい部屋で、ミニチュアの湖と岩山のような庭に面していました。わたしの部屋のたったひとつの不満は出入りするのにもうひとつの部屋を通らなければならないことでした。そこにはたばこ商人が五人いて、荷物の運搬を待ちつつ時間つぶしにあの困惑の楽器、三味線《サミセン》をかき鳴らしているのです。馬も牛も手に入らないので、わたしは静かにここですごし、休息がとれるのをかなり喜んでいます。ずいぶんくたびれましたから。背骨の痛みがひどくなると、伊藤はいつもぎょっとして、わたしが死ぬのではないかと思い、具合がよくなってからそう言います。でもぶっきらぼうな態度で心配な気持ちを表すので、とても不愉快です。伊藤はわたしたちには絶対に内陸旅行が遂行できないと考えているのですから！　ブラントン氏のすばらしい地図にはこの地方が載っていないので、旅を続けるには、よく知られた都市、山形《やまがた》を目標に定め、そこに至るルートを考え出すしかありません。夕べの半分は日本の地図があればそれを見たり、宿のあるじや駅逓職員、それに旅行者がいれば旅行者に尋ねてすごしました。でもみんな数里以上離れたところのことはなにも知りませんし、駅逓職員はつぎの駅逓所より先のことはほとんどなにも話してくれません。わたしのたどりたい「未踏の道」について尋ねても、「山のなかを通る恐ろしい道だ」とか、「ひどい川がいっぱいある」とか、「泊まるところが農家以外になにもない」という答しか返ってこないのです。励ましとなる返事はひとつもありませんが、でもわたしたちは旅を続けます。いまのような健康状態では、困難な旅などとうてい望んではいないとはいえ。

ここでは馬はごくわずかしか飼われていません。雌牛と人夫が荷物の多くを運び、女性も男性同様重い荷を運びます。荷物運搬の人夫はおよそ五〇ポンド［約二二キロ］の荷を運びますが、ここでは山形から自分の商品を運んでくる商人は実に九〇から一四〇ポンド［約四〇―六三キロ］、さらにはそれ以上の荷を運びます。かわいそうにこういった人々が見るからに難儀しつつ山道を上っていくのに出会うのは非常にいやなものです。昨夜は五人の商人が峠の頂上で激しくあえぎながら休んでいました。目は飛び出し、やせているので痛々しいほどはっきり見える筋肉はひとつ残らず震えています。手で追い払えないので虫にかまれて裸の体は文字どおり血まみれになり、大汗をかいているのでところどころその血が流れてはげています。まさしく「額に汗」して彼らはパンを食べ、家族を養う生活費を誠実に稼いでいるのです！　仕事はきつく苦しくとも、彼らはまことに自立しています。わたしははじめて訪れたこの国で、物乞いをまだ目にしていないのです。女性たちは七〇ポンドの荷物を運んでいました。荷物の運搬人は藁を編んだ厚いパッドで背中を覆っています。その上に、下端をそりの滑り板のように反らせたはしごを据えています。これに荷を、高さが下は運搬人の腰より下に、上は頭のかなり上になるまで、ていねいに積みます。そして防水紙で覆ってロープで固定し、藁の屋根をつけ、パッドのついた幅広のひもを鎖骨のちょっと下に当ててこれを支えます。当然運ぶ人間は体をほぼ二つ折りにして歩くわけで、この姿勢はとても苦しく、しょっちゅう休んで体を伸ばさなければなりません。また手ごろな高さの盛り土にでも出会わないかぎり、休むときはそのために携えている、上がL字形をした太くて短い棒を荷物の下にあてがいます。とてつもない量の荷を運ぶのはこのあたりのまさに特徴のひとつで、残念ながら、刺されるとひりひりする赤い蟻と、人夫を悩ませる小さな虻《あぶ》もこのあたりの特徴です。

きのう旅した道のりは一二時間かかって一八マイル［約二八・八キロ］！　市野々はほかの村と同じように養蚕を営んでいる感じのいい勤勉な村で、純白とやや緑がかった黄色のまゆがどこでもむしろに載せて日向で乾かしてあります。　　I・L・B

第二三信

上山《かみのやま》にて

器量のよい牛――外国の習慣を批判――気持ちのいい休憩――また受けた厚遇――米沢平野――奇妙なまちがい――母親を悼む――地獄の沙汰――小松に到着――立派な宿屋――おしゃべりの許容範囲――絹と養蚕――凶暴な馬――東洋のアルカディア――当世風の温泉場――美女――蔵《ゴダウン》――富の神

一日難儀をしつつ山道を旅して、べつの地方に入りました。晴天の日の朝早く荷を運ぶ雌牛三頭とともに、うち一頭にわたしが乗って、市野々を発ちました。三頭とも〔また子牛も〕とても美しい牛で、小さな鼻、短い角、まっすぐな背骨、厚みのある体をしています。新鮮なミルクが飲めるかもしれないと思っていたものの、子牛が飲む以外に雌牛の乳を搾るのはこちらの人々にはまったく未知の発想で、どこへ行っても笑われます。伊藤からはみんな「とても不愉快」だと思っている、日本人は「あんなに匂いと味の強いもの」をお茶に入れて飲むなんて、外国人のすることとは「とても不愉快」だと考えると言われました！　雌牛はどれも綿の服を着ていて、それには青い龍が描いてあり、泥や虫を防ぐよう胴から垂れ下がっています。足にはわらじをはかせ、鼻の軟骨にひもを通してあります。天気がよく、大量の米と酒が運搬されていました。荷を積んだ何百頭もの雌牛に出会いましたが、どれもみな同じように美しい品種で、四頭ずつの列になっていました。

眺めのいい桜峠《さくら》を越え、山間の村白子沢《しらこさわ》で馬を得て、さらに峠を越え、午後、手ノ子《てこ》の村に着きました。そこでは例によって駅逓所のベランダの下に座り、空いている馬一頭を待ちました。そこは大きな店でしたが、ヨーロッパ製の品はなにひとつ置いていません。ひとつの部屋には女性と子供たちの一団が囲炉裏のまわりに座り、駅逓職員はいつものように何冊もの帳簿を持って高さ一フィート［約三〇・五センチ］のテーブルの前に座っており、テーブルの上には職員の孫が座布団に寝かされています。ここで伊藤はぞっとする料理を七皿とり、わたしには酒《サケ》、お茶、ごはん、黒豆が運ばれました。黒豆はとても美味でした。わたしたちはこの地方について少し話をかわしました。するとその職員はわたしに彼の名前を英字で書いてくれ、わたしの名前を本に書いてくれと言いました。そのあいだに野次馬が集まり、最前列の人々はうしろの人々にも見えるよう、地面にしゃがんでいます。彼らは汚く、ぎっしり集まっています。この家の女性たちはわたしが暑がっているのを知ると、気をきかせてうちわを取り出し、丸一時間わたしをあおいでくれました。代金を聞くと、それはいらないと答え、まったく受け取ろうとしません。これまで外国人を一度も見たことがない、本にわたしの「尊い名前」を書いてもらったからには、お金を受け取って自分たちを貶めるわけにはいかないというのです。それればかりか、彼らは砂糖菓子をひと袋包み、また駅逓職員はうちわに自分の名を書いて、わたしに受け取れと言うのです。悲しいことにわたしのほうからあげられるものはイギリスのピンが何本かしかありませんでしたが、彼らはこれまでそんなものを見たことがなく、まもなくピンを人から人へと回しはじめました。わたしは日本のことを覚えているかぎり、あなたがたのことも忘れませんと心に思うままを言い、彼らの親切心にとても打たれつつ旅を続けました。

宇津《うつ》の高い峠はいくつもの石段を上り下りしますが、これがぎっしり連なる尾根の最後の峠です。わたしは歓迎してくれるような陽光を浴びたその頂上から雄大な米沢《よねざわ》の平野をいそいそと眺めました。この平野は長さが約三〇マイル［約四八キロ］、幅が一〇から一八マイル［約一六―二九キロ］あり、日本の庭園のひとつです。森があって川が流れ、豊かな町や村があちこちにあり、雄大な山々に囲まれ、その山々は必ずしもすべてが森林で覆われているのではないのです。そして平野の南端には七月中旬でも白雪を冠《かぶ》った山脈がそびえています。

松原《まつはら》という農村の長い通りで、ひとりの男が駆け寄ってきて話しかけ、わたしを驚かせました。伊藤がやってきて男に激しくわめきたて、男がわたしをアイヌとまちがえたことがわかりました。アイヌは蝦夷の被支配原住民です。前にもわたしは中国人とまちがえられたことがあるのですよ！

越後《えちご》地方全域で、静かな小川のすぐ上に木綿布が四隅を竹竿四本に吊るしてあるのをときおり見かけました。そのうしろにはたいがい墓地にあるのと同じようなてっぺんに切り込みの入った細長い板があり、そこには文字が書いてあります。竹竿には花が挿してあることもあり、ふつう布そのものにも文字が書いてあります。布のくぼみにはきまって木製のひしゃくが置いてあります。手ノ子から来るとき、道のそばにこれがあるのを見ましたが、そのときは僧侶がひしゃくで布に水を入れ、その水が布目を通してゆっくり下に落ちていました。この僧侶はわたしたちと道連れになり、この布のいわれを話してくれました。

それによると、板に書かれているのは女性の戒名《カイミヨー》、つまり死後の名前だそうです。花も縁者の墓前に故人をしのんで供えるものと同じ意味があるのです。布に文字が書いてあれば、それは日蓮宗の有名な祈禱文「南無妙法蓮華経《ナムミヨーホーレンゲキヨー》」です。布のくぼみに水をそそぐのは、数珠をつまぐりながらすることが多いのですが、これは祈禱なのです。全体を指して「流れ灌頂《かんじよう》」と呼びます。これほど悲しく心を打つものはあまり見たことがありません。なぜなら、はじめておなかに赤ん坊を授かった喜びのなかにある母親が亡くなり、前世で犯した罪のために、仏教でいう地獄のひとつ、血の池地獄で苦しまなければならなくなった（俗説によれば）ことを示すのですから。そしてそばを通る人々にこの女性が受けている苦しみの刑期を短くしてくれと訴えているのです。なぜなら布がすっかり破れて水がすぐにこぼれてしまうようになるまで、この女性は血の池地獄にとどまらなければならないのですから。

「流れ灌頂」を通りかかった旅人は、ほとんどだれもがひしゃくで布に水をかけていました。無神論者の伊藤ですら必ずそうしています。苦しめる魂をその苦悶から解放するために、布はお寺で購うのが鉄則です。僧侶の説明はそこで終わりましたが、伊藤が言うには、金持ちはまんなかをうまくこすって薄くした布が買えるので数日で底が抜けるけれど、貧乏人はなかなかすり減ってはくれない布目の密な綿地で満足しなければならないとのこと。僧侶のあさましい才覚を示すこのような例はいっぱいあり、俗に「地獄の沙汰も金次第」と言うほどです。仏教にはミサのためにお金を払うというローマ・カトリック方式に似た例がほかにもいくつかあり、たとえば、一月と七月におおぜいの人々が地獄の王である閻魔の像のあるお寺に参りますが、これは煉獄で苦しんでいる友人の霊を救うためで、閻魔は閻魔帳に記録されたその友人の悪行を、僧侶に支払われた金額にぴったり見合うだけ取り消してくれることになっているのです。

流れ灌頂《かんじょう》

山々が低くなって米沢平野に至るところに高くなった土手が何ヵ所かあり、山麓から一歩踏み出せば、そこはもう平地です。山麓と平地の出会うところの土壌は乾いており、砂利が混じっています。松林のこずえが見え、家々の外見からは清潔さと快適さがしのばれました。手ノ子から六マイル［約九・

六キロ」歩いてわたしたちは美しい場所にある小松《こまつ》に着きました。人口三〇〇〇、綿製品、絹、酒の取り引きが盛んな町です。小松に入って最初に出会った男性があわててうしろを振り返り、一軒目の家に「早くおいで、外国人がいるよ」という意味のことばをかけました。仕事中だった大工三人が商売道具を放り出し、着物《キモノ》を引っかける暇もあらばこそ、ニュースを大声で伝えながら通りを駆けてきたので、宿屋に着いたときにはおおぜいの野次馬がこちらへ押し寄せてきました。宿屋《ヤドヤ》の表はみすぼらしくて期待は持てそうにありませんでしたが、この家を貫いて走っている小川に架かった石橋を渡って裏に行くと、長さ四〇フィート［約一二・二メートル］、高さ一五フィート［約四・六メートル］の部屋がありました。この部屋は片側が完全に開口部となって庭に面しており、庭には金魚の泳ぐ大きな池、パゴダ、矮小化した木々をはじめ日本の庭につきもののミニチュアの飾りがたいがいそろっています。この「回廊」はしわを寄せた青い紙に金を吹きつけた襖《フスマ》で二つの部屋に仕切られていますが、野次馬が裏手の屋根に上り夜までそこにじっと座っているので、プライバシーは皆無です。

この二つの部屋は大名《ダイミヨー》用だったものです。柱と天井は漆黒と金色で、畳は極上のものが使ってあり、磨き込まれた床の間には象眼細工の文机《ふづくえ》と刀掛けがあります。柄に貝殻を象眼した漆塗りの長さ九フィートある槍がベランダに掛かっています。洗面器は象眼を施した上質の黒い漆塗りのもので、ごはんを盛るお椀とそのふたは金の漆器です。

ほかの多くの宿屋がそうであるように、この部屋にもここに滞在してその値打ちを高めてくれた首相や知事や著名な将軍の名を大きな漢字で記したり、同じように詩歌の一節を書いたりした掛物《カケモノ》が掛かっています。わたしも何度かこのように飾るものを書いてほしいと頼まれました。日曜日を小松ですごしましたが、池の蛙が夜鳴いてうるさく、あまり休息とはなりませんでした。小松にはほかのたいがいの町と同じように、白い、泡のような見かけのお菓子しか売っていない店があり、これはとても珍重されている金魚のえさで、毎日三度、この家の女性たちや子供たちが庭に出てきて、これをあたえています。

いたるところで女性から伊藤を介して受けた、イギリスのさまざまなことについての質問にはとても驚かされました。イギリス式の慎みの観念でいけば、非常に失礼な話題となりますが、日本の女性のモラルをこのような話題や、わたしたちのそれとは異なるいろいろな習慣で判断しては、まったく不公平になるでしょう。わたしの受けた印象は、既婚婦人は貞節で、男性はその反対、また子供たちは幼いころから節度のない会話を両親から聞いており、イギリスの子供たちの最大の魅力のひとつであるあの純真無垢なところを持たずに成長してしまう、というものです。

絹はどこにでもあります。絹はどの家でも最上の部屋に陣取り、だれのおしゃべりの話題にもなります。この地方は絹を生きがいとしているようです。多くの村では、むしろに広げてあるまゆを踏み潰さないよう、用心して歩かなければなりません。むしろに広げてあるまゆはアーモンド糖菓のようにおいしそうに見えます。宿のご亭主がわたしを養蚕農家に連れていってくれました。そこでは卵と絹の両方を生産しています。〔蚕の卵は日本から年額三〇〇万ドルに達する量が輸出されています。」卵用のまゆは浅いざるに広げておくと、一二日から一四日でさなぎが見かけの冴えない小さな白い蛾に変わります。ついで一〇〇匹から一三〇〇匹の蛾を厚紙一枚に並べておくと、紙は半日で卵に覆われるので、この紙を秋までひもで吊り下げておきます。秋にこれを箱詰めし、翌春、卵が孵化《ふか》します。この地方で最上の種紙は一枚三銭半で売れます。ここでの養蚕の時期は四月はじめに種紙を吊ることからはじまります。およそ二二日で蚕が現れます。女性たちはこの蚕をとても気をつけて世話し、盆ざるに紙を敷いた上に種紙を置いて、卵がすべて孵化するまで三日間毎朝羽根で撫でます。桑の葉は細かく刻んだ上ふるいにかけて葉脈繊維を取り除いてから、きび殻と混ぜて蚕に食べさせます。蚕は種紙からござの上に置いた清潔なざるに移されます。四度の活動休止を経ますが、一度目は孵化後一〇日間にあります。残りの三度の活動休止の間隔は六日から七日です。活動休止のときは最大限に気を配って餌を調合します。餌を与えるのはふつう日に五度ですが、暑い時は八度になることもあり、また蚕が大きくなれば、餌も粗くなって、四度目の活動休止のあとは葉も丸のまま与えます。蚕が空腹でもなければ満腹している状態でもないよう、餌の量はきわめて細かく計ります。環境を清潔に、また温度を一定に保っておくことが必要で、そうしないと病気が発生します。夜も昼もひっきりなしに世話をしなければならないので、シーズン中、女性はほかのことがほとんどできません。四度目の活動休止のあと、蚕はまもなく餌を食べなくなります。糸を吐く場所を探しはじめるのが見られたら、最良の蚕を選んで藁でできた台の上に置いてやります。すると蚕は三日かかってその台の上にまゆをつくります。絹地を織るための蚕は盆に並べて三日間天日に当て、これによりさなぎを殺してしまいます。

ほとんどの家でも、わたしが通りかかると、女性が表でせっせと絹糸を巻き取っています。この過程では、まゆをお湯につけます。容器は銅のたらいを用い、縁に環にした馬毛かごく細い針金製のフックがついています。最上の絹の場合、五個または六個のまゆの糸を環に通し、左手の第一指と第二指で糸巻きにたぐります。その間右手は糸巻きのハンドルを回します。たいへん熟練を要します。これに用いる水はとてもきれいでなければならず、必ず使う前に漉《こ》します。そうしなければ、絹の光沢が失せてしまうのです。

わたしが小松を発つときは、家のなかにはゆうに六〇人、外には一五〇〇人の人々が集まり、塀にも、縁側にも、いや、屋根の上すらすし詰めとなりました。日光から小松まではもっぱら雌馬が使われていましたが、ここではじめてわたしは日本の恐ろしい荷馬に出会いました。見かけのひどく荒そうな馬二頭が戸口におり、首が完全にアーチ形になってしまうほど頭を低くしてつないであります。わたしが乗ると、人々があとをついてきたので、馬は下駄の音とおおぜいの人間の話し声とに驚き、頭をつないであった綱を切ってしまいました。驚いた馬子《マゴ》が馬を放してしまい、馬はおもに後脚で立ちつつ、いななきながら通りを駆けて前脚を乱暴に突き出したので、野次馬は左右に散りました。馬が警察署の前を通りすぎたとき、警官が四人出てきて馬を捕まえたものの、野次馬はまた集まってきました。なぜならもっと長い通りがあって、そこをわたしの馬は同じように進んでいったからです。あたりを見回してみると、伊藤の馬も後脚で立ち、伊藤は地面に落ちていました。わたしの馬は溝という溝を飛び越え、歩いている人という人を歯で攻撃し、まるで野生の馬のように振る舞うので、わたしがこれまでに覚えた馬の異常な行動に関する知識を総動員しても追いつきません。赤湯《あかゆ》に着くと馬の市がありましたが、どの馬も頭を低くして杭につないであり、鳴くか後脚を振り回すことしかできません。これはわたしたちの馬を刺激し、荷馬が何度も激しく体をよじらせて伊藤と荷物の大半を投げ出してしまいました。わたしが馬から下りようとすると、馬が体を起こし、わたしは片足をとられて地面に落ちてしまいました。そこへ馬は何度か歯で突撃をかけてきましたが、馬子が何人かでうまく食いとめてくれました。これらの馬のおかげで、わたしはいやでも「汝に向かいて襲いかからぬよう、口に馬銜《はみ》をかませるべきもの」ということばを思い起こさずにはいられませんでした。

好天の夏の日でしたが、とても暑く、会津の雪を冠した連峰も陽光を受けてぎらぎらと輝き、あまり涼しくは見えませんでした。米沢の平野は南に繁栄する米沢の町があり、北には湯治客の多い温泉の町、赤湯があって、申し分のないエデンの園で、「鋤《すき》ではなく画筆で耕されて」おり、米、綿、とうもろこし、たばこ、麻、藍、大豆、茄子、くるみ、瓜、きゅうり、柿、あんず、ざくろをふんだんに産します。微笑みかけているような実り豊かな地です。繁栄し、自立した東洋のアルカディアです。充分にある土地はすべてそれを耕し、自分たちの育てたぶどう、いちじく、ざくろの木の下に暮らし、圧迫とは無縁――東洋的な専制のもとではめずらしい光景です。それでもなお大黒は筆頭の神さまで、物質的な幸福が願望のたったひとつの的なのです。

美と勤勉と快適さの魅惑的な地で、山々に取り囲まれ、明るく陽光を反射する松川《まつ》に灌漑されています。いたるところに豊かで美しい農村があり、彫刻を施した梁とどっしりした瓦屋根の大きな家々が、それぞれ自分の敷地に柿やざくろの木々に埋もれるように建っています。家々にはぶどうを這わせた蔓棚の下に花壇があり、プライバシーはざくろや杉のていねいに刈り込まれた高い生け垣で守られています。吉田《よしだ》、洲島《すのしま》、黒川《くろかわ》、高山《たかやま》、高滝《たかたき》の各村以外に、木立のなかから納屋の茶色い屋根が頭をのぞかせている村落がこの平野にはゆうに五〇はあるのを、なかを通ったり、そばを通りかかったりして数えました。どの村にも村の神さまの名前を記した白い幟を立てる、高さが三〇フィート［約九メートル］を超す柱が二本あり、祭《マツリ》りの日にはそれを立てます。木々のあいだから見えるその数から判断すると、半分以上の村で現在祭りが行われているようでした。太鼓の単調な音があたりに満ち、女の子はみなたっぷりとお化粧をしています。村の神さまを表す文字を記した大きな提灯がどの家の軒先にも吊り下げられ、夕方からの照明に備えています。わたしが養蚕のようすを見学した吉田の村は、なかでも最も美しくて豊かです。ただしそこですらみずからの手で働いていない者は男も女もいません。またおとなが半裸の姿でいるのは山間の村と同じく一般的なこととはいえ、子供たち、とくに女の子は絹地の着物で盛装し、緋色のものをいっぱい身につけていました。耕作方法にはなんの差異も見られません。吉田は豊かで繁栄しているように見え、沼は貧しくてみすぼらしいものの、山腹から救出された沼のわずかな農地は吉田のそれと同じようにすばらしく整然として手入れが行き届き、完璧に耕されています。また日当りのいい米沢の平野の広い農地と同じように、気候に合った作物をふんだんに産します。そしてこれはどこでもそうなのです。「不精者の畑」は日本には存在しないのです。

こういった美しい村々を通って四フィート［約一・二メートル］幅の道を四時間馬で旅しました。そして驚いたことに、舟で川を一本渡ったあと津久茂《つくも》に入ると、地図の上では二級道路に見えたのに実際は幅が二五フィート［約七・六メートル］の両側に溝のある、よく手入れされた道路に出ました。道路に沿って電信柱も立っています。突然新しい世界に出てしまったのでした。この道は何マイルにもわたって身なりのいい徒歩の通行人、人力車《クルマ》、荷馬、荷馬車で込んでいました。荷馬車の車輪はきちんとしたものもあり、スポークはついているもののタイヤはないものもあります。大きな馬車道なのに、馬車はいません。このように文明化された環境で、ふたりまたは四人の茶色い痩せた男たちが荷車を引いているのを見るのは妙なものです。それに男はほとんど素裸、女は上半身裸の夫婦が同じように荷車を引いているのをたびたび見かけるのも。また上には電線が走り、下には日除けの笠とうちわ以外なにも身につけていない男たちがいて、本や石板を持った学校帰りの子供たちが学科の勉強をしているのは、そぐわないように思えました。

硫黄温泉の町、赤湯では安眠を期待したのですが、ここはわたしの訪ねたなかでもいちばん騒々しいところのひとつでした。四本の通りが交わっている最も人の多い場所には浴場小屋があり、男女両方の人々でぎっしり込んでいて大きな水音がします。またここに近い宿屋には約四〇室の部屋があり、そのほとんどにリウマチを患った人々が数人ずつ畳の上に寝ていて、三味線《サミセン》や琴《コト》がぺんぺんきんきんと鳴っています。そのうるささに耐えきれず、わたしは一〇マイル［約一六キロ］離れたここまで新しい上等の道路を通ってきましたが、この道路は水田のある広くておもしろくもない谷と低い丘陵を上がり、砂利の多いもっと高い山々に囲まれた小さな平地に出ます。この高いほうの山のひとつの斜面には三〇〇〇人以上を収容できる温泉場、上山《かみのやま》が心地よさそうに納まっています。お祭りらしく、どの家にも提灯と旗があり、おおぜいの人々がお寺の境内に群がっています。お寺はもっと上の山にもいくつかあります。乾燥していて清潔なところで、美しい宿屋が高台にあり、住み心地のよさそうな家々には庭があって、山々をめぐる散歩道が何本もあります。人々が言うには、ここは日本でも最も乾燥したところに数えられるとのこと。外国人が行き来できる距離にあるならば、あちこちへ景色を楽しむ遠足のできる、健康によい保養地となるでしょうに。

ここは日本人が旅行するルートのなかでも最大のもののひとつで、温泉場を訪れて日本人の習慣や娯楽や、ヨーロッパからなにも取り入れてはいなくても実に完璧な文化を見るのはおもしろいことです。こちらの温泉は鉄分を含み、硫化水素が強く染みています。わたしは華氏一〇〇度、一〇五度、一〇七度［摂氏約三八度、四一度、四二度］と三種類の温度のお湯に入ってみました。リウマチにとても効くと考えられており、遠くからも湯治客がやってきます。わたしによく情報を提供してくれた警察官の話では、現在湯治目的でここに滞在している人々は六〇〇〇人いて、日に六度温泉につかるそうです。わたしが思うに、リウマチとなると旧来の日本人医師は食事や生活習慣にほとんど目を向けず、内服薬や外用薬を多用しています。やわらかい手ぬぐいで体を軽く洗うかわりに強く摩擦するようにすれば、こういった温泉や薬湯の効能も大幅に増すでしょう。

ここは大きな宿屋で、よそから来た人でいっぱいです。宿のおかみさんは肉付きのいいとても好感の持てる未亡人で、同じ山のもっと上に湯治客用の実にすばらしい旅館を所有しています。この未亡人には一一人の子供があり、うちふたりか三人は背が高くて体格のいい上品な女の子です。わたしがはっきり褒めると、ひとりの女の子は真っ赤になりましたが、気を悪くしたのではなく、わたしを山の上に連れて行き、とても魅力的なその場所にある寺院や温泉や宿屋を見せてくれました。わたしは彼女の品のよさと機転をとてもうれしく思っています。宿のおかみさんにこの宿屋を経営して何年になるのか訊いてみたところ、おかみさんは「三〇〇年になります」と誇らしげに答えましたが、これは職業世襲の例としてめずらしくないことです。

わたしの部屋は広い日本庭園にある蔵《クラ》というユニークなもので、この蔵には水温華氏一〇五度の温泉を引いてある浴室があり、そこでわたしは温泉を堪能しています。昨夜は蚊がひどいものでした。おかみさんと立派な娘たちが一時間辛抱強く扇いでくれなかったなら、わたしには一行も書けなかったことでしょう。わたしの新しい蚊帳はすばらしい効果を見せています。ひとたびこちらが中に入ってしまえば、わんわんとうなりをあげている何百匹もの血に飢えた蚊はがっかりするしかないのですから、実にいい気味です。

宿のおかみさんの話では、宿屋の経営者は看板料として二円を一度だけ払い、税金は第一級の場合年額二円、二級は一円、三級は五〇銭に、酒販売の許可料五円を添えて納めます。この「蔵《ゴダウン》」（マレー語のガドンより）、つまり耐火性のある倉庫は日本の町でもよく目立つ特徴のひとつで、それはなにもかもが灰色のなかで蔵だけは白いからでもあり、またほかのなにもかもが朽ちやすいなかで蔵だけは堅牢であるからでもあります。旅館、商店、中産階級（中産階級というものがあるとして）の家庭にはそれぞれ蔵がありますが、もっと貧しい階級用および村々には、必要に応じて借りて安全確保のできる蔵があります。燃えやすい自分の住居に貴重品をしまっておく者はだれもいません。何度かわたしはあたり一帯がすべて燃え落ちて、わずかな灰しか残っていないのに、蔵だけは煤《すす》をかぶっている以外は無傷のまま立っている光景を目にしました。蔵はどれも形が同じで、家々と対照をなす立派な外見をしています。基礎は石でできており、その上にまずまず堅牢な木造の骨組みが載っていて、この骨組みに二五層から五〇層の土としっくいが塗ってあります。かなりの

上山の美女

大黒

厚みのしっくいの屋根がこの土壁の上に載り、さらにその上には一フィートの隙間を空けて立派な瓦屋根が載っています。扉と窓のよろい戸は鉄またはブロンズ製でしっかりしており、また立派で、チャブ社製耐火金庫の扉によく似ていますが、二、三の例外があり、しっくいを厚く塗った木製の場合もあります。蔵の外壁はチュナム［灰泥？］という純白のセメントを塗ってあります。

わたしは蔵の一階に泊まっていますが、鉄製の扉は開けてあり、夜は代わりに紙製の衝立てを立てます。わたしの部屋には物が二、三置いてあります。立派な祭壇がふたつあって、そこからは仏像二体が無感動な顔を夜通しのぞかせ、また美しい観音像一体とありがたい長寿の神の像は奇妙な夢を誘いそうです。前にわたしが寺院の入り口を守っている二体の巨大な像、仁王のことを話したのを覚えているでしょう？　この仁王像を小さく印刷したものがほぼどこの家の戸にも貼ってあるのに気づきました。蔵の扉にもです。これは盗難除けとして貼ってあるもののようです。宿屋の玄関のそばには大黒つまり富の神の像があります。大きかったり小さかったりはするものの、この像が置いてない家は一軒も思い出せないくらいですが、この宿屋のはこれまで見たこともないほど大きなものです。大黒像はふつう陽気でいたずら好きそうなようすをしていますが、それもそのはず、この神はすべての人を導きながら、その大半をだます神かもしれないのです。大黒は背が低くてずんぐりしており、自由の帽子のような頭巾をかぶって米俵の上に座っています。右手には木槌を持ち、左手には肩にかついだ大きな袋の口をしっかり握っています。この像の教えであるモラルは忘れられて久しくなります。この像は背の低さで謙虚であることを教えています。袋は得たときにはがっちり捕まえなければならない富を表しています。頭巾はつねに視線を下げて人生の現実を見るよう、目に影を落としています。木槌は手仕事を、また米俵は身分を上げてくれる規則を守ることにより得られる富を表します！　商人、農夫など生計を立てなければならない者はみないつも大黒を大事にするので、この神さまの前にはつねに供物や香が絶えません。

I・L・B

第二四信

七月一六日、金山《かなやま》にて

繁栄——囚人の労働者——新しい橋——山形——まがい物の洋酒——政府の建物——態度の悪さ——製糸工場——雪をかぶった山々——みすぼらしい町

同じようにすばらしい道路を三日旅して六〇マイル［約九六キロ］来ました。山形県はまれに見る繁栄した進歩的で野心的な地方だという印象を受けています。上山《かみのやま》を発ってすぐに入った山形平野は人口が多く、耕地化が非常に進んでいて、広い道路は交通量もきわめて多く、裕福で開化されているようです。漢字の入った鈍い赤の着物《キモノ》を着た囚人たちが道路を修復していますが、この囚人たちはイギリスの仮出獄人に相当し、土建業者や農夫に雇われて賃金労働をしており、つねに囚人服を着ていなければならないという点以外はなんの制約も受けていません。

坂巻川《さかまき》ではうれしいことに、わたしが唯一目にした、完璧に堅牢な近代日本の建造物に出会いました。完成直前のすばらしく立派な石橋で、これははじめて見ました。とても紳士的で愛想のいい日本人技師奥野忠蔵《ちゆうぞう》に自己紹介をすると、彼はわたしに図面を見せ、非常な手間をかけてそれを説明してくれたうえ、丁重に茶菓でもてなしてくれました。

　このすばらしい道路に架かっているすばらしい橋は長さが一九二フィート［約五九メートル］、幅が三〇フィート［約九・一メートル］あり、径間がそれぞれ三〇フィートあるアーチがついています。この橋にはどっしりとした石の欄干があり、両端と中央に支柱があって、高さ三フィート［約九一センチ］のブロンズ製擬宝珠《ぎぼうし》が載っています。石材は一二マイル［約一九キロ］離れたところで切り出し、それぞれを八人の人夫で河畔まで運んだあと現場で加工しました。石の標準的な大きさは三フィート×二フィートで、日本の石工事すべてに共通するとおり、石と石がモルタルを使わずとも継ぎ目がほとんどわからないくらいぴったりと合わさっています。推定費用は一万六〇〇〇円ですから、三〇〇〇ポンドちょっとになります。この橋はデザインと工事が日本式であるところがとても興味深く、また外国からの援助なしで成功裏に建設されています。わたしは技師に工事についての賛辞をいっぱい述べましたが、その賛辞はこの栄えている県に入って以来、とてもおかしな威張った歩きぶりと話しぶりになっている伊藤を介して、少しの不足もなく伝えられたようです。頻繁に洪水が起きて橋が流されてしまうのは大きな損失と不便を生む一因です。河川は無数にあり、貧しい地方では、幹線道路でもこのように立派な橋の建設が一般的になるとは思えませんが、それでも長い目で見れば、いろいろな場所で、コンクリートを詰めた鉄管のほうが土台のない木製の橋脚より安くつくでしょうに。この地方は見るからに繁栄していますが、その繁栄はひとつにはこの立派な幹線道路から生まれているとわたしは思います。この道路のおかげで耕作者は市場を選択でき、輸送が不便なために最寄りの市場で販売せざるをえないという状態を免れているのですから。道路は歩行者や荷馬ばかりでなく、おびただしい数の人間の引く荷車や人力車《クルマ》のおかげでとても活気があります。

人口二万一〇〇〇の繁栄する町であり、県都でもある山形は、ちょっとした高台のよい立地にあり、それに加えて県庁《ケンチヨー》が本通りのいちばん上《かみ》というほかより抜きんでた位置にあるので、日本の町としてはめずらしく引き立って見えます。どの都会も郊外はとても貧弱で、県庁の高くて白い新庁舎が低い灰色の家並みの上に見えるのにはとても驚きました。山形の街路は広くてきれいです。いい商店があり、なかには装飾入りの鉄瓶と装飾用真鍮細工以外はなにも置いていない長い通りもあります。店内に入ってみましたが、これまでのところ、数軒の店で西洋式飲食物、とくに飲料のひどいまがい物を専門に売っているのがほとんどだとわかり、いやな思いをしました。天皇《ミカド》からはじまって下々まで、日本人は洋酒を愛飲するようになっていますが、ただでさえ洋酒は本物であっても日本人には有害なのに、硫酸やフーゼル油や質の悪い酢、それになにかわからないものを混ぜてあるのですから、その害たるやずっとひどいものです。山形では最上級の銘柄シャンペン、マーテルのコニャック、バスのエール、メドック、サン・ジュリアンのワイン、スコッチ・ウィスキーを本来の五分の一の値段で売っている店二軒を見ました。すべて有害な混ぜ物で、こんなものの販売は禁止すべきです。

政府の建物は相変わらずお菓子屋さんのような様式であるとはいえ、ベランダを足して改善されています。県庁、裁判所《サイバンチョー》、付属上級学校を備えた師範学校、警察署の建物は、どれも立派な道路や見るからに裕福な町の雰囲気にふさわしいものです。丸屋根のついた二階建ての大きな病院は一五〇人の患者を収容できる予定で、また医学校になることになっていますが、ほぼ完成しています。非常に設備がよく、換気もとても良好です。現在の病院については、見学してはきましたが、あまり多くを語れません。裁判所では二〇人の官吏がなにもしないでいるのを目にしました。また何人もの警官が全員洋服に身を包み、それに加えて西洋式の物腰のまねをしており、全体としてその結果は悪趣味丸出しとなっています。県と県都の人口をわたしに教えてくれたのも、通行証の呈示を求めてからでした。一、二度伊藤の態度が悪いのを目にしたのですが、それ以来伊藤はわたしに二度、自分の態度は山形の警察官みたいだと思うかと訊くのですよ！

ある製糸工場を訪ねました。そこでは主任も機械係もみんな洋服を着ているのに、ことのほか礼儀が正しくて話し好きでした。明るくて天井が高く、風通しのいい建物で、清潔で身なりもいい五〇人の娘たちが五〇台（近々一〇〇台に増える予定）の紡績機を動かしています。見習い中の娘は食事以外にわずかな給金しかもらえませんが、熟練者は週に五シリングの給金と食事を得ます。機械は二〇馬力の蒸気エンジンで動かし、製作も保守も日本人が行っています。紡績機の前には作業台の列があり、娘たちがクッションのついた高いスツールに座っています。それぞれが真鍮製の容器を持っていますが、これには一定の温度に保ったお湯とまゆが入っています。細枝でできたブラシで絹の繊維の端を立て、ガラスの輪を通して紡績機にかけます。一日の労働時間は一一時間。紡いだ絹糸はすべてイギリスに送られます。値段は白がいちばん高いものの、黄色いものがいちばん丈夫です。絹はどのような形で売るにせよ、一定の量を包装し、品質を示すスタンプを押さなければなりません。工場の経営者はヨーロッパで粗悪な絹が生産されていること、とくに絹と綿を混紡したものが日本製の絹として知られていることをとても嘆いていました。紡績工場の裏には大きな耐火性の建物があります。天井まで届く棚があり、そこにはストーブで暖めた部屋で高温にさらしたまゆを保管してあります。経営者はわたしたちに今年の初摘みのお茶を振る舞ってくれましたが、格別おいしいものでした。

山形の野次馬は辛抱強くて息が詰まりそうでした。製糸工場までわたしについてきて、警官に追い払われたあともまた集まり、わたしが工場で一時間すごすあいだ外で待っていて、お茶屋までついてきます。そしてお茶屋でもわたしがスプーンとフォークを使うあいださらに一時間待っていました。

山形の北で平野は広がり、一方には雪をかぶったすばらしい山々の尾根が連なり、もう一方には傍系の尾根がとぎれとぎれにあってこの平野を取り囲み、人が目にしてみたいと願うような明るく快いものとしています。山々の麓に近い山腹には感じのいい村々が数多くあります。気温はたったの七〇度［摂氏二一度］で、北風が吹き、天童から三里半先まで行かなければならないとはいえ、ことのほか気持ちのいい旅でした。天童は住民数五〇〇〇人の町で、当初はそこで休憩する予定でしたが、カシツケヤでない宿屋が蚕でとにかく満員でわたしを受け入れられなかったのです。

翌日の旅も前と同じ立派な道路を通ってつぎつぎにある農村をすぎました。また土生田《とちうだ》、尾花沢《おばなざわ》など、人口一五〇〇から二〇〇〇人の町も多くあります。土生田からも尾花沢からも雪に覆われた雄大な山、鳥海山《ちょうかい》のすばらしい景色が眺められました。鳥海山は高さが八〇〇〇フィート［約二四四〇メートル］あるそうで、どちらかといえば平坦な土地にいきなりそびえています。また湯殿《ゆどの》山のみごとな雪原が同時に視界に入り、その下にはとても画趣に富んだ山々が連なり、日本で最も壮大な景観のひとつに数えてよさそうです。尾花沢から先、道は最上《もがみ》川の支流に灌漑される谷間を通り、上等の木の橋を渡ると、それは雄大な眺めの峠を上ります。松、杉、低木オークの生える軽い泥炭性の土壌の地帯をだらだらと上ったあと、長い下りの道が続きます。すばらしい並木道に入り、この並木道は新庄《しんじょう》で終わりとなります。新庄は水田地帯にある人口五〇〇〇人のみすぼらしい町です。

二三マイル［約三七キロ］を超すきょうの旅は宿屋のない数々の農村を通るもので、村の多くは茶屋もありませんでした。建築の様式はがらりと変わりました。木材は見当たらなくなり、いまや家屋はどれも重い梁、木舞《こま》いと茶色の土に切り藁を混ぜて塗った壁でできており、とてもきちんとしています。ほとんどの場合それは大きな矩形の納屋で、間口の狭いほうを道路に向け、五〇、六〇、あるいは一〇〇フィートの長さがあり、道路に一番近い部分が住居となっています。これらの農家の窓には障子はなく、上部に何ヵ所かある明かり窓に紙をはった雨戸がはまっているだけです。雨戸は昼間開けてあり、また立派な家では葦か細く割った竹のすだれを開口部に吊り下げてあります。天井はなく、多くの場合、能天気な蛇が屋根裏に棲んでいて、おなかが一杯になると蚊帳の上に落ちてくることがあります。

ここでふたたび、新庄はみすぼらしい町だと書きましょう。城下町ですが、これまでわたしが見てきた城下町はどこもさびれた観があり、それはひとつには城が取り壊されていたり、朽ちるにまかせてあるからです。新庄では米、絹、麻が大々的に取り引きされているので、見かけほど貧しい町ではないはずです。蚊が何千もの大群でおり、サゴ澱粉とコンデンス・ミルクのわびしい食事をとったあとは、蚊に刺されないようベッドに入るしかありませんでした。夜通し雨が降って蒸し、わたしのわびしい部屋は汚くて息が詰まりそうでした。ねずみがわたしのブーツをかじり、きゅうりを盗んで逃げていきました。

きょうは気温が高く、陰気な空模様です。上等の道路は終わってしまい、前のように難儀な旅がはじまりました。けさ新庄を発ったあと、わたしたちは険しい尾根を越え、たいへん美しくて変わった盆地に出ました。そこはピラミッド形の山々が半円形に連なり、しかもその山々が頂上までピラミッド形の杉の木立に覆われているのでいっそう美しさが際立っているのです。見たところ、この杉林で北に行く道はすべてふさがれているようです。麓にはロマンチックな場所に金山の町があります。金山に着いたのは正午という早い時刻だったものの、一両日ここに滞在するつもりです。というのも駅逓所のわたしの部屋は心地よくて感じもよく、職員はとても丁重だし、またこれから旅するのは非常に困難な地域なのですから。伊藤が日光を出発して以来はじめて鶏を調達してきてくれました!

こんな湿気の多い気候でしかもこの健康状態では、一度に二、三日以上快調に旅するのは不可能ですすし、ふた晩休憩できるきれいで静かで衛生的な宿はなかなか見つかりません。蚤と蚊のいない宿は望むほうが無理です。もっとも蚊は多いときと少ないときがあるし、蚤は「よけ」方を見つけてはいますが。畳の上に六フィート[約一・八メートル]四方の油紙を敷き、紙の縁にペルシャの虫除け粉を振って、椅子を紙の中央に置くのです。これでわたしは隔離されたことになり、無数の蚤が紙の上に跳んできても、蚤は虫除け粉で麻痺してしまい、簡単に殺せます。いずれにしても左手をすずめ蜂と牛虻《うしあぶ》の両方に刺されてしまい、炎症を起こしたので、ここに泊まらざるをえなくなりました。ところによっては、すずめ蜂が何百匹といて、馬を興奮させます。「馬蟻」に刺された個所も炎症を起こしています。「馬蟻」は散歩中の人間を刺します。日本人はこういった虫によく刺されますが、その跡をほったらかしにしておき、治りの悪い潰瘍になってしまうことがよくあります。そのほかイギリスの家蠅のように無害に見える蠅がおり、この蠅は蚊のように刺します。虫は夏に日本を旅する上での障害となりますが、それよりひどいのは疲れやすい環境で食欲もなくその日のきつい旅を終えたあと、口にできる食べ物がないことです。

七月一八日——虫に刺された跡があんまり熱をもって痛むので、昨夜わたしは喜んで新庄の日本人医師に往診してもらいました。伊藤は少しでも「重要な」ことを通訳しなければならなくなると、必ず絹の袴《ハカマ》をはいていつもの倍くらい偉くなったように見えるのですが、その伊藤が連れてきたのは、なにからなにまで絹の衣装をつけた中年の男性で、三度ひれ伏すようにお辞儀をしてから正座しました。伊藤が多くのことばを費やしてわたしの災難のことを説明すると、ノソキ医師は「畏《おそ》れ多い」手を見せてはもらえないかとわたしに尋ね、手をたんねんに診《み》たあと、今度は「畏れ多い足」を診ました。それからわたしの脈をとり、目を拡大鏡で見てから、大きく息を吸い込み――血筋のよさと折り目正しさの表れ――、かなり熱があるとわたしに言いました。これはわたしにはすでにわかっていることです。ついで医師は、休養せねばならないと言いました。これもすでにわかっています。すると医師はパイプに火をつけ、わたしを見つめました。そしてもう一度わたしの脈をとり、目を見、すずめ蜂に刺された個所の腫れ具合を確かめてから、とても腫れていると言いました。そんなことは痛いほどわかっています。医師は三度手をたたきました。それを合図にひとりの人夫が立派な黒い漆塗りの箱を持って現れました。箱にはノソキ医師の羽織《ハオリ》に白抜きで入っているのと同じ紋が金で描いてあります。これには棚や引き出しや瓶などを備えた美しい金漆の薬箱が納まっていました。医師はローションを調合してわたしの手と腕にかなり器用に包帯を巻き、痛みが引くまであいだを置いては包帯の上からローションをかけるようにと言いました。患部全体が油紙で覆われました。つまりこれが油を塗った絹地の用途です。医師はついで解熱剤を調合しましたが、これは純粋に植物性なので、わたしは躊躇せずに受け取りました。医師はこの薬は白湯で服用すること、そして一両日は酒を断つことと言いました！

料金はいくらかと尋ねると、医師は何度もお辞儀をしてなにか早口でぶつぶつ言ったり息を吸い込んだりしたあと、五〇銭では多すぎると思うかと尋ねました。そしてわたしが一円差し出し、何度も深々とお辞儀をして、診察を受けられてたいへんうれしいと言うと、こちらがすっかりまごついてしまうほど感謝のことばが返ってきました。

医師は多くが東京の医学校出身で、日本国内のどこででも開業できる免状を持っており、西洋医学の教育を受けた者が教鞭をとる県立病院付属の医学校では、それを交付した県のなかでのみ開業できる免状を授けています。でもノソキ医師は父から子へ医術を伝える旧来の開業医のひとりで、おそらくその患者の多くもそうでしょうが、西洋の医療法や薬剤を採り入れようとはしません。外科手術、とくに切断手術に対する強い偏見が日本じゅうにあります。切断手術については、五体揃ってこの世に生まれてきたのだから、この世と別れるときも五体揃っていなければならないという考えで、外科医はどれだけの代価を払っても、腕一本切断できる特権は得られないでしょう。

土着の医術では解剖は未知のものなので、書籍から得られる知識以外、これら旧来の医師は人体のメカニズムについてなにも知りません。ノソキ医師の話では、主に急性の症状の治療には灸や鍼を、慢性の病気には摩擦、薬湯、動物性・植物性の薬、ある種の食べ物を用いるとのことです。蛭《ひる》や発泡膏を使うことはまったくなく、また鉱物性の薬については見るからに懐疑的です。クロロフォルムのことは耳にしたことがあるものの、使われているところを見たことはなく、妊婦に使用すれば、必ず母子のいずれかを死に至らせるだろうと考えています。ノソキ医師はわたしに、西洋人がクロロフォルムを使うのは、過剰になった人口を減らすためではありませんかと尋ねました（これまでにも同じことを二度訊かれています）！　彼は朝鮮人参、犀《さい》の角、なにか動物の肝の粉末などあらゆる漢方薬に絶大の信頼を寄せています。[(1)]　なにかの動物とは、説明から判断して虎ではないかと思います。ノソキ医師は小さな箱に入れた「一角獣」の角をわたしに見せてくれましたが、彼によれば、同じ重さの金より高いとのこと！　偶然とはいえ、ノソキ医師のローションをつけたら腕の具合がよくなってきたので、治ったのは彼のおかげだということにしなければなりません。

わたしはノソキ医師を夕食に招待しました。いろいろな料理の載ったテーブルが二卓用意され、医師は旺盛な食欲を示して、骨の多い小さな魚の肉を食べるのにそれは器用な箸さばきを見せました。ごちそうだということを示すために、ぺちゃぺちゃ、ごくごくと音をたてて食べたり飲んだり派手に息を吸ったりするのは正しいことです。作法では厳然とそう定められており、これは西洋人にとってはとても困ったことで、わたしはこのお客さまの食べ方にもう少しで笑い出してしまうところでした。

宿の亭主と戸長《コチョー》つまり村長が夕方わたしを正式に訪ねてきました。伊藤は正装をして、このときとばかりに大働きしました。宿の亭主と村長はわたしがたばこを吸わないのにとても驚き、たばこ断ちをして願をかけていると思ったようです。ふたりはイギリスの習慣や政治についていろいろわたしに尋ねましたが、話題は何度もたばこのことに戻りました。喫煙は完全にどこでも行われています。サトウ氏によれば、日本では一六〇五年までたばこは栽培されておらず、一六一二年と一六一五年に将軍がたばこの栽培とその使用を禁止しています。でもその布告に対して「煙草《スモーク・ウイード》」を切望する声はあまりに強く、一六五一年には屋外での喫煙を禁じる公告に変更されました。まともな女性がたばこをたしなむようになるにはずいぶん年月がかかりました。いまでは都会にはキセル、たばこ、たばこ入れを売る店が無数にあり、店らしきものがある村なら、喫煙具を売っている店が必ずあります。道路沿いには同じように喫煙具を売る屋台があり、火入れと灰吹きを備えた煙草盆《タバコボン》は最も貧しい家庭にもある家具です。この件に関する文献のなかでは、たばこは「貧乏人の草」とも「愚者の香草」とも呼ばれていますが、こういった呼び方は非喫煙者のつくったものです。キセルは日本人にとって唯一の連れであることがよくあります。宿の亭主と村長の話では、男ならだれもが「昼も夜もたえずたばこがほしくなる」とのこと。たばこの葉を煎じたものは、イギリスでと同じように、植物の虫を除去するのに用いられ、たばこの葉を束ねたものは軒下に吊って害虫除けに使います。干した葉は本にはさんで防虫剤にしますし、干したたばこの油は眼病の薬となります(2)。

たばこの用途については日本でもよく活発に論議されるものの、全般的に医師たちは適度な喫煙に賛成しています。著名な作家貝原《かいばら》［益軒］はたばこをお茶や酒と比べ、「たばこだけは一利もないくせに、ほかのなによりも害が多い。一般の人々が吸うのをたしなめてもしかたがないが、紳士や『上流の』人々が野蛮な国から入ってきた習慣に従ってそれを楽しみ、身体に害を与えるものを賞賛するのは嘆かわしい過ちである」とこてんぱんに非難しています[3]。

知的な人々とことばをかわす機会を得たどの農村でも、わたしは農村行政の情報と、現状に対する農民の意見についていくばくかでも知識を得ようとしました。でもそんなことをやってみたことのない人には、矛盾しない情報を得るのがいかにむずかしいか、わかろうはずもありません。また先天的に真実を語ることができないこと、あるいはいつまでもあるスパイ行為に対する恐怖、のいずれかから、これはと思う意見を吐露してもらうことは不可能です。宿の亭主と戸長は例外であり、わたしたちはお茶とお菓子を何度もお代わりしながら、夜更けまで話をしました。

戸長すなわち村の責任ある長はその地域の男性住民が多数決で選びますが、その任命は県令から承認されなければなりません。これまで戸長に対して行われていた贈り物は廃止され、いまは月額五円か六円の決まった俸給を受け取っています。範囲が広いうえ増え続ける一方の職務に対してとても充分とはいえない額です。戸長は公告や問い合わせや、村民から県令に送る嘆願書のすべてに捺印しなければならないし、収穫後にみんなが年貢を納めているかどうかを確認しなければなりません。出生、死亡、婚姻を登記し、地方税を徴収し、道路や堤防や橋の状態にも目を配らなければなりません。また堤防、橋、渡し舟が危険な状態にあるときは、その旨通達を出さなければならないのです。

戸長の上には郡長《グンチョー》がいて、郡長は郡《コーリ》という四から一〇の村で成る区域の長です。俸給は月額一二円で、立派な執務室を持ち、補佐と書記がつきます。郡長は自分の区域の戸長を監督し、学校、道路修理、俸給など各村の特別支出を決め、県の支出分に自分たちの区域から寄付する額を毎月戸長と手配します。

地方官僚のトップにいるのが県令《ケンレイ》で、内務省に対して責任を負います。たとえば新潟のように大きな県では、県令は重要な町に駐在する補佐官を持ちます。また県令には首席秘書、数人の顧問、多数の職員がつきます。県令の第一の職務は警察を通じて秩序を維持することですが、警察は県令の指揮下にあるわけではなく、東京の警察庁が管轄しています。県令は国税をある程度まで調整します。また地方税を査定したり、道路、河川、堤防、学校を管理したり、可能な場合は道路の改良や交易会社を援助することによって増えつつある通商の需要に応えます。県令は相続と養子縁組の関わる事柄すべての担当官でもあります。

年貢米から金納に変えるという現在の納税方法の改正には、非常に巧みな手腕を必要とします。土地は農民が敏感になる唯一の対象であり、こと土地に関してほんの些細な腹立ちの種があったり、当然土地に結びつく事情があったりするだけで、ふだん無害な耕作者たちは「草刈り鎌」を槍に代え、謀反を起こすぞと脅迫めいた態度をとるようになります。このような騒ぎが起きるのはきわめてよくあることで、ふつう県令またはその補佐官が思慮に富んだことばをかければ鎮まります。

ときどきあることですが、次男が長男に代わって家や土地を継ぐ場合、未亡人が子供たちの後見者となる場合、家長が養子をとりたい場合は県令の承認が必要となります。県令はフランスの県知事とよく似た立場にあるようです。

戸長からは農民の現状について聞くことができませんでした。戸長は前のほうがよかったと考えているようでしたが、わたしには共感できませんでした。過渡期にはさまざまな障害があるでしょうし、またあるはずですが、それに農民は監督されることに慣れ、ときには旧体制のまるで親が子の面倒を見るような保護に慣れていて、不作その他の苦難があっても領主には頼るわけにはいかない独立した立場を最初はきっと不利だと強く感じるでしょうが、いまや彼は自作農というなによりもうらやむべき立場にいるのです。それを彼自身が悟ってさえいたら。彼には自分の土地を売ったり、好きな作物を植えたり、自分の意のままに処分する権利があるのです。もはや旧体制下では実質的にそうであったように、農奴として土地に縛りつけられてはいないのです。無数にあった上流階級の特権と、彼自身が受けていた自由の制限はともになくなったのです。現在それぞれの所有地が査定され、権利書が発行され、実際の耕作者にその土地の権利が与えられています。ただし鉱物の権利はすべて天皇に残されており、かくして天皇は日本全土の荘園領主であるわけです。とはいえ、税収の大部分は、たとえ昨年土地税が土地評価額の二・五パーセントにまで減ぜられ、また地方行政府向けの税金——これも土地に課されるのですが——の上限が土地税の五分の一に定められたにせよ、自作農が負担しているのです。

これらの人々が自分たちに与えられたまれに見る利点を保持していけるかどうかは先を見なければわかりません。これほど無知で迷信を信じやすい人々はおそらくいないでしょう。

土地を抵当に入れる便宜は多くあり、こうすれば小さな所有地は現在の自由土地保有者の手から離れ、大土地を所有する階級がそこに従属する労働人口とともども増えていくかもしれません。それを防ぐ道は、日本人の特徴である、土地に対するきわめて断固たる愛着にあります。

I・L・B

第二五信

七月二二日、神宮寺《じんぐうじ》にて

鶏肉の効き目――お粗末な食事――のろい旅――ロープや石を詰めた当て物――関心の的――脚気――死に至る病――罹患しやすくなる原因――大火――蔵《クラ》の耐火性

金山の戸長《コチヨー》と長く語らったあと、朝とても早く、「きのう鶏を食べたから、きょうは長い旅ができそうですよ」と伊藤に起こされました。この鶏のすばらしい効き目のおかげで、わたしたちは六時四五分に出発しましたが、結果はことわざ「急がば回れ」を地で行くばかりとなりました。わたしが頼んだわけではありませんが、戸長が村人に集まるなとお達しを出してくれたので、わたしは荷馬一頭、人力車《クルマ》の引き手ひとりとともになにごともなく村を出ました。厳しい峠越えの二ヵ所あるひどい道で、わたしはほぼ全行程を歩かなければならなかったばかりか、難所では何度かクルマの引き手に手を貸さねばなりませんでした。実に美しい場所にある及位《のぞき》の村で休憩し、馬を一頭得て、雄物《おもの》川上流沿いに院内《いんない》まで山道をたどりました。山間のこのルートの美しさ、そのまま残っている自然のこと、あるいは道中驚嘆したこと、眺め、小雨からどしゃ降りに変わった激しい雨のこと、どんなにきつくてたいへんな旅であったかなど、その片鱗でもうまく伝えられればいいのですが。それに干《ほ》し飯《いい》と酸っぱくて黄色いラズベリーの食事はお粗末だったこと、難儀して抜けた泥道の深かったことも！　主寝《しおね》峠とサカツ［雄勝《おがつ》？］峠を越え、一二時間かけて踏破した距離は一五マイル［約二四キロ］だったことも！　いたるところでこの道は向こうに出られないと言われました。

女性たちはまだズボンをはいていますが、なかにたくし込んでいる上着は短くはなく、長くなっています。また男性は胸当てとエプロンを組み合わせたような木綿の衣装をそれだけか、あるいは着物《キモノ》の上につけています。杉並木を通る院内までの下り道と、雄物川の奔流に閉ざされた院内の村はとても美しいものでした。この地方には祠や釈迦とその弟子の像が多数あり、また多くの場所に、太陽と月を大雑把に彫った、文字の刻まれていない大きな石碑が立っています。ほかにうまくできたものとして、おびただしい数のロープまたは石を詰めた当て物があり、日光からずっとここまで堤防として用いられています。これは割った竹を六ポンド［約二・七キロ］の石がこぼれないよう小さな目に編んだ筒で、直径が二フィート［約六一センチ］から四フィート、長さはさまざまあります。この筒には丸石が詰めてあり、丈夫で長持ちする堰や堤防はこれをひとつひとつ積み上げて築いてあります。洪水による損壊はひどいものですが、この簡素な方法によりずいぶん軽減されているのです。

院内の宿屋《ヤドヤ》はことのほか心地のよい宿屋でしたが、わたしの部屋はすべて襖《フスマ》と障子《ショージ》で仕切ってあり、始終人がのぞいていました。こういった辺鄙な場所で人目を引くのは外国人本人とそのめずらしい立ち居振る舞いばかりでなく、わたしの場合はゴム製の浴槽、空気枕、それになにより白い蚊帳もそうでした。この地方の蚊帳はすべて緑色の重いキャンバス地でできており、みんなわたしの蚊帳をさかんに褒めるので、ここを発つ際には、髪を結うのに使えるよう蚊帳の小さな端切れをあげるのがいちばん喜ばれるのではと思えるほどです。隣の部屋にはわたしが越えてきた峠を測量中の技師が六人泊まっています。トンネルを掘れるかどうかを見るためで、トンネルができれば、東京から日本海側の久保田《クボタ》までクルマを使い、出費も少々追加する程度で行くことができるでしょう。それに荷車も使えます。

上院内と下院内の両村には日本人がとても恐れている脚気《カッケ》という病気が発生しました。この七ヵ月間で約一五〇〇人の住民のうち一〇〇人が亡くなり、地元の医師のほか久保田の医学校から医師ふたりが応援に駆けつけています。脚気が西洋のどの病気に相当するのか、わたしにはわからないものの、日本語の病名は脚の疾患を意味します。最初の症状は脚の脱力感、「膝の頼りなさ」、ふくらはぎのこむらがえり、腫れ、感覚麻痺です。東京で一一〇〇件の脚気の症例を研究したアンダーソン医師は、これを亜急性の病状と呼んでいます。慢性の場合はゆっくり感覚が麻痺し、体力を消耗させる病気で、診断を受けずにいると、半年から三年で身体麻痺と極度の疲労から死亡してしまいます。三番目すなわち急性の病状をアンダーソン医師はつぎのように述べています。重篤な症状が突然起き、急速に進行して、「患者はもはや寝ていることもできず、床に座り、しきりに姿勢を変えざるをえない。眉間にしわを寄せ、目には不安を浮かべ、肌は薄黒く、唇は青ざめてなかば開き、鼻孔は広がり、首すじは動悸を打ち、胸は苦しく、最悪の病気が与える最もひどい苦痛をそのまま示している。苦痛は一瞬たりとも途切れず、医師はここにおいてほとんど無力で、脈の衰えと体温の低下を調べ、血液が炭化して麻痺した脳が無感覚となるときを待ち、死にゆく患者に意識不明の状態で安楽な最期を迎えさせるくらいのことしかできない(1)」。

脚気に関するこの論文を持っていたので、久保田から来ている医師のひとりから聞いた話にわたしはとても関心を抱きました。この医師とはひと駅間同行したのです。彼が言うには、現地の医師（ならびにアンダーソン医師）の所見では下水設備の悪さ、湿気、人の多さ、換気不足がこの病気に罹りやすくなる原因であるとのことで、彼は兵士と警官の罹患率がきわめて高いのはやわらかくて湿った西洋の靴をはいているからだと思うとつけ加えました。伊藤はこの話にいたく得心し、道が濡れているときは絶対に外国製のブーツをはこうとしません。脚気はことのほか恐怖心を掻き立てるのです。セイロンの人で込んだ監獄や兵舎でときおり大損害をもたらしているベリベリという名の病気と同じものと考えられます。東京で最近猛威をふるい、ふたつの病院が開設されました。ひとつでは現地式の、もうひとつでは外国式の治療法が行われています。

翌朝みごとな杉並木の下の湿地を九マイル［約一四キロ］馬に乗って進み、電信柱がなくなったのに気づいて残念に思ったあと、湯沢《ゆざわ》に着きました。湯沢は人口七〇〇〇の町で、遅れさえ生じなければ、院内ではなくここに泊まるはずだったのです。着いてみると、数時間前に起きた火事で七〇戸の家が焼失し、そのなかにはわたしが泊まるはずだった宿屋も含まれていました。馬はすべて家財道具や人間を運ぶのに動員されていたので、調達できるまでには二時間待たなければなりませんでした。家屋の建っていた地面は丸裸となり、黒い細かな灰しか残っていません。そんななかで蔵《クラ》は黒ずんではいるものの、あるいはかすかに亀裂の入っている場合もあるものの、どれも傷つかずに建っています。少々酔っ払った男性ひとりのほか死者はありませんでしたが、わたしが泊まっていれば、お金以外のなにもかもを失っていたことでしょう。

第二五信（つづきその一）

野次馬に囲まれて昼食――異様な事故――警官の尋問――男か女か――憂鬱そうな視線――凶暴な馬――不快な町――落胆――鳥居《トリイ》

湯沢は特別嫌気のさしそうなところです。庭で大豆からつくった味のない白い凝乳［豆腐］にコンデンス・ミルクをかけたもので粗末な昼食をとりましたが、何百人もの野次馬が門まで押しかけました。うしろにいてわたしが見えない人々がはしごを出してきて隣近所の屋根に上がったので、一軒の屋根が大きな音をたててくずれ、五〇人の男や女や子供が下の部屋に落ちました。さいわい部屋にはだれもいませんでしたが。悲鳴をあげた者はひとりもなく――これは注目すべきことです――、けが人も何人かがあざをつくった程度でした。それから警官が四人現れ、わたしに通行証の呈示を求めました。まるでこの事故の責任はわたしにあるかのように。そしてここでも例にもれず、通行証に記してあることは一語も読めず、なんの目的で旅をしているのかとわたしに尋ね、「この国について学ぶためだ」と答えると、地図をつくっているのかと尋ねてきました。好奇心を満足させると彼らは去っていき、野次馬が前よりさらに勢いを増してふたたび集まりました。駅逓職員が野次馬に向こうへ行ってくれと訴えましたが、こんな見物《みもの》は二度とないかもしれないとのこと！　ある年老いた農夫は「この見物」が男か女かを教えてくれたら、あっちへ行くと言い、係員がおまえの知ったことかと答えると、家に帰ってなにを見てきたかを話したいと言うのです。それを聞いてたちまちわたしは同情心を呼び覚まされ、日本の馬が昼夜休まず走っても、わたしの国まで行くのに五週間半かかる――これはわたしとの道中、伊藤がよく使う言い方――とみんなに伝えてと伊藤に言いました。ここの野次馬は本当に変わっていて、とても静かでぽかんとしており、何時間もじっと動かずにいます。母親におんぶされたり父親に抱かれたりしている赤ん坊もすっかり目を覚ましているのに泣き声ひとつたてません。見つめられているのが自分自身でも、心から愉快そうな笑い声が聞けたなら、わたしもほっとしたでしょうに。憂鬱そうに見つめられるのは気が滅入ります。

道は一〇マイル［約一六キロ］にわたって火事を見にきたこのあたりの人々でごった返していました。いい道で、道端に祠や観音像のいっぱいあるとても快い地方です。わたしの馬はたちが悪く、あくまで狂暴でした。頭を鞍の帯に二重につないでありますが、男でも女でも子供でも、とにかく人を見ると耳を立て、駆け寄ってかみつこうとします。わたしはとても疲れ、背骨の痛みがひどかったので、何度か馬を下りて歩きましたが、また馬に乗り直すのはとてもたいへんでした。というのも、乗ろうと鞍に手をかけたとたん、馬が後ろ足でわたしを蹴ろうとするので、けがをしたくなければ、さっとよけなければなりません。それだけではないのです。この性悪な馬は頭を押さえられたまま、蝿に向かっていき、そのたびにわたしの足をねじるか砕きそうになります。そして鼻に止まった蝿をひづめで追い払おうと、後ろ足を蹴り上げて跳ねまわるので、鞍の前にあるものはなにもかもどこかへ行ってしまいます。いなないたり、よろめいたり、馬わらじを蹴り脱いだりし、馬子《マゴ》がおそるおそるわらじをはかせようとしても、それに腹を立てます。ようやく横手《よこて》に入ると、馬はわびしくて長い通りをもっぱら後ろ足で歩き、臆病な馬子の手から手綱を振り払ったあげく、わたしを揺さぶりまくったので、わたしは痛みと怖さでぶるぶる震えてしまいました！　これまでわたしは馬は馴らす際にいじめたり手荒に扱ったりするから狂暴になるのだと思っていましたが、これは日本の馬の気性の悪さには当てはまりません。というのも、みんな馬を怖がるあまり、大いに敬意をもって接しているのです。つまり馬は叩かれたり蹴られたりすることはなく、やさしく話しかけられ、おおむね飼い主よりいい生活をしています。おそらく日本の馬がひどい原因はこれでしょう――「エシュルンは肥え太り、足で蹴った」［旧約聖書申命記第三二章一五節］。

横手は人口一万人で、木綿の大きな交易場ですが、最上級の宿屋《ヤドヤ》はどこもひどいものです。醜くて臭く、わびしくて、汚くて、じめじめしていて、みじめったらしい町です。わたしが後ろ足だけで進む馬に乗って通りを行くと、人々はわたしを見ようとお風呂から飛び出してきました。男も女も一様に一糸まとわぬ姿で、です。宿屋の亭主はとても礼儀正しいものの、わたしの部屋は暗くて汚く、竹製のはしごを上がって行きます。そして癪《しゃく》に障るほど蚤と蚊がいるのです。道中わたしは横手では毎週木曜日に去勢牛が一頭屠られると聞き、夕食にはステーキをとって、もうひと切れを旅に持っていこうと決めていました。ところが着いてみると、肉は売りきれ、卵はひとつもなく、ごはんと豆腐のわびしい食事をしてどこか満たされない気持ちを味わいました。山形で買ったコンデンス・ミルクももう捨てなければならなかったのです。疲労と虫刺されの炎症とでいくぶんみじめではありましたが、早朝、いつものように暑くてもやの深いなか、宮《ミヤ》すなわち神社を見にいきました。わたしひとりだったものの、野次馬はいませんでした。

神社の境内に入るには、例によって鳥居《トリイ》をくぐります。鳥居は高さ二〇フィート［約六メートル］の太い柱二本に梁が渡してあり、上の梁は柱から突き出ていて、たいがい両端が上方に反っています。たいていの場合全体が鈍い赤に塗ってあります。鳥居すなわち「鳥の休むところ」は、かつて奉納されてもいけにえにはされなかった鳥類がそこに止まるようになったことから、こう呼ばれるようになったと言われています。藁の房と紙切れをたらした注《し》連縄《めなわ》は神道を示す特別な印で、それが入り口に渡してあります。舗装された参道には、神社、寺院のどちらにもだいたい必ず見られるように、立派な花崗岩製の灯籠が上質の花崗岩でできた台の上に据えられて、何基かあります。この地方の石灯籠はふつう片側が月を表す三日月形、その反対側が太陽を表す円形に刳《く》りぬいてあり、これは中国の観念、自然界における陰陽の原理に由来すると言われています。社そのものはごくふつうの形で、荷鞍形の屋根は樹皮で葺いてあり、石段が入り口まで通じていますが、仏教寺院とはちがって棒が一本

鳥　居

渡してあります。そして社のなかはその教えのように空っぽです。というのも社には磨いた鋼の鏡以外なにも納められてはいないのです。それにこの鏡ですら、サトウ氏が神道に関する学術論文で述べているように、ある時期神社が仏教により悪影響を受けたところをのぞき、箱に納められています。鏡の向こうには封印された祭壇があり、その前の台には小さな鉢がふたつ置かれています。ひとつには米が、もうひとつには酒《サケ》が入っており、その上には常緑樹の小枝が挿してあります。純粋な神道の社は必ず野外の平地の森のなかに建っており、教えの発祥の地である伊勢神宮にならって、屋根は草葺きとなっています。

わたしが入り口に立っていると、数人の人がやってきて戸口に吊るしてあるかなりくたびれた鈴綱を引っ張り、とても不協和な音のする鈴を鳴らしました。そして手をたたいてなにやら二言三言つぶやき、三度頭を下げてからふたたび手をたたいたあと去っていきました。すべてひっくるめて一分半ほどしかかかりませんでした。鈴を鳴らし手を打つのは神の注意を引くためです。礼拝に常時出席することが課されているわけではなく、また神官を介在させることもめったに必要ではありません。神道は仏教とちがい来世とあまり関わりがないので、神官の出番がほとんどないのです。高さ一フィート［約三〇・五センチ］ほどの赤い鳥居が奉納物として社の玉垣にたくさん立てかけてあります。村の社や木立のなかにある社は五フィートほどの高さで、ふつうなかにはなにも納めてありません。

横手を発ったあと、わたしたちは山が眺められてときおり雪をかぶった鳥海山頂が垣間見えるとてもきれいな地域を通りました。それから雄物川（最近の増水で堤防が崩れ、橋が壊れていました）を二隻の操りにくい渡し舟で渡り、六郷《ろくごう》に着きました。六郷は人口五〇〇〇人の町ですばらしい神社や寺院があり、家々は特別にみすぼらしく、またこれまでになくたいへんな勢いで押しかけてきた野次馬のおかげでわたしは窒息しそうになりました。

六郷では警察のご厚意により、ある程度裕福な商人の仏式の葬儀に参列することができました。その厳粛さと品格がわたしにはとても興味深く感じられましたが、伊藤が目の前で行われていることをとても明確に説明してくれました。茶屋で借りた女性用の和服を着ていき、頭に青い頭巾をかぶったので、だれにも気づかれなかったものの、わずかな布を「前でかき合わせる」窮屈な着物《キモノ》にはとても疲れました。すべきことすべきでないことについて伊藤がいろいろ指図をしてくれ、わたしはそのとおりにしました。とにもかくにも外国人に参列を許してくれた親切な人々の感情を害したくない一心でした。

故人の病気は短期のもので、病人のために祈禱や巡礼をする時間はありませんでした。死が訪れると、遺体は頭を北に向けて寝かせ（生きている日本人は北向きに寝ないよう細心の注意を払います）、そばに屏風を立て、その屏風とのあいだに新しい膳《ゼン》を置きます。膳の上には皿に油を入れて芯に火をつけたもの、調理しない米粉のだんご、香炉が載っています。臨終後僧侶はただちに戒名《カイミョー》すなわち死後の名前を選び、それを白木の板に記して遺体のそばに座ります。膳の器には植物性の食べ物を盛り、遺体のそばに置いて箸を通常とは逆の場所、つまり膳の左側に添えてあります。四八時間すぎたあと、遺体は納棺の準備として湯で清められ、僧侶がお経を唱えながら頭を剃ります。貧富に拘らずいずれの場合も死装束はふつうの仕立てですが、純白の麻または木綿を用います。

六郷の近くの大曲《おおまがり》では大きな陶製の壺が生産されており、裕福な人々はこれを埋葬に使いますが、今回は矩形の箱がふたつあり、外側の箱は檜《ひのき》材できれいに鉋がかけてあります。貧しい人々は「早桶」という、竹のたがをはめた松材のふたつき桶を使います。女性を埋葬するときは婚礼の日にまとった絹の衣装を着せて、足袋《タビ》をそのそばか足の上に添え、髪はうしろへ垂らしておきます。最も裕福な人々は棺に朱砂《すさ》を、最も貧しい人々はもみがらを詰めますが、今回は口と鼻と耳に朱砂を詰め、棺には粗い香を詰めたと聞いています。遺骸は桶またはは箱にふつうの正座をした姿勢で納められます。一番外側の箱の大きさで考えたとしても、死後何時間もたった人間の体をどれだけ狭い空間に押し込められるかは理解しがたいことです。死後硬直は僧侶の売っている土砂《ドシア》という粉末を使えば解けると言われてきましたが、この説も覆され、結局その方法はわけのわからないままです。

　家の戸口の外には飾りのついた竿と小さな旗が立てられています。青い着物に翼に似た青白い外衣を着た男性ふたりが弔問客を迎え、さらにふたりが水を入れた漆塗りの椀と白い縮緬の手ぬぐいを渡します。それからわたしたちはいくつもの立派な屏風をめぐらした大きな部屋に入りました。屏風には蓮の花と牡丹が鈍い金色の地に写実的に描かれています。部屋の奥近くに白絹の天蓋があり、棺はその下に安置してあります。天蓋の上には格子に飾りつけた白い蓮[1]の造花がとても美しく配されており、亡骸は顔を北に向けてあります。とても立派な衣装をつけた六人の僧侶が棺の両側に座り、さらにふたりの僧侶が小さな仮の祭壇の前にひざまずいています。

　未亡人はたいへんな美女で、遺体のそばに座っていますが、その位置は死者の両親のすぐ下座で、そのあとに子供たち、親戚、友人が青と白の翼のような衣装をつけて並んで座っています。未亡人は顔を白塗りし、唇を朱砂で赤く染め、髪は念入りに結って彫刻を施した鼈甲のかんざしで飾っています。衣装は空色の絹の美しい着物と白い上質の縮緬の羽織、金色の刺繍を施した緋色の縮緬の帯で、未亡人というより婚礼の日の花嫁のようです。実に衣装の美しさと青や白の絹地が多いせいで部屋は葬儀というより祭りがあるように思えます。すべての参列客が到着すると、茶菓が配られます。香がふんだんに焚かれ、お経が唱えられ、墓場への移動がどたばたとはじまります。その間わたしはお寺の門のそばに場所を確保しました。

野辺の送りの行列には死者の両親は参加しませんが、行列に加わる会葬者はすべて親戚だとわたしは理解しています。死者の「死後の名前」を記した矩形の位牌が僧侶によりまず最初に運ばれ、そのあとにはべつの僧侶が蓮の花を運びます。ついで一〇人の僧侶が経本のお経を読みながらふたりずつ並んでつづき、そのあとには台に載せ白い布をかけた棺を四人の男性がかついでつづきます。そのうしろには未亡人と他の親戚が従います。棺はお寺に運ばれると台に安置され、香が焚かれ、お経が唱えられます。それから棺はセメントをまいた浅い墓穴に運ばれ、僧侶が読経するなか、土を地面の高さまで戻し、そのあと会葬者は散っていきます。未亡人は華やかな衣装のままお供もなく家まで歩いて帰ります。泣き女を雇うこともなく、嘆き悲しんでいる気配はなにもありませんが、葬儀全体はこの上なく厳粛で謹厳なものでした。〔その後、主に貧しい人の葬列を何度も見ましたが、儀式の大半が省略され、式を司る僧侶はたったひとりでも、謹厳さは毎回とても目につきました。〕僧侶への謝礼は二円から四、五〇円です。寺院のまわりにある墓地はきわめて美しく、杉の樹木も特別みごとです。石の墓碑でいっぱいで、日本のどこの墓地を見てもそうであるように、手入れが非常に行き届いています。墓穴が埋められると、ただちに実物大のピンクの蓮を立てます。また盆が置かれ、その上にはお茶または酒を入れた漆椀とお菓子が載っています。

服喪の期間はとても厳格に守られます。『諸礼筆記』という本に書かれた葬儀の際の手順の一部をミットフォード氏［イギリスの外交官・著述家。英国公使館書記官として日本に滞在］が『ザ・テイルズ・オブ・オールド・ジャパン』［一八七一年］の注釈で英訳していますが、それには「両親の埋葬は人が生涯に行わなければならない最も重要な儀式である(2)」とあり、しかるべき礼節をもって執り行われたあと、父親の場合も母親の場合も篤い服喪が五〇日つづきます。その間子供たちは酒を慎み、毎日墓と葬儀を執り行った寺院に参らなければなりませんが、ほかの寺院や神社を参拝目的で訪れてはいけません。夫や妻、兄弟姉妹、初子の場合、篤い服喪は二〇日しかつづかず、子としての関係を他より重んじる証左がここにもあることになります。親を亡くした場合、二度目の服喪期間は一年つづき、前述の親族の場合は九〇日で、親または夫の死に対する服喪期間を守らないと、一年の懲役刑に見舞われることとなります。

友人は七日目に墓参りをしなければなりません。さらに五〇日目までは七日目ごとに墓参し、このときは僧侶が読経して、参会者は贈り物を交わします。一〇〇日目には墓碑が建てられ、儀式にのっとった墓参りを行います。つぎに墓参をするのは命日で、そのあと三回忌、七回忌、十三回忌、十七回忌、五十回忌、百回忌と墓参りを行います。死後の名前を記した位牌は故人の家の仏壇に祀られ、同様のものが寺院の棚にも置かれて、その前には遺族の僧侶に対する気前のよさに応じ、食べ物が供えられます。

漢字または梵字を記した細長い木片［卒塔婆《そとば》］が定期的な墓参の際に親族により墓に置かれます。墓地には各家がそれぞれ仕切られた区画を持っています。墓地を訪ねると、必ず多くのお墓に摘んだばかりの花を竹の花筒に挿して供えてあり、女性たちが墓碑の前で香を焚いています。とはいえ、死者に対するこういった崇敬はすべて中国人の祖先崇拝とはまったく異なったものです。葬儀と服喪の作法は非常に厳格なしきたりにより定められています。葬儀は数多くある仏教宗派の慣習に従ってその方法が異なるものの、永年の慣行により認められた権利によってつねに仏教僧侶の手に託されています。この権利はキリスト教徒の葬儀においてすら丁重に守られてきましたが、最近になっていくつか例があったように、僧侶の厚意によりキリスト教徒の葬儀では除かれるようになりました。

六郷の寺院はとても立派で、その装飾が堅牢さと品のよさですぐれている点はべつとして、ローマ・カトリック教会とほとんど変わりませんでした。百合を飾り蠟燭のともった低い祭壇は青色と銀色の布が掛かり、高い祭壇には真紅の布と金色の布が掛かっていて、扉を閉めた厨子、香炉、蓮の花瓶以外なにもありませんでした。

第二五信（つづきその二）

思いがけない誘い――ばかばかしいできごと――警官の礼儀正しさ――慰みのない日曜日――とんでもない乱入――役得でじろじろ見る

六郷を人力車《クルマ》で発ってすぐ、路傍の茶屋で、脚気《カッケ》が流行ったとき院内で治療に当たっていた、折り目正しくて愛想のいい若い医師に出会いました。この医師は自分が下っ端の医師をしている久保田の病院を見てみませんかと誘ってくれ、伊藤に「外国の食べ物」のとれる料理店のことを話しました。このような楽しい見通しについては、伊藤がわたしに必ず念を押してくれます。

いつものようにわたしを先頭にとても狭い道を行くうちに、縄で囚人を引いている男とそのあとを行く警官に出会いました。わたしのクルマの車夫が警官を見るやいなや突然柄の内側にいたまま土下座したので、わたしは座席から飛び出しそうになりました。車夫は同時にクルマの横棒に掛けてある上着をあわてて着ようとしました。うしろの二台のクルマを引いている若い男ふたりもわたしのクルマのうしろで地面に正座し、急いで上着を着ました。これほど卑屈でみじめな光景は見たことがありません。わたしのクルマの車夫は頭のてっぺんから足のつま先まで震え、「両手を口に当て、口を土につけよ」というスコットランド長老教会の祈りでよく耳にするあの奇妙な文句そのままでした。文字どおり地面に頭をすりつけ、警官の話すひと言ごとに頭をわずかに上げて、今度は前よりさらに深く平伏するのです。すべて服をなにも着ていないからでした。とても暑い日だったので、わたしはあいだをとりなしました。すると警官は本来なら逮捕するところだが、それはしないでおく、外国人に迷惑をかけることになってはいけないからと言いました。わたしの車夫はかなり年配で、そのあとずっとしょんぼりしていましたが、若いほうの車夫ふたりは道を曲がって警官から見えなくなると服を脱ぎ、けらけらと笑いながら柄の内側で飛び跳ねたものです！

神宮寺に着くと、疲れてそれ以上は行けなかったので、汚い障子《ショージ》で仕切った、低くて、暗くて、鶏の臭いのする部屋しかないのにとまどいながらも、そこで日曜日をすごしました。部屋の片側は青い藻のねとねとと繁殖した小さなかび臭い庭に面しているのですが、ほかの家の人々がしきりにこの庭にやってきてはじろじろ見ます。部屋のもう一方は通りに出る東側の通路に面しており、この通路で旅人は足を洗います。あと一方は台所、残りの一方は入り口の間と隣り合っています。暗くなる前から蚊が活躍し、蚤は砂蠅のように畳の上を飛び跳ねています。卵はなく、ごはんときゅうりのほかなにもありませんでした。日曜日の朝五時に、わたしは三人分の顔が外の格子に押し当てられているのを見ましたし、夕暮れ前には障子が指で開けた穴だらけになり、それぞれの穴から黒い目がこちらを見ていました。一日じゅう霧雨がしとしとと降り続き、華氏八二度［摂氏二八度］の気温で、暑くて、暗くて、臭いのは耐えがたいものです。午後に小さな行列が宿の前を通りました。人にかつがれた飾りつきの駕籠、そのあとに白衣と緋衣の上から袈裟をまとった僧侶のつづく行列です。この駕籠には恐い人や悪魔の名前を記した紙が入っているとのことで、僧侶たちがこの紙を川に投げ捨てにいくところなのだそうです。

蚊に食われないようにと早めにベッドに入りました。例によって行灯《アンドン》はほの暗く、わたしは目を閉じました。九時ごろささやき声やすり足で歩く音がずいぶん聞こえ、それがしばらくつづいたので目を開けると、男性や女性や子供たち四〇人ほど（伊藤が言うには一〇〇人）が向こうにいて、明かりをかざしながら全員わたしをじっと見ています。通路側の障子を三枚、そっとはずしてしまったのです！ わたしは伊藤の名を呼び、手を叩きました。わが、彼らは身動きもせず、伊藤が現れてはじめて羊の群れのように逃げていきました。わたしは辛抱強く笑みさえ浮かべ、家の外に群がった人々と好奇心にすべて耐えてきました。が、このように押し入られるのには耐えられません。そこで伊藤はとてもいやがりましたが、彼に警察に行ってもらい、人々を宿に近づけないようにしてほしい、宿主にもそうするのはむりだからと頼んでもらいました。けさわたしが着替えをしていると警官が部屋に現れて、表向きは人々の振る舞いについて詫びました。けれども役得でわたしとわたしの持ち物をじろじろ眺めたというのがほんとうのところで、とくに簡易ベッドと蚊帳からはほとんど目を離しませんでした。伊藤が言うには、ベッドと蚊帳を見せれば一日一円稼げますよ！

警官の話では、ここの人々はこれまで外国人を一度も見たことがないそうです。

I・L・B

第二六信

七月二三日、久保田《くぼた》にて

断固とするのが必要――困った誤報――流れに乗って下る――郊外住宅地――久保田の病院――正式の歓迎――よくない看護――消毒治療法――よく整備された調剤室――師範学校――対比と矛盾

ここには月曜日の午後、雄物川を下って着きました。陸路ならたっぷり二日かかるところを水路では九時間で楽に成し遂げてしまいました。賢く予定を立て、断固としてその予定を守る好例です！　どこよりも日本では、旅をする場合とにかく断固としていなければなりません。しばらく前、わたしはブラントン氏の地図を見て雄物川神宮寺から航行可能にちがいないと判断し、一週間前、伊藤にそれについて問い合わせてほしいと頼みましたが、行く場所行く場所で支障が起きていました。水嵩が高すぎるだの低すぎるだの、急流の難所があるだの、浅瀬があるだの、時季が遅すぎるだの、最近出るようになった舟がみんな陸に上げてあるだの。ところが渡し場のひとつで貨物を載せた舟が向こうに下っていくのを見て、わたしは伊藤にこの手で行くしかないと告げました。神宮寺に着くと、それは雄物川では全然なく、舟がばらばらになってしまうようなひどい早瀬のある川だと言われました。最後には、舟は一隻もないと言われましたが、一隻見つかるなら一〇マイル［約一六キロ］先まで人を送ってもいいとわたしが言うと、駅逓の係員が小舟を用意してくれました。伊藤と荷物とわたしがぴったり乗れる大きさです。いみじくも「今度の旅行のことで人から言われてほんとうだったことはひとつもありませんね！」と伊藤が言いました。これは誇張ではありません。いつもの野次馬は戸口に集まることはなかったものの、川までわたしの先を行き、土手をうずめ、木立にぶらさがっていました。四人の警官がわたしについてくれました。四二マイル［約六七キロ］の船旅は楽しいものでした。早瀬は小さなものにすぎず、流れは力強くて、船頭のひとりは櫂にもたれてほぼ居眠り状態、もうひとりの船頭は舟に水が半分たまったときだけ目を覚まして水をかい出していました。岸辺は静かで美しく、人家がほとんどないまま新屋《あらや》に着きました。新屋は大きな町で、高い土手沿いにかなりの距離のあいだだらだらと広がっています。穏やかに九時間すぎたあと、わたしたちはちょうど久保田郊外まで来たところで雄物川の本流から支流に入り、緑色の細い川を溯りました。川の片側には家々の荒れた裏手、造船所、木材を積んだいかだがあり、反対側には家屋や菜園やじめじめした緑地があります。この川には非常に多くの橋が架かっていました。

　とても居心地のいい宿屋に感じのいい二階の部屋が見つかり、ここですごした三日間は充分に忙しく、またたいへん楽しいものでした。「外国の食べ物」——おいしいビフテキ、すばらしいカレー、きゅうり、外国産の塩とマスタードが即座に手に入り、それをとったあと、わたしは自分の「目が輝いている」ような気がしました。

久保田は非常に魅力的な、また純粋に日本的な町で、人口は三万六〇〇〇、秋田県の県都です。太平山《たいへいさん》というすばらしい山がその肥沃な谷からそびえており、雄物川はその近くで日本海に流れ込んでいます。久保田には人力車《クルマ》が多いのですが、厚い砂地であるのと、道が悪いのとで、どの方向にもたった三マイル［約四・八キロ］しか行けません。活気があり商業活動も盛んで、袴《ハカマ》や着物《キモノ》を仕立てるのによく用いられる紺と黒、黄と黒の縞の絹地、東京の商店で高値のつく横にしぼの入った白絹の縮緬、襖《フスマ》、下駄を生産しています。城下町でありながら城下町につきものの「死人のように生きている」ようすはなく、豊かで快適そうな雰囲気があります。商店街はわずかしかありませんが、木立や庭、よく刈り込んだ生垣に囲まれた独立家屋の立ち並ぶ住宅街が広い面積を占めており、庭にはそれぞれちゃんとした門がついています。家庭ごとのプライバシーと暮らしのある中流といったものの存在が、この快適そうな「郊外住宅地」からしのばれます。外国の影響はほとんどなにも感じられず、政府その他の雇用に外国人はひとりも含まれていません。病院ですら最初から日本人医師で組織されているのです。

このことからわたしは病院を見学したくてたまらなかったのですが、訪問するのにふさわしい時刻に病院へ伺ったところ、院長の丁重ながらもむっとするような拒絶に遭ってしまいました。知事に通行証を送って許可状をもらわないかぎり、外国人を見学させるわけにはいかないというのです。そこでわたしはその手続きを行い、翌日午前八時に訪問することが決まりました。身分の低い人々の通訳をするときは気乗りのしない伊藤も、このような機会には大張り切りで、「通辞」にふさわしい絹の着物で立派に装い、これまで以上の働きを見せました。

全員絹の着物で正装した院長と六人の医師が石段の上でわたしを迎え、事務室に案内してくれました。そこでは六人の職員が事務をとっていました。恭《うやうや》しく白い布の掛けてあるテーブルがあり、四脚の椅子にそれぞれ院長、主任医師、伊藤、わたしが座ると、キセルと茶菓が運ばれました。そのあと知的な面立ちから将来立派な医師になると予測できる五〇人の医学生といっしょに病院内を回りました。この病院の建物は準洋風の大きな二階建てですが、奥行きのあるベランダがぐるりについています。二階は教室に使われており、また一階は多数の寄宿生のほか一〇〇人の患者を収容しています。一室で治療を受けられる人数はどの部屋でも一〇人が最大で、重篤な場合は個室で手当てを受けます。壊疽《えそ》が流行っており、現在病院改造に携わっている主任医師は病室のいくつかを閉鎖しました。同じ建物に性病院があります。年間約五〇件の大手術が麻酔をかけて行われていますが、秋田県の人々は非常に保守的で、自分の手足と別れたり外国の薬剤を使ったりすることをきらいます。この保守性が患者数を減らしているのです。

新主任医師のカヨバシ医師は東京の医学校を出たばかりで、消毒治療法を導入し、みごとに成功しました。ベッドは使用されていません。カヨバシ医師はそのよさを認めていますが、いまはまだベッドに対する強い偏見に屈すべきだと考えています。ほかと同じように、ここでも看護がどう控えめに言っても弱点です。看護士、看護婦が数人ずついますが、患者はふつう身内の者を連れてきて世話をしてもらい、そうする際に医療上の指示を守りません。厨房は病院にしてはよくなく、料理人の食べている大根《ダイコン》と揚げた魚の臭いがしており、囲炉裏《イロリ》は大人数の食事をつくるにしてはとても小さく見えました。とはいえ、これはつまり付き添いが病室の火鉢《ヒバチ》で調理をしているからです。食事の内容は自由ですが、全体として純日本式です。肉をとるのはわずかな場合で、ブランデー、ポートワイン、クラレットは多くの患者がとりますが、ワインとブランデーはいつも卵と混ぜます。毎日約八〇人の外来患者が診察や投薬を受けます。

わたしはほかと同じようにここでも、外国の立案に基づいて病院を設立する上で、政府が人々の自主性を尊重しており、それゆえに慈善事業の施設とはほとんど呼べないことを知り、興味を覚えました。外来患者は薬代を払い、入院患者は日割りでいくらいくらというように支払います。極貧の患者にかぎり政府の許可を得て無料の診療が受けられます。

わたしは入院患者の部門より診療所のほうをうれしく思いました。非常に立派な施設で、天井が高く、明るくて広々とした各部屋はこの上望むべくもないほどです。六〇人の患者がいた待合室はすばらしく、三五フィート［約一〇・七メートル］四方あって、ベンチが備え付けてありました。患者はアルファベット順で名前を呼ばれ、若手医師の判断に従って内科、外科、眼科と三室ある明るくて設備の整った診察室のひとつに入っていきます。患者はそれぞれ処方箋をもらいますが、処方箋は帳面に記入され、患者の薬瓶にあるのと同じ番号がつけられます。処方箋をもらったあと、患者はカウンターと調剤室の窓口のある大きな待合室に行き、そこでまもなく薬を受け取ります。調剤室は立派で、非常にきめ細かく最新式の設備が導入されており、薬剤は棚に並べてラテン語と日本語の薬品名を記したラベルが貼ってあります。上級薬剤師と四人の学生助手がそこで働いていました。

石炭酸の臭いが病院じゅうにたちこめ、噴霧器の数にはかのリスター氏［石炭酸による消毒法を開発したイギリスの外科医］も満足するでしょう！　カヨバシ医師から頼まれて、とても重傷の患者の手当てのしかたを見ましたが、消毒されたガーゼを用い、医師の手や器具はすべて入念に消毒剤に浸し、石炭酸を噴霧しながら手当てが行われていました。カヨバシ医師の言うには、消毒治療法に必要なごく些細なことにまできわめて細かく気をつけるよう学生たちに教えるのはむずかしい、自分は消毒治療法は今世紀最大の発見のひとつに数えられると考えているとのこと。わたしは顔もしかめず、うめき声ひとつもらさずにとても激しい痛みに耐えている外科患者の毅然とした態度にとても感銘を受けました。眼病患者はあいにくとても多くいます。カヨバシ医師はこれだけ眼病が流行っているのは、一軒の家に住んでいる人の数が多いこと、換気が悪いこと、暮らしが貧しいこと、採光が悪いことに原因があると考えています。

この病院は一〇〇人の学生のいる医学校でもあり、ここを卒業すると秋田県内で医院を開業する資格が得られます。広い教室はドイツ語と英語の図解書がたっぷり備わっていますが、資料室は解剖標本がわずかしかありませんし、骨格標本はミクロネシアの未開人のものです。日本人の骨格標本を入手するのは不可能で、解剖用死体を得られるのは患者の身内が例外的にそれをありがたがる場合と、死因が生前にはわからなかった場合のみです。院内を見学したあと事務室に戻ると、コーヒーは柄のついたカップに入ってソーサーの上に、それにスプーンと皿というイギリス式の食事が用意されていました。このあとふたたびキセルが運ばれ、院長と医療スタッフがわたしを玄関まで見送り、双方とも深々とお辞儀を交わしました。東京の医学校を出たてでまだ三〇歳にならないカヨバシ医師をはじめ、職員も学生も全員が上質絹地の袴という和服姿で、わたしはうれしくなりました。袴は美しい衣装で、体に合わない洋服では威厳が損なわれてしまうのに、これだと威風堂々として見えるのです。今回の訪問は、通訳を介して意思の伝達を図るというむずかしさがありながらも、非常に興味深いものでした。

公共の建物は美しい庭があり、そばには広い道路が通って、石垣があり、このように辺鄙な県ではとても目をみはらされます。最も美しい建物のひとつに師範学校があり、少したってからわたしはここへ赴きましたが、通行証を見せて旅行目的を明らかにするまではなかへ通してもらえませんでした。こういった手続きがすむと、校長の青木保氏、教頭の根岸秀兼氏がわたしをもてなしてくれましたが、ふたりとも洋服を着て、人間というより猿のように見えました。

校長は英語の知識がわたしの日本語の知識と似たりよったり程度なのに英語で話してみると言い張り、とても厄介でしたが、何度か試してみてこっけいな結果に終わったあと、伊藤に通訳をしてもらうことに同意しました。この学校はゆったりとした洋式の建物で、三階建てとなっています。上のバルコニーから見渡せる灰色の家並みと、緑のふんだんにある町と、周辺の山々や谷の眺望はとてもすばらしいものです。各教室の設備には驚かされました。とくに化学教室の実験室と自然科学室の実にみごとな図解教材にはびっくりしました。ガノーの『物理学』がこの科目の教科書です。

教師は二五名、生徒は六歳から二〇歳まで七〇〇名います。教えるのは読み書き、算数、地理、歴史、ジョン・スチュアート・ミル式の経済学、化学、植物学、自然科学、幾何、測量学です。六歳から一四歳までの学費は月一五銭で、それをすぎると二五銭となり、超過分の出費は教育税で賄われます。生徒は背のついた木製の椅子に座ってひとりずつの机に向かいます。学校の備品はアメリカ式となっています。ふたつある考査室は五〇フィート［約一五メートル］四方の広さです。全体が感心するほどきちんとしています。校長の話では、やる気のある男の子たちは全員医師か弁護士か技師になるつもりでおり、この学校で与えられる教育はこういった職業の専門学校に進学するためのすばらしい予備学習となっているとのことです。

前にわたしは、久保田では外国の影響がほとんど感じられないと書きました。これは外国人との直接的な接触による影響はという意味ですが、この学校にも病院にも外国の科学や方式が浸透しています。退出する前、わたしはどんな答が返ってくるかは承知の上で、宗教は教えているのですかと教頭に尋ねました。するとこのふたりの紳士はどちらも明らかに蔑みをこめた笑い声をあげました。「わたしたちは無宗教です。学識のある者ならみな宗教などいんちきであることは知っていますよ」と教頭が言いました。

破綻した宗教の虚構に基づいて創建された天皇の玉座、ばかにする人々から見せかけの敬意を受けている国教、知識階級のあいだで猛威をふるう無神論、下層階級にいばり散らす無知な聖職者、頂点にはみごとな独裁支配を、底辺には裸の労働者を持つ帝国、最も崇高な信条は露骨な物質主義であり、その目的は物質的な幸福です。キリスト教文明の成果を改善し、破壊し、建設し、横取りしています。しかしその果実を生んだ樹木はいらないと拒む――このような対比と矛盾がどこへ行ってもあるのです!

I・L・B

第二七信

七月二三日、久保田にて

絹織物工場――女性の雇用――警官が護衛――日本の警察――城跡――広がる法律研究

つぎにわたしが見学したのは手織りの絹織物工場で、そこには一八〇人の職工がおり、うち半分は女性でした。婦人や少女のまともな雇用に対してこのような産業が新しく門戸を開くのはとても重要なことで、多大に必要な社会改革の方向へと進む傾きを示しています。生産される縞の絹地は百パーセント家庭での消費用です。

そのあとわたしは本通りに入り、商店から商店へとじっくり探し回ったあと、問題なしのラベルを貼った「イーグル」印のコンデンス・ミルクを買いました。ところが缶を開けてみると、なかには茶色くなって干からびた凝乳が入っていて、その不味《まず》いこと！　なかば野次馬に窒息しそうになりながら店内に座っていると、ふいに人々がうしろへ下がり、息がつけるだけの空間ができました。そしてそこへ警察署長から、野次馬が集まって申し訳ない、きょうの残りの見学予定先には警官を二名同行させるとの伝言が届きました。黒と黄色の制服はまことに歓迎すべきもので、その後わたしは悩みの一切を免れました。宿に帰ると警察署長の名刺があり、外国人が久保田を訪れるのは非常にまれで、野次馬が集まって申し訳ない、おそらくみんな西洋の女性は一度も見たことがないだろうと思う、と詫びの伝言が宿のあるじに預けてありました。

そのあとわたしは中央警察署に行き、青森までの内陸ルートについて尋ね、丁重な応対を受けたものの情報は得られませんでした。どこでも警察は人々に対してとてもやさしく、反抗しない相手には、二言三言静かに発するか、手をひと振りするかすれば事足ります。警察官は士族に属しており、おそらく生まれついての身分の優位が平民を圧するのです。彼らの顔だちやある種高慢な態度は階級の区別が残っていることを示しています。日本全体で警察には教育を受けた働き盛りの男性二万三三〇〇名がいますが、その三〇パーセントが眼鏡をかけているとしても、警察の有用性が落ちるものではありません。二万三三〇〇名のうち五六〇〇名が江戸に駐在し、必要となると江戸からどこへでも簡単に派遣されます。京都に一〇〇四名、大阪に八一五名、残りの一万名は全国に散らばっています。警察の費用は年間四〇万ポンド強といったところで、たしかにとても効率よく秩序を保っています。平の巡査の俸給は月六円から一〇円です。日本の官吏はどこへ行っても莫大な量のむだな書類を書きまくっていますが、警察官もたいがいなにか書き込んでいます。書いてどうなるのかはわたしにはわかりません。たいがいは紳士的で賢そうな若者で、内陸を旅する外国人はなにかと警察官の世話になります。困ったことがあると、わたしはいつでも警官に助けを求めます。彼らはいくぶん見下したような態度をとりがちではあるものの、まずまちがいなく手を貸してくれるのです。ただしルートについてはいつもまったくわからないと明言します。

久保田には大名の城、三基の石垣、盛土にうがった三つの堀、美しい森を擁する広大な地所があります。とはいえ城の撤去されずに残っている部分は荒廃しており、趣などない廃墟——放っておかれた木造建築がたどり着くいまにも崩れそうな廃墟——となっています。残っているのは瓦屋根のついた門と、一階しかない木舞いとしっくいの荒れ果てた家屋群です。

久保田にも、他の県庁所在地と同じく、民事と刑事について完全な裁判権を持つ地方裁判所がありますが、死刑判決は上級裁判所の承認を得なければなりません。地方裁判所から遠い地域の主な町には、民事においては完全な、また刑事においては部分的な司法権を持つ副裁判官がいて、すべての大きな町には軽犯罪を裁く下級裁判所があります。司法制度の改革とともに弁護士がぞくぞく誕生しています。弁護士の看板を覚えたわたしはその数に驚きました。久保田には、ここはえらく訴訟好きの町ではないかと思えるほどの弁護士がいるのです。法律関係の職業はたいがいペンを使うことに長けた士族《サムライ》の好む職業となりつつあります。また弁護士の免許料は年額二ポンドで、これは儲かる職業にちがいないとわたしは考えています。全体として、わたしは久保田が他の日本の町より好きです。それはたぶんここがとても純日本的で、昔は栄えていたのにいまはさびれているという雰囲気がいっさいないからでしょう。わたしはもう西洋人に会いたいとは思いません。まったくのところ、会わなくてすむよう、もっと奥地に行くべきでしょう。日本の生活にとても慣れてきて、いまのように仲間のいない旅をつづけたほうがもっと多くのことを学べるものと思っています。

I・L・B

第二八信

七月二四日、久保田にて

とてつもない雨の災い――信頼できる従者――伊藤の日記――伊藤の美点――伊藤の欠点――日本の将来の予言――奇妙な質問――極上の英語――経済的な旅――また日本の荷馬に乗る

まだこちらにいます。この町に魅了されたからと言いたいところですが、実はまさしく「とてつもない雨と水の災い」といえるほど雨が降り止まないからなのです。町に入ってくる旅人は、道が通れなくなったり橋が流されたりした話をつぎつぎに持ち込みます。伊藤の感想はとてもおかしいものでした。伊藤は、学校と病院を見学してわたしの日本に対する見方はよくなったはずだと考えており、それをかなり吹聴します。彼は学生たちがみな知識人や東京の住民のようにずっと口をつぐみ、田舎の人々は口をぽかんと開けていたのに気がついたかとわたしに尋ねました。このところ伊藤についてはあまり手紙に書いていませんが、情報収集という点ばかりでなく、実際に旅を続けていく上において、彼を頼る気持ちが日に日に強くなってきています。夜間わたしは時計、通行証、お金の半分を伊藤に預けており、彼が姿をくらましたらどうするのだろうとしょっちゅう自分でも首をかしげています。伊藤はいい子ではありません。わたしたちの考えるような道徳観念を持ち合わせていませんし、外国人がきらいです。態度も非常に不愉快なことがよくあります。それでもなお、彼より役に立つ従僕兼通訳を得られたかというと、それは疑問です。東京を発った時点で、伊藤はかなりうまく英語が話せましたが、訓練を積み、まじめに勉強したおかげで、いまではわたしの会ったどの通訳官よりうまい英語を話しますし、語彙も毎日のように増えています。いったん意味を把握したことばは遣い方をまちがえることがなく、覚えちがいというのがありません。伊藤は英語と日本語で日記をつけており、それには見聞きしたことがそれは細かく書いてあります。ときどきわたしに読んでくれるのですが、彼のように旅の経験の多い若者がこの北の地方についてどれほど奇抜な見方をしているかを知るのはおもしろいものです。伊藤は宿泊日誌と交通日誌をつけていて、請求書と領収書がすべて書き込んであります。また彼は毎日すべての地名を英文字で音写し、距離と交通手段、旅館に支払った金額をそれぞれの請求書に書き記しています。

伊藤はどの地に行っても戸数を警察か駅逓係員に尋ね、また町では特産物を聞いて、それをわたしのために書き留めてくれます。正確に記すようよく心がけていて、ときおりいまひとつ確信の持てないことを書くと、「事実でないなら、これは必要なし」と記してあります。伊藤は遅刻は決してせず、ぐずぐずすることもありません。夜もわたしの用事がないかぎり外出することはなく、酒《サケ》はまったく飲みません。こちらの言いつけに従わなかったことは一度もなく、同じことを二度言う必要はまったくありません。いつでも必ず声の届くところにいますし、繰り返し行うことに関してはたいへんなこつを身につけており、これらすべては自分自身の利益のためだということを隠しもしません。伊藤は給金の大半を未亡人である母親に送っており――「それは国の習慣」です――その残りをお菓子やたばこ、しょっちゅう行く按摩《あんま》という贅沢に使っているようです。

彼が自分の目的にかなうとみれば嘘もつくこと、また見つからずにできる場合は、はねられるだけの上前を「ピンはね」していることについて、わたしはみじんの疑いも抱いていません。彼には人情というものがあまりないらしく、思いつくことといえば、意地悪をして楽しむことばかりのようです。彼にはどんな宗教もいっさいありません。外国人と接触しすぎてこうなったのです。彼の率直さには少々ぎょっとさせられます。彼はなにに関しても遠慮というものをまるで知りません。しかしながら、まさしくその欠点のおかげで、わたしはたぶんいろいろな事柄についてあるがままの姿を知ることができているのでしょう。以前の雇い主はべつとして、男性あるいは女性の貞操を彼はほとんど信用していません。彼は外国人が発見したことを日本が利用するのは正しい、外国人が日本から学ぶこともいっぱいあるはずだ、日本は外国との競争に勝つ、なぜならいいものだけ取り入れてキリスト教のように厄介なものは取り入れないからと考えています。愛国心は、わたしの見たところ、彼の感情でもいちばん強いもので、スコットランド人ひとりとアメリカ人ひとりをのぞき、これほど自慢そうに愛国心を示す人をわたしは見たことがありません。伊藤はひらがなもかたかなも読み書きができるので、無学な人を見下しています。外国人の階級や地位についてはこれっぽっちも敬愛や評価をしていませんが、日本の官吏に対しては敬愛し評価しています。伊藤は女性の知識人を軽蔑していますが、茶屋の並みの娘たちとは都会育ちの流儀でふざけています。

伊藤はまさしく格調の高い英語を話せるようになりたがっており、俗っぽいことばや陳腐なことばだと言おうものなら、そのことばを遣うのをやめます。ときおり、お天気がよくて万事支障がないと、彼は上機嫌で話し好きになり、旅をしながらわたしとよくおしゃべりをします。二、三日前、わたしが「なんときょうはいいお天気かしら！」というと、まもなく彼がノートを片手に「ア・ビューティフル・デイと言いましたね。これはよく外国人の使うえらくいい天気《ア・デヴイリッシュ・ファイン・デイ》だよりいい英語ですか？」と訊くのです。わたしが、それは「品のない」言い方だと答えると、それからは「ビューティフル」が頻繁に使われるようになりました。また、べつのときには、「あなたは人にものを訊くとき、ほかの外国人のように、一体全体あれはなんだとは言いませんね。この言い方は男性は使うけれど女性は使わないものなんですか？」。わたしが男性も女性も使ってはいけない、とても「品のない」ことばだと言うと、彼はノートに書いたその言い方を消してしまいました。最初彼はいつも「あなたの人力車《クルマ》にひとりかふたりのフェロウを乗せますか」「フェロウズとウイメン」というようにフェロウを男性の同義語として使っていました。やがてこちらの病院の主任内科医をフェロウと呼んだので、それではやや俗語めいているし、少なくとも「口語的」だとわたしが言うと、伊藤は二日間マンとメンを使うようとても気をつけていました。きょう彼が目にひどい炎症を起こしている男の子を連れてきたので、わたしが思わず「かわいそうな子《プア・リトル・フエロウ》」と言うと、夕方になって彼が言うには、「あの子をフェロウと呼びましたね。悪いことばのはずでしょう！」。よいことばと悪いことばの区別がいくらかついていたとしても、横浜にいるいろいろな外国人の癖のせいでそれがだめになってしまったのです。酔っ払いを見たとわたしに言いたい場合、彼はいつも「イギリス人と同じくらい酔っ払ったフェロウ」を見たと言います。日光でわたしが日本ではひとりの男が合法的に何人の妻を持てるのかと訊くと、伊藤は「法律上の妻はひとりですが、妾《メカケ》は何人でも養えるだけ持てますよ、英国人と同じように」と答えました。彼は修正するのを忘れません。わたしがそれは俗語だと言うまでずっと酔っ払いのことを「タイト」と言っていましたし、わたしが「ティプシー」「ドランク」「イントクシケイテッド」ということばを教えると、彼は正統的な英語で書くときはどのことばを用いるのかと尋ね、それ以来ずっと酔った人を指す場合は「イントクシケイテッド」を使っています。

伊藤はもともと都会が好きで、わたしが自分の好きな「未踏の道」を行こうとするのを思いとどまらせようとします。が、わたしの心が動かないと知ると、きまって議論を同じ文句で締めくくります。「もちろんお好きなようにどうぞ。わたしにはどちらでも同じなんですから」。わたしは彼がいささかでもわたしをだましているとは思いません。ふたり分の食費・宿泊費・交通費は一日当たり約六シリング六ペンスで、逗留するときは二シリング六ペンスです。これには心づけや割増料金もすべて含まれます。なるほど食事つきの宿とはお茶、ごはん、卵、銅の洗面器に入れたお湯、行灯《アンドン》、なにもない部屋のことです。それというのもどの村にも鶏はいっぱいいるのに、絞めて食べるためには売ってくれないのです。飼って卵を産ませるためなら、喜んで売ってくれるのですが。伊藤はほとんど毎晩、わたしに動物性のものを食べさせようとしてうまくいかなかった話を聞かせて楽しませてくれます。

今回の旅はいままでのうちで最も「横木に載せて追放される罰」に近いものです。これまで七六頭の馬に乗った、というより座った勘定になりますが、すべてひどいものでした。馬はどれもみな脚がよろよろしています。腰が肩より高く、乗ると体が前へ滑ってしまう馬もいますし、どれも背骨が隆起しています。後ろの足は先端が尖って伸び、まくれあがっているし、子馬のころから重い荷物を運ぶので、後ろ脚がすべて猫の脚のように外側へ曲がっています。同じ原因で足の運びが揺れ、厄介な馬わらじのせいで揺れがさらにひどくなります。夏は主に草を食べ、砕いた大豆の飼料で補います。また藁ではなく草の寝床で寝ます。馬小屋では「尻尾があるべきところ」に頭をつなぎ、かいばはかいば桶ではなく吊るしてある桶に入っています。このあたりで使われている馬は一五円から三〇円します。酷使されたり虐待されている馬は一頭も見たことがありません。馬を蹴ったりなぐったりすることも荒々しいことばで脅すこともなく、死んだ馬はちゃんと埋葬して墓には石を置きます。くたびれきった馬は最期を早めてやるといいのでしょうが、ここは主に仏教徒の住んでいるところであり、動物の生命を奪うことに対しては反感がとても強いのです。

I・L・B

第二九信

七月二五日、久保田にて

海藻を用いたしるし——午後の来客——神童——書道の妙技——子供礼賛——日本の印鑑——借りた衣装——縁談——嫁入り衣装——嫁入り道具——婚礼——妻の地位——女性のための修身・教訓書

ようやく天候がよくなりそうな気配になってきたので、あす出発しようと考えています。ここまで書いたところへ伊藤が、隣の家にいる人がわたしの簡易ベッドと蚊帳を見たがっており、お菓子をひと袋、例のごとく贈り物だという印に一片の海藻［熨斗《のし》］をつけて届けてきたと言いにきました。日本人は自分たちは漁業民族の子孫だと信じており、それを誇りにしています。また漁師の神である恵比寿は家のなかに祀る神として最も人気のある神のひとりです。庶民に贈るプレゼントに添えられる海藻、天皇《ミカド》への贈り物に添えられる干した魚の皮は民族の起源を示すもので、同時に単純素朴な勤勉の価値を表しています。

もちろんわたしはこの来客を迎えることに応じました。気温が華氏八四度［摂氏二九度］あるなかで、五人の男性とふたりの男の子、五人の女性が狭くて天井の低いわたしの部屋に入ってくると、床に頭がつくほど深いお辞儀を三度繰り返してから床に座りました。この一行は明らかに午後いっぱいをここですごすつもりで来たのです。お茶とお菓子を載せたお盆が回され、煙草盆《タバコボン》が運ばれて全員がたばこを吸いました。通常行われるもてなしはすべてきちんとやるようにと伊藤に言っておいたとおりです。かくも「立派な」旅人に会えてうれしいと彼らは言いました。わたしは「立派な」国をかくもいろいろ見られてうれしいと言いました。それからわたしたちは全員深々とお辞儀をしました。ついでわたしはブラントン氏の地図を床に広げ、自分のルートを示したり、『アジア協会紀要』を見せたり、上から下にではなく左から右に読んでいく自分たちの読み方を実際にやってみせたりしました。編み物をしてみせたところ、彼らはびっくりしていました。ベルリンウールの編み物を見せたあとは、ほかになにも見せるものが残っていません。すると向こうがわたしをもてなしてくれました。わたしは彼らが訪ねてきた本当の目的は「神童」を見せることにあったのだと気づきました。四歳の男の子で、頭はてっぺんの髪をひと房残したままきれいに剃ってあります。顔は尋常とは思えないほど思索的で重々しさがあり、年配の男の人のように落ち着いて威厳をたたえた物腰をしています。この男の子は深紅の絹の袴《ハカマ》と濃紺縞柄の絹の着物《キモノ》で装っており、優雅に扇子で自分をあおいでいて、もののひとつひとつをほかのみんなと同じように礼儀正しく、また利口そうに眺めていました。子供の話し方で話しかけたり、おもちゃを見せたり、笑わせようとしたりしては、侮辱することになったでしょう。この怪物は自分で読み書きを勉強し、詩を詠みます。父親の話では、遊ぶということをまるでせず、なにもかもおとなとまったく同じように理解するとのこと。これはつまり、わたしからなにか書いてほしいと子供に頼めということで、わたしはそのとおりにしました。

それは厳粛に行われました。床のまんなかに緋毛氈《ひもうせん》を敷き、漆塗りのすずり箱がその上に置かれました。少年は墨をすり、筒に巻いた四枚ある長さ五フィート［約一・五メートル］の紙を広げると、長さ九インチ［約二三センチ］の漢字をしたためました。最も複雑な書体で、しっかりと、また優美な曲線に筆が運ばれ、ジョット［イタリアの画家・彫刻家・建築家］が丸を描くときのように気軽でしかも迷いがないのです。少年は朱色の落款を押すと三度お辞儀をして、それで披露は終わりました。みんな彼に掛物《カケモノ》や看板を書いてもらいます。この日少年は一〇円、約二ポンドを得ました。父親はこの子を連れて京都に行き、一四歳未満で同じように文字の書ける子供がいるかどうかを見てくるつもりでいます。わたしはここまで大げさな子供礼賛の例を見たことがありません。父親、母親、友人知人、使用人がこの子供をまるで王子のように扱っているのです。

日本には二種類のアルファベット、というよりも字音表があります。ひらがなは四七種の字音表で、それぞれがもっと一般的な漢字の略字化された筆記体である数種の文字で表されるので、数百にのぼる文字がこれに含まれます。かたかなも四七種の音節文字ですが、ひとつの音にひとつの文字しかありません。女性はほとんど例外なしにひらがなを用いますが、この子供はひらがなとかたかなの両方を書きます。日本の絵画に赤い落款が押してあるのはもう気づいているでしょう？　だれもがこのような判を持っていて、すずり箱にはこの判を押すための朱肉が入れてあります。幼い子供ですら判を持つようになるのです。判を押してない領収書や書類は無効です。判の印字は持ち主の名前である漢字を組み合わせてあり、ふつう印章用の漢字が彫ってあります。わたしの客人たちはキセルでたばこを吸いまくり、そのあとお辞儀をして帰っていきました。この子供はとても印象深い見世物ではありましたが、かわいくはありませんでした。わたしが思うに、床より一段高いところに腰をかけることと、各家庭のプライバシーを守りたいと願うこと、これが西洋文明の最初の二歩です。

この宿の主人はとても律義な人で、姪の結婚式にわたしを招待してくれました。いまわたしはそこから帰ってきたところです。宿の主人本人には三人の「妻」がいます。ひとりは京都で宿屋を切り盛りしており、もうひとりは盛岡に、そしてあとのひとりでいちばん若いのがここで彼と暮らしています。この妻が際限もなく持っている衣装のなかからわたしにふさわしいものを選んでくれました。薄緑色の縮緬のアンダードレス、同じ緑でもっと濃い色調のやわらかな縞柄の絹の着物、金糸の縫い取りの入った白い縮緬の襟、薄緑の絹のうね織りの帯で、あちこちに金で家紋が入っています。わたしは宿の主人と出かけました。伊藤は招待されず、ぷんぷんしていましたが、彼がいないとわたしは五官のひとつをなくしたようでした。なにを見聞きしても家に帰るまで説明してもらえないのですから。

結婚式はわたしが見た作法書に記されている婚礼についての規則にはのっとっていません

でしたが、それは作法書のほうは侍《サムライ》階級に向けたものであるのに対し、きょうの花嫁花婿は裕福な商人の子女であるとはいえ、平民に属するからです。

結婚は双方の友人たちがお膳立てし、その打ち合わせにおいてはつねにいろいろな世知が示されます。それでも若々しい情愛は必ずしもあらかじめ決められた回路だけを流れるものではなく、魅力的な娘は父親の家に引きこもっていようとも、数人の恋人がきっといるものです。また日本でもほかと同じように恋人同士の心中が多いのは、真の愛を貫く道が必ずしも平坦ではないことを示しています。伊藤の話では、この人でなければと思うに至った恋人は相手の女性の親の家に錦木《にしきぎ》の小枝をとめつけ、それが無視された場合は彼自身も無視されたことになるものの、相手の娘が歯を黒く染めれば、それは親の同意が得られ、娘の相手として認められたことになるそうです。宿の主人の話では、久保田のあたりではそうすることもときおりあるとはいえ、ふつう縁談はあらかじめ決められた方法どおりにまとめられるとのことです。

縁談はふつう花婿が二一歳、花嫁が一六歳になってから調えられます。日本の女の子にとって結婚はわかりきった定めで、幼少のころから嫁としての義務を果たすようしつけられます。花婿が持参金を受け取ることはありませんが、状況に応じた嫁入り衣装と道具が準備されます。縁談において財産の有無に重きを置くことはあまりないようですが、しとやかで気立てがよく、たしなみのある女性であること、また礼儀作法と家事を習得していることが肝心です。息子のいない父親が長女を結婚させる場合、花婿は養子となり、花嫁の父親の姓を継ぎます。結婚に先立って婚約があり、結婚のプレゼントはあまりに気前よく贈られるので、贈る側がしばしば金銭のやりくりに不自由することがよくあります。嫁入り衣装に加えて、花嫁の両親は紡《つむ》ぎ車、調理用具をその他の家具とともに娘に与えます。畳《タタミ》がベッドにも、ソファにも、テーブルにも、椅子にもなるので、家具は多くありません(1)。

今回の場合、嫁入り衣装や家財道具は朝早く新郎の家に運ばれ、わたしは見物してもいいという許しをもらいました。金糸の刺繡を施した帯が数本、着物用の錦織生地と縮緬がそれぞれ数反、何着もの仕立てあがった着物、白い絹地が一反、酒が六樽、七種の香辛料がありました。日本では女性は宝石を身につけません。

家財道具の内訳は、木の枕ふたつ――みごとな漆塗りで、ひとつにはかんざしをしまう引き出しがついています――、木綿の布団《フトン》、とても立派な絹布団二枚、絹の座布団数枚、漆塗りの裁縫箱、紡ぎ車、漆塗りのお櫃としゃもじ、装飾入りの鉄瓶ふたつ、さまざまな調理用具、ブロンズの火鉢《ヒバチ》三つ、煙草盆ふたつ、漆塗りの盆数枚、膳、土瓶、急須、湯呑み、漆塗り飯椀、銅製たらい、てぬぐい数枚、竹ぼうき、象眼入り漆塗りの飾り棚です。どれもみな非常に立派なものばかりですから、両親は裕福にちがいありません。酒《サケ》は厳格な作法にのっとって贈られます。

婚礼は聖職者により執り行われなければならないとよく書いてありますが、これはまちがいです。日本の結婚は純粋に民事婚です。宗教的な儀式はなんら必要ではありません。結婚は戸長《コチヨー》の事務所で登録することにより公認されます。今回の新郎新婦は仏教徒ですが、婚礼には僧侶が出席することすらありませんでした。

花婿は二二歳、花嫁は一七歳で、たっぷりと化粧を施したせいでかえって美しさを損ねている姿から判断したかぎりでは、とてもきれいな顔立ちでした。夕刻近くになると、花嫁は乗り物《ノリモン》に乗り、両親と友人に付き添われて花婿の家に行きます。行列のメンバーはそれぞれ提灯を携えています。宿の主人とわたしが着いたときには、大きな部屋に披露宴の出席者が集まっており、花婿の両親と友人たちが片側に、花嫁の両親と友人たちがもう一方の側に座っていました。とても美しく装った少女ふたりが花嫁を連れてきました。花嫁は白一色の絹の衣装をまとい、頭から足までを白絹のベールで覆うというたいへん目に快い姿です。すでに部屋の上座の中央に座っていた花婿は立ち上がって花嫁を迎えることもなく、視線は床に向けたままで、花嫁もその向かい側に座りましたが、顔を上げることはしませんでした。低いテーブルが前に置かれ、その上にはつぎ口のふたつついた銚子に酒を満たしたものと、酒の瓶、盃が置いてあり、もうひとつのテーブルには松の木、花をつけた梅の木、亀の上に立つ鶴をかたどったものが置いてあります。亀の上に立つ鶴は歳月の長さを表し、松と梅は女性の美しさと男性の力強さを表します。まもなくごちそうを載せたお膳《ゼン》が出席者それぞれの前に運ばれ、料理に満足していることを示す音とともに宴がはじまりました。

これはまだ前置きにすぎず、このあと花嫁を連れてきた少女ふたりが酒を入れた盃を三つお盆に載せてみんなに回しました。どの客も盃の底の福の神のところまで酒を飲み干すことになっています。

そのあと新郎新婦は退席しますが、まもなくべつの式服に着替えてまた現れます。ただし新婦はまだ白絹のベールをかぶっており、この白絹はいずれ彼女の経帷子《きょうかたびら》となるのです。金の漆塗りの盆が運ばれ、そこには盃が三個載っています。これに新婦の付き添いの少女ふたりが酒をつぎ、花嫁とその義理の両親の前に置きます。義父は三個の盃から酒を飲み、盃を花嫁に渡します。花嫁はふたつの盃から酒を飲んだあと、義父から箱に入ったプレゼントを受け取り、三個目の盃から酒を飲んでその盃を義父に返します。義父はここでもう一度三個の盃から酒を飲みます。ついでごはんと魚が運ばれ、そのあと花婿の母親がふたつ目の盃をとり、酒を満たしてそれを三度飲み干してから、盃を花嫁に渡します。花嫁はふたつの盃の酒を飲んで義理の母親から漆塗りの箱に入ったプレゼントを受け取り、三番目の盃の酒を飲み、その盃を義母に渡します。義母はふたたび三つの盃で酒を飲みます。そのあとスープが運ばれ、ついで花嫁は三番目の盃からひと口酒を飲んで、盃を義父に渡します。義父はさらに三つの盃で酒を飲み、花嫁がもう一度盃を受け取ってふたつから酒を飲み、最後に義母が三つの盃で酒を飲みます。さて、見落としのないようにとわたしが苦心してきたとおりにここまでの話がよく呑み込めるなら、この三人はけっこう強い酒をそれぞれ九杯ずつ飲んでいるのがあなたにもわかるでしょう！(2)

このあと新郎新婦の付き添いの少女ふたりがつぎ口のふたつある銚子をとりあげ、結婚したふたりの口元に差し出しました。新郎新婦は代わる代わるその銚子の酒をすっかり空になるまで飲みました。この締めくくりの儀式は、人生の喜びと悲しみをともに味わうことを象徴しているといわれています。つまりこれにより、ふたりは死あるいは離縁がふたりを別つまで夫あるいは妻となったのです。

このあらかじめ定められたしきたりにしたがって酒を飲むことが「結婚式」であるらしく、これには親戚以外は招かれません。そのあとすぐに披露宴の招待客が到着し、祝宴を張って酒を飲むことで夕べをすごしますが、料理は質素で、また幸いにも結婚披露宴の場合、酩酊するのは場違いということになっています。どんな細かいこともすべて作法で取り決められており、何世紀にもわたって伝え継がれてきているのです。その点における儀式の重要性はべつとして、式は非常に単調で冗漫なもので、陰気臭いほどの沈黙のなかで行われ、白塗りをした顔に口紅をさした若い花嫁は姿も動きもまるで自動人形のように見えました。

見聞きしたことすべてから考えると、日本の妻たちはわたしたちには非常につらいと思える状況にいながらも貞節であるようです。反対に、夫が妻に対して貞節であるかどうかは、それが表面的にどうであるかすら美徳とも見なされず、またしきたり上求められていることですらないのに、です。この点については疑問をさしはさむ余地はまずないと思います。

明らかに親子の関係は夫婦の関係よりずっと高いと見なされており、また妻よりも母親としての役目のほうが優先されます。父親が子供の召使いであるなら、母親は子供の奴隷で、母親の運命は非常に厳しいものになりがちです。なぜなら母親の第一の務めは子供を生むことにあり、ついで子供に乳を飲ませ、世話をしなければなりません。その間結婚により自分の義理の母親に対しては奴隷の立場にありながらなのです。『女性のための修身・教訓書』

［女大学？］を訳したものをつぎに掲げますが、これは非常に興味深く、また社会的な風習や女性に対する評価について、紙幅を費やして記すよりわかりやすい説明が得られます。

I・L・B

女性のための修身・教訓書(3)

教訓その一　どの少女も年ごろになれば自分とはちがう家系の男性と結婚しなければならない。したがって、舅《しゅうと》、姑《しゅうとめ》に仕えなければならないのであるから、親は娘の教育には息子の教育より気をつけなければならない。甘やかして育てると、夫の身内とうまくいかなくなってしまう。

その二　女性は美しい容姿より立派な心を持っているほうがよい。心根の悪い女性は感情が激しく、目はこわそうで、声は大きく、おしゃべりで、腹を立てると家庭内の秘密を洩らしてしまう。また他人を笑ったり、ばかにしたり、うらやんだり、悪意を持ったりする。女性は清らかでやさしく、気立てがよくなければならないのであるから、こういったことはすべて女性にはふさわしくないことである。

その三　親は娘に男性には近づかないことを教えなければならない。娘たちは邪悪なことを見たり聞いたりしてはならない。昔からのしきたりでは、男女は同じ畳に座ってはならず、同じ場所で着替えてはならず、浴室もべつべつのものを使わなければならず、直接ものを手渡してはならない。夜間、女性が外出するときは、提灯を持たなければならない。また外出する際には、たとえ家族であっても、男性は女性の親族から離れていなければならない。これらのルールを無視する者は無作法であり、自分の家門に恥をもたらすことになる。どの少女も親の許可を受けずに結婚したり、仲介者を立てずに結婚したりしてはならない。また殺されるという悲運な目に遭おうとも、金や石のごとく強い心を持ち、清らかならざることはなにひとつしてはいけない。

その四　夫の家が妻の家であり、たとえ夫が貧しくとも、妻は夫の家を出てはならない。家を出た場合や離縁された場合、それは生涯その女性の恥となる。

男性が妻を離縁する理由は七つある。妻が舅や姑に従順でないこと、妻が貞淑でないこと、妻が嫉妬深いこと、妻がハンセン病持ちであること、妻に子供ができないこと、妻が盗みを働くこと、妻がおしゃべりであること。最後の理由については「女のおしゃべりは往々にして家庭の平和を乱す」という注釈がついている。子供のない妻を哀れみ、「気立てがよくてやさしければ、離縁されることはないが、夫は養子をとらなければならない。あるいは妻に子がなくて妾にはある場合、夫は妻を離縁できない」という条項がつけ加えられている。離婚の理由をすべて挙げたのちに、「女性はひとたび夫の家から追い出されると、それは彼女にとって大きな恥となる」と言い添えられている。

その五　未婚の女性は両親を敬愛しなければならないが、結婚したあとは実家の両親より舅と姑を敬愛しなければならない。朝に夕に舅と姑に体の具合はどうかと問い、なにか自分にできる用事はないかと尋ね、また言われたことはすべてしなければならない。舅姑から叱られたときは、口答えしてはならない。嫁が気立てのよさを示せば、結局は問題も平和な決着を見るものである。
その六　妻は夫以外に主人も家長も持たない。したがって夫の言いつけには従い、不平をこぼしてはならない。女性が守るべきルールは服従である。妻は夫と語らう際には微笑をたたえ、謙虚なことばを用いなければならず、また無礼であってはならない。これは女性の主な義務である。すなわち妻は夫からせよと言われた命令にはすべて従わなければならない。また夫が腹を立てた場合、夫に逆らわずに従わなければならない。すべての女性は夫が天にいると考えるべきである。ゆえに夫に逆らって天罰を招くようなことをしてはならない。
その七　夫の親族はすべて妻の親族である。妻は夫の親族といさかってはならない。さもなければ家族が不幸になる。妻は夫の長兄（家長とみなされる）の妻とよい間柄でなければならない。
その八　妻は夫が自分に不実であっても、嫉妬するのではなく、そっとやさしく夫をさとさなければならない。妻が嫉妬すれば、当然ながらその怒りは顔に表れ、夫に嫌われて捨てられてしまう。やさしく夫をさとすときは、必ずやさしい表情でやさしいことばを用いてそうすべきである。夫が耳を貸さないときは、夫の気持ちが静まるのを待って話しかけ直すべきである。
その九　女性はぺちゃくちゃしゃべってはならない。またどれの悪口も言ってはならないし、嘘をついてはならない。人の悪口を耳にしても、それを人に告げたりして家族内にいさかいを起こしてはならない。

その一〇　女性はつねに自分の務めを守り、朝は早く起き、夜は遅くまで働かなければならない。日中眠ってはならない。倹約に努め、機織り、裁縫、糸紡ぎをおろそかにしてはならない。また茶や酒を飲みすぎてはならない。芝居や劇のようにふしだらなものは一切見てはならない。四〇歳に達しない女性は、このような場所や寺や神社のように人の多く集まるところに行ってはならない。

その一一　妻は高価な衣装に金を浪費せず、自分の収入に見合った服装をしなければならない。

その一二　若い妻は若い男や夫の親族に親しい口調で話しかけてはならない。男女の区別は守られなければならないのであるから、召使いに対しても同じである。たとえ重要な用事があっても、若い男に宛てて手紙を書いてはならない。

その一三　装身具や衣服は華美であってはならない。人目につかないよう、清潔できちんとしたものを身につけるべきである。また、身分に合った服装をしなければならない。

その一四　三月一日、三月三日、五月五日のような祝祭の期間中、妻は自分の親族よりまず夫の親族を訪ねなければならない。また夫の許しがないかぎり、外出したり人にものを贈ったりしてはならない。

その一五　女性は自分の親ではなく舅、姑の跡を継ぐのであるから、自分の親より舅、姑を大事にしなければならない。既婚の女性は実家の親をみだりに訪ねず、使者を送るだけにとどめなければならない。他の親族や友人に対しても同様である。自分の家系を誇りにしてはならない。

その一六　使用人が何人いようとも、女性は自分のことを自分でするのが習わしである。舅と姑の衣服を縫い、食事を調えなければならない。夫の衣服を洗い、部屋を掃除しなければならない。赤ん坊がいる場合、肌着は自分で洗う。女性はつねに家のなかで暮らし、みだりに外出してはならない。

その一七　女の使用人がいる場合、この使用人の面倒を見なければならない。なぜならこの使用人はものごとをよく知らず、仕込まれておらず、おしゃべりであるのだから。夫の親族に悪意を持たれた使用人はその人々の悪口を言い、賢くない女性はこの使用人の言い分を信じて夫の親族に反感を持たれてしまう。夫の親族はこれまでこの使用人のことを知らないのであるから、このような争いは簡単に起こりうる。したがって、女性は使用人のことばを信じて自分の夫の親族内の平和を乱してはならない。かように下等な者はかように下等なことをするに決まっているのであるから、このような使用人は解雇すべきである。女の使用人が誤りを犯したときは、この使用人の仕事ぶりを調べ、愚かさを憐れに思い、これからはもっと気をつけるよう注意しなければならない。

その一八　女性には五つの悪い性質がある。女性一〇人のうち七人か八人は、人の悪口を言ったりうらんだりする、また人を妬んだりものを知らなかったりする。これは女性が男性より劣っている印である。ゆえにそこを直さなければならない。こういった欠点のうちいちばんひどいのはものを知らないことで、これがほかの欠点の根源である。女性の性根は一般に闇のように暗く、男性より愚かである。自分の前にあるものにも気づかず、潔白な人々を悪く言う。他人のしあわせをうらやみ、自分の子供を甘やかすが、これらすべてが夫にとっては恥である。女性は愚かなのであるから、謙虚になり、夫に従うべきである。人生のどの場においても、妻は夫のうしろにいなければならない。たとえ善行をなしても、それを自慢してはならない。

悪く言われても、それに反発してはならない。自分を磨くことを怠らず、同じ誤りを繰り返さないよう気をつけなければならない。賢く振る舞えば、夫との仲は一生しあわせなものとなる。

以上の教えは幼少のころから身につけさせるべきである。忘れることのないよう、読み書きを通して学ばせるべきである。

第三〇信

七月二七日、鶴形《つるがた》にて

休日の光景――祭り《マツリ》――にぎやかな余興――曳山――神々と鬼――活人画――港の可能性――村の鍛冶屋――造り酒屋の豊かさ――酒《サケ》の日本伝来――酒と収益――「たいへんな見物《みもの》」

三マイルにわたり良好な道路は、久保田の住民が半分ほども集まったような混雑ぶりでした。歩いている人もあれば人力車《クルマ》に乗っている人もあります。馬の引く赤い幌車、ふたりずつクルマに乗った警官、何百人もの背負われた子供たち、さらに何百人もの歩いている子供たち。しゃちほこばって早熟そうに見える幼い女の子たちは緋色の縮緬と花で髪を飾り、高いぽっくりをはいて歩きづらそうにぎくしゃくしながら足を運んでいます。絶対に混じり合おうとはしない男女の集団、饅頭や砂糖菓子が売れて「大繁盛」している露店、買った客が食べるのと同じ速さで餅《モチ》をつくっている女性たち。右手には緑の海のような広い稲田が起伏し、左手には青緑色の水をたたえた海が控えています。久保田の町の灰色の家並みが周囲の緑から頭をのぞかせ、最も濃い藍色の太平山が南側の眺めを遮っています。お天気はすばらしく、夏の陽光があたり一帯にそそぎ、これほど陽気で明るい光景を日本で見たのははじめてです。男も女も子供たちも、幌車もクルマも警官も馬子も、すべてが久保田の荷揚げ港、みすぼらしいたたずまいの町港《みなと》に向かっています。神明《しんめい》［天照大神］という神の生誕を祝う祭り《マツリ》があるのです。灰色の低い家並みの上にそびえ立っているものがあり、最初それは五本の巨大な黒い指のように、ついで枝を黒いなにかで包んだ木立のように見えましたが、やがてなににもたとえられない謎の物体となりました。

動きがとれなくなったのでクルマをそこで降り、群集のなかに分け入りました。粗末な茶屋と粗末な店のあるみすぼらしい通りがほぼ一マイル［約一・六キロ］にわたって人で埋まっていますが、実のところどんな通りであるかは人波でほとんど見えません。全長にわたり、提灯がびっしりと吊り下げてあります。雑な造りの足場で支えた畳敷きの屋根付きやぐらがあり、そこで人々がお茶や酒《サケ》を飲んだり、下に見える人々の光景を楽しんでいます。猿回しや犬芝居、毛の抜けた羊二匹と痩せた豚一匹をみんなめずらしそうに眺めています。日本でもこの地方には羊や豚がいないのです。見世物小屋のひとつでは、女の人がひとり二銭《セン》の料金で三〇分ごとに首を切りはずしています。お寺のような屋根のついた車［曳山］を四〇人の人が綱で引き、その上では上流階級の子供たちが舞を舞っています。正面を開け放した芝居小屋の舞台では、袖が床まで届く古風な衣装を着たふたりの男性がうんざりするほどゆっくりした古典的な舞を舞っていますが、これは主にその長い袖を巧みに動かす所作で成り、ときおり足を踏み鳴らしたり、しわがれた声で「ノー」ということばを発するものです。言うまでもないことですが、外国人女性がひとり混じっていても、このお祭りに集まった人々の注目などまったく引きはしませんでした。子供を尊ぶ気風はたいへんなもので、あらゆる種類の面、人形、ものをかたどった飴、おもちゃ、菓子が地面に敷いたござの上に並べて売られており、買われては子供たちの手や袖のなかに渡ります。子供になにも供物を捧げずに祭りに参加する親など日本のどこにもいないでしょう。

港には二万二〇〇〇人の見物人が町外から集まったと警官が教えてくれました。それでも三万二〇〇〇人の行楽客に対して、警官は二五人いれば事足りるのです。その場を引き上げた午後三時まで、わたしはひとりの酔っ払いも見かけませんでしたし、粗野な振る舞いや無作法な態度をただの一度も目にしませんでした。しかもいちばん人で込んだところですら、みんな暗黙に了解しているかのように輪をつくり、息のできる空間をわたしに残してくれたのです。

わたしたちは最も人だかりのしている二台の大きな曳山のところへ行きました。高く組んだ巨大な曳山は遠くからでも見えました。これは長さ三〇フィート［約九メートル］の太い木材と八つの大きくて頑丈な車輪で造ってあります。その上にはやぐらがいくつかあって、杉の枝で造った平たい台のようなものが突き出ており、てっぺんには高さのちがう特製の峰が二つそびえていて、全体の高さは地面からざっと五〇フィート［約一五メートル］近くあります。この突出部はすべて黒い木綿の布で覆われており、そこから松の枝が突き出ています。まんなかには三つの小さな車輪が順に上に重なるようにしてあり、その上には白い縞の綿布が絶えず繰り出されていて滝を表しています。下にも白い綿布が配してあり、これは川を表しています。また青い綿布が下のふいごでいかにもそれらしく動いているのは海です。全体としては神道の神々が鬼を退治した山を表そうとしていますが、これほど粗雑で野蛮なものはめったに見られないでしょう。それぞれの曳山の正面には、天蓋の下に、三〇人の奏者が三〇の不愉快な楽器を鳴らしてまさしく地獄の不協和音で空気をつんざき、神々より鬼のほうを連想させます。平たい台の上には恐ろしい姿をした一団がいます。台のひとつにはお寺の山門の仁王《ニオー》像によく似た真鍮の甲冑をつけた巨人がいて、反抗的なようすの鬼を殺しています。べつの台には繻子《しゅす》の袖にびっしりと花模様のある金色の衣装をつけた大名《ダイミョー》の娘がいて、三味線《サミセン》を演奏しています。またべつの台には大きさが人の三倍ある狩人がいて、同じように大きな野生馬を殺しています。馬の毛には毛羽立った棕櫚《しゅろ》の皮が使ってあります。ほかの台には極彩色の神々と、同じようにおぞましい鬼がさまざまに寄せ集められていま す。この二台の曳山はそれぞれ二〇〇人の人間に引かれて三時間に一マイルの速度で通りを進んでいました。

金色を多く用い、何人もの人々がてこを持ち、重い車輪を泥の穴から救い出します。百合の花で飾った美しい駕籠《カゴ》二台がそれぞれ四人の人間にかつがれ、行列に加わっています。どちらにも子供がひとり乗っており、顔を白塗りし、花を描いた繻子のみごとな衣装とかつらで念入りに着飾っていて、金色の布地のクッションに堂々としたようすでもたれています。このふたりは当地のある資産家の子供たちで、お金をかけて古典舞踊を習い、この祭りで人々に披露することになっているのです。この舞踊はとくに見物でした。やがてこの子供たちは金地の布を吊り下げた、寺院のような屋根つきの曳山に乗り直し、通りをゆっくりと進んで、何千人もの人々から集中して賞賛を受けました。あいだを置いては曳山を止め、その正面で舞を舞うのですが、曳山の正面は豪華に飾りつけた舞台となっています。うしろの部分は楽屋でもあり、親族や召使いなど多数のお供の待合室でもあります。八歳と九歳の子供がこれだけ完璧な威厳と自信をもっているのは痛々しいほどでした。女の子は裾の長い豪華な衣装と扇を江戸の新富座の役者並みにうまくさばき、奇妙なポーズとぎくしゃくした発声の入る古典舞踊を非の打ちどころなく舞いました。そして終幕で弟といっしょに舞ったときには、まったく掛け値なしに、かなりの気迫と活力がこもっていました。

わたしは首をはずす女性を見に行き、泥のなかに立ったまま半時間ほどすごしました。が、トリックは見え透いており、芸はとてもお粗末でした。犬がポーズをとったり踊ったりするのも見ましたが、この犬は脅されて芸をしているのがあまりにも明白で、買い取ろうとしましたが、暴君の飼い主は五〇円以下では売ろうとしませんでした。この祭りはイギリスの縁日や、祝日や、お祭り騒ぎのような本来の宗教的な意味合いを失っており、三日三晩つづきます。そしてきょうは三日目で祭りが最高潮に達した日なのでした。

わたしたちはおとなしい気性の馬に乗って出発しました。山形県の気性の激しいのとはおよそちがう馬でした。港と鹿渡《かど》のあいだの左手にとてもめずらしい干潟がありました。奥行きが一七マイル［約二七キロ］、間口が一六マイルあり、狭い水路で海とつながっていて、真山《しん》、本山《ほん》というふたつの高い山で守られています。ふたりのオランダ人技師がこの干潟の可能性について現在調査をしており、もしも莫大な費用をかけずに出口を深くできるようなら、日本北西部がたいへん必要としている港をつくることができます。道路沿いには広々とした田んぼと多くの村々があり、道路は厚い砂の並木道で、松の古木がえらくねじれゆがんでいました。松並木の道を何百人もの人々が馬に乗ったり歩いたりして、どの農村からも港へと押し寄せています。四日続いた雨降りのあとのさんさんと輝く陽光を浴びてうれしそうです。何百頭もの馬、緋色の布と漆塗りの馬具に房のついた革製の網という華美な衣装をつけてすばらしくみばのいい馬がいます。わらの房や縄をいっぱいつけ、鞍の頂はゴシック風となっています。両側それぞれにかごを下げ、ひとつのかごにはしかつめらしくて風格のある子供たちがふたり乗っています。荷鞍には父親と五番目の子供が乗っている場合もあります。

わたしは体調がいいとはとても言える状態ではなく、虻川《あぶかわ》というさびれた村の蚤の跳び回る屋根裏部屋で泊まらなければなりませんでした。米は汚くて食べられず、宿主の妻はわたしの部屋の床に一時間座っていましたが、痛々しいことに皮膚病にかかっていました。土壁の家はもう見られなくなり、このあたりの村の家々は木造ですが、虻川はいまにも崩れそうな古びた村で、家屋を棒で支えてあり、斜めになった梁が道路に突き出ていて、不注意な通行人はぶつかってしまいます。

村の鍛冶屋が向かいにありましたが、この鍛冶屋は重いものを持ち運びできる男ではなく、わたしたちが子供のころタッテンホール鍛冶場で体験して喜んだ、あのすばらしい火花のきらきら飛び散るさまも見られませんでした。床におこしてある粉炭の火は、痩せて垢で汚れた下男がつねに調整と炭の補給を行っています。それよりもっと痩せて汚い男が保護めがねと帯をつけ、その火の前にずっと陣取っていて、鉄の棒を手で熱したりたたいたりしていますが、かちんかちんというその鎚音は夜遅くまで聞こえていました。彼の足はふいごを踏んでいます。煙った壁には錆《さ》びた鉄の棒や部品が掛けてあり、暇そうな男たちの一団が彼の器用な仕事ぶりを眺めています。こんなところが虻川の鍛冶屋の光景で、縁《えん》から眺めたわたしは心を奪われつづけていました。とはいえ、着物を着ていない住民の全員が夜もふけるまでぽかんと口を開けたまま黙って宿の前に立っていたのですが。

この陰気な集団は鬱陶しいこぬか雨の降るなかを朝早くからまた現れました。雨はひどいどしゃ降りに変わり、もう一六時間降り続いています。低い丘陵、人々が稲を泥だらけにしながら、これで二度目の雑草とりをしている広々とした水田、悪路、美しい村々、たくさんの藍、わずかな通行人、こういったものをその旅で見ました。盛岡《もりおか》をはじめこの地方の村いくつかを見て、わたしは高くて大きくて立派で、いかにも裕福そうなたたずまいの家屋が囲いのある敷地に立っているとすれば、それは必ず造り酒屋だということに気がつきました。酒林《さかばやし》は酒《サケ》を販売するだけではなく醸造していることを示します。酒林にはながいこと使われて杉の葉が抜け落ちたのから、定期的に作り替えて生き生きした杉の枝を丸めたものまでいろいろあります。イギリスでもかつてワイン販売の印に同じようなものが使われていたのは興味深いことです。

ここで横道にそれ、酒について触れないわけにはいきません。というのも酒のない日本はビールのないイギリスがイギリスらしくなくなる以上に日本らしくなくなるからで、なにか特別なことがあると所定の量の酒を飲むのはこの帝国の伝統的な作法の一部なのです。造り酒屋は現在すべて静かです。酒を造るには気温が低くなければならず、シーズンは一一月初頭から二月末までとかぎられているからです。酒は二六〇〇年前から造られており、紀元前四〇〇年に中国から来た酒造家がさらに進んだ醸造法をもたらしたと言われています。しかしながら、少量ずつ家庭内でつくられていたらしく、大規模に生産する造り酒屋が大阪に設立されてからまだ三〇〇年しかたっていないようです。この大阪の造り酒屋ではいまでも最良の酒がつくられています(1)。日本全国の米の総生産量の七パーセントが酒に変身します。一八七四年度の生産量は六七四万五七九八ヘクトリットルで、その消費量は国民ひとり当たり二〇リットル半となり、年間生産量は増えています。発酵酒の税収は一八七五年—一八七六年に三二万二六一六ポンドだったものが、昨会計年度には四七万四七七三ポンドでした。歳入項目という意図から酒は五種類に区分されていて、製造業者は種類別に年二ポンドの認可料と販売総額の一〇パーセントを支払います。小売業者の認可料は年一ポンドです。これほど広範で儲けの大きい商売を営んでいる人々が、この北の村々でいちばん立派な家を持っているのもふしぎではありません。

酒造の全工程は四〇日かかり、西洋の化学者はこれ以上改善すべき点はなかったと言っています。夏季のあいだ、酒はいわゆるパスツール処理を受けますが、これはパスツールが生まれるより三世紀も前から日本では行われてきたものです。酒には五種の味——甘さ、辛さ、酸っぱさ、苦さ、渋さ——がなくてはならず、フーゼル油の風味がします！　酒には一一から一七パーセントのアルコールが含まれます。わたしには気が抜けていて、むっとして、吐き気を催させるものに思えます(2)。

その日は午後じゅうひどい風雨でした。わたしは馬に乗れず、何マイルか松の並木道を歩きました。一フィートも水がたまり、防水紙の合羽はぐっしょり濡れました。半ば溺《おぼ》れたような状態で豊岡《とよおか》に着き、ひどい寒さに震えながら、清潔な屋根裏部屋で火鉢に当たりました。水のしたたり落ちる服は部屋に掛けましたが、翌日もそれを着なければなりませんでした。午前五時には豊岡の全住民が集まり、朝食をとるあいだ、わたしは外にいる村人全員ばかりか、土間に立ってはしごを見上げている四〇人以上の人々の注目の「的」となりました。人々は宿のあるじからいついなくなってくれるのかと訊かれると、「こんなにめずらしいものを一人占めするとはずるいし、隣人の思いやりに欠ける。外国人の女性なんて、いま見ておかなければ、一生見られる機会はないかもしれない」と答えました。それで彼らはいてもいいということになったのです！

I・L・B

第三二信

七月二九日、大館《おおだて》にて

旅の疲れ――どしゃ降りと泥道――ぶっきらぼうな伊藤――盲目の按摩師――盲《めしい》のギルド――猿回しに思われる――渡しの中止――困難な川下り――米代川の危険――船頭溺れる――夜間の騒ぎ――騒々しい宿屋――嵐に足止めされた旅人たち――ハイ、ハイ――またも夜間の騒ぎ

背骨の痛みがあまりにひどくてここ数日は一日に七マイル［約一一キロ］か八マイルしか旅ができません。それも悪戦苦闘してのことです。自分の鞍に乗り、つぎは荷鞍に、そのつぎは泥道を歩いてみますが、それでもひたすら旅をつづけるのは、旅をつづけなければならないからです。そしてその日の宿舎に着くやいなや、横にならずにいられません。北部日本を旅するのは体力のある人にかぎられます。疲労は避け難く、天候でそのひどさをさらに増します。わたしが土地土地から受けた印象もきっと天候に左右されているでしょう。灰色の

もやどしゃ降りの雨に包まれた湿地にある村落は、同じ村落でも明るい陽光を浴びたときよりはるかに快さが劣ります。このような夏は三〇年ぶりのことなのです。雨はすさまじいものでした。わたしは雨合羽を着ているにもかかわらずずぶ濡れの服ですごし、ありったけの防水布で覆ったにもかかわらず、この数日間はびしょ濡れの簡易ベッドで休みました。そして相も変わらず天候がよくなる兆しは少しもなく、北部の道で川の水位がとても高いので、背中の痛みに加えて風雨のせいでも、ここにとどまることを余儀なくされています。伊藤はひどくぶっきらぼうにわたしに同情を示してくれます。もっともたいへん賢明なことにこう言いました。「とてもお気の毒には思いますが、何度も繰り返してそう言ったところでなんにもなりません。わたしではなんのお役にも立ちませんから、盲目の按摩《あんま》師を呼ぶといいでしょう！」。

日本の町や村では毎夕男の人（または人たち）が歩きながら一風変わった笛を低く吹きます。大きな町では、この音はかなり迷惑なものです。盲目の男たちが吹いているのですが、盲《めしい》の物乞いは日本ではまったく見かけません。盲人は按摩師、金貸し、楽士という職業に就いており、自立していて敬意を払われ、裕福な階級なのです。古くはふたつのギルドを形成していました。うちひとつは妻を亡くして嘆き悲しみ、盲になってしまった親王の興したギルドで、もうひとつは自分を人質にとったあと、妙にやさしく遇してくれた寛大な王子を殺害したいという誘惑から逃れるために、自分の目を刳りぬいた将官がつくったものです。後者のギルドにはきわめて多くの音楽家がいて、劇場、婚礼、行列、祭りでよくお目にかかります。頭を剃った按摩師は全員盲目で、その多くは按摩業以外に月一五―二〇パーセントの利率で金貸し業も営んでいます。夜聞こえるのは彼らの笛の音です。按摩は喫煙と熱いお風呂につぐ国民的な贅沢で、これを楽しまない日本人は、たとえ貧乏人といえどもいません。これはハワイ諸島のロミ・ロミに相当するもので、すべての関節をたくみにやわらげ、すべての筋肉をもみほぐして、それとともに痛みや疲れを取り去るというものです。「按摩」は伊藤の毎日の贅沢で、また人力車《クルマ》の車夫はなにかにつけ疲れた四肢を按摩師にゆだねます。盲人の数は非常に多く、とても興味深いことに、彼らは保護や慈善を受けなくとも自立した生活を営んでいけるのです。日本人は一風変わった経済的自立心がとても旺盛で、外国人のそれから離れたものであればあるほど目につきます。

豊岡からわたしたちはとても難儀な旅をしました。その日雨は絶え間なく降り、煙雨のなかでは地平にそびえる低い山々、松の生えた砂地、灌木、水のあふれた稲田以外、ほとんどなにも見えず、深さ一フィート［約三〇・五センチ］のぬかるみと化した道路に沿ってある村落が変化していくくらいのものでしたが、このあたりの人々の衣服はとくにぼろぼろで汚いものでした。美しい山腹にある士族《サムライ》の村檜山《ひのきやま》は例外で、立派な家屋はそれぞれ離れて建っており、美しい庭、大きな屋根のついた門、芝を植え石垣のある段地があって、閑静で快適そうなたたずまいでした。いたるところに藍がたくさん栽培されています。下層階級のほぼすべての衣服は青色で、藍が必要なのです。ある大きな村のそばで、わたしたちは荷馬に乗った伊藤を先頭に馬で田んぼの畦道を進んでいるとき、学校帰りの子供たちおおぜいに出会いました。子供たちはわたしたちのそばまで来ると悲鳴をあげながら向きを変えて逃げ出しました。なかには溝に飛び込んだ子供もいます。馬子《マゴ》が子供たちを追いかけ、いちばんうしろの男の子をつかまえてこちらへ引っ張りました。男の子が怖がってあばれるので、馬子は笑いました。男の子が言うには、伊藤が猿回しで、わたしが大猿、そしてベッドの棒を舞台の足場だと思ったとのこと！

　しぶきを飛ばしながら水とぬかるみのなかを進むうちに、飛根《とぶね》の人々はわたしたちを引き止めたいのだとわかりました。川が増水したため渡し舟は全部止まっているというのです。けれども、わたしはこれまでも誤った情報にしょっちゅう惑わされていたので、新しく馬を雇い、とてもきれいな山腹を通る道を行くことにしました。そこからは米代《よねしろ》川が見下ろせました。水嵩《みずかさ》を増したこの大きな川は、海に近くなると、あたり一帯に広がってしまっていました。どしゃ降りの雨は依然として続き、戸外の仕事はすべて中止されています。どの家の軒にも水のしたたる蓑が干してあ

蓑①

り、防水紙でできたわたしたちの合羽はぐっしょりと濡れ、馬は水をしたたらせながら湯気を立てていました。こうしてわたしたちは急な山道を滑るように下り、切石《きりいし》に着きました。切石は森に覆われた山の麓の柿林の下に三一戸の家が集まった村落で、どの家屋もぬかるみに立っており、あまりにみすぼらしくて不潔なので、一軒として五分間の雨宿りも頼む気になれませんでした。案の定、川はたっぷり四〇〇ヤード［約三六六メートル］の幅に広がり、抑えた怒号をあげて水車を回す流れのように渦巻いており、土手には人馬が川を渡ることを禁じる役所からの通達がありました。そしてわたしが考えをめぐらす暇もないうちに、馬子は泥沼のなかの小島に荷物を降ろし、山頂に上がってしまいました。日本政府ももう少し面倒見が悪ければいいのにと思ったことでした。

そこへほんのちらりと向こう側を小舟が川を下っていくのが見えました。舟は向こう岸に着き、人をひとり降ろしました。伊藤とふたりの男の人が大声で呼びかけ、わめき、激しく手を振りました。するとうれしいことに向こう側から川の怒号に混じってそれに応える声が聞こえました。川の流れは強烈で、船頭は向こう側を半マイル棹で溯り、四五分ほどかけてこちら側へやってきました。彼らは小繋《こつなぎ》――まさしくわたしの行きたいところ――へ戻るところで、そこまでたった二マイル半［約四キロ］しかないにもかかわらず、四時間近くかかりました。その四時間の人々の懸命な働きぶりは、わたしがはじめて見るものでした。いまにも血管が切れるのではないか、腱が切れるのではないかとわたしははらはらし通しでした。だれもが全身の筋肉を震わせていました。川は実に手ごわく、深さが八フィート［約二・四メートル」から一二フィートあって、泥水の渦をいくつもつくって流れています。船頭が必死で棹を使っていると、まるで棹か背中が折れてしまいそうに思えるのに、舟はそのつど三、四分間震えながら歩みをぴたりと止めてしまうことがよくありました。その前の数日間はこれといったできごともなくのろのろとすぎていっただけに、これは刺激的な船旅でした。川のもっと上には水浸しになった森があり、そのなかに入ると、船頭たちは木を引っ張ってかなり楽をしましたが、森を出ると、またべつの川が米代川に合流していて、その分流れの速さは増し、水音はさらに激しくなりました。

その前からずっとわたしは、わたしたちの舟のはるか先の対岸側を行く一隻の大きな屋形船を見ていましたが、その船は一〇人の船頭が必死で棹を使っていました。半マイルほどわたしたちより先を進んでいたはずのころ、その屋形船は流れに舵をとられ、くるりと向きを変えたかと思うと波にもてあそばれながら川を下って舷側をこちらに、わたしたちの舟に向かってきました。わたしたちの舟は流れに逆らうことはできず、すぐ左には大木の木立があります。屋形船が衝突して木っ端みじんにされてしまうのではと一瞬観念しました。伊藤は恐怖で顔面蒼白になっており、その蒼白な顔がわたしにはばかばかしく思えました。というのも、わたしはなすすべもない家族を乗せた大型屋形船にいま危険が差し迫っていることしか考えていなかったのです。屋形船はわたしたちの舟から二フィート［約六一センチ］と離れていないところまで来たちょうどそのとき、大木の幹にぶつかって跳ね返りました。船頭が頭のない木の幹をつかんで太綱をそれに巻き、船頭のうち八人がつぎつぎとその綱につかまりました。ところが綱がぷっつりと切れ、七人が仰向けに落ち、船首にいたひとりも水中に投げ出されて姿が見えなくなってしまいました。その夜どこかの家が希望を失いました。ぶざまな屋形船はふらふらと下へ流された拍子に大きな帆柱と帆桁が木にひっかかって急停止したので、つなぎ止めることができました。胸の痛むできごとでした。もはやこれまでと思われたときどんな気持ちがしたかと伊藤に尋ねたところ、伊藤はこう答えました。「母によくしてきたし、正直に生きてきたと思い、いいところへ行けるはずだと願いました」。

船の様式は川によって大きく異なります。この米代川では大きさは二種あります。わたしたちの舟は小型で底が平たく、長さは二五フィート［約七・六メートル］、幅が二フィート半あり、喫水六インチ［約一五センチ］で、水面に出る部分が非常に低く、両側が内側へややカーブしています。へさきが船体から徐々に長いカーブを描いており、とても高くなっています。

もやが晴れていき、黄昏がやってきて、形のとても趣に富んだあたりの美しい景色があらわになりました。小繋付近で川は松と杉で鬱蒼とした、見張り台のような険しい山の細い峡谷へと消えていきます。川を渡るには、目標地点のたっぷり一マイル［約一・六キロ］上流まで行かなければなりませんでした。それから数分間急ぎに急いで渡し場に着きましたが、そこは鬱蒼とした森の深くて厄介な湿地にあり、その湿地を嘆かわしい手探り状態で進んで宿屋《ヤドヤ》に着きました。濃い霧が降り、どしゃ降りの雨が戻ってきました。土間《ドマ》は深さがくるぶしまである黒いぬかるみと化していました。台所《ダイドコロ》は屋根まで吹き抜けで、屋根と垂木《たるき》は煙で黒ずみ、湿った薪をくべた炉はさかんに煙をあげています。囲炉裏《イロリ》の残り火を囲み、一五人の男女と子供が行灯《アンドン》の薄明かりのなかでなにもせずに横になっていました。その光景はなにはさておき趣がありました。いちばん奥の薄暗くてとりとめのない空間に立派な襖《フスマ》で大名《ダイミヨー》の部屋がつくられると、わたしは満足したい気になりました。部屋はじめじめした庭に面しており、雨はその庭に夜通し降っていました。

その日の旅のたったひとつの戦利品はすばらしい百合で、わたしはそれを宿のあるじに贈りました。すると翌日百合は神棚《カミダナ》のとびきり貴重な古い薩摩焼の小さな花瓶で花を開いていました。わたしはぐっすり眠っていたところを突然伊藤に起こされましたが、伊藤はほかの旅人から仕入れたうわさ話をわたしに聞かせようと部屋に来たのです。そのうわさ話とは、首相が暗殺され、五〇名の警官が殺されたとのこと！〔これはおそらく一部の近衛兵の反乱が誤った形で伝えられたものです。反乱については蝦夷《エゾ》に着いてから知りました。〕ここのような辺鄙な地方ではとても突飛な政治のうわさ話が流れます。過去一〇年間の変化と内務大臣暗殺のあとでは、農民がいまある秩序に信頼をおいていないのはさほどふしぎではありません。わたしはこのうわさを信じませんでした。というのも、狂信的言動は、たとえ最も突飛な形で起きたとしても、ふつう良識にある程度は忠実なものであるからです。とはいえ、わたしは当然のことながら日本事情に深い関心を抱くようになっていたので、このうわさに心を乱されました。数時間後、伊藤がまたやってきましたが、今度はこめかみを切って血を出していました。キセルに火をつけ――日本人の夜のじつに悪しき習慣――、火鉢の縁で頭を打ったというのです。わたしは非常時に備えて日本のキモノを着て寝ていますので、すぐに伊藤の頭に包帯を巻いてやり、寝直しましたが、また降り出した大雨の音で朝早くに目が覚めました。

わたしは学校のない地域では子供たちは教育を受けないままになっていると思っていましたが、それはまちがいでした。小繫には、これまでわたしが休憩を取ったほかのいくつかの村落もそうでしたが、主な住民が子供たちに勉強を教えてくれる若い男を確保し、ある者は衣服を、べつのある者は住まいと食事を提供します。それより貧しい人々は月謝を支払い、最も貧しい人々は無料で子供たちに教育を受けさせられるのです。これはとてもよくある習慣のようです。小繫では、宿のあるじが教師に部屋と食事を提供しており、三〇人の勉学熱心な子供たちが台所の一隅で授業を受けていました。

わたしたちは朝早く出発したものの、悪路と長い遅れのせいでほんの少ししか進めませんでした。一日じゅう雨が激しく降りしきり、道は通行不能に近い状態で、わたしの馬は五度転びました。わたしは背中の痛みと疲労がひどく、海まで行けないのではないかと絶望に陥りかけました。このあたりの未開の地ではあいにく駕籠《ノリモン》も乗物もなく、荷馬が唯一の輸送手段なのですが、きのうは自分の鞍を捨ててしまったので、荷鞍を手に入れなければなりませんでした。その荷鞍というのが先端がえらく角張っていて始末に負えず、上に敷いてあるぐっしょり濡れているうえ洗ってもいない布団《フトン》といい、円材、索具、馬の背の凸凹といい、どれもどうにも腹立たしい状態のものばかりで、しかもこれにつかまれるよう、ロープを輪にしたものがふたつついています。馬はお尻をついて坂を下ることがありますし、上りのときには這うような姿勢になったり飛び上がったりするので、乗っている人間はうしろへ滑り、お尻から投げ出されてしまいかねないのです。

白いもやが晴れて樅の木立を頂いた山々が垣間見えると、どしゃ降りのなかでさえこのあたりは美しい地域でした。滑り落ちるように山道を下って出た深い谷間には、苔むした石、同じく苔に覆われた切り株、羊歯《しだ》の絨毯、湿った芳香を放つピラミッド形の杉があり、黄褐色の谷川が激しい勢いで流れています。それから低い山々があり、灌木が多く見られ、広々とした水田、すさまじい洪水がありました。とはいえ、たとえいちばん美しい地域にいようとも、ずぶ濡れになった布団の上で荷鞍にしがみついているのは愉快ではありません。雨が徐々に濡れた衣服にしみとおり、ブーツのなかに入り込むあいだじゅう、こちらは休憩になればまた湿ったベッドで休まなければならない、あすの朝はまた濡れた服を着なければならないとわかっているのですから。村々は貧しく、家々の大半は板張りで、端をぞんざいに釘打ちし、両側を藁でぞんざいにしばってあります。窓はなく、どの隙間からも煙が漏れています。ウイスト［スコットランド北西部の島］の「黒い小屋」がケント州［イングランド南東部］のこぎれいな村にある田舎家と同じでないように、旅行者が日本南部で見る家々とはちがいます。このあたりの農民は生活術をもっと身につけねばなりません。つぎの宿場綴子《つづれこ》では駅逓所があまりに汚く、わたしは雨のなかを通りに座っていなければなりませんでした。橋がみんな流されてしまったし、歩いて川を渡れそうな場所はないから、この先は一里しか行けないと言われましたが、わたしは馬を雇いました。そして英国人特有の強情さと馬子《マゴ》の意欲のおかげで、馬を荷なしでべつべつに小舟に乗せて早口《はやくち》川、岩瀬《いわせ》川、持田《もちだ》川の増水した流れを渡り、最後になじみ深い米代川の支流三本を歩いて越えたのでした。勢いの速い流れは泡を立てて人の肩と馬の荷を白くし、一〇〇人ほどの日本人が外国人の「狂気の沙汰」を眺めていました。

そこかしこで出会う親切な人々について話したいのですが、馬子ふたりは特に親切で、わたしが辺鄙な内陸で足止めをくわされるのを怖れて蝦夷行きを急いでいると知ると、そっとわたしを抱き上げて馬に乗せてくれたり、乗るときに背中を踏み台代わりにしてくれたり、野草の赤い実を集めてくれたり、手を尽くしてわたしに協力してくれました。赤い実は礼儀上食べたものの、なにか嘔吐剤のような味がしました。川口《かわぐち》という美しいところにある古い村で泊まるべきだと言われましたが、なにもかもにかびが生えて湿気で緑色になっており、そこかしこにある緑色と黒の溝からたちこめている悪臭は、通りがかっただけでも強烈だったので、大館《おおだて》まで馬を進めざるをえませんでした。大館は人家の密集したわびしく、崩れかけた町で、人口は八〇〇〇あり、樹皮で葺いた屋根が石で押さえてありました。

宿屋は嵐で足止めをくった旅人で込んでおり、つぎからつぎへとくたびれた足で回りましたが、痛みで倒れてしまいそうで、おおぜいの人込みにもまれました。それに警官に何度も悩まされました。一軒また一軒と宿を探すわたしのあとをついてきて、例のいちばん間の悪いときに通行証を見せろとまったくもって誤った要求をしてくるのです。長い時間をかけても、薄紙を貼った襖で仕切ったこの部屋よりいいところは見つかりませんでした。この部屋は土間と台所に近く、家のなかの騒音のまんまんなかにあります。ほぼ全員が男性の旅人が五〇人この宿にいて、大半がどなるような大声で話します。それもわけのわからない田舎の方言なので、伊藤がいらいらしています。調理する音、お風呂を使う音、食べる音、なかでも最悪なのがキイキイと軋《きし》む滑車を使って井戸から水を汲む音で、それが朝の四時半から夜の一一時半まで続きます。夜はふた晩ともアルコールで鼓舞された騒々しいどんちゃん騒ぎと芸者《ゲイシャ》による音のはずれた演奏が騒音に加わりました。

最近ではどこへ行っても、イエスという意味の「ハイ」がへー、チー、ナー、ネーと発音され、伊藤はこれを大いに軽蔑しています。返事というより間投詞か感嘆詞のように聞こえ、敬意を示す印か注意を向けさせる印にしか使われないことがよくあるようです。たいがいの場合は大声や甲高い声、喉音で、吐息程度のときもよくあります。この町の宿屋ではどんな物音も聞こえ、入り交じった声がしゃべっているがやがやという音、それになによりもお茶屋の女の子の「ハイ、ハイ」という声が家のどこにいてもフルコーラスで聞こえます。ハイと言う習慣は眠っていた男が「ハイ、ハイ」と飛び起きて応えるほど強く、わたしが伊藤に英語で話しかけると、そばに座っていた愚かな酌婦が「ハイ」と答えることもよくあります。

この宿での騒音の印象を誤って伝えたくはありません。もしわたしがイギリスの大きなホテルの厨房から同じくらい近いところにいて、五〇人の英国人と紙製の仕切りだけで隔てられていたとしたなら、うるささは少なくとも三倍になったでしょう。土曜日の夜、ベッドに入ってさほどたたないうちに、伊藤に起こされました。伊藤は老いた雌鶏を持っており、煮込めばやわらかくなると言うのです。わたしは雌鶏の断末魔の声を聞きながらふたたび眠りにおちましたが、またもや起こされました。今度はふたりの警官がわけのわからない理由でわたしの通行証を見たいというのです。三度目に起こされたときは、提灯を持った男ふたりが部屋のなかをそろそろと歩き、蚊帳のひもを探し回っていました。ほかの旅人用に要《い》るとのことでした。これらは日本を旅していて遭遇するばかばかしいできごとの例です。五時に伊藤がわたしを起こし、灸をすえれば背骨の痛みが治るはずです、きょうは一日ここにいるのだから、灸師を連れてきましょうかと言いました。が、わたしは按摩師を呼ぼうかと言われたときと同様強くこれを断りました！　きのうひとりの男が来て障子の「のぞき穴」すべてに紙を貼ってくれたので、宿屋がこれほど込んでいても、わたしはほとんど気にならなくなりました。

住民数一万程度の町の数にはたいへん驚かされます。大館はほかにも多くある同規模の町と同じように、これといった存在理由をなにも持っていないようです。とはいえ、荒ぶる米代川を通じて能代《のしろ》と交易がありますし、行灯や椀用の粗雑な漆を大量に産しています。また刈り入れに使う短いナイフならびに鍬《くわ》とつるはしも特産品ですが、日本特有の庭のような耕地で用いられる道具はだいたいこんなところです。大館はつぎはぎやつっかえだらけのような、みすぼらしい雰囲気の町で、場所によっては粗末な鉄工所が多数軒を連ねているので、スタフォードシャーの釘を作っている村のスラム街を思わせます。
雨は激しく降り続いており、北のルートにある道路や橋が損壊したといううわさが刻々届いています。

I・L・B

第三二信

七月二九日、白沢《しらさわ》にて

上機嫌な酔っ払い——陽光の効果——あきあきするやりとり——「利益侵害」——外国人を宿泊させる場合の要件——村の事々——日本の均質性——夕べのすごし方——うるさいおしゃべり——社交的な集い——不当な比較

けさ早く雨雲は撤退してなくなり、まぶしい青空はきれいに洗濯したかのようでした。川が渡れるようになるには昼まで待たなければならず、さらに減水しないことには先へ行けないので、きょうはわずか七マイル［約一一キロ］行くだけの予定です。手に入れた馬は足の運びにひどく難があり、気の滅入るような馬でした。馬子《マゴ》はなかばほろ酔い加減で、歌を歌ったり、しゃべったり、飛び跳ねたりし通しでした。酒《サケ》は温めて飲むことが多く、そうやって飲むとても騒々しいものの穏やかな酔い心地となります。これまでずいぶん酔っ払いを見てきましたが、いささかでもけんか腰の酔っ払いは一度も見たことがありません。また酔いもすぐに醒めますが、飲みすぎるなという警告として、不快な吐き気が二、三日続きます。ビール、ワイン、ブランデーと名をつけてある実に不愉快な混ぜ物飲料は、人を不機嫌にさせ、酔いも長く続きます。また酒による酔いではめったにない譫妄《せんもう》が混ぜ物飲料の悪影響として経験されはじめています。

太陽はさんさんと輝き、大館のある丘陵に囲まれた谷間を照らして実に美しいものでした。細い川には緑や赤の砂利の上をまぶしく光る水が流れ、円錐形の山々のあいだにちらちらときらめいて見えます。その山々は針葉樹にびっしりと覆われたものもあれば、灌木しか生えていないものもあり、ごた混ぜになって目を引きます。日本では陽光を浴びると森に覆われた山々や庭のような谷間が楽園に変わります。六〇〇マイル［約九六〇キロ］の旅で日差しを浴びても美しくなさそうな地域はおそらくひとつもありませんでした。

馬のおなかまで水嵩のある厳しい瀬を五ヵ所渡りましたが、うちひとつでわたしの馬の馬子が急流に足をとられ、馬に岸まで引っ張ってもらいました。歌ったり飛び跳ねたりの酔いによる上機嫌は冷たい水を浴びても全然変わりませんでした。なにもかもが損壊状態にあります。一本しか水路がなかったところに複数の水路ができてしまいました。かなりの距離にわたって道路は跡形もありません。一〇マイル［約一六キロ］のあいだに橋は一本もなく、この地域の大部分が石や根こそぎ抜かれた樹木や山から流れてきた丸太で覆われています。とはいえ、この地方の勤勉な農民たちはすでに堆積物をどかし、災害再発を防ぐために堤防用の土砂を詰めたかごを馬に載せて運び、石にロープを張っています。このあたりの農婦が野良着として着ている服の具合のよさにわたしは大いにうれしくなりました。明るいブルーのズボンの上にゆったりした上着を着て、帯を締めるのです。

苦労の末ここに着き、道路がこれ以上は通れないことがわかっているだけに、わたしは宿のあるじと伊藤の怒りのこもった長いやりとりにいらいらしました。そのやりとりのあいだ馬の荷は下ろさないままで、結局宿のあるじはわたしを泊めるのを断りました。先週警官が巡回してきて、外国人を泊めるときは先に最寄りの警察に知らせなければならないとの通達があった、最寄りの警察はここから三時間もかかるというのです。わたしは通行証は勅令を受けて帝国政府から発行されているのだから、秋田県の役所はいかなる県の条例をもってしても勅令を覆すことはできないと言いました。ところが宿のあるじは規則を破れば、罰金を科され、営業許可を取り消されてしまうと言います。これまで白沢には外国人がひとりも宿泊したことがないと彼は言いましたが、さらに、外国人が宿を求めてくるのはもう勘弁してもらいたいとつけくわえたのはまちがいないと思います。わたしは通行証の写しを取り、特別の使者を送りました。自分の権利を主張してこのかわいそうな宿のあるじに厄介事を背負い込ませれば、深く後悔することになるにちがいありませんでした。するとあるじは大いに狼狽《ろうばい》しつつ、わたしにひと部屋与えてくれました。片側が村に、もう片側が池に面した部屋で、まるで蚊においでとでも言うように、一部池の上に張り出しています。どうして日本人は汚い水でいっぱいの穴を家屋の装飾物と見なせるのか、わたしにはさっぱりわかりません。

宿屋のあるじたちというのは、思うに、多かれ少なかれ商売にうんざりしています。実のところうんざりしているのは規制に対してで、細かな規則のわずらわしい変更が際限なくあるのは新体制の欠点です。ほぼ毎週新規の通達が数多く発せられ、農民の鈍くて当惑した頭では一回分も理解できないうちに、もうつぎのが発行され、しかも警察は違反者を目ざとく見つけてしょっぴきます。宿屋のあるじはすべての旅人の氏名と旅行目的地ばかりか、その前の宿泊地も帳面に記録しなければならず、この帳面は毎月警察が家宅訪問するたびに呈示しなければならないのです。外国人の場合、ことに悩みの種となるのも当然で、特別に負担がかかり、通行証の写しを二部取るという手間がかかるうえ、「当局の許可なく外国人に宿泊設備を提供した者、または宿泊させた」者は罰金を科され、罰金を支払わない場合は鞭打ちの刑に処せられるのです。こういった特別なわずらわしさはべつとしても、わたしは宿屋の経営者が外国人に対しふつうより高い料金を課してもかまわないと思います。なぜなら日本人なら六人から八人が嬉々として納まる部屋一室を外国人はひとりで占領し、室内で水を使えるよう要求したり変な料理を変な時間につくったりと、全般に日本人より迷惑をかけるのですから。これまでのところわたしはまったく宿屋のあるじの味方で、一部のイギリス人や多くのアメリカ人をはずかしく思っています。彼らはチップは勘定に入れずに一五銭支払っただけで上等の部屋と自由に使える布団《フトン》、たっぷりと炭の補給された火鉢《ヒバチ》、入浴用のお湯、ひと晩じゅう使える行灯《アンドン》、お代わり自由のごはんとお茶を手に入れるのですから。つまり、火、蠟燭、二回の食事、上等の部屋、きめ細かなサービスが全部ひっくるめて七ペンスなのですよ！　わたしの宿泊費は（伊藤の分も含めて）一日三シリング未満で、これまではほぼどこに行っても、快適にすごしてもらいたいという心温まる思いやりがありましたし、日本人ですら足を踏み入れない一般コースをはずれた小さくて素朴な村落に泊まることが多いことを考えると、宿泊設備は、蚤と臭気をのぞけば、驚くほどすばらしく、世界のどの国へ行っても、同じように辺鄙なところで同等の宿泊設備は得られないと考えるべきでしょう。

わたしは戸数七一の小さな静かな村の通りを眺めて気持ちのよい夕べをすごしました。幾千とある同じような村のひとつで、戸長《コチヨー》がいて、掲示板、お寺、墓地、崩れかけた祠や像、祭り、政治組織、婚礼と葬儀、当地だけのささやかな関心事、警察の巡回、納税、土地争い、小さな醜聞、迷信と無知――こういったもののある小さな世界とはいえ、これが日本の大部分を成しているのです。中央集権は日本政府の信念ですが、法律がここでも首都そのものにおいてと同じく強力であることは注目すべき事実であり、権力という強い力は六〇〇マイルを超える地にまで達しているのですから、やはり強いのです。スパイを使う旧制度は過去のものとなりましたが、白沢でのできごとが無数の報告書により東京の内務省に知られているのは疑いありません。日本の官僚は書くという行為がなければ、ないに等しいのですから。

この国の均質性にはここでも大いに興味を引かれます。これまでわたしが旅してきた地方数ヵ所は、最近までそれぞれが別個で、必ずしも友好的ではなく、べつべつの領主を持つ藩でした。気候と植生は緯度五度でかなり変化しており、またこの県の方言はそれ自体、中央の地域とは大きく異なっています。しかしどこに行っても寺院や家屋は同じ設計で同じように建てられており、大小のちがいや、板壁、土壁、藁屋根、樹皮の屋根、板屋根といった変化はあっても、住宅内部はいつもはっきりわかる同じような特徴があります。作物は土壌と気候で変わりますが、栽培方法には差異がありません。施肥その他の手順はいつも同じです。またこれらすべてをはるかに超えて、あらゆる階層で社会をとりまとめている礼儀作法は実質的に同じです。秋田の人夫は田舎者でも、東京の人夫と同じく他人とのつきあいにおいて礼儀正しく丁重です。白沢の娘たちは日光の娘たちと同じく落ち着いていて品位があり、礼儀正しいのです。子供たちは同じ遊びやおもちゃに興じ、同じ年齢で同じ節目を迎えます。だれもが同じように社会的身分の厳しい枷《かせ》に束縛されています。害はまあるとしても、この伝統的な礼儀作法は非常にうまく機能してもいるので、もしもこれが西洋式の礼儀や習慣をへたに真似たものに取って代わられるとすれば、わたしは胸が痛くなるにちがいありません。

今夜ここでは何千とある他の村と同じように、男たちは仕事から帰宅して食事をとり、たばこを吸い、子供たちの相手をし、子供たちを連れてまわり、子供たちの遊びを見守り、縄をない、わらじをつくり、竹を割り、蓑を編み、どこの家でもお金のかからないちょっとした便利なものや工夫を凝らした改良品をつくってこの時間をすごしているのです。こうした道具の創意工夫はわたしたち英国人が（さらに残念なことに）おそらく他のどの国の人々より不得手としている点でしょう。酒屋に人が集まることはまったくありません。たとえ貧しい家庭であっても、人々は家庭生活を楽しんでいるのです。子供たちはとにもかくにも人を引きつけるものであり、英国でよく労働者階級の家庭を熊園［熊いじめを見世物とするところ］に変えてしまうけんかや口答えはここにはまったくなく、素直さや従順さは当然のこととして赤ん坊のころから教え込まれているのです。

宗教の形跡は北へ来るほど少なくなり、現存しているささやかな信仰は主に特定のお守りや迷信を信じているというもののようで、聖職者はこれをまめに奨励しています。

低い声は日本の下層階級においては、少なくとも男性の場合、「とてもすばらしいこと」とは見なされません。みんな声を限りに話し、大半のことばと音節が母音で終わるとはいえ、一般に会話は農家の庭にいる家禽《かきん》のてんでんばらばらなおしゃべりという印象を与えます。わたしの隣の部屋は暴風雨で足止めをされた旅人でいっぱいで、この旅人たちに宿の亭主が加わり、わたしの考えるところではかなり重大らしい話題をめぐって四時間、最大限に張り上げた声でしゃべり続けていました。地方議会議員を投票で選ぶという重要な新条例のことをわたしは大館で耳にし、そのことを話し合っているにちがいないと思ったのですが、訊いてみると、大館から能代へきょう旅するには陸路と川とどちらがいいかについて四時間も議論していたのでした。教育ある日本人のあいだですら会話は非常に内容に乏しいと「事情通」から聞いたことがあります。政治や公の問題はタブーで、宗教とその種の話題はいっさい出ません。芸術は関心の対象とはもはやならず、文学はどこにもありません。教養ある女性の啓蒙的な影響は皆無です。従来の習慣から、あるいは現在の不信感から、論ずるに値する問題で自分の意見を明らかにすることをだれもが怖れており、弁論は洗練された外国人にはなんの共感も持てない粗野で下品なおしゃべりに堕しているのです。

日本の女性は独自の集いを持っており、そこでは実に東洋的な、品のないおしゃべりが特徴のうわさ話や雑談が主なものです。多くのことごと、なかんずく表面的なことにおいて、日本人はわたしたちよりすぐれていると思いますが、その他のことにおいては格段にわたしたちより遅れています。この丁重で勤勉で文明化された人々に混じって暮らしていると、彼らの流儀を何世紀にもわたってキリスト教の強い影響を受けてきた人々のそれと比べるのは、彼らに対してきわめて不当な行為であるのを忘れるようになります。わたしたちが十二分にキリスト教化されていて、比較した結果がいつもこちらのほうに有利になればいいのですが、そうはいかないのです！

七月三〇日。ここの向かい側の部屋には重い眼病の男性がふたりいて、変わった数珠をかけ、坊主頭をしています。そして歩きながら小さな太鼓をたたき、江戸近くの目黒不動まで巡礼に行く途中です。不動は片手に抜き身の刀を、もう片方の手には巻いた縄を持ち、炎に包まれて座している偶像で、盲《めしい》の目が見えるようになるという評判です。この朝五時にふたりは勤行《ごんぎょう》をはじめましたが、それは仏教の日蓮宗の祈禱文「南無妙法蓮華経」を高く単調な声音でとても口早に二時間繰り返すものです。おそらくこの祈禱文はどの日本人にも理解できないでしょうし、この意味については最優秀な学者も意見が分かれており、ある人からは

「救いをもたらす経典に栄えあれ」、またべつの人からは「尊い蓮華の法と福音、万歳」、さらにべつの人からはふたつの太鼓はそのあいだじゅう打ち鳴らしっ放しでした。南無阿弥陀仏はあいだを置いては唱えられ、妙なる蓮華経の教えよ」と教わりました。天と地よ！　妙なる蓮華経の教えよ」と教わりました。

昨夜一一時にふたたび落ちはじめた雨がけさは五時から八時までぽつぽつならぬざあざあと降り、その最中に闇の重たい帳《とばり》（皆既日食とのこと）が一切のものを不気味な薄暗闇で包みこみました。旅の終点まであと一日のところにいながら引き留められるのは腹立たしいものので、この先は非常に難儀な旅だ、三日、いや、四日かけても行き着けないのではないかと言われると、落ち着いてはいられませんでした。わたしの手紙の単調さにあなたがうんざりしなければいいのですが。単調であるとはいえ、描かれている光景は北部日本の大半で旅行者が目にするはずのものであり、わたしの手紙がいささかでもおもしろいとすれば、そのおもしろさは、広いながらも人のあまり訪れない地域をひとりの外国人が旅しつつ、見聞きしたことをその場その場で嘘偽りなく記してあるという点にあります。

I・L・B

第三三信

八月二日、青森県、碇ケ関《いかりがせき》にて

どしゃ降りの雨——おもしろくない足止め——洪水による破壊——矢立峠——水の力——困難増す——素朴な宿屋——水嵩増す

難儀な旅になるという予言は当たりました。雨は六日五晩降り続け、やんだとしても一度にほんの一、二時間だけで、白沢で日食のあったこの一三時間というもの、赤道地帯で一度ほんの数分しか経験したことのないどしゃ降りが続いています。二日間風雨で足止めをくっていますが、ベッドも服もなにもかも湿り、ブーツやかばんや本はすっかりかびで緑色になっています。しかも雨は依然として降り続けており、道路、橋、水田、木立、山腹がいっしょくたの残骸となって、すぐそこにありながらわたしにはなかなか行き着けない津軽海峡へと流されています。無知な人々はこの「途方もない雨と洪水の災難」から身を守ろうと、忘れられていた川や山や太陽や月や星の神々にすがっています。わたし自身にとっては、終日横になっていられるのはいいことで、「心は健全な状態にあるとき、乗り越えがたい困難の前には、確かめられた事実を前にしたときと同様、静かに休息する」のですから、旅を続けられない以上、気をもむのはやめ、今回の遅れという避けがたい過程を最大限に利用したいと思っています。わたしの現状を見れば、あなたもそう思うでしょうよ！

一昨日は痛みが激しかったにもかかわらず、今回の旅では最もおもしろい日のひとつとなりました。わたしはハワイで火事の威力についてなにがしかを学びましたが、日本では洪水の威力について少なからず学んでいます。晴れてきそうだったので、正午に馬二頭、馬子《マゴ》三人とともに白沢を出発しました。景色は美しく、自然のままの谷があり、その上にはいくつもの横に伸びる尾根が下ってきており、鬱蒼としたピラミッド形の杉の林があって息を呑むほど画趣に富んでいます。これこそ本当に日本の美観です。五ヵ所渡った川の瀬は深くて流れが速く、そこへ入っていくのがたいへんでした。というのも、斜面をすべて流されてしまった土手は切り立っており、馬子がつるはしで均《なら》さなければなりませんでした。それに瀬そのものがなくなっています。これまで深かったところが浅くなり、浅かったところが深くなってしまっているのです。深い水路があらたにえぐれてできており、すばらしい砂利の川床があらわになっています。流れてきた残骸が散らばっていました。道と小さな橋はすべて流れ、根こそぎにされた樹木や、重い丸太がぶつかって短く折れた木がバリケードのように積み重なっていて、葉や樹皮は多くの場合完全に剝ぎ取られています。これだけの量の大木がこれだけ激しく流されれば、無事に渡れるかどうかを確認するために、一ヵ所で半時間は待たなければなりません。くぼみは泥で埋まり、大きな丸石が積み重なっているので、川のコースが変わってしまい危険です。肥沃な谷間はすっかり破壊されてしまい、馬子はどう進めばいいものやら、ほとんどわからないと言いました。

五マイル［約八キロ］旅したすえ馬では通れなくなり、馬子が荷物をかついで、わたしたちは出発しました。水をかき分け、膝までやわらかな泥につかりながら山腹づたいに坂を上りました。山の斜面も道もなくなっており、谷全体にひどい地滑りが起きていました。さいわい骨の折れるこの歩行はさほど長くはなく、杉のびっしりと生えた、もっと高くて鬱蒼とした尾根がわたしたちを取り囲みはじめたころ、新しい立派な道路に出ました。馬車も充分通れるだけの道幅があり、立派な橋を渡って峡谷をふたつ越えると、この道はみごとな森の奥へと入っていきました。それからいくつも連続する、勾配のゆるやかなすばらしいつづら折りを下って矢立《やたて》峠を越えました。峠のてっぺんには砂岩の深い切り通しに秋田県と青森県の県境を示す立派な碑がありました。日本にしてはこれは本当にすばらしい道路で、とてもいい具合に傾斜をなだらかにしてあってよくできており、適切な間隔を置いて休憩のできる丸太が配してあります。発破をかけたり均したりの非常に大掛かりな工事がある程度行われていますが、工事をしてあるのは四マイルのみであり、その両端は粗末な馬道となっています。わたしは連れを残し、ひとりで峠のてっぺん付近をぶらぶら歩き、反対側を下ってみました。反対側は鮮やかなピンクとグリーンの岩を破砕してつくってあり、水の滴りを受けた岩は輝いて見えました。わたしは日本で見たほかのなによりもこの峠には感激しました。もう一度行けるなら、まぶしい青空のもとで見たいものです。この峠はブリューニック峠［スイス］の最もすばらしい箇所を彷彿とさせ、またロッキー山脈の峠のいくつかをいくぶん思い出させもしましたが、木々がこのふたつよりもずっとすばらしいのです。この峠は寂しく、荘重であり、鬱蒼としていて、厳かなのです。マストのようにまっすぐ伸びた杉の大木は光を求めてその長い若枝を高く伸ばします。湿気と日陰を好む羊歯が唯一の下生えです。木々は芳しい香りを惜しみなくあたりに撒き散らし、谷間の日の射さない暗がりではきらきらと輝く澄んだ急流が躍り跳ねて走り、小川のせせらぎのソプラノをその低くとどろくバスでかき消しています。わらじをはいていれば、どの旅人も自分の足音でこの静寂を乱すことはありません。また鳥のさえずりも虫の羽音もありませんでした。

この荘厳な景観の真っ只中に、しかも峠の頂上で、朝から途切れなく小降りだった雨がざあざあ降りへと強まり、ついでどしゃ降りに変わりました。この何週間か雨に降られてばかりだったので、最初はほとんど気がつきませんでしたが、じきに目の前で変化が起き、そこに神経を集中せずにはいられませんでした。水の勢いよく流れる音がいたるところでしています。大木がほかの木にぶつかりながら滑り落ちてきています。岩が割れ、木々を巻き添えにして転がり落ちています。川はみるみる水嵩を増しました。地震のようなうなりや轟音とともに山腹がはじけ、山の半分が堂々たる杉林もろとも突き出て、樹木はその根を張った土を道連れに真っ逆さまに倒れ、川の流れを本来のコースから逸らしてしまいました。森に覆われた山腹のあったところには大きな傷跡があるばかりで、そこから水が激しい勢いでほとばしり流れています。その奔流は半時間のうちに深い雨裂をえぐり、その下の谷間に土砂のなだれを運んでしまいました。べつの山腹はこれより時間をかけて崩れ、そのすばらしい林は滑り落ちた先の麓に直立して残っていましたが、おそらく場所が変わっても生き延びるでしょう。あの立派な新しい道路が数ヵ所、いまわたしの目の前で、急に現れた奔流で切断されたり、土砂崩れでふさがれたりしています。もう少し下では何百ヤードかにわたって一瞬のうちになくなってしまい、さらに下の川に斜めに架かっていた立派な橋もそれといっしょに流失してしまいました。

山を下っていくと、事態はもっとひどい様相を呈しはじめ、山腹が滝と化して木々や丸太や岩を押し流しています。さいわいわたしたちは大館にいく道が不通になったのを知らなかった二頭の荷馬の馬子と出会い、わたしの馬子はこの荷馬の馬子と荷を交換しました。今度の馬は丈夫で、新しい馬子は腕がよく勇気がありました。急げばさっき自分たちが発ってきたばかりの村に着けると馬子は言いましたが、そう言っているあいだに下の道と橋が流れてしまいました。馬子は荷鞍に乗れとわたしを急《せ》き立てました。かつてわたしがその美しさを賞賛したあのすばらしい川はいまや恐ろしいものとなり、瀬のないところを四度も渡らなければなりませんでした。流れの轟音は非力な人間の声などかき消してしまいます。天から降る水はざわざわと森を鳴らし、木立や丸太はごろごろと山腹を転がり落ち、その騒音に何百もの滝の音が加わります。このように尋常ならぬ一連の光景と音にうろたえながら、わたしたちは人間は肩まで、馬は背まで水につかり、よろよろと川を渡りました。何度も何度も渡りました。土手が流されているので、川に入るのも川から出るのも本当にたいへんでした。馬は肩ほどの高さのところを這い登ったり跳んだりしなければならず、足場はどこも滑りやすくてもろいのです。二度人間が斧で足場をつくってやりました。最後に渡ったときの奔流の激しさには人も馬も体力を消耗し、荷鞍に縛りつけられていたわたしにはなにをどうすることもできませんでしたが、白状すると、目をつぶっていました！　川を渡ったあと、この村の農地に来ましたが、田んぼは畦《あぜ》が決壊し、他の作物が植わった畑も美しい畝がすべて流されています。水嵩は急激に増し、馬子たちは急がなければと言いました。馬子はもっと楽に乗っていられるようにとわたしを縛りつけていたひもを解き、馬に話しかけ、駆け足で旅を続けました。わたしの馬は川を渡る際にわらじをほぼだめになるまですり減らしており、ひと足ごとによろめきました。馬子がこれにつかまるようにと輪にした綱を渡してくれましたが、あまりの雨の激しさにわたしは鞍から流されるのではないかと思案しました。するとちょうどそのとき、目に火花が散ったかと思うと、なんともことばに言い表せないものを感じ、のどが詰まって体を打ち、息ができなくなりました。やがて馬子と伊藤が三人がかりでわたしを溝から引き上げてくれ、わたしは急な山道を下っているときに馬が転んだのだと気づきました。わたしは馬の頭から滑り落ちたのです。濡れそぼった布団に座り直すのは一瞬の作業で終わり、馬子は走りながら、馬はよろめいてしぶきをあげながら、わたしたちは立派な橋を渡って平川《ひら》を越えました。そして半マイル［約八〇〇メートル］先でべつの橋を渡ってふたたび平川を越えながら、日本の橋がみんなこうだといいのにと思ったことでした。

というのもこの二本の橋はどちらも長さが一〇〇フィート［約三〇メートル］あり、中央に橋脚があるのです。

最後の橋からわたしたちは碇ヶ関に入りました。迫り立つ山と平川に挟まれた細長い場所にある住民数八〇〇人の村で、わびしく荒れ果てており、木を伐採し製材しています。丸太、厚板、粗朶《そだ》、薄板など、あらゆる形の木材があちこちに積み上げられています。人のつねに住んでいる村というより木材伐採人の野営地のように見えますが、美しい環境にあり、わたしがこれまで見た数多い村々のどれとも異なっています。

通りは細くて長く、両側に石の水路があって小川が流れていますが、この小川が氾濫し、男も女も子供もすでに土間まで達した水が畳《タタミ》にまで行かないよう、四角い堰を作っていました。紙を貼った窓のある家はほとんどなく、あったとしても煙で真っ黒になっており、むしろなにもないほうがましに見えます。屋根はほぼ平らで、板で葺いて小幅の板で留めてあり、大きな石の重しが載っています。ほとんどすべての家屋が仮設小屋に見え、屋内は大半がバラ島［スコットランド］の小屋のように真っ暗です。外壁の多くは粗い板を柱に縄でくくりつけてあるばかりです。

溺れそうなどしゃ降りのなかで泥水のなかに座り、何時間も前から肌までぐっしょりと濡れた状態で、わたしたちは下の階を台所と、嵐で足止めをくった学生の一団、馬、鶏、犬が占めているこの素朴な宿屋に着きました。わたしの部屋は粗末な屋根裏にあり、はしごを上がっていきますが、そのはしごの下はなにしろぬかるんでいるので、ウェリントン・ブーツを履いて下りなければなりません。最初は気が滅入るほど異様で滑稽でした。天井のない屋根を打つ雨音のせいでわたしの言うことは伊藤に聞こえず、ベッドはびしょ濡れです。わたしの箱には水が入り込み、残っていたコンデンス・ミルクが溶け、衣服や本や紙が縮んでごわごわになってしまいました。わたしのキモノはほかのものより濡れ方が少なかったので、油紙を一枚借り、キモノを着て横になりましたが、半時間後、伊藤が屋根をたたく雨音に消されないよう張り上げた大声で起こされました。わたしたちが渡ってきたばかりの橋が流されてしまいそうだとみんなが言っているというのです。土手まで行くと、そこにはおおぜいの人がいて、切迫した災害に大わらわなあまり、これまで見たことのない西洋人の女がいることにはだれも気がつきませんでした。

一時間前の平川は深さ四フィート［約一・二メートル］の流れの速い澄んだ渓流にすぎませんでしたが、それがいまは深さが一〇フィートあるとのことで、泥で濁り、恐ろしい怒号をあげながら猛烈な速さで流れています。「そして波のひとつひとつが栗毛の馬のたてがみのように黄褐色の泡を頂いて」います。切り出した原木、板材、生木、根、枝、粗朶が大量に流れてきています。こちら側の橋台はかなり削り取られていますが、丸太が当たるたびに中央の橋脚が震える以外、橋そのものはしっかりしており、わたしがこの村に着いてから、向こう側にある所有地をなんとかして守ろうとした人ふたりが渡っていったほどです。ついで鉋をかけた太い丸木や接合材や残骸物が流れてきて、上流の立派な橋に使われていたゆうに四〇本を超える長さ三〇フィート［約九メートル］のみごとな木材が運ばれてきました。

わたしが川を眺めている短いあいだに三〇〇本以上の丸太が流れてきたのですから、矢立峠で切り出された材木の大半が流失したにちがいありません。木材業で暮らしているこの村にとってはたいへんな痛手です。村より上流の土手で流れていく木材をつかまえようとしたものの、およそ二〇本に一本しか回収できませんでした。こういった木材が川を流れてくる光景はきわめて刺激的で、橋脚にぶつかるかぶつからないかという瞬間はひどくはらはらしました。その一時間あと、たっぷり三〇フィートはあるみごとな丸太が二本寄り添うように流れてきて、ほぼ同時に中央の橋脚にぶつかりました。橋脚はひどく揺れ、あの立派な橋は真っ二つに分かれて生きもののようなすさまじいうなり声をあげ、奔流に呑まれていきました。少し下流で泡のなかにふたたび姿を現しましたが、そのときにはもはやばらばらになった木材にすぎず、海に向かってどんどん運ばれていきました。あとにはなんの痕跡も残っていませんでした。下の橋は午前中に流失しているので、川が渡れる状態になるまでこの小さな村は完全に孤立しています。三〇マイル［約四八キロ］の道のりで一九ある橋のうち残っているのはふたつだけ、また道路そのものの損壊はほぼ全長にわたっています！

第三三信（つづき）

碇ヶ関にて

とぼしい気晴らし――日本の子供――子供の遊び――利口な例――凧揚げ――いろはガルタ――笑いが伝染――有名なことわざ――わが身の窮乏

こちらでの気晴らしの種をほぼ空っぽになるまで使い尽くしてしまいました。気晴らしの種とは、一日に三度川の水量がどれだけ減ったかを見に行くこと、宿の亭主や戸長《コチョー》と話をすること、子供たちが遊んでいるところや製材作業を眺めること、おもちゃやお菓子を買ってだれかにあげること、日に三度おおぜいの人々の炎症を起こした目に亜鉛の目薬をさすこと――この手当てをしたら、三日間ですばらしい改善が見られたのです――、料理や糸紡ぎなど台所《ダイドコロ》で行われる家事を見物すること、台所には実のところ馬もいて、干し草ではなく青い木の葉を餌にしているので、馬を見ること、ハンセン病患者に会うこと――患者たちはこのひどい病を治すとまではいかなくとも進行を食いとめると言われる鉱泉を求めてここに滞在しているのです――、簡易ベッドに横になり、繕いものをしたり『アジア協会紀要』の論文を読んだりすること、青森に至るすべてのルートについて調べることです。村の人々は目薬のおかげでとても打ち解け、わたしに診《み》てくれとさまざまな疾患の相談に来ますが、その大半は衣服を清潔に保っていれば、あるいはちゃんと気をつけていれば、罹《かか》らなかったものです。石鹸がないこと、衣類を洗濯する回数の少ないこと、肌着がないことからさまざまな皮膚疾患が起き、それが虫に刺されたりかまれたりして悪化します。しらくもにはここの子供の半分近くが罹っています。

　わたしは日本の子供たちが大好きです。赤ちゃんの泣き声はまだ一度も耳にしたことがありませんし、うるさい子供や聞き分けのない子供はひとりも見たことがありません。子供の孝行心は日本の美徳の筆頭で、無条件服従は何世紀もつづいてきた習慣なのです。英国の母親たちのやる、脅したりおだてたりして子供たちにいやいや言うことを聞かせる方法は、ここにはないようです。わたしは子供たちが遊びのなかで自立するよう仕込まれるやり方に感心しています。家庭教育の一部にさまざまなゲームのルールを覚えるというのがあり、このルールは絶対で、疑問が起きた場合は、口論でゲームを中断するのではなく、年長の子供が命令をしてことを決着させます。子供たちは子供たちだけで遊び、なにかあるたびにおとなの手をわずらわせるということはありません。わたしはふだんお菓子を持参し、子供たちにやりますが、ひとりとして先に父親または母親から許しを得ずに受け取る子供はいません。許しを得ると、子供たちはにっこり笑って深々とお辞儀をし、その場にいた仲間に手

す。渡してからようやく自分の口に運びます。やさしい子供たちですが、堅苦しくまた早熟で

子供たちには特別な服はありません。これは非常に奇妙で、何度でも繰り返して言わずにはいられません。三歳になると、子供たちは着物《キモノ》を着て帯を締めますが、これは親にとってと同じく子供たちにとっても不便なものですし、またこの身なりで子供っぽい遊びをしているのは珍妙です。とはいえ、わたしは英国でいう子供の遊び、つまりもがいたり、たたいたり、転がったり、跳んだり、蹴ったり、大声をあげたり、笑ったり、喧嘩をしたり（！）といった、一般にさまざまな衝動に身をまかせる遊び方をこちらでは一度も見たことがありません。

ふたりの元気な男の子はゴム糊《のり》をつけた棒で複数の甲虫を連結させ、紙製の荷車を引かせるのがとてもうまく、八匹の甲虫に米を積んで傾けた板の上を上がらせます。英国でなら何本もの手がひったくり合ってこのような荷と荷車がどんな悲しい運命をたどるか、容易に想像できるでしょう。ところがここでは何人もの子供が身じろぎもせずにじっとこれを見つめ、触るなと命令する必要がまったくないのです。大半の家に竹製の虫かごがあり、「甲高い音のきりぎりす」を飼っていますが、子供たちはこのやかましい虫に自分で餌をやって遊んでいます。通りの急流が走る水路はたくさんあるおもちゃの水車を回らせます。この水車はとても工夫された機械仕掛けで動くおもちゃで、自動米搗《つ》き機をモデルにしたものがいちばんよく見られ、男の子たちはよくこの水車をつくったり回して眺めたりしますが、これに

は本当に心を奪われます。いまは休暇中ですが、「休暇中の宿題」があり、夜の一時間ほどは通り沿いの家々から学科のおさらいをする声が低く聞こえてきます。学校の試験は学期末ではなく、休暇が明けて学校が始まったときにあり、生徒が身につけた一時的ではない成果を見極めたいという率直な願望を示しています。

きょうの午後は快晴で風があり、男の子たちは竹製の枠に粗紙を貼った凧《たこ》を揚げました。形はどれも長方形で、大きさが五フィート［約一・五メートル］四方あるものもあり、ほぼすべてに歴史上の英雄の顔が飾りに大きく描いてあります。鯨骨でできた装置をつけて音が鳴るようにしたものもあります。ふたつの大きな凧が非常におもしろい競争をやり、村人のほとんどがこれを見に出てきました。糸の長さはそれぞれ枠から三〇フィート［約九メートル］以上あり、砕いたガラスをまぶして粘着力の強い糊でしっかりくっつけてあります。二時間にわたり凧の闘士たちは相手の凧がちょうどいい位置に来たところで糸を切ろうと苦心しました。ようやく勝負はつき、糸を切られたほうの凧は勝ったほうの持ち物となりましたが、これに際して勝った側と負けた側は深いお辞儀を三度交わしました。見物人たちは橋が壊れるのを目で見て受け入れたときと同じように静かに、このわくわくする競争を見物しました。男の子たちはまた竹馬で歩きながら凧を揚げます。これにはとても機敏さが要求されるので、できる子供はそう何人もいません。そこでもっとおおぜいの子供たちが竹馬競走をはじめました。戸外でやる最も目立つ遊びはそれをする時節が決まっていて、いまの季節ではそういった遊びは見られません。

良です。

この宿屋《ヤドヤ》には子供が一二人おり、暗くなると決まって伊藤の言う「冬、日本のどの家庭でも遊ぶ」ゲームをします。子供たちが輪になって座り、おとなたちは熱心にそれを眺めますが、子供礼賛はアメリカより日本のほうが一般的で、わたしが思うに、日本でのあり方は最良です。

このいろはガルタというゲームは小さなカードを使ったもので、カード一枚一枚にことわざが記してあります。カードはもう一種類あって、それには絵が描いてあります。ことわざは、それぞれが日本語の字音表の文字ひとつではじまります。カードが繰られて配られ、子供たちは仲間のひとりを読み手に指名します。読み手が自分のカードの一枚に書いてあることわざを読むと、そのことわざの絵のカードを持っている子供が声をあげます。持っていたカードが最初にすべてなくなった子供が勝ちで、最後までカードの残ってしまった子供が負けとなります。ゲームはたいへん活発かつ迅速に行われましたが、この上なく愉快な礼儀正しさがありました。口をぽかんと開けた、やさしくて醜い見物人たちはだれもみなうれしそうでした。最後に負けた子供――小さな女の子――がわらしべを一本自分の髪に挿しました。これが男の子ならば、顔に墨であらかじめ決めておいた印をつけます。子供たちがいろはガルタで遊び、おとなたちがそれを見物しているあいだじゅう、炭火は目にちくちくとしみる煙をあげ、その火では調理が行われ、畳には綿打ち中の綿花があり、奥の暗がりからは四頭の馬がほのかな明かりに照らされた子供たちの輪を眺めていました。お茶が配られ、わたしは子供たち全員にお菓子をやりました。それから伊藤がさまざまなことわざをざっと訳してくれましたが、そのうちのいくつかに、ひとつには伊藤が奇妙な言語に訳したので、またひとつには英国のことわざに似たものがあるので、わたしはこらえきれずに笑い出してしまいました。わたしの笑いが、あるいは笑うのをやめようとしてもとまらないのが伝染して、しまいには二〇人の人々がぐったりするまで笑ったことでした！　いまは思い返してもそのときよりずっと悪い気がしませんし、わたしはそのひとときをすっかり楽しんだのでした。

伊藤がその後最上の格言、あるいは彼が最上と思う格言の優秀な翻訳と称するものを書いたので、それを送ります。日本でも英国のことわざと同じ考えが同じ形をとって集められ、われわれの祖先が体に色を塗り獣の皮を着ていた時代にこういった形にまとめられたと知るのは、奇妙なことではありませんか？「人の話をすれば、その影が来る」［うわさをすれば影］、「三インチ［約七・五センチ］の舌は六フィート［約一八三センチ］の人間を殺せる」［三寸の舌に五尺の身を亡ぼす］、「猫に小判《コバン》を与えるな」［猫に小判］、「隣人を呪い、墓穴をふたつ掘る」［人を呪わば穴ふたつ］、「蠅は病んだ場所を見つける」［臭いものに蠅がたかる］、「心の狭い者は葦をのぞいて空を見る」［葦の髄から天井のぞく］、「ぐずぐずした者はライオンを見て矢を研ぐ」［敵を見て矢を矧《は》ぐ］、「病は口より入る」、「女が支配するとは雌鳥が朝を告げるようなものである」［雌鳥歌えば家滅ぶ］。ここに挙げたのはわずかな例で、必ずしも洗練されているわけではないものの気のきいた解説がついています。とはいえ、伊藤がことわざの本を持ってきて、いろいろ訳してくれました。そのうちこれはと思われるものからいくつか挙げると、「よき教義に才人の助けは要らない」、「恋は赤いペチコートとともに飛ぶ」（この刺激的な下着をつけるのは未婚女性のみです）。不可能を示すことわざから、「扇でもやを散らす」、「雲に橋を架ける」［雲に梯《かけはし》］、「貝殻で海の水を汲み出す」［貝殻で海を量る］。最も奇妙なものから、「憎む相手は生かしておけ」。東洋諸国で非常に一般的な生に対する嫌悪を示す例がまたひとつ出てきました。「多いことば、少ない意味」［ことば多きは品少なし］、「説教するなら相手に合わせよ」［人見て法説け］、「丁重すぎるのは無作法である」［礼も過ぐれば無礼になる］、「医者は自分を治せない」［医者の不養生］、「地獄の拷問は金で量られる」［地獄の沙汰も金次第］、「運勢見には自分の運勢がわからない」［易者身の上知らず］、「薔薇に棘あり」、「うわさは七度確かめてから信じよ」、「新しいことを知るには旧いことを調べよ」［温故知新］、「彼は短い説法のできる利口な男だ」、「傷に塩をすりこむべからず」［痛む上に塩を塗る］、「駄犬は自分の門の前では大胆になる（つまり勇ましく吠える）」［わが門で吠えぬ犬なし］、「老人はことごとく自分の父親のごとく扱え」［老いたるを父とせよ］、「老いては子に従え」、「よき息子はよき父となる」、「名剣は鉄くずでつくられた」［正宗も焼き付けば釘の値］、「賢者は自分の懐具合をわきまえている」、「友人に金を貸す者は二度とその友人にも貸した金にも会えない」［金の切れ目が縁の切れ目］、「女を信用するのは自分の母親がその女を見張っている場合に限る」、「自分の秘密を使用人に洩らすな」、「汝自身の心が世をつくる」(1)。なかには非常によい教訓を含んだものがありますし、またえらく世俗的なものもあります。女性に対する不信と蔑視を示すことわざはもっと多く訳してもらいましたが、ここではあとふたつだけ挙げることにしましょう。「賢い妻は夫の家の敷居をめったにまたがない」と「子供のない妻は神々から呪われている」。美しいことわざのひとつに「詩人は家にいながらにして全世界を見る」があり、また「神々の座は心正しい者の額にある」〔正直の頭《こうべ》に神宿る〕というのもあります。

ことわざの哲学からわが身の窮乏へと話はかなり落ちますが、何度も足止めをくったせいでわたしのわずかしかなかった外国製食料のストックが底をついてしまい、ここでは米ときゅうりと塩鮭を食べています。塩鮭はとても塩からくて、水を替えて二度ゆでても、食べるとてものどが渇いて困ります。きょうはその塩鮭すら、しばらく海岸との交通が途絶えたので手に入らず、また村は保存しておいた塩漬けの魚をすっかり食べ尽くしてしまったという不運に見舞われています。卵はひとつもなく、米ときゅうりはユダヤ人の「厭う」「軽い食べ物」にそっくりです。ある日わたしはオムレツを食べましたが、かび臭い革のようでした。東京でイタリア公使から「日本では食べ物に関するものほど真剣な疑問はありません」と言われ、またほかにも多くの人から言われたことを当時のわたしはまったくくだらない感傷だと思っていました。きょう最後の頼みの綱であるブランド社製の固形スープの素の箱を開けてみたらかびだらけになっており、それが感傷ではなく事実だと悟りました。ここでは囲炉裏に煙がくすぶっていても、衣類は壁にかけておかないと乾かず、わたしはかびが生えても壁にかけたままにしておくほうがましなので、そうしています。また蓑を買いましたが、これは防水紙より頼りになります。子供たちがおさらいをしている低い声が聞こえてきますが、これを聞くのも最後です。というのも、水位がどんどん下がっているので、明朝発つことにしたのです。

I・L・B

第三四信

八月五日、黒石《くろいし》にて

期待かなわず――洪水の影響――警察の活動――変装して外出――七夕《タナバタ》祭り――サトウ氏の評判――織女

結局水は期待したほど引かず、わたしは碇ヶ関で四日目をすごさなければなりませんでした。休憩なしで一五マイル［約二四キロ］進まなければならなかったので、土曜日の早朝に発ちました。太陽は嵐の翌日さざ波を立てている海原を照らすことがよくあるように、あたり一帯の美しい田園と洪水の残骸や荒れた跡を照らしていました。わたしたちは四人の馬子を連れ、橋が流失してしまった二ヵ所のむずかしい瀬を渡りましたが、そこでわたしは荷物もろともぐっしょり濡れてしまいました。またひどい被災の跡や甚大な被害を受けた作物、倒れた木材を目にしました。崖の下を一ヵ所通りましたが、その崖は二〇〇フィート［約六一メートル］にわたりみごとな六角柱の柱状玄武岩でできていました。そして突然広い平野に出ると、そこには緑の水田の大海原が涼しい北風を受けて日差しのなかでうねっていました。この平野にはあちこちに村があり、村には森があって丘陵に囲まれています。ひとつの低い山稜は岩木《いわき》山麓を横切る仕切りとなっています。岩木山は頂上に雪のすじ模様をつけ、平野の西側に推定五〇〇〇フィート［約一五二五メートル］の高さにそびえています。大半の村が四フィート［約一・二メートル］の水につかり、家屋の土壁の下の部分が流れてしまっています。人々は畳《タタミ》や布団《フトン》や衣服を干したり、土手を修復したり、小さな橋を架けたり、まだ大量に流れてくる丸木を引き上げたりと大忙しでした。

ある町ではふたりのとてもむさ苦しい警官が駆け寄ってきてわたしの馬の手綱をつかまえ、人垣のまんなかでわたしを長いこと待たせて、表から見たり、裏返したり、なにかわからないもののさも重大な違法行為がそこに秘められているかのように、日に透かして見たりと、さんざん通行証を調べました。馬がひどくつまずくので、わたしはこれ以上落馬しなくてすむよう歩かざるをえませんでした。そして体力がちょうど落ちてきたころ人力車《クルマ》に出会い、ときおりあるように車夫のうまい操縦で黒石まで運んでもらいました。黒石は住民五五〇〇人のこぎれいな町で、下駄と櫛《くし》を特産しているので有名です。ここでわたしはとてもきれいで広々とした二階の部屋を得ました。周囲の田園が見渡せ、また隣の家の人々が奥の部屋や庭でなにをしているかがよく見えます。そのまま青森まで旅をつづけるかわりに、わたしはここで二泊三日の滞在をしました。お天気がよくなったおかげで、わたしの部屋はぐんと快適になり、とても気持ちよく休養がとれました。前に話したように、なににつ いても情報を得るのは、ほんの数マイル先のことでも困難で、二〇マイル［約三二キロ］先の青森と函館を結ぶ郵便蒸気船が何月何日に出航するかについては、郵便局ですらなんの情報も得られないのです。

警察はわたしの通行証を見ただけでは満足せず、わたしに面談をしなければならないと、ここに着いた日の夕方四人連れで丁重とはいえ家宅訪問しに来ました。その日の夜は太鼓の音が休みなしに聞こえ、ベッドに入ってまもなく、伊藤がぜひとも見ておくといいものがあると言ってきました。そこでわたしは着物《キモノ》のまま帽子はかぶらずに出かけ、その格好のおかげで外国人であるということにまったく気づかれずにすみました。黒石には街灯がなく、急いだあまりつまずいたりよろめいたりしているところへ力強い腕が道を空けてくれ、宿の亭主がとても美しい提灯を片手に現れました。提灯は杖に吊り下げてあり、地面近くを照らしています。ゆえに「あなたのことばはわたしの足元を照らす」ということばを思い出しました。

まもなくこちらにやってくる祭りの行列が見えるところに着きましたが、それがあまりにきれいでめずらしく、わたしは一時間外にいました。行列は八月の最初の週、毎晩七時から一〇時までのあいだにすべての通りを歩きます。櫃《ひつ》を運んでおり、これには願い事を書いた（とわたしは理解しています）紙切れが入っています。そして毎朝七時にこの櫃を川まで運び、紙切れを流します。行列を構成しているほぼ人の背丈ほどある巨大な太鼓は三基あり、馬革が張ってあって、平たい面を上向きに打ち手が吊り下げています。そして三〇個の小太鼓がどれもみな休みなくどんどんと打ち鳴らされます。太鼓はどれも打面に巴《トモエ》の模様が描かれています。それから高さ二〇フィート［約六メートル］の提灯を中心に、さまざまな長さの棒に吊った何百もの提灯でそれを円形に囲んだものがあります。中央の提灯は長さ六フィート［約一・八メートル］の楕円形をしており、前と横にも提灯がついていて、ありとあらゆる神話の題材や神話上の生き物が鮮やかな色で描いてあり、提灯というより透かし絵といったほうが当たっています。それを取り囲んでいるのは幾百もの美しい提灯と、さまざまな架空の生き物や扇、魚、鳥、凧、太鼓などを描いた透かし絵です。さらに行列にはそれぞれ丸い提灯を持った何百人ものおとなや子供が続きます。行列の練り歩く通りのそれぞれの軒には片面に巴を、もう片面に漢字ふた文字を描いた提灯が吊り下げられて列を成しています。これほど完璧にお伽話のシーンのような光景は見たことがありません。人々が揺らして歩く提灯の明かりの波、暗闇のなかで空中に揺れ動く淡い明かりとほのかな色、濃い影になった提灯を持つ人々。この祭りは七夕《タナバタ》または星夕《セイセキ》といいますが、これについてはなにも知識を得ることができないでいます。(1) 伊藤はその意味を知ってはいるけれども説明できないと言い、困ったときの常套句を用いました。「サトウ氏に聞けば、すべてわかりますよ」。

I・L・B

第三五信

八月五日、黒石にて

女性の化粧——髪結い——化粧品——午後の来客——キリスト教信者——民間の迷信——お化け・幽霊——降霊術——縁起・夢——恋愛と復讐

ここは気持ちのいいところで、わたしの部屋には明かりと清潔さ以外にも利点がいろいろあります。たとえば近所の家のなかが見えるので、これから結婚式に出席する女性がお化粧しているところを見てしまいました！　既婚の女性が化粧台の前に座っています。化粧台は黒い漆塗りで、金色の桜の小枝の模様が散らしてあり、漆塗りの支柱が台の上に立っていて、磨いた金属製の鏡を支えています。化粧台の引き出しがいくつか開けたままになっており、床には化粧道具を収めた漆塗りの小箱が置いてあります。婦人専門の髪結いが女性のうしろにいて、髪を梳《と》かし、分け、結わえています。髪は日本女性すべてがそうであるように黒くてつやつやしていますが、細くもなければ長くもありません。髪形は構築物で、正真正銘の工芸品です。頭頂部で髪は三インチ［約七・五センチ］離して両側ふたつを分けます。残りあいだの髪を梳かして櫨《はぜ》の実から採った香油で固め、額から高さを二インチ上げます。残りの両側の髪はそれぞれうしろへ梳かし、紙ひもでゆるく結わえます。そのあと漆塗りの長い箱からかもじを幾房か取り出し、香油と固いパッドを使ってふつうのなめらかなまげを結います。そしてそこへ髪を環にしたり弓形にしたりしてつけ足し、金色を散らした藍色の縮緬の小切れを編み込みます。飾りとして、鼈甲《べっこう》製の太くて四角いかんざしを一本、全体に通るように挿します。

髪形の種類は決まっています。女の子の年齢に応じて変わり、既婚婦人と未婚婦人の髪形にはほんの少し違いがあります。頭のてっぺんで両側の髪を取り分けるところとまげはまったく変わりません。髪を固めるのは必要なことで、戸外に出ても帽子はかぶらないのです。結った髪は一週間かそれ以上崩れずにもち、これは木枕のおかげです。

髪結いの仕事は髪を結い終わってもそれで終わりというわけではありません。というのも扱いにくい眉毛はすべて取り除き、こめかみやうなじに勝手に飛び出してくる後れ毛はすべて毛抜きで抜いてしまうのです。このように後れ毛をすべて取り除いてしまうと、髪は自毛であってもかつらのように見えてきます。ついで隣家の女性は白粉の箱を取り出し、顔、耳、首にあたかも仮面をつけたように見えるまで白粉を塗りました。それからいきいきした目がさらにいきいきして見えるよう、駱駝《らくだ》の毛のブラシでなにやら調合物をまぶたに塗り、五倍子《ごばいし》の粉と鉄粉を溶かしたものを羽根のブラシで塗って歯を黒く染め、というより染め直し——骨の折れるいやな作業で、何度か繰り返します——、そのあと下唇に紅をつけます。わたしにはその成果は快いものだとは言えませんが、当の女性はそう考えたらしく、頭の向きを変えて鏡で仕上がりを見ると、微笑み、満足しました。化粧と着替えはそのあとすべてで三時間以上かかり、ひっそりと行われました。そしてその女性がふたたび現れたとき、その姿はまるでまったく冴えない木の人形が、日本の女性用衣装の特徴である極上の趣味と調和と落ち着きをもって盛装したように見えました。

どの階級においても、貞淑な女性の衣装と身持ちの悪い女性の衣装のあいだには、とても厳しい礼節が通り抜け無用の境界線を引いています。英国の女性の服装の多くが元は甚だ残念な地位にあった女性のものであり、国じゅうの全階層の女性がこれを綿密に真似ているという不面目な事実は、日本の女性には信じてもらえません。日本の女性にとっては髪形、装飾品、衣装の様式をほんの少しでも似たものにすれば、不名誉なこととなるのです。

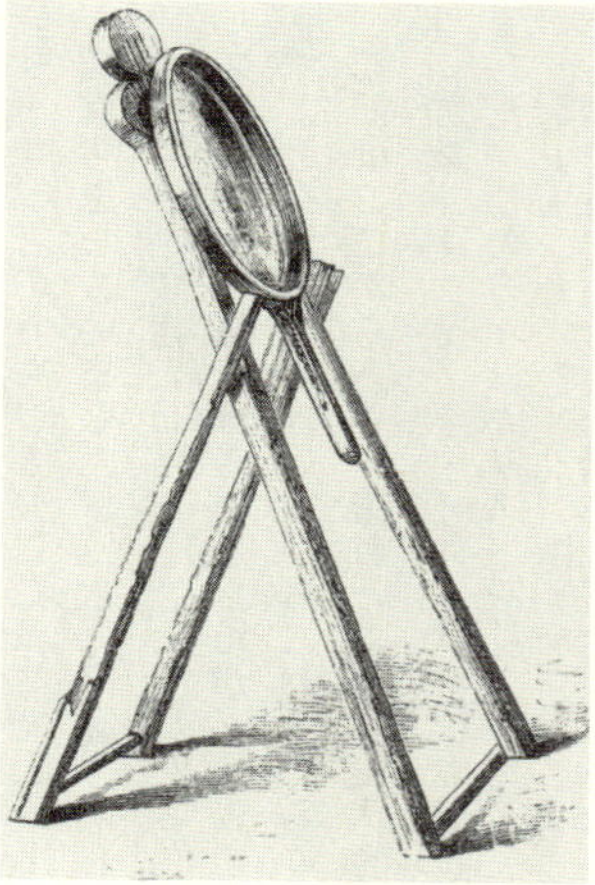

女性の鏡

弘前に住む三人の「キリスト教徒の学生」が会いたがっていると聞き、わたしは驚きました。立派な服装をした非常に聡明そうな若い男性三人で、英語が少し話せます。そのうちひとりはこれまでわたしが日本では見たこともないほど聡明そうで知的な顔立ちをしていました。三人とも侍《サムライ》階級の出で、それは相手を見下したような顔立ちや物腰から判断できたはずでした。英国の女性がこの家に滞在していると聞いた、あなたはキリスト教徒かと彼らは尋ねましたが、聖書を持っているかと訊かれて、わたしがお見せできますよと答えるまでは見るからにおもしろくなさそうでした。

弘前はここから三里《リ》半離れたある程度大きな城下町で、元藩主がそこにある上級学校か大学［東奥義塾］かを後援しており、ふたりのアメリカ人が続けてこの学校の校長を務めてきました。この方々はキリスト教徒としての生き方が一貫し、またキリスト教にのっとった教育を精力的に行ってきたに相違ありません。というのもその下で三〇名の若者がキリスト教に帰依してきたのですから。三〇名全員が充分に教育を受け、また何名かが政府の教員採用試験に合格しそうなところまで来ており、これらの若者が「新しい道」を受け入れたことはこの地方の将来に関して重要な意味を持つかもしれません。

キリスト教の普及に関して日本で行われた最も重要な務めが伝道団のまったく与《あず》り知らぬところで、しかも宣教師が定住を許されない地方で達成されているとは奇妙なことです。たとえば、北海道札幌農学校のクラーク氏のもとでは一八名の若者がキリスト教に改宗し、九州の官立学校［熊本洋学校］自然科学教官のジェーンズ大尉のもとでは、士族出身の四〇名の若者がキリスト教を受け入れて、現在京都で神学生となっており、また弘前のイング氏とデヴィッドソン氏はどちらもアメリカ人で日本政府に雇用されているというように。これら教師に与えられた地方は、キリスト教が現在許容されている範囲を示しています。

三人の学生はワキヤマ、アカマ、ヤマダという名で、この町まで伝道に来たのでした。警察はなにも妨害はしないものの、「みんなもう神のことなど聞きたがるものか」と言っています。「ぼくのせいなんです。ぼくには力がありません。道がめずらしかったときは何百人も聞きに来たものなのに、いまでは何十人かしか来ません」とヤマダが言いました。仏教や神道の聖職者から妨害はあるのかと尋ねたところ、妨害はないけれども、たいがいみんな旧い宗教にうんざりはしていても、新しい宗教を求めてはいないのだと彼らは答えました。この三人は明らかにとても優越意識のある若者たちですが、英語はとてもへたで、伊藤はキリスト教徒が大嫌いですから、あくまで杏を煮るのに没頭しているふりをして、通訳をしに出てこようとはしませんでした。あとで伊藤はわたしに「キリスト教劇」を見てはどうか、一〇〇人ほどの人々がアカマからの活発な呼びかけに耳を傾けていると言ってきました。わたしはたいへん興味があったものの、いまでは西洋人に会う気にはまったくなれず、わざわざ弘前に行ってまでこの三人の学生の教師に面会しようとは思いませんでした。

黒石は小高い台地にあって岩木山の広大な平野が見渡せるところがほかの多くの小さな町とはちがいます。平野の水田の海原にはニヂ［虹?］、大鰐《おおわに》、薬師堂《やくしどう》、尾上《おのえ》、ナカノワ、柏木町《かしわぎまち》などなど、森のある村が島状にあります。昔は小さな城がありましたが、いまは崩れており、城壁は町の人々の楽しい散歩場所で、山々と豊かな平野を藍色の雲の影が通っていくすばらしい眺めが得られます。もうひとつの変わった特徴は、高さ二〇フィート［約六メートル」と二五フィートのやぐらに屋根つきの四角い台が載っているものが多くあることで、とても暑い夜は蚊に食われないようここに寝床を持ち出します。

仏教寺院をいくつか訪ねてみましたが、どれもみすぼらしく、またあまり清潔ではなく、けばけばしい彩色を施した奇怪な偶像で美観を損なっています。ある寺には病気を治すという評判の医術の神賓頭盧《びんずる》の足を組んだ深紅の像がありました。

日本北部の迷信は無尽蔵にあります。道中ずっと集めてきており、全部で数ページに及びます。人々が迷信を教えるのをいやがることはありませんが、伊藤は迷信を笑い、そのくせやはりお守りを身につけています。お守りはだれもがつけています。お守り袋を売っていない町はひとつもなく、東京のある街では、お守り以外のものをほとんど置いていない店やまったく置いていない店がとても目立ちます。お守り袋は五〇銭から五〇円まで実にさまざまあり、ふつう緋色の布に金糸や絹糸で刺繍がしてあります。女性はお守りをお守り専用につくられた、それとはわからない帯に入れて身につけ、お風呂に入るとき以外、夜も昼も体から離しません。お守りを落とすのは急死の兆しです。お守りを持つ習慣は広く定着しており、伊藤はどこの宿屋《ヤドヤ》へ行っても、わたしがどんなお守りをどうやって身につけているかと訊かれます。老婦人のなかにはお守りをいくつもつけているので帯がこぶのようにふくらんでいる人もいます。娘や子供ははでなお守り袋を腰にぶらさげています。北部の村にはまげの台にする固いパッドのなかにお守りを縫い込んでいるところもあります。

男性は一般に神道の発祥地、伊勢神宮のお守りをつけています。別当《ベットー》をはじめその他多くの労働者は首にかけていますが、中流の男性はたばこの袋か袖に隠しています。こういったお守り札には神の名や仏典のことばを一語か二語記した以外なにもないものが多くあります。

ケースに入れた小さな仏像はよく袖に入れます。米をつくる農夫はたいがい同様の入れ物に稲荷《イナリ》の化身である狐の小さな像を納めています。お守りの多くはさまざまな神や聖人の小さな姿で、小さな袋のなかに縫い込んであり、特別な力を持つと考えられています。かようにして高名な聖人、日蓮や弘法大師はお守りの持ち主を無事極楽まで導いてくれ、また、日本のヴィーナスである弁天は女の子に美しさと魅力を与えてくれるのです。日本の女性ならだれもがひどく怖がる蛇から守ってくれる神もあれば、狐の策略から守ってくれるもの、運をもたらしてくれるもの、水難や事故から守ってくれるもの、愛らしい子供を授けてくれるもの、などなどきりがありません。こういった護符や像は本来お寺で手に入れるもので、僧侶の収入源なのです。近ごろ田んぼに棒が立ててあって、文字をかきつけた紙が何枚も下がっているのをしきりに見かけます。これは虫除けのお守りで、お寺で入手します。秋田・青森の両県の馬は大半が首からお守りをぶらさげています。仏教の僧侶は財源に変えられる迷信はなんでも奨励・促進します。医薬の神を撫でてから病人のところへ送られた布切れは、場合によっては直接薬を投与したのと同じ効用があるとされています。水難除けのお守りは、勇気を出して呑み込めば、なんでも窒息に効くとか。迷信には家屋の建築を左右するものもあります。ゆえに蔵は敷地の北東に、戸は南東に、戸棚は南西に配置するのが吉なのです。眠るときは、頭はどんなことがあっても北に向けてはなりません。人が亡くなると、遺骸は頭を北に向けて安置するからです。また湯と水を混ぜるときは、必ず桶の湯に水をそそぎます。水に湯を足してはなりません。亡骸《なきがら》を清める際に、水に湯をそそいで用いるからです。竹製の箸と木製の箸を片方ずついっしょに使うのは不吉です。なぜなら火葬場で遺骨を集める際に、箸をそのように使うからです。

日本でもほかの地と同様、お化けが信じられており、日本のお化けは人間の姿をして現れるとはかぎりません。というのも狸と狐は自分の体から抜け出て気晴らしをするのが大好きなのです。狐は悪ふざけをしたり人の判断力を奪ったりし、ほとんどの場合美しい女性の姿に化けます。狐は必ず狙った相手のあとをつけますが、相手はふつう男性です。それに対し狸はきまって狙った相手の先を行き、相手はたいがい女性で、若くて魅力的な男性の姿をした狸に化かされるというわけです。愛した女性のことを思いながらその女性の墓の前を通った男性は、提灯を持ったたいへん美しい女性に墓地からあとをつけられます。が、ほかの人にはこの美女は忌まわしい骸骨にしか見えません。お化けはさまざまな方法で呼び出すことができ、なかにはもう廃れてしまったハロウィーンの習慣に似たものもあります。ひとつの方法は行灯《アンドン》のなかに灯芯を一〇〇本置き、一〇〇行ある呪文を繰り返すものです。呪文を一行唱えるごとに灯芯を一本取り、まだ燃えているその灯芯を手に暗闇に出ていってそれを吹き消すと、お化けが現れることになっています。恋人と死別した娘がこの魔術を試してみることがときとしてあります。日本人は暗闇をひどく怖がります。最も貧しい人々は夜通しランプをつけたままにしておきます。この地方の人々は連れがないかぎり暗くなってから道を歩こうとはしません。馬子《マゴ》が夜間に戻って超常的な危険に遭うようなことは二倍の料金をもらってもいやだというので、わたしは何度か早目に一日の旅程を終わりにせざるをえませんでした。神宮寺でわたしはたいへんな騒ぎに起こされました。はげ頭にぎょろ目で舌を垂らした怪物が屏風の向こうからこちらを眺めていたというのですが、これはこのお化けがよくやる悪さです。自殺者の幽霊は自分が死んだ場所によく現れ、とくに井戸の場合はそれが顕著です。

お化けを呼び出す方法としての降霊術は日本では昔から行われています。院内でわたしはある女性（霊媒はきまって女性です）が一軒の家に入って術を行うのを見ました。脚気《カッケ》をわずらった男性の父親が、息子は治るかどうかを知りたいということでした。霊媒はつねに変わった形に包んだ小箱と軽い樹皮の帽子を持っていますが、帽子はかぶらず、手に携えています。箱の中身は、なかになにか入っているとしても、持ち主しか知りません。首だけ出して生き埋めにされ、水を飲めずに死んだ犬の頭が入っているという人もいます。霊媒は箱を正面に置いて座り、ふたの上で小さな弓の糸を絶え間なく鳴らします。依頼者が霊媒と向かい合って座ると、霊媒は小さな湯呑みの水を依頼者に投げかけます。呼び出すのが死者の霊の場合は、墓地に供えてあった花束の葉を用いて水を撒き散らし、生きている人間の霊の場合は短い棒を使います。霊媒が依頼者に訊くのは、死んだ人間の霊と生きている人間の霊のどちらと話がしたいのか、それだけです。この院内での降霊術の場合は、伊藤が同席したのですが、亡くなった人の霊が呼び出されました。呪文が唱えられ、ついで霊が霊媒の声で話します。伊藤は（こういうことには懐疑的なのに）新潟で今度の陸路の旅を無事終えられるかどうかをいまは亡き父親の霊に訊きに霊媒師のところへ行ったと白状しました。

船頭たちが信じるお化けのひとつに、船頭の姿をしてひしゃくを貸してくれととても丁重に頼みにくる悪質なのがいます。返事をするには大いに識別力を要します。というのも底の抜けていないひしゃくを親切に貸すと、このお化けはそれで水を汲みいれて船を沈めてしまいますが、底をとっさに抜いたひしゃくを投げつければ、お化けは消えてしまうのです。ただし呪文を唱えながら投げつけないと、お化けは爪のいっぱいある怪物、海の河童《カッパ》に変身し、船を海底に引きずり込んでしまいます。港の小さなお寺で見た仏像には、このひしゃくのお化けから守ってもらえると信じている水夫たちの捧げた供物が掛けてありました。

察するに、ふつうの家庭内の迷信は女性すべてと下層階級の男性の大半が信じているようです。もっとも「若き日本」は鼻で笑うふりをしますが。おそらく迷信の多くはその地方だけのもので、たとえば日光で信じられていても黒石ではだれも知らないものもあります。どこでも耳にした迷信は、爪や髪の切りくずを竈《カマド》や囲炉裏《イロリ》に捨てると災難に遭うというものです。また、死を意味する音「シ」を含むことばを元日に使ってはならないという迷信もあります。

迷信のなかにはこっけいなものもあります。日本では必ず土間《ドマ》で下駄を脱いでから家のなかに入りますが、長居する客の下駄の裏に灸《モグサ》をすえると、客が帰っていくと信じられています。花嫁も花婿も結婚式で紫色やすみれ色のものを身につけてはなりません。でなければ、紫は色のなかでもいちばん早く褪《あ》せるので、ふたりはすぐに離婚することになります。歩いている途中に鼻緒が切れた場合、下駄の表で切れれば敵に、裏で切れれば自分に不運の訪れるしるしです。塩にはわたしたちの国でもそうであるように、謎めいた意味がいろいろあります。夜買ってはならず、昼間買った場合は不幸や家庭内の不和が来ないよう、少量を火にくべなければなりません。塩はまた葬儀のあと家の敷居のあたりに撒きます。道で僧侶と出会った漁師はその日一尾も魚が獲れません。

大火がよく起きるので、さまざまな場所で前兆を注意深く監視します。そのなかには犬が家の屋根に上る、いたちが一度鳴く、雄鶏が朝鳴くというのがあります。火災を防ぐには、左手にひしゃくを持ち、三度水を汲まなければなりません。

北部の人々のあいだでよく知られている迷信は数多くあります。お茶の茎が湯呑みのなかに入って一瞬直立すれば、その茎の倒れた方向から来客があります。うっかり注ぎ口を通さずに急須からお茶をつげば、坊さんがやってきます。窓の障子に鳥の影が映れば、必ず来客があります。以上の迷信はこの地方では固く信じられており、どれかひとつでも起きようものなら、娘たちはなにかちょっとした髪飾りを足すくらいです。

食事中に箸が折れるのは死の予兆です。北東の方角には特殊な悪魔が住んでおり、この方角に向けて家を建てる人はあまりいません。建てれば壊れてしまうのです。若い娘に「赤飯」を盛った茶碗にお茶をつがせてはなりません。そんなことをすれば、婚礼の日に雨が降ってしまいます。午後五時以後に新しい衣服やぞうりを下ろすのは悪運を招くので、そうする人はめったにいません。若い男が火鉢《ヒバチ》からではなく行灯《アンドン》でたばこに火をつければ、良妻が得られません。釜の底にときとして残っている焦げたごはんを子供が食べると、その子供は天然痘の痕のある相手と結婚します。天然痘が流行した場合、この病除けのお守りに、この家には子供はいないと書いた紙を玄関に貼ります。幼児は鏡をのぞき込んではいけません。子供が自分の顔を見ると、大きくなって結婚してから初子に双子が生まれると信じられているのです。

きのうわたしは従僕のひとりが抜いたばかりの歯を埋めるのを目撃し、抜けたのが上の歯なら、その歯を家の屋根の上に投げ、下の歯なら土台のできるだけ近くに埋めると新しい歯が生えてくると一般に信じられているのを知りました。農村で日食や月食の際に共同の井戸にふたをするのは、空から毒が落ちてくると信じられているからです。わたしはこれを数日前に白沢で見ました。

当然ながら夢は非常に重要なものと見なされており、眠っているあいだに魂が黒い玉となって体を抜け、さまざまなことをすると考えられています。みんな眠っている人を急に起こすのをひどく怖がりますが、体を抜け出て遠くをさまよっているかもしれない魂が体まで戻るひまがないとその人が死んでしまうからです。夢はわたしたちの国でもそうであるように、反対のことが起きるとよく言われます。したがって、刺される夢やお金をなくす夢を見るのは吉兆ですが、お金を拾った夢を見れば、ほぼまちがいなく物乞いに遭います。とはいえ、日本式の星座［干支］のひとつであるねずみ［子］の日にお寺で購った大黒の絵を枕の下に敷いてお金持ちになる夢を見た場合は、一年以内に富がもたらされること確実です。人々はまた一月二日の夜、伝説で有名な宝船の絵を枕の下に敷きます。宝船の夢を見れば、ほぼ確実に金持ちになれるのです。

恋愛にまつわる迷信は際限がありません。ひとつはイギリスやドイツで行われているものとよく似ています。娘が長いかんざしを畳に落とし、そこから畳の縁までの藁の数を一はイエス、二はノー、三はイエスというふうにかぞえて、恋人が自分のことを想っているかどうかを占います。

神道の盛んなところでは必ず聖なる木があります。この木は聖なる印に藁の房を一定間隔でたらした藁縄［注連縄《しめなわ》］で円く囲んでありますが、神々は冒瀆した者に復讐しにくると信じられています。日本で最も陰湿な迷信のひとつはこれと密接に結びついています。恋愛で失望すると自殺することがよくあると前に述べましたが、落胆した娘が神の助けを借りて復讐しようとすることもときとして起きるのです。藁で大雑把な人形をつくり、それを不実な恋人に見立てて、「丑《うし》の刻」つまり午前二時にその藁人形と釘と金槌を持って森のなかの神社へ行きます。そして聖なる木に藁人形を釘で打ちつけながら、恋人が神を冒瀆したことにしてかたきをとってくださいと頼みます。この神社詣では復讐したい相手が衰弱し死んでしまうまで、何日間か続けて同じ時刻に繰り返されるのです！　藁人形が打ちつけてある木を見たことがありますが、それは年齢や土地柄を超えて心から心に伝わる共通の悲哀と激情の象徴であり、日本でもほかのどの国とも同じように「墓場のように無慈悲」な嫉妬を示していました。

ここに挙げた迷信はわたしが東京を発って以来何百と書きとめてきたものから無作為に選んだにすぎません。このうちの多くはすでに都会では消滅していますし、日本南部の大方の地域では冗談としてしか口にされなくなっています。とはいえ北部の素朴な人々のあいだではいまでも影響力を持ち、昔ながらに怖れられているのです。

I・L・B

第三六信

黒石にて

珍奇な旅人——粗末な住居——単純素朴——大衆浴場——厳粛な疑問——「わずかな鞭打ち」——きわどい希望

きのうはすばらしいお天気で、はじめてわたしは伊藤をお供につけずに人力車《クルマ》に乗り、とても楽しい遠出をして、山間の行き止まり道をたどりました。難点は悪名高い悪路で、歩くか座席でひどく揺られるか、そのどちらかしかありません。車夫は感じのいい、親切で陽気な男で、伊藤のことばを借りれば、これまで外国人など一度も見たことがない地域に外国人を乗せていく晴れがましさに嬉々としていました。もうずっと前から充分に気がついていることですが、日本で旅行するのは安全そのもので、かつて粕壁で抱いた不安な気持ちを思い返すと、はずかしくなってしまいます。

景色はきわめて美しく、陽光と彩りに申し分なく恵まれ、コバルトとインディゴ、緑がかった青、青みがかった緑のすばらしい色調が見られて、思いがけない谷の裂け目に白い泡しぶきがちらりとのぞきます。単純素朴で故郷のようなとても心地のいいところです。

わたしたちは農家の集まった村落をいくつかすぎましたが、土で建てた素朴な家屋はまるで手で土を骨組みに塗りつけたように見えます。外壁がやや内側に傾いており、藁屋根は粗末で、軒は深く、あらゆる種類の木材で覆ってあります。煙穴のある家はわずかで、大方の家屋はどこもかしこも煉瓦のように煙で燻されています。家には窓はなく、壁と垂木は黒ずんで光っています。暗い家のなかは片側に家禽と馬が、もう片側に人が住んでいます。家は裸の子供たちで活気があり、また夕方わたしがもう一度通りかかったときには、腰まで裸になった男女が家の外に座っていて、お守りしかつけていない子供たちがそのまわりにいました。黄色い大きな犬が何匹かそれぞれの家族の一員となっており、犬も子供たちもおとなたちもみんな満足した穏やかな顔をしているのです！　このような家の農夫は立派な馬を何頭も持っており、また作物はみごとです。おそらく祭り《マツリ》の日にはみんなたっぷりある貯えで購った立派な衣服を着るのでしょう。生活必需品に関するかぎり、この人たちがさほど貧しいはずがありません。うんと「奥地」にいるだけなのです。彼らは最良の道を知っており、満足しています。が、家屋はわたしがこれまで見たどれよりもひどいもので、エデンの単純素朴さに、週に一度も掃除をしているかどうか疑わしく思える大量のほこりが組み合わさっています。

上中野《かみなかの》は非常に美しく、秋には無数にある星形の葉をした楓が緋色や深紅に紅葉し、背景

秋田の農家

の鬱蒼とした杉林では、白いみごとな滝が雪の吹きだまりのように輝いて黒い滝壺に流れ落ちています。長旅をしても見にくる価値が充分あるはずです。これほど快いものをわたしは見たことがありません。苔むしたすばらしい石段が水辺まで通じており、かわいい橋とふたつのみごとな鳥居、数本の立派な石灯籠があって、そのあと急傾斜のみごとな石段が山腹の鬱蒼とした杉林を通って小さな神社に至ります。近くには神木があり、先回の手紙の迷信に関するメモで述べた、愛と復讐の象徴が打ちつけてありました。ここではなにもかもにうっとりとさせられました。

下中野は徒歩でしか行けませんが、リウマチと眼炎に効く熱い温泉がいくつかあって、ひたすら興味をそそられます。主に茶屋と宿屋《ヤドヤ》で成り立っており、かなりにぎやかなようです。家々は長方形の窪地を囲むように建っており、窪地の底には浴場が四つあって、この四つは一見べつべつの建物のようではあるものの入り口はふたつしかなく、入浴客に向かってじかに開いています。両端の建物では女性と子供たちが大きな浴槽で湯浴みをし、中央の二軒では男女がいっしょに入浴しますが、ぐるりには木の台があって座れるようになっており、男は男ばかり、女は女ばかりに分かれています。わたしは行き当たりばったりに車夫のあとからついていき、いったん入ったものの、うしろの人々に押されてもうひとつの出入り口から出てしまわなければなりませんでした。けれども入浴客はとても礼儀正しく、わたしがきわめて不本意ながら闖入《ちんにゅう》してしまったことには関心を示さず、しかも車夫は違和感などなにひとつなくわたしを連れて入ったのでした。わたしはほかと同じく浴場にもきちんとした礼儀正しさが浸透しているのに気づきました。それにひしゃくや手ぬぐいを人に渡すときは深々とお辞儀をすることにも。大衆浴場は世論が形成されるところで、女性がいるので危険あるいは扇動的な結果を招かないと言われます。ただし政府は全力をあげてふしだらな入浴を防いでいます。改革がこういった辺地まで達するのには時間がかかるかもしれませんが、遅かれ早かれやってくるのはまちがいありません。大衆浴場は日本の特色のひとつです。

この異教徒の地にいると厳粛な疑問が数多くわいてきます。故国では生じない、生じたとしてもはるかにかすかな疑問の数々なのですが、ひとりでクルマに乗っていると、つぎつぎにわいてきました。「ひとりなる父」は何百万といる異教徒の子孫の救済を利己的でけちな――人材に関しても金銭に関しても利己的でけちな――教会の緩慢さにまかせたのだろうか？　わが主と救世主キリストは「わずかな鞭打ち」という穏やかなことばで永遠の破滅――人間の想像を超えた恐怖――を意味したのだろうか？　カルバリ［ゴルゴタ］におけるキリストの死は贖罪または和睦――少数の選ばれた者に対する贖罪または和睦――であったのだろうか、あるいは「全世界の罪に対する充分にして完全完璧な犠牲、供物、贖罪」だったのだろうか？　キリストは少数の限られた者の大祭司なのか、それとも自らが命を捧げた「全世界」のために「時が満ちればあらゆるものをひとつに集める」と神へのとりなしを際限なく行う「神の右手」なのだろうか？　すなわち「アダムにおいてはすべて絶えていてもキリストにおいてはすべて生かされている」のだろうか？　「異教徒」は「神の嗣業《しぎょう》」ではなく、神の救われし者は「何人にも数え得ないあらゆる国の群衆」ではないのだろうか？

このような人々に混じって暮らし、彼らの単純素朴な徳、単純素朴な不徳を知ると、農夫の蓑の下で鼓動を打つ心がいかにやさしいかを知り、三四〇〇万の人々のうちキリストについて耳にしたことのある人々がいかに少ないか、またその少ない人々の大半が、キリストの教えがその信奉者の人生において一貫して背かれているのを見てきていることに始終気づかされると、だれでも以上のような疑問がさまざまひとりでにわいてきます。「全世界を裁くお方は正しいことをなさらないのでしょうか」？　わたしたちは「同じように神の子孫である」自分たちの兄弟を、「自らの息子を惜しまずわたしたちすべてのためにお遣わしになった」神のようにかぎりない共感をもって信頼し、「わずかな鞭打ち」の仕事がなされたとき、これらの人々が悪から救われ、すべてのさまよえる子供らとともに、「あまたある邸宅のわれらが父の家」に集められるだろうという希望に、自分たちの無知にふさわしく震えながらすがることはできないものなのでしょうか？　こういった所感は話がそれているように思えるかもしれませんが、しかしこのような疑問が四六時中わいてこずにはいられないのです。(1)

I・L・B

第三七信

一八七八年八月一二日、蝦夷、函館にて

つらい一日の旅――転覆――海に近づく――うれしさで興奮――なにもかも灰色――間の悪いときに警官――風雨をついて航行――荒っぽい歓迎――強風のなかを上陸――旅の終わり

黒石から青森まではたった二二マイル半［約三六キロ］なのに、道路事情のせいですさまじい旅となりました。というのもさらに雨が降り、塩漬けの魚をどっさり積んだ何百頭もの荷馬が通行するので、道が泥沼に変わってしまったのです。最初の行程を終えた時点で駅逓所から道路事情が悪いために人力車《クルマ》の調達を断られましたが、馬で旅を続けるには体調がよくなかったので、わたしはとても抑えた金額で車夫ふたりを買収して海岸まで乗せてもらい、お互いに融通し合うことでどうにか旅を続けました。とはいえ、山の上りすべてと下りの大半は歩かなければなりませんでしたし、小さな橋が流されてしまっているところでは乗

り物をかついで渡るので、いちいちクルマから降りなければなりませんでした。一度に二〇〇ヤード［約一八三メートル］歩くのはしょっちゅうで、泥沼では車軸が沈んでしまうのです。あらゆる用心をしたはずなのに、クルマの下になって泥のなかに落ちたときは動転しましたが、さいわい空気枕が車輪とわたしのあいだに落ちてくれたので、服が泥水で濡れた以外はなんということもなく抜け出せました。服はひと晩じゅう着たままでしたが、風邪もひかずにすみました。道中ずっと、内陸に運ばれる塩魚を積んだ荷馬の列に出会いました。

本州を貫いて走っている山嶺は南部地方で低くなるものの、青森湾で雄大な丘陵となっていきなり隆起します。とはいえ黒石―青森間では主に松、低いオーク、笹の生えた、樹木の少ない低い山並みに分散します。ごまの一種［？ 椨《たぶのき》？］は線香の原料となりますが、ほかの草木はなく、これだけで覆われた山もありました。谷間では稲が育っているとはいえ、耕地はあまりなく、あたりは荒涼として北の果てに見えました。

農家の村落はどんどんひどくなり、土でぞんざいに建てた家屋は壁に明かりを採り煙を出す穴が開けてあり、なかには壁が樹皮と藁束を縄で柱にくくりつけただけという家屋もあります。屋根はきちんとはしていませんが、ぐんぐん育つ西瓜の蔓を屋根に這わせて覆ったものが多くあります。人々はとても汚いものの、特に貧しそうなようすはなく、蝦夷から魚、こちらから米を輸送するのに必要な馬と馬子《マゴ》でたっぷり稼いでいるはずです。

日光を発って以来わたしたちが越えてきたまさに無数の山稜も、浪岡《なみおか》の鶴《つる》ヶ《が》坂《さか》という地点で最後のひとつとなりました。鶴ヶ坂からは起伏の多い険しい地と、深みのある紫がかった紺色の松に覆われた丘陵にほぼ囲まれた濃い灰色の海が見晴らせます。雲が浮かび、彩りは強く、空気はさわやかで冷たく、まわりの土壌は泥炭質で、松の香は芳しく、まるで故郷のような眺めと匂いでした。灰色の海が青森湾で、その向こうには津軽海峡――わたしの長い陸路の旅は終わったのです。ある旅人から蝦夷行きの蒸気船が夜出ると聞き、うれしさで興奮した状態でわたしは四人の車夫を雇い、引いたり押したり持ち上げたりしながら青森まで運んでもらいました。青森は灰色の家並み、灰色の屋根、屋根に載せた石も灰色の町で、灰色の湾を囲む灰色の砂浜にあるというみすぼらしいたたずまいのところですが、県庁所在地なのです。

ここでは蝦夷向けの家畜と米の移出が大規模に行われています。それ以外に、青森は北部日本から毎年蝦夷の漁業に従事するために莫大な人の移住するその出口でもあり、また函館から大量の魚、皮革、外国製品を移入しています。きれいではあるものの価値のない「海草」や青森塗りと呼ばれる多色漆器の売買も多少行われていますが、ここで生産されているわけではなく、青森の特産品は豆と砂糖を材料にした菓子です。青森にはよく守られた深い港があるものの、交易用の埠頭その他の設備はなにもありません。兵営とふつうの役所はありますが、役所について調べる時間はありませんでした。三〇分という短い時間に三菱の事務所へ切符を取りにいき――ここでは通行証の呈示を求められ、写しを取られました――、とても汚いテーブルクロスがかかっているので「洋食」を供するとわかる食堂で魚料理をひと口食べ、灰色の浜まで急ぎ、そこで日本人の三等船客で込んだ大型サンパンに乗せられました。

風が起きており、相当波が立っていて、しぶきが船にかかっていました。蒸気船は蒸気をあげてせわしく鐘や汽笛を鳴らしています。にわか雨が降り、わたしは防水紙の合羽が飛ばされないように押さえつつ立っていましたが、そこへあいにく警官が三名乗り込んできて、わたしに通行証の呈示を求めました。一瞬わたしは警官も通行証も波に呑まれてしまえばいいのにと思ったことでした！　蒸気船はおよそ七〇トンの旧式な小型外輪船で、宿泊のできる客室はなく、デッキにひとつキャビンがあるだけです。快走帆船のように清潔できちんとしていますが、快走帆船と同じく悪天候にはまったく向きません。船長も機関士も乗組員もすべて日本人で、英語はひと言も話しませんでした。わたしの服はとても濡れており、夜になると昼間より寒くなりましたが、船長が親切に何枚かの毛布でわたしをくるみ、床に座らせてくれたので、苦しい思いはせずにすみました。夕方早くに出航したときはすがすがしい北風が吹いていましたが、それが南東の風に変わり、一一時には強風となりました。海は波が高くなり、蒸気船は何度か骨を折りつつ重いうねりを進みました。キャビンにかなり水が入り、船長は三〇分ごとに下まで来ては気圧計を見たり、お茶を飲んだり、わたしに角砂糖をくれたり、顔をしかめて悪天候を示すしぐさをしたりしました。容赦なく波にもまれているうちに午前四時になり、今度は大雨が降ってきて、それとともに強風は一時的に止みました。この船は夜間航行には適さず、悪天候が予想されるときは必ず港に入っています。それに今回の強風は一月以来津軽海峡を見舞った最悪の強風だと言われ、船長は船の心配をしていましたが、そうでありながらも、ブリトン人さながらの平静ぶりを見せていたものです！

日の出後ふたたび強風が起き、一四時間かけて六〇マイル［約九六キロ］進んだところで函館港の岬に着きました。風雨の強さは悪天候のときのスコットランド、アーガイル州のようなありさまで、湾内には波しぶきがあがり、雨ともやの向こうに蝦夷の山々が暗く高くそびえています。風と雷と「北の海の騒音」はこの北の陸地を訪れたわたしを荒っぽく歓迎してくれました。ジブラルタルのような岩の岬、急な山腹にだらだらと広がっている冷血そうな灰色の町、わずかな針葉樹、あまたいる灰色のジャンク、停泊中のわずかな蒸気船と外国船、荒海をものともしない多数のサンパン。ちらちらと垣間見えるそういったものが雨と波しぶきの吹きつけるなか、わたしが目にしたもののすべてでしたが、なにもかもがなぜか威勢のいい北らしいようすでわたしを喜ばせました。

強風で蒸気船は欠航していると思われており、わたしを迎えに来た人はだれもいませんでした。わたしはデッキのあるサンパンに集まった五〇人の日本人とともに上陸しましたが、このような暴風雨のなかでは半マイル行くのに一時間半もかかりました。それから税官吏が遅いまどろみから起きるまで吹きさらしの浜で風雨にさらされながら待ち、そのあと嵐と格闘しつつ急な山道を一マイル上りました。わたしは領事館に快く受け入れていただくことになっていましたが、それを知らず、ここ英国聖公会牧師館に来ました。デニング夫妻が東京でお会いしたとき、親切に招待してくださったのです。わたしは文明化された住まいに入れるようないでたちではありませんでした。衣服は濡れているばかりでなく、帽子のてっぺんまで泥だらけになっています。手袋とブーツはくたびれきっており、泥のはねた荷物は海水で濡れていました。が、障害すべてを乗り越えてきたこと、江戸を発ったときの心積もり以上の目的を成し遂げたことにいくぶんもっともな勝利感を覚えています。

北の海の音はなんと耳に快いのでしょう！　荒れ狂う風のうなり吠える声はなんと元気づけてくれることでしょう！　雨のざあざあと降る音すら故郷のようで、体の震え出す寒さは刺激的です！　鍵のかかるドアのある部屋にいるうれしさ、簡易ではないベッドにいられるうれしさ、よいニュースをもたらしてくれる二三通の手紙が届いているうれしさ、その手紙を暖かく静かな英国式の家屋で読めるうれしさは、あなたには想像もつかないでしょう！

I・L・B

行程——新潟から青森まで

	戸数	里	町
木崎	五六	四	
築地	二〇九	六	
黒川	二一五	二	一二
花立	二〇	二	
川口	二七	三	
沼	二四	一	一八

玉川	四〇〇	三	
小国	二一〇〇	二	一一
黒沢	四〇〇	三	
市野々	二〇〇	一	一八
白子沢	四二	一	二一
手ノ子	一二〇	三	一一
小松	五一三	二	一三
赤湯	三五〇	四	
上山	六五〇	五	
山形	二万一〇〇〇人	三	一九
天童	一〇四〇	三	八
楯岡	三〇七	三	二一
土生田	二一七	一	三三
尾花沢	五〇六	一	二一
芦沢	七〇	一	二一
新庄	一〇六〇	四	六
金山	一六五	三	二七
及位	三七	三	九

院内	二五七	三	一二
湯沢	一五〇六	三	三五
横手	二〇七〇	四	二七
六郷	一〇六二	六	
神宮寺	二〇九	一	二八
久保田	三万六五八七人	一六	
港	二一〇八	一	二八
虻川	一六三	三	三三
一日市	三〇六	一	三四
鹿渡	一五一	二	九
檜山	三九六	二	九
鶴形	一八六	一	四
飛根	一五三	一	一八
切石	三一	一	一四
小繋	四七	一	一六
綴子	一三六	三	五
大館	一六七三	四	二三
白沢	七一	二	一九

碇ヶ関	一七五	四	一八
黒石	一一六	六	一九
大釈迦《だいしゃか》	四三	四	
新城《しんじょう》	五一	二	二一
青森		一	二四
	約三六八マイル	一四七里	三一

山間ルートには一里を五六町としているものもいくつかあるので、この表の距離は実際よりかなり短くなっているが、正確な情報が手に入らないため、すべて一般的な標準、一里＝三六町で距離を算出してある。

原注

第一信

（1）これは例外的な気候条件のもとで見たまったく例外的な富士山の姿である。この山はふつうもっと幅広で低く見え、逆さにした扇によくたとえられる。

（2）このあともわたしは人力車という漢語ではなくクルマという日本語を使うことにする。クルマは文字どおり車輪あるいは車両を意味し、人力車の車夫やその他の日本人が人力車を表すのにふつう用いることばで、たしかに耳に快く響く。クルマからは当然クルマの車夫を示すクルマヤ［俥屋］ということばが生まれている。

第三信

（1）日本滞在も後期に入ってから、日本の歴史や宗教、古い習慣について日本人有識者に質問をすると、よく「サトウ氏にお訊きなさい。教えてもらえますよ」とはぐらかされたものだった。

第六信

（1）数ヵ月かけて奥地のいちばん難儀な場所を何ヵ所か旅をした経験のあるいまなら、ふつうに健康な人――それ以外の人は日本を旅行すべきではない――であれば、リービッヒ製肉エキスはべつとして、肉やスープの缶詰や赤ワインその他の飲食物でくれぐれも荷物を重くしないよう助言する。

第七信

（1）『キャンプヒル・マガジン』誌一八七六年一〇月号に、B・H・チェンバレン氏は古来の歌劇である能について非常に興味深くて平易な記事を書いており、この記事には僧侶と乙女というふたりの登場人物とコーラスで演じる能『殺生石《せっしょうせき》』の翻訳もついている。この能は「わたしは僧で、名を玄翁《げんのう》という。心はひたすら賢知の道を歩む覚悟でいるのに、長いあいだ悟りを開けず苦しんできたが、いまわたしはものごとがはっきり見える。僧侶の竹ぼうきで人間の目から蜘蛛の巣を払うとしよう」という僧のせりふではじまる。『殺生石』は最も教養のある日本人にとって最大の娯楽に数えられる演目の好例で、大いに読むに値する。

第八信

（1）クヮンノンと発音される慈悲の神観音は日本の神々のなかでも最も人気があり、中国から伝わったものので、中国ではクヮンインとして知られる。観音の起源に関するつぎのメモと伝説はF・V・ディキンズ氏から教えていただいたものである。「おそらく観音は、インドから到着した仏教伝道者が中国人の崇めていた女神を借用して、男性であり彼らの宗派の奉る神であったアヴァロキテシュヴァラとしたものである。観音という名は観察者、祈りを聞く者、いや、祈りというより祈る音を聞く者を意味する。中国人は、観音はチョンワン（紀元前六九六年）の娘で、父親の願いどおりに結婚することを拒んだために尼寺に入れられ、処刑されることになったが、死刑執行人の刀が折れたので絞首刑を受けたという。そして地獄に落ちたが、地獄は即座に天国へと変わった。すると地獄の王閻魔はこれが気に入らず、観音を蓮の花に乗せてこの世に戻した。その後父親が病気になり、観音は自分の腕の肉を切り取って父親に食べさせ、病を治した。腕も目も完全にそろった像が観音のために立てられることになったが、ch'uën（完全）ということばがTs'ien（千）と取り違えられ、できあがった像は目と腕がそれぞれ千あった」。「千手観音」は仏教の伝道師とともに日本に渡来し、その崇拝は日本で最も広がっているもののひとつに数えられる。京都の三十三間堂にはこの神の像が三万三〇〇〇体納められて（いると言われて）おり、うち一〇〇〇体は等身大より大きい。日本で最も感銘を受ける名所のひとつである。

（2）現地の江戸のガイドブックには、浅草寺の起源は一三世紀に遡り、宮廷で不興を買い浪人となって困窮のあまり漁夫をしていた貴族だとされている。ある日この漁夫が隅田川へ漁にいったところ、何度網を投げても、かかってくるのは小さな観音像だった。場所を変えても同じことが起きるので、彼は像を持ち帰り、祠に祀った。そしてその後につづく信奉者の寄付で江戸最初の寺院としての風格を持つ建物を建てた。

（3）のちにわたしはひとりでこの寺院を何度も訪れたが、訪れるたびに最初にいだいた興味は深まった。つねに変化やめずらしいものがあり、関心が薄らがないのである。また日本にはびこっている穏やかながらも根の深い迷信がここほどよく表れているところはなかった。

第九信

（1）わたしの装備一覧は今後の旅行者、とくに日本の奥地を長期旅行したいと考えている女性旅行者の参考にと挙げた。のちにわたしが知るように、柳行李ひとつで充分である。

（2）わたしの不安は、ひとり旅の女性にとってはまったく当たり前のものではあっても、実際はなんら正当な理由のあるものではなかった。その後わたしは本州奥地と蝦夷の一二〇〇マイル［約一九二〇キロ］を危険な目に遭うこともなくまったく安全に旅した。日本ほど女性がひとりで旅しても危険や無礼な行為とまったく無縁でいられる国はないと思う。

第九信（つづき）

（1）北部の旅行で、わたしは粗末で汚い宿でがまんしなければならないことがとても頻繁にあった。もっとよい宿はこの種のものだったからである。旅行者に衝撃を与える光景は少ないとしても、日本の男性の品位を下げ、とりこにする悪徳を示すものは、外見上すら多くある。

第一一信

（1）日本政府は最近日光と芝の社殿の修理を政府の責務として受け入れた。これでこれらのみごとな芸術作品が荒廃するのではという心配はなくなった。一八八〇年一月。

第一二信

（1）わたしたちは心底とても親しくなった。たいへん残念なことに、のちにわたしは粕壁の有害な水のせいで具合の悪くなったグッドリッチ夫人が数週間で亡くなったと聞いた。

第一三信（つづきその二）

（1）日本の未開の地に入るどの旅行者にも、同様の簡易ベッドと上等の蚊帳を持っていくことをお勧めする。このふたつがあれば、たいがいの不快さは避けられる。

第一四信

（1）これは条約港から来ている最低の遊覧旅行者の振る舞いに関してしか当てはまらない。

第一五信

（1）詳しい描写で不快なものを多数やむなく省いた。この章あるいは他の章に記した不愉快な描写について読者が釈明を要求されるならば、この国に関する知識を増やす一助とするために、同時に、政府が文明化にまず必要な諸条件を必ずしも満たしていない庶民を奮い立たせる努力をする上で遭遇するはずの困難を例示するために、自分が日本北部で見た農民の生活を忠実に描写したいというわたしの切なる願望にその釈明が見出されるはずである。

第一五信（つづき）

（1）首都では男性人口が女性人口を三万六〇〇〇人上回り、国全体ではほぼ五〇万人上回る。

第二〇信

（1）客船としての設備のないこの小型蒸気船のひとつでわたしは函館まで荷物をひとつ送ったが、その際、外国人を悩ませる苛立たしい制限に出くわした。外国人が個人の荷物を開港場からべつの開港場へ送るには、送るのが不可能になりそうなほど数多くの手続きを経なくともそうできて当然と思われるが、わたしは伊藤に彼の名前で函館にいる彼もろくに知らない日本人に宛てて送ってもらうことでようやくそれができたのである。

（2）この病院は大きくて換気もいいものの、まだ多くの入院患者を集めるには至っていない。外来患者、とくに眼炎を患う患者は非常に多い。日本人の主任医師は、このあたりで眼炎の罹患率が高いのは湿気、砂と雪による太陽光線の反射、換気不足、炭火の煙によるものであると考えている。

食べ物と料理に関するノート

（1）メニュー、料理の組み合わせ、その他多くに関しては、東京にある帝国海軍兵学校のバジル・ホール・チェンバレン氏のご厚意にあずかった。氏は秀でた学者であるが、少しでも日本の生活や習慣の例証となるものを自分のところに隠しておくつもりがない！

第二四信

(1) のちに清国の病院で、わたしはこういった薬の奇跡的な効能についてさらに多くを聞いた。またマレー半島のサランゴールでは一頭の虎が死んだあとにたいへんおもしろい光景を目にした。近くにいた清国人が死骸のところまでおおぜい飛んでくると、肝臓、眼球、脾臓を取り出して注意深く血をことごとく抜き、きわめて貴重なこれらの臓器を自分がもらおうと争奪戦を繰り広げたのである。その間あいにくこれらの品を手に入れられなかった者は関節から軟骨を取り出していた。虎の眼球の芯にはほぼ奇跡的ともいえる効能があることになっている。華氏一一〇度［摂氏四三度］で乾燥させた眼球はあらゆる強壮薬のなかでも最強で、力と勇気を与えてくれる。粉末にした肝臓と脾臓はいろいろな病気に効く。肝臓はスルタンのアブドゥル・サマトのものとなったが、ほかの臓器はすべて漢方医に高値で売られた。ほんの少しのち、ペラのクアラ・カンサで犀《さい》の角が漢方薬市場向けに高値で売られているのを見た。またラジャ・ムダは自分の統治する地域で採れる角を手に入れるのに熱心で、特別なしるしのある角を漢方医に売る場合、たった一本で五〇ドルの価値があると主張した。

(2) サトウ氏は『煙草記』というたばこに関する本に記されたたばこの益と害についてのおもしろい記述をつぎのように訳してくださった。

1. たばこは鬱気を追い払い、気力を強める。
2. 宴会の始まりに取り出すのによい。
3. ひとりでいるときの連れになる。
4. 仕事中にときおり、あたかも息をつくためであるかのように、休憩する口実になる。
5. 熟慮の宝庫で、立腹したとき怒りがおさまる時間を与えてくれる。

が、その反面——

1. 怒りに駆られたとき、おのずと自分のキセルで人の頭を叩きやすくなる。
2. キセルを火鉢の燃えている炭を整えるのに用いることがときどきある。
3. ある常習的な喫煙者は、宴会でキセルをくわえたまま料理のあいだを歩きまわるので知られている。
4. まだ火のついているキセルの灰を落として、火を消すのを忘れてしまう。かくして衣服や畳に燃えているたばこの灰でしょっちゅう焼け焦げをつくることになる。
5. たばこ吸いは火鉢やこたつや七輪、それに床に敷いた畳のすきまと見境なしに唾を吐く。
6. たばこ吸いはキセルを火鉢の縁に激しく打ちつける。
7. たばこ吸いは灰がいっぱいになってこぼれるくらいになるまで、キセルの火皿を空にするのを忘れる。

(3) 東京にいるとき、わたしは『明六雑誌』という現地の雑誌の記事を訳した、女性の権利に関するおもしろい資料を目にした。その記事の著者は西洋の習慣を導入した結果として女性の力が強くなることを怖れており、ヨーロッパ人のあいだでは、「まず女性の許しが得られなければ、男性はたばこを吸えない」こと(悲しいかな、以前ほど一般的ではないが!)を例として挙げている。自分が被害者になった例をひとつ示したあと、彼は言う、「男性がこのように喫煙を禁じられるのは、女性が喫煙を好かないからである。しかしわたしがたばこを吸うのは、男性としてのわたしの権利に基づいてのことであり、喫煙が気に入らないなら、女性は部屋を出ていくべきだ。(西洋の)女性が喫煙を嫌うのは男性の楽しみを減じており、権力の自由の制限を伴うので、これはもっともなことであるはずがない。わたしにはこのような問題において男女の区別をすること、片方のいるところでは喫煙し、もう片方のいるところでは喫煙しないことが理にかなっているとはなんら思えない。喫煙が法や道徳で禁じられているものではなく、男性および女性のいるところでたばこを吸うか吸わないかということである以上、わたしにはそこに正当な理由があるとは思えない。現在この国では男女間にあるべき関係について多くの議論がある。したがって、学識ある男性はこの件について熟慮されるがよい。さもなければ、女性の力が次第に増大し、最後には手に負えないほどの猛威を振るうであろう」。

第二五信

（1）英国外科医学会員ウィリアム・アンダーソン著『脚気』（『日本アジア協会紀要』一八七八年一月）

第二五信（つづきその一）

（1）仏教の美術と儀式につねに蓮の花が用いられる理由でわたしがたったひとつ確信できるのは、蓮の花が清浄の象徴であるからという点である。蓮の花は香りも姿も一様に快く、泥のなかから生えているのに、あらゆる不浄を忌み嫌う。したがって、蓮の花を手本としさえすれば、この腐敗した世の害毒からすべて逃れることができる。すべての人は胸に蓮の花を持っており、仏陀に助けを求めれば、開花すると言われる。葬儀で用いられるのは亡骸のためで、旅立った友人に極楽浄土および「蓮座」であらたに生まれ変ってほしいという遺された人々の願望を象徴しているのである。

（2）この本にはつぎのような会葬者への注意も記されている。最後の二点はイギリスでもまったく当てはまらないわけではない。「友人または近所の葬儀に招《よ》ばれた場合、垢抜けた服装や盛装は避けるべきである。棺のあとから歩くときは隣の人と声高に話してはならない。それは非常に無作法なこととなる。また万が一そのような機会があったとしても、葬儀の帰りに酒屋や茶屋に入るのは避けるべきである」。

第二九信

（1）日本人が外国式の住居、家具、生活様式を取り入れるのを非難する強い理由に、生活費が大幅に上がり、早く結婚できなくなるというのがある。現在のところ、最も貧しい階級の若い夫婦の必需品は、間仕切りできるできないにかかわらず畳敷きの部屋ひと間、木の枕二個、木綿布団数枚、引き戸、昼間その引き戸の裏に隠しておくものとして、ごはんのお櫃としゃもじ、木製たらい、鉄瓶、火鉢、盆を一枚か二枚、急須をひとつかふたつ、漆塗りの飯椀二個、弁当箱、湯呑み数個、てぬぐい数枚、竹ぼうき、煙草盆、鉄鍋、押入れにはめ込む棚板数枚で、すべてをひっくるめて二ポンド未満で買える。

（2）かくもぐいぐいと飲める酒の種類がなんであるかは訊きそびれてしまったが、これだけ飲んでも見苦しい酔いがないので、軽い大阪ワインか軽い酒だったにちがいないと思う。

（3）この訳文は、N・マクラウド氏の書かれた日本の歴史と風習に関するちょっと変わった小さな本から採ったものである。

第三〇信

（1）この処理はとても込み入ったもので、詳しく記すことはしないが、『ドイツアジア学会紀要』一八七八年版に掲載されたコルシェルト氏の論文にある一般論を以下に引用する。「日本酒の醸造において、わたしたちはまったく新奇な形の発酵工程を知った。これはどの点においても西洋式の製法とは異なっており、また完全性に関して西洋式製法に劣るものではない。日本式の製法はつぎのとおりである。

麹室に入れた蒸し米で麹菌を培養する。この麹菌のみが西洋の醸造のモルトやイーストと同じ働きをする。まず酵母がこれからつくられる。そのため麹菌で覆われた米を蒸したての米と混ぜてつぶす。麹菌の増殖により形成された物質が澱粉を糖に変える。澱粉が充分に糖へ変わったところで、つぶした米を温めると、酵母の菌糸体が単体に分離し、発酵がはじまる。必要なだけの麹菌が得られた時点で本段階に入る。蒸し米を麴菌の育った米とともにふたたび押しつぶし、同時に酵母のどろどろ［酒母？］を加える。麴を培養した米のジアスターゼが澱粉を糖に変えるが、酵母により即座に発酵させられると、この変化はほとんど起きない。両工程とも緊密に同程度の働きをするようにして行われる。糖化が完了すると、数日後に発酵も止まる。もろみは圧縮され、酒造は発酵後の工程に入り、これによって発酵可能な最後のひと粒までなくなる。酒はこのあと保存がきくようにパスツール処理を施される」。

（2）酒はごく初期の日本の史書で言及されている。天照《あまてらす》大神《おおみかみ》の弟である素戔嗚尊《すさのおのみこと》が天から出雲の国に降りた際に、八つの瓶に酒をつくらせたとされる。ただしまたべつの伝承では、みずからの手で甘い酒をつくる女神がいる。神話色のおそらくもっと薄い時代になると、名高い神功皇后が三韓征伐（三世紀初め）から戻ったあと、遠くの神に挨拶をするために息子（現在は八幡という名で軍神として崇拝されている）を遣わし、戻った息子を酒を振る舞って迎えたといわれる。ことによると、この話は古代日本人のその他の芸術や製作物の多くと同じように、酒も朝鮮半島にその起源があることを示しているのかもしれない。最も古い書物で飲料として、また神への供物として、絶えず言及されているところをみると、ごく初期の時代から酒が用いられていたことは疑いない。

第三一信

（1）蓑と笠と全身の姿はわたし自身をスケッチしたものであるが、顔は日本の若い女性に似せてある。

第三三信（つづき）

（1）ここに挙げたことわざのうちいくつかは、若干ことばのちがいはあるが、日本のことわざを豊富に集めたグリフィス氏著『ザ・ミカドズ・エンパイア』にも載っている。

第三四信

（1）F・V・ディキンズ氏がご親切にもこの不思議な祭りについてつぎのように説明してくださった。

七夕《タナバタ》は七月七日を意味する文字で表される。七月七日の夕べには、琴座のα星である織女と、鷲座のどれかの星という人もいれば、山羊座と射手座の一部だという人もいる牽牛すなわち「牧夫」にお供えをして拝む。織女と牽牛に関する最もよく知られた伝説はつぎに挙げる中国の典型的なものである。天の川の岸辺に美しい女性が住んでおり、何年も前から一生懸命極上の絹を織ろうとしていたが、うまくいかなかった。天の神は落胆している彼女を不憫に思い、夫を与えた。夫は下の地上に住んでおり、その愛で彼女は機織のことを忘れた。これをよしとしなかった天の神は彼女を元の天の住まいに戻し、年に一度だけ七月七日に夫の元を訪れることを許した。彼女は鳥の群れが羽をつなげてつくった橋で天の川を渡るとされている。

七月七日の夕べ、日本では織女と牽牛として知られるこのふたつの星が溶け合うのを幸運にも見ることのできた人々は、三年以内に願い事がかなう。願い事は才能のことでも、長寿や幸福な人生のことでも、子供が授かることでもいいのだが、娘も含めて女性は裁縫の腕が上がるようにとふつう願う。この日の夕方にはさまざまな供え物がなされるが、その供え物は曲げた二本の竹を稲藁をなった縄でつなげたものを載せた台に置く。

第三六信

（1）この文は手紙に書いたとおりにしておくが、伝道事業を誹謗したり、事業の必要性を疑問視するために書かれたと思われてはいけないので、新潟における伝道事業に関する章で表明した自分の考えをここで繰り返す。その考えとは、別れに際して主の残された教えの広めについての命令は、この世の終末まで信奉者すべてに対して拘束力があること、異教徒が最後に迎える運命についての希望や憶測は、教会の確然たる務めとはなんら関係がないこと、あるいはいかなる関連性をも実質的に持たないことである。

KODANSHA

イザベラ・バード（イザベラ・ビショップ）
Isabella L. Bird（Isabella L. Bishop）
1831～1904　イギリスの女流旅行作家。イギリス王立地理学会特別会員。1881年，結婚によりビショップと改姓。世界の広範な地域を旅行し，その旅行記はどれも高い評価を得ている。『朝鮮紀行』をはじめ著書多数。

時岡敬子（ときおか　けいこ）
福井県生まれ。上智大学外国語学部卒業。翻訳家。

講談社学術文庫

定価はカバーに表示してあります。

イザベラ・バードの日本《にほん》紀行《きこう》(上)
イザベラ・バード／時《とき》岡《おか》敬《けい》子《こ》 訳

2008年4月10日　第1刷発行
2025年8月5日　第32刷発行

発行者　篠木和久
発行所　株式会社講談社
東京都文京区音羽 2-12-21 〒112-8001
電話　編集（03）5395-3512
販売（03）5395-5817
業務（03）5395-3615

装　幀　蟹江征治
印　刷　株式会社広済堂ネクスト
製　本　株式会社国宝社
本文データ制作　講談社デジタル製作

ISBN978-4-06-159871-3

「講談社学術文庫」の刊行に当たって

これは、学術をポケットに入れることをモットーとして生まれた文庫である。学術は少年の心を養い、成年の心を満たす。その学術がポケットにはいる形で、万人のものになることは、生涯教育をうたう現代の理想である。

こうした考え方は、学術を巨大な城のように見る世間の常識に反するかもしれない。また、一部の人たちからは、学術の権威をおとすものと非難されるかもしれない。しかし、それはいずれも学術の新しい在り方を解しないものといわざるをえない。

学術は、まず魔術への挑戦から始まった。やがて、いわゆる常識をつぎつぎに改めていった。学術の権威は、幾百年、幾千年にわたる、苦しい戦いの成果である。こうしてきずきあげられた城が、一見して近づきがたいものにうつるのは、そのためである。しかし、学術の権威を、その形の上だけで判断してはならない。その生成のあとをかえりみれば、その根は常に人々の生活の中にあった。学術が大きな力たりうるのはそのためであって、生活をはなれた学術は、どこにもない。

開かれた社会といわれる現代にとって、これはまったく自明である。生活と学術との間に、もし距離があるとすれば、何をおいてもこれを埋めねばならない。もしこの距離が形の上の迷信からきているとすれば、その迷信をうち破らねばならぬ。

学術文庫は、内外の迷信を打破し、学術のために新しい天地をひらく意図をもって生まれた。文庫という小さい形と、学術という壮大な城とが、完全に両立するためには、なおいくらかの時を必要とするであろう。しかし、学術をポケットにした社会が、人間の生活にとってより豊かな社会であることは、たしかである。そうした社会の実現のために、文庫の世界に新しいジャンルを加えることができれば幸いである。

一九七六年六月　　　　野間省一